前 言

如今建造师考试越来越难，而考试用书中，大篇幅的段落、枯燥的文字让不少人望而却步。因此，建工笔记团队需要竭尽全力为各位学员编写一本形象直观、极具应试效果的辅导用书。这是我们应尽的责任。经验告诉我们，图片比文字更容易让人理解和记忆，于是我们站在考生的立场，颠覆了传统的考试用书编写形式，扔掉了厚厚的教科书，改变了学习者的方法。建工笔记团队经过长期研究、摸索、整理，汇集有多年考试、教学经验及实践经验的考生、老师、项目经理参与编写，通过压缩、精简、归纳书本内容，采取图、文、表混合的方式，将知识点进行浓缩，形成这本懒人宝典。我们的目标就是要打造一套考生想要的辅导书籍，当您翻开第一页的时候，便会喜欢上它，会有一种感觉——这就是我要的东西，有了它，再不用担心建造师考试。

本书根据最新全国二级建造师执业资格考试用书和最新的考试大纲编写，全书共分两部分，第一部分是《建设工程项目管理》相关知识，第二部分是《建设工程法规及相关知识》，每章、每节均设置了两块内容：第一块是速记知识点：以思维导图和图表的形式将知识点呈现在读者面前，便于读者学习和掌握；第二块是真题汇总和详解：分类汇总所属章节的历年真题，并对每道真题进行了详细的讲解，帮助考生把握命题规律及考试重点。

本书以"帮助考生快速记忆知识点，提高学习速度，透过历年真题解析，更快地学习新知识与复习整合旧知识，帮助考生在百忙的工作和学习中，在最短的时间把握知识脉络"为原则，为此，在编写体系、内容和形式上形成如下特点：

（1）内容紧扣考试大纲：覆盖了考试大纲的全部内容，既考虑知识的相关性与连续性，又保持各科目的相对独立性和针对性；

（2）思维导图和表格：突出知识点、重点、难点，使读者建立完整的知识体系，准确记忆并掌握重点内容；

（3）历年真题汇总及详解：提供详细的解题思路，通过最简单的解题方法掌握并熟练运用解题技巧。

在本书组织、编写和出版过程中，得到了许多专家、教授和同行们的大力支持和热心帮助。在此，对他们所付出的辛勤劳动表示衷心的感谢！

在本书编写过程中，虽经反复推敲，但难免有不妥甚至疏漏之处。对于本复习用书中存在的问题，欢迎广大读者批评、指正。

编　者
2015 年 1 月

★ 知识串讲
★ 图文解析
★ 真题演练

全国二级建造师
执业资格考试辅导用书

建工笔记之懒人宝典

建设工程项目管理
建设工程法规及相关知识

云笔记文化教育编写委员会 编写

武汉大学出版社

建工笔记组委会

委员　李文飞　曾　飞　袁登祥　陈剑名　王家新
　　　　王　君　朱家武　郑洪舟　谭世章

编写委员会

主　编　王　君
副主编　郑芳雄　吕从发　周晓光
委　员　王　君　郑芳雄　吕从发　周晓光　庞建人
　　　　张国彬　徐　明　陈　倩　李　姝　边　颖
　　　　徐新鹏　叶博古　连国琦　梅毅敏　王文浩
　　　　王亚琪　王　玲　刘会静

目 录

第一部分 建设工程项目管理

2Z101000 施工管理 ··· 3
  2Z101010 施工方的项目管理 ··· 3
  2Z101020 施工管理的组织 ·· 8
  2Z101030 施工组织设计的内容和编制方法 ································ 14
  2Z101040 施工项目管理目标的动态控制 ··································· 16
  2Z101050 施工项目经理的任务和责任 ······································ 19
  2Z101060 施工风险管理 ·· 23
  2Z101070 工程监理的工作任务和方法 ······································ 26

2Z102000 施工成本管理 ··· 30
  2Z102010 建设安装工程费用项目的组成与计算 ························· 30
  2Z102020 建设工程定额 ·· 37
  2Z102030 合同价款约定与工程结算 ··· 40
  2Z102040 施工成本管理与施工成本计划 ··································· 43
  2Z102050 施工成本控制与施工成本分析 ··································· 46

2Z103000 施工进度管理 ··· 50
  2Z103010 建设工程项目进度控制的目标和任务 ························· 50
  2Z103020 施工进度计划的类型及其作用 ··································· 53
  2Z103030 施工进度计划的编制方法 ··· 55
  2Z103040 施工进度控制的任务和措施 ······································ 70

2Z104000 施工质量管理 ··· 73
  2Z104010 施工质量管理和质量控制 ··· 73
  2Z104020 施工质量管理体系 ·· 76
  2Z104030 施工质量控制的内容和方法 ······································ 79
  2Z104040 施工质量事故预防与处理 ··· 86
  2Z104050 施工质量的政府监督 ··· 90

2Z105000 施工职业健康安全与环境管理 ······································ 93
  2Z105010 职业健康安全与环境管理体系 ··································· 93
  2Z105020 施工安全生产管理 ·· 96

2Z105030	生产安全事故应急预案和事故处理	100
2Z105040	施工现场文明施工和环境保护的要求	105

2Z106000　施工合同管理 ··· 109
 2Z106010　施工发承包模式 ··· 109
 2Z106020　施工合同与物资采购合同 ····································· 115
 2Z106030　施工计价方式 ··· 124
 2Z106040　施工合同执行过程的管理 ····································· 128
 2Z106050　施工合同的索赔 ··· 130

2Z107000　施工信息管理 ··· 134
 2Z107010　施工信息管理的任务和方法 ··································· 134
 2Z107020　施工文件归档管理 ··· 136

第二部分　建设工程法规及相关知识

2Z201000　建设工程基本法律知识 ··································· 143
 2Z201010　建设工程法律体系 ··· 143
 2Z201020　建设工程法人制度 ··· 147
 2Z201030　建设工程代理制度 ··· 149
 2Z201040　建设工程物权制度 ··· 151
 2Z201050　建设工程债权制度 ··· 154
 2Z201060　建设工程知识产权制度 ······································· 154
 2Z201070　建设工程担保制度 ··· 156
 2Z201080　建设工程保险制度 ··· 160
 2Z201090　建设工程法律责任制度 ······································· 162

2Z202000　施工许可法律制度 ······································· 165
 2Z202010　建设工程施工许可制度 ······································· 165
 2Z202020　施工企业从业资格制度 ······································· 169
 2Z202030　建造师注册执业制度 ··· 173

2Z203000　建设工程发承包法律制度 ································· 178
 2Z203010　建设工程招标投标制度 ······································· 178
 2Z203020　建设工程承包制度 ··· 190
 2Z203030　建筑市场信用体系建设 ······································· 195

2Z204000　建设工程合同和劳动合同法律制度 ························· 198
 2Z204010　建设工程合同制度 ··· 198
 2Z204020　劳动合同及劳动关系制度 ····································· 212
 2Z204030　相关合同制度 ··· 225

2Z205000　建设工程施工环境保护、节约能源和文物保护法律制度 ······· 230
 2Z205010　施工现场环境保护制度 ······································· 230
 2Z205020　施工节约能源制度 ··· 234
 2Z205030　施工文物保护制度 ··· 236

2Z206000	建设工程安全生产法律制度	239
2Z206010	施工安全生产许可证制度	239
2Z206020	施工安全生产责任和安全生产教育培训制度	242
2Z206030	施工现场安全防护制度	247
2Z206040	施工安全事故的应急救援与调查处理	252
2Z206050	建设单位和相关单位的建设工程安全责任制度	255
2Z207000	建设工程质量法律制度	262
2Z207010	工程建设标准	262
2Z207020	施工单位的质量责任和义务	265
2Z207030	建设单位及相关单位的质量责任和义务	270
2Z207040	建设工程竣工验收制度	274
2Z207050	建设工程质量保修制度	282
2Z208000	建设工程纠纷法律制度	285
2Z208010	建设工程纠纷主要种类和法制解决途径	285
2Z208020	民事诉讼制度	290
2Z208030	仲裁制度	304
2Z208040	调解与和解制度	310
2Z208050	行政强制、行政复议和行政诉讼制度	311

第一部分

建设工程项目管理

2Z101000 施工管理

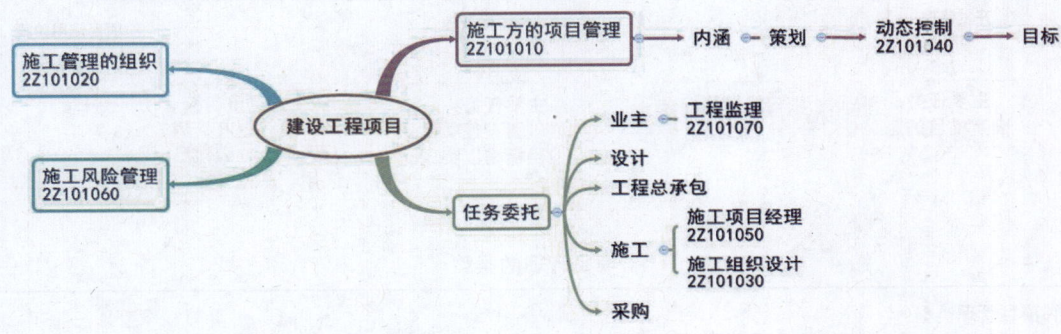

2Z101010 施工方的项目管理

一、本节知识速记

1. 建设工程项目管理的类型

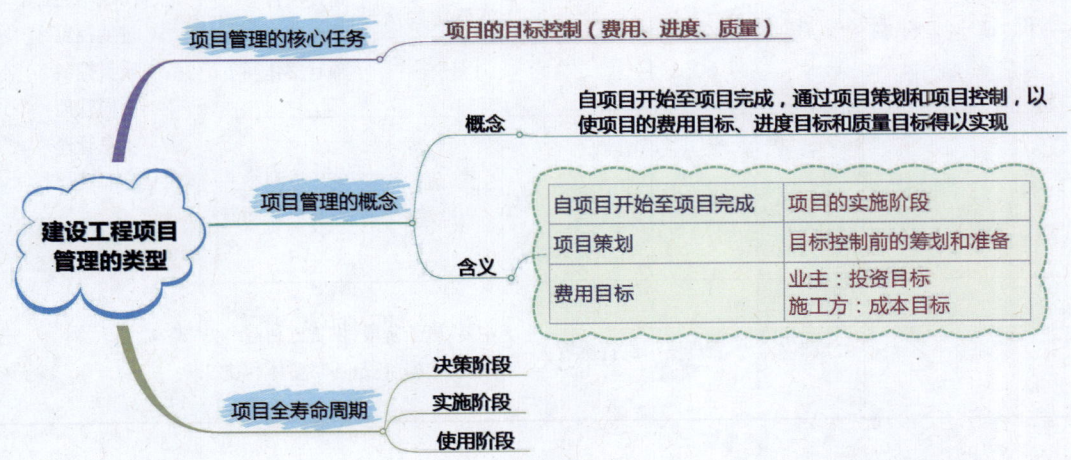

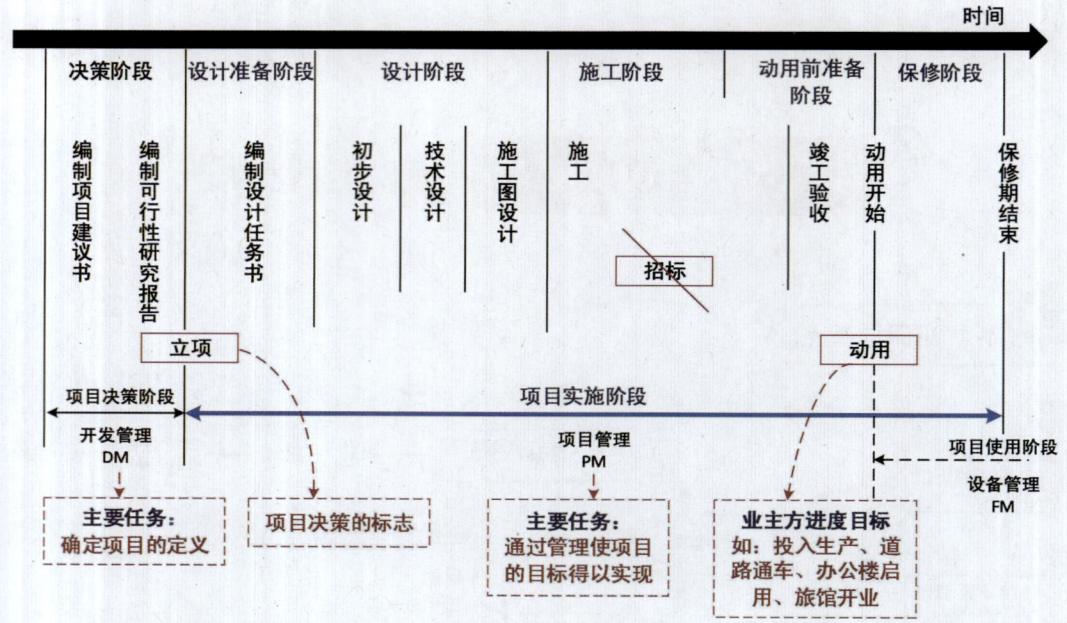

项目管理的类型

项目管理类型 （五方）	目标（安全、费用、进度、质量）				时间范畴	利益归属	管理任务 (3控3管1协调)
	费用	进度	质量	安全			
业主(核心、总集成者、总组织者) ——投资、开发、咨询	投资	项目动用、交付使用	标准规范、业主要求		实施阶段全过程	业主方利益	
设计	投资+成本	设计进度	设计质量		主要:设计阶段 涉及:实施阶段	设计方利益 项目整体利益	安全管理(最重要) 投资(成本)控制 进度控制 质量控制 合同管理 信息管理 组织与协调
建设项目总承包 ——EPC:设计、采购、施工	投资+成本	总承包进度	项目质量		实施阶段全过程	建设项目总承包利益 项目整体利益	
施工 ——总包(GC)、总包管理(MC)、分包	成本	施工进度	施工质量		主要:施工阶段 涉及:实施阶段	施工方利益 项目整体利益	
供货	成本	供货进度	供货质量		主要:施工阶段 涉及:实施阶段	供货方利益 项目整体利益	

2. 施工项目管理的目标和任务

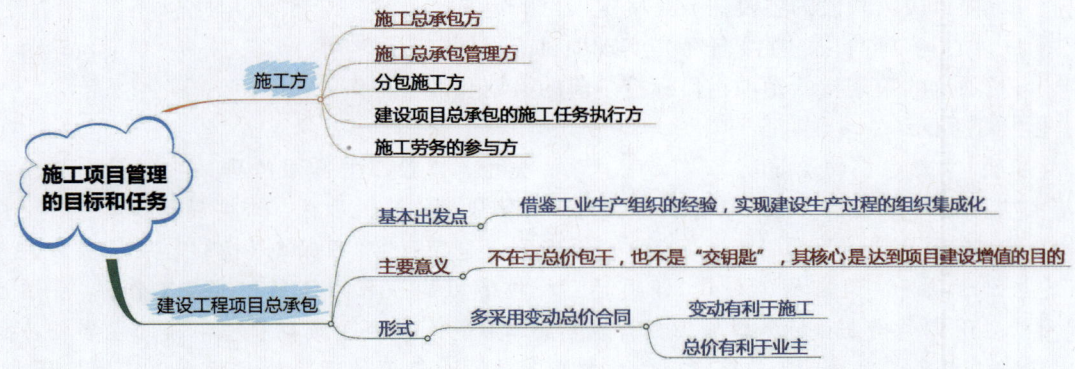

总承包模式与总承包管理模式对比

	总承包模式	总承包管理模式
相同	1. 相同的管理任务和责任：施工安全控制、施工总进度控制、施工质量控制和施工组织 2. 负责现场施工的总体管理和协调 3. 施工总承包管理单位或施工总承包单位提供的设施和条件，由双方协商所支付的费用	
区别 —— 工程开展程序	先进行建设项目的设计，待施工图设计结束后再进行施工总承包投标，然后再进行施工	招标可以不依赖完整的施工图，如完成一部门施工图就可以对其进行招标，很大程度上缩短建设周期
区别 —— 合同关系	施工总承包单位与分包单位直接签订合同	1. 业主与分包单位直接签订合同 2. 施工总承包管理单位与分包单位签订合同
区别 —— 分包单位的选择和认可	分包单位由施工总承包单位选择，由业主认可	分包合同由业主与分包单位直接签订，经过施工总承包管理单位的认可
区别 —— 分包单位的付款	由施工总承包单位负责	可以通过总承包管理单位支付，也可以由业主直接支付。如果由业主直接支付，需要经过施工总承包管理单位认可
区别 —— 合同价格	业主只需要进行一次招标，与施工总承包商签约，因此招标及合同管理工作量将会减小	只确定施工总承包管理费用，不需要确定建筑安装工程造价，招标不依赖施工图纸

二、本节真题与解析

建设工程项目管理的类型

1.【2012年多】关于建设工程项目管理的说法，正确的有（　　）。

A. "项目开始至项目完成"包括了项目的决策、实施阶段
B. 同一项目的目标内涵对项目的各参与单位来说是相同的
C. 项目决策阶段的主要任务是确定项目的定义
D. 项目实施阶段的主要任务是实现项目的目标
E. 项目的策划指的是项目目标控制前的策划和准备工作

【答案】CDE

【解析】本题考核的是建设工程项目管理的类型。建设工程项目管理的内涵是：自项目开始至项目完成，通过项目策划和项目控制，以使项目的费用目标、进度目标和质量目标得以实现。"自项目开始至项目完成"指的是项目的实施期；"项目策划"指的是项目实施的策划(它区别于项目决策期的策划)，即项目目标控制前的一系列筹划和准备工作；"费用目标"对业主而言是投资目标，对施工方而言是成本目标。项目决策期管理工作的主要任务是确定项目的定义，而项目实施期管理的主要任务是通过管理使项目的目标得以实现。因此，只有C、D、E选项符合题意。A选项"项目开始至项目完成"指的是项目实施期，B选项应是对各参与单位来说可能不同。

2. 根据建设工程项目的阶段划分，属于设计准备阶段工作的是(   )。
A. 编制项目可行性研究报告　　B. 编制初步设计
C. 编制设计任务书　　　　　　D. 编制项目建议书

【答案】C

【解析】本题考核的是建设工程项目管理的类型。选项A、选项D，编制项目可行性研究报告项目建议书属于决策阶段；选项C，编制设计任务书属于设计准备阶段；选项B，编制初步设计属于设计阶段；因此，只有C选项符合题意。

3.【2012年单】某建设工程项目采用施工总承包管理模式，R监理公司承担施工监理任务，G施工企业承担主要的施工任务，业主将其中的二次装修发包给C装饰公司，则C装饰公司在施工中应接受(   )的施工管理。
A. 业主　　　　　　　　　　B. R监理公司
C. G施工企业　　　　　　　D. 施工总承包管理方

【答案】D

【解析】本题考核的是施工项目管理的目标和任务。采用施工总承包或施工总承包管理模式，分包方(不论是一般的分包方，或由业主指定的分包方)必须接受施工总承包方或施工总承包管理方的工作指令，服从其总体的项目管理。虽然C装饰公司由业主指定，但是该工程采用的是施工总承包管理模式，C装饰公司应接受施工总承包管理方管理，因此，只有D选项符合题意。

施工项目管理的目标和任务

1.【2013年单】关于施工方项目管理目标和任务的说法，正确的是(   )。
A. 施工总承包管理方对所承包的工程承担施工任务执行和组织的总责任
B. 施工方项目管理服务于施工方自身的利益，而不需要考虑其他方
C. 由业主决定的分包方应经施工总承包管理方的认可

D. 建设项目工程总承包的主要意义是总价包干和"交钥匙"

【答案】C

【解析】本题考核的是施工管理的目标和任务。选项 A，施工总承包方对所承包的建设工程承担施工任务的执行和组织的总的责任；选项 B，施工方作为项目建设的一个参与方，其项目管理主要服务于项目的整体利益和施工方本身的利益；选项 C，施工总承包管理方和施工总承包方承担相同的管理任务和责任，即负责整个工程的施工安全控制、施工总进度控制、施工质量控制和施工的组织与协调等。因此，由业主方选定的分包方应经施工总承包管理方的认可，否则施工总承包管理方难以承担对工程管理的总的责任；选项 D，建设项目工程总承包的主要意义并不在于总价包干，也不是"交钥匙"，其核心是通过设计与施工过程的组织集成，促进设计与施工的紧密结合，以达到为项目建设增值的目的。因此，只有 C 符合题意。

2.【2013年单】在施工总承包管理模式下，分包单位一般与（　　）签订合同。
A. 工程总承包单位
B. 施工总承包单位
C. 业主
D. 业主，施工总承包管理单位三方共同

【答案】C

【解析】本题考核的是施工项目管理的目标和任务。一般情况下，施工总承包管理方不与分包方和供货方直接签订施工合同，这些合同都由业主方直接签订。但若施工总承包管理方应业主方的要求，协助业主参与施工的招标和发包工作，其参与的工作深度由业主方决定。业主方也可能要求施工总承包管理方负责整个施工的招标和发包工作。因此，只有 C 选项符合题意。

3.【2014年单】关于施工总承包方项目管理任务的说法，正确的是（　　）。
A. 施工总承包方一般不承担施工任务，只承担施工的总体管理和协调工作
B. 施工总承包方只负责所施工部门的施工安全，对业主指定分包商的施工安全不承担责任
C. 施工总承包方不与分包商直接签订施工合同，均由业主方签订
D. 施工总承包方应负责施工资源的供应组织

【答案】D

【解析】本题考核的是施工项目管理的目标和任务。选项 A，施工总承包方是工程施工的总执行者和总组织者，它除了完成自己承担的施工任务以外，还负责组织和指挥它自行分包的分包施工单位和业主指定的分包施工单位的施工；选项 B，施工总承包方负责整个工程的施工安全、施工总进度控制、施工质量控制和施工的组织与协调等；选项 C，业主指定的分包施工单位有可能与业主单独签订合同，也可能与施工总承包方签约，不论采用何种合同模式，施工总承包方应负责组织和管理业主指定的分包施工单位的施工。选项 D 施工总承包方负责施工资源的供应组织，因此，只有 D 选项符合题意。

7

2Z101020　施工管理的组织

一、本节知识速记

1. 系统目标和系统组织的关系

2. 组织论

		指令源	多个	
静态关系	组织结构模式（指令关系）	1. 职能组织结构	特点	是一种传统的组织结构模式
			缺点	有多个矛盾的指令源
			例子	我国多数的企业、学校、事业单位
		2. 线性组织结构	指令源	1个
			特点	只有唯一指令源，不能跨级指挥
			缺点	指令路径过长
			例子	军事组织
		3. 矩阵组织结构	指令源	2个（纵向、横向）纵向和横向工作部门发生矛盾，由该组织系统的最高指挥者协调或决策
			特点	是一种新型的组织结构模式
			例子	大型建设项目
	组织分工（工作任务）	1. 工作任务分工		(1)提出问题
		2. 管理职能分工	管理职能	(2)筹划　提出解决问题的多个可能的方案，对方案进行比较
				(3)决策　从多个方案中选择
				(4)执行
				(5)检查
动态关系	工作流程组织（逻辑关系）	1. 管理工作流程	如投资控制、进度控制、合同管理、付款和设计变更等流程	
		2. 信息处理流程	如与生产月度进度报告有关的数据处理流程	
		3. 物资流程	如钢结构深化设计工作流程，弱电工程物资采购工作流程，外立面施工工作流程等	
		√工作流程图应视需要逐层细化		

8

3. 组织工具

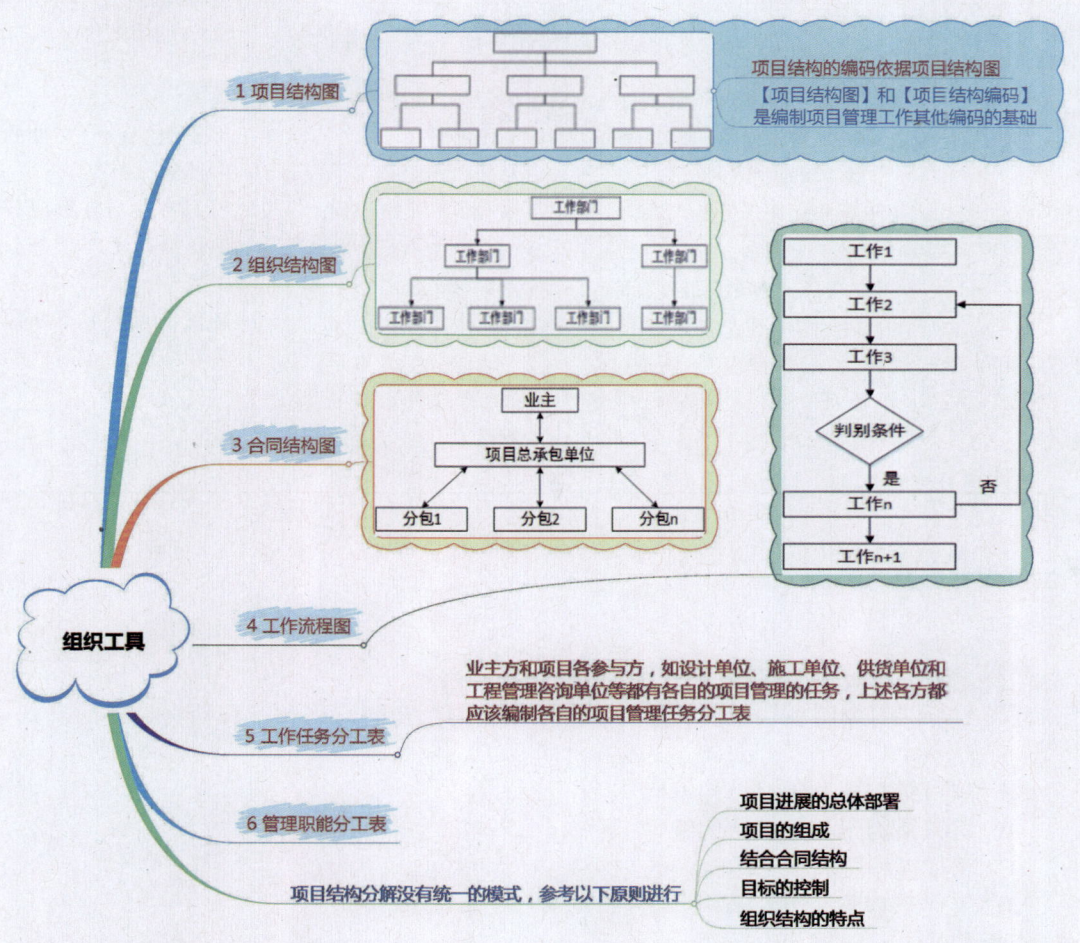

组织工具对比

	表达的含义	矩阵框的含义	矩形连接的表达
项目结构图	对一个项目的结构进行逐层分解，以反映组成该项目的所有工作任务(该项目的组成部分)	工作任务	直线
组织结构图	反映一个组成系统中各组成部门之间的组织关系(指令关系)	工作部门	单向箭线
合同结构图	反映一个建设项目参与单位之间的合同关系	参与单位	双向箭线
工作流程图	用矩阵框表示工作，箭线标识工作之间的逻辑关系，菱形框标识判别条件	各项工作	单向箭线

组织工具对比

	编制方法	特点	相同点
工作任务分工表	(1) **首先**对管理任务进行**详细分解**； (2) **明确**项目经理和管理任务主管工作部门或主管人员的**工作任务**； (3) 编制工作任务分工表；	(1) 明确**主办、协办、配合**部门； (2) 每个任务，**至少一个主办**工作部门； (3) 运营部和物业开发部参与**整个项目实施过程**；	(1) 都是组织设计文件的一部分 (2) 项目各参与方都应编制各自的工作任务分工表 (3) 随着项目进展不断深化和细化
管理职能分工表	用**表**的形式反映项目管理**内部项目经理、各工作部门**和**各工作岗位**对各项工作任务的项目管理职能分工。	(1) 我国习惯用**岗位责任描述书**来描述每一个工作部门的工作任务； (2) 管理职能分工表不足以明确每个工作部门的管理职能，可辅以使用**管理职能分工描述书**；	

二、本节真题与解析

项目结构分析

1.【2012年单】编制项目投资项编码、进度项编码、合同编码和工程档案编码的基础是（　　）。
   A. 项目结构图和项目结构编码
   B. 组织结构图和组织结构编码
   C. 工作流程图和项目结构编码
   D. 工作流程图和组织结构编码

【答案】A

【解析】本题考核的是项目结构分析。项目结构的编码依据项目结构图，对项目结构的每一层的每一个组成部分进行编码。项目结构的编码和用于投资控制、进度控制、质量控制、合同管理和信息管理等管理工作的编码有紧密的有机联系，但它们之间又有区别。项目结构图和项目结构的编码是编制上述其他编码的基础。因此，只有A选项符合题意。

2.【2012年多】关于项目结构分解的说法，正确的有（　　）。
   A. 项目结构图通过树状图的方式对一个项目的结构进行逐层分解
   B. 项目结构图能够反映组成该项目的所有工作任务
   C. 同一个建设工程项目只能有一个项目结构分解方法
   D. 项目结构的分解应和整个工程实施的部署相结合，并结合将采用的合同结构
   E. 项目结构分解考虑到项目进展的总体部署，采用统一的分解方案

【答案】ABD

【解析】本题考核的是项目结构分析。项目结构图是一个组织工具，它通过树状图的方式对一个项目的结构进行逐层分解，以反映组成该项目的所有工作任务。同一个建设工程项目可有不同的项目结构分解方法，项目结构的分解应和整个工程实施的部署相结合，并和将

采用的合同结构相结合。如地铁工程主要有两种不同的合同分解方案，其对应的项目结构不相同。因此只有 A、B、D 选项符合题意。

3.【2013 年单】下列组织工具中，能够反映项目所有工作任务的是（ ）
   A. 组织结构图   B. 工作流程图
   C. 工作任务分工图   D. 项目结构图
【答案】D
【解析】本题考核的是项目结构分析。项目结构图（WBS）是一个组织工具，它通过树状图的方式对一个项目的结构进行逐层分解，以反映组成该项目的所有工作任务，矩形框表示工作任务，矩形框之间的连接用连线表示。因此，只有 D 选项符合题意。

4.【2013 年多】关于项目结构图和组织结构图的说法，正确的是（ ）
   A. 项目结构图中，矩形框表示工作任务
   B. 项目结构图中，用双向箭线连接矩形框
   C. 组织结构图中，用直线连接矩形框
   D. 组织结构图中，矩形框表示工作部门
   E. 项目结构图和组织结构图都是组织工具
【答案】ADE
【解析】本题考核的是项目结构分析。选项 B，项目结构图中，用直线连接矩形框；选项 C，组织结构图中，用单向箭线连接矩形框；选项 E，组织论的三个重要的组织工具是项目结构图、组织结构图和合同结构图。因此，只有 A、D、E 选项符合题意。

施工管理的组织结构

1.【2012 年单】关于工作任务分工的说法，错误的是（ ）。
   A. 工作任务分工可以用相应的组织关系来表示其组织工具
   B. 组织论中的组织分工指的是工作任务的分工
   C. 项目各参与方有各自的项目管理工作任务分工
   D. 工作任务分工应随着项目进展而不断深化和细化
【答案】B
【解析】本题考核的是施工管理的组织结构。每一个建设项目都应编制项目管理任务分工表，这是一个项目的组织设计文件的一部分，因此 A 选项正确。业主方和项目各参与方，如设计单位、施工单位、供货单位和工程管理咨询单位等都有各自的项目管理的任务，上述各方都应该编制各自的项目管理任务分工表，因此 C 选项正确。随着工程的进展，任务分工表还将不断深化和细化，因此 D 选项正确。组织论中的组织分工反映一个组织系统中各子系统或各元素的工作任务分工和管理职能分工，因此 B 选项错误。

2.【2013 年单】组织结构模式反映一个组织系统中各子系统之间或各工作部门之间的（ ）。
   A. 指令   B. 协作   C. 监督   D. 配合
【答案】A
【解析】本题考核的是施工管理的组织。组织结构模式反映一个组织系统口各子系统之间或各元素（各工作部门或各管理人员）之间的指令关系。因此，只有 A 选项符合题意。

3.【2013年多】某建设项目业主采用如下图所示的组织结构模式。关于业主和各参与方之间的组织关系的说法，正确的有（　　）

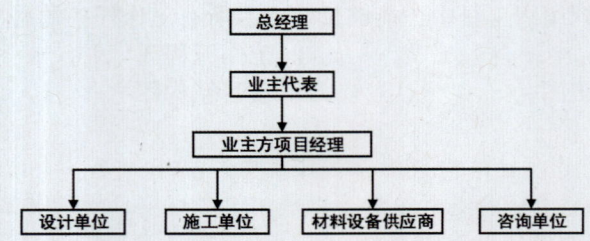

　　A. 业主代表必须通过业主方项目经理下达指令
　　B. 施工单位不可直接接受总经理指令
　　C. 设计单位可直接接受业主方项目经理的指令
　　D. 咨询单位的唯一指令来源是业主方项目经理
　　E. 总经理可直接向业主方项目经理下达指令
【答案】ABCD
【解析】本题考核的是施工管理的组织结构。本图是一个线性组织结构的项目组织结构图。在线性组织结构中，每一个工作部门只有唯一的上级工作部门，其指令来源是唯一的。选项E，总经理向业主方项目经理下达指令，必须通过业主代表。因此，只有A、B、C、D选项符合题意。

4.【2014年单】关于线性组织结构的说法，错误的是（　　）。
　　A. 每个工作部门的指令源是唯一的
　　B. 高组织层次部门可以向任何低组织层次下达指令
　　C. 在特大组织系统中，指令路径会很长
　　D. 可以避免相互矛盾的指令影响系统运行
【答案】B
【解析】本题考核的是施工管理的组织结构。线性组织结构模式可确保工作指令的唯一性。但在一个特大的组织系统中，由于线性组织结构模式的指令路径过长，有可能会造成组织系统在一定程度上运行的困难。在线性组织结构中，每一个工作部门只有唯一一个指令源，避免了由于矛盾的指令而影响组织系统的运行。因此，B选项描述错误。

施工管理的工作任务分工

【2014年单】关于项目管理工作任务分工表特点的说法，正确的是（　　）。
　　A. 每一个任务只能有一个主办部门
　　B. 每一个任务只能有一个协办部门和一个配合部门
　　C. 项目运营部应在项目竣工后介入工作
　　D. 项目管理工作任务分工表应作为组织设计文件的一部分
【答案】D
【解析】本题考核的是施工管理的工作任务分工。选项A、B，在任务分工表的每一行中，即每一个任务，都有至少一个主办工作部门；选项C，运营部和物业开发部参与整个项目实施过程，而不是在工程竣工后才介入工作；选项D，每一个建设项目都应编制项目管理任务分工表,这是一个项目的组织设计文件的一部分。因此,只有 D 选项符合题意。

施工管理的工作流程组织

1.【2012 年单】工作流程图反映一个组织系统中各项工作之间的( )关系。
   A. 指令　　　　B. 逻辑　　　　C. 主次　　　　D. 合同

【答案】B

【解析】本题考核的是施工管理的工作流程组织。工作流程图用图的形式反映一个组织系统中各项工作之间的逻辑关系,它可以描述工作流程组织。工作流程图是一个重要的组织工具。工作流程图用矩形框表示工作,箭线表示工作之间的逻辑关系,菱形框表示判别条件。因此,只有 B 项符合题意。

2.【2013 年单】某工程施工项目经理部,根据项目特点制定了项目成本控制、进度控制、质量控制和合同管理等工作流程,这些工作流程组织属于( )。
   A. 信息处理工作流程组织
   B. 物质流程组织
   C. 管理工作流程组织
   D. 施工作业流程组织

【答案】C

【解析】本题考核的是施工管理的工作流程组织。工作流程组织包括:管理工作流程组织,如投资控制、进度控制、合同管理、付款和设计变更等流程;信息处理工作流程组织,如与生产月度进度报告有关的数据处理流程;物质流程组织,如钢结构深化设计工作流程、弱电工程物资采购工作流程、外立面施工工作流程等。因此,只有 C 选项符合题意。

3.【2014 年多】根据工作流程图的绘制要求,下列工作流程图中,表达错误的有( )。

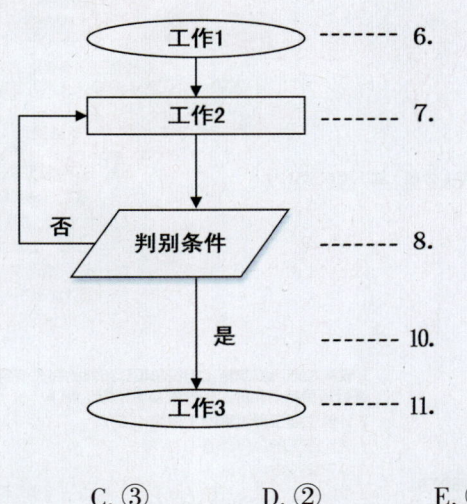

   A. ⑤　　　　B. ④　　　　C. ③　　　　D. ②　　　　E. ①

【答案】ABCE

【解析】本题考核的是施工管理的工作流程组织。流程图中,矩形框表示工作,故 A、E

选项错误，菱形表示判定条件，而不是平行四边形，图中画法有误，故 C 错误；流程图中应该用单向箭线表示逻辑关系，故 B 错误。应选 ABCE。

2Z101030　施工组织设计的内容和编制方法

一、本节知识速记

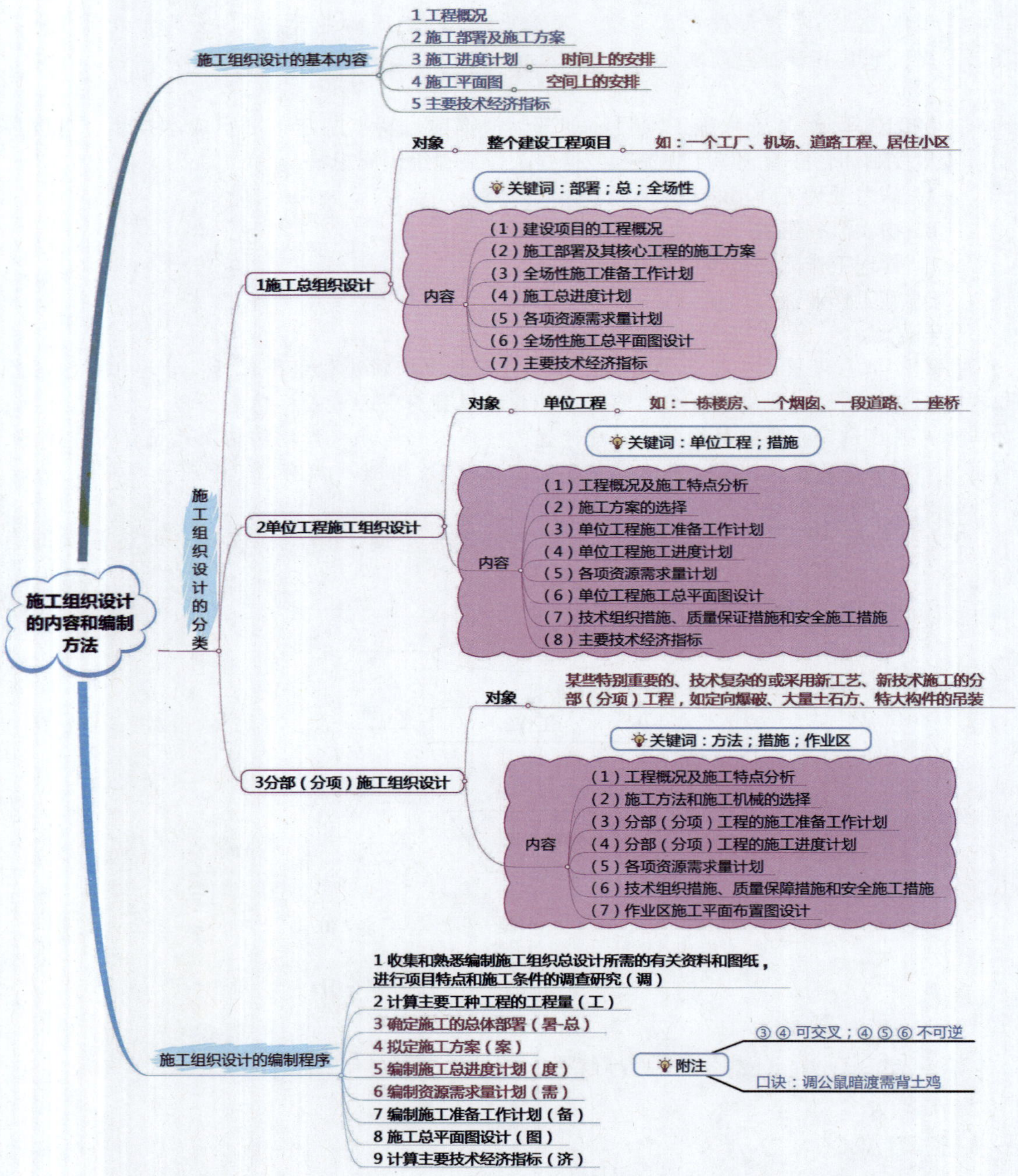

施工组织设计的内容和编制方法
- 施工组织设计的基本内容
  - 1 工程概况
  - 2 施工部署及施工方案
  - 3 施工进度计划　时间上的安排
  - 4 施工平面图　空间上的安排
  - 5 主要技术经济指标

- 施工组织设计的分类
  - 1 施工总组织设计
    - 对象：整个建设工程项目　如：一个工厂、机场、道路工程、居住小区
    - 关键词：部署；总；全场性
    - 内容：
      - （1）建设项目的工程概况
      - （2）施工部署及其核心工程的施工方案
      - （3）全场性施工准备工作计划
      - （4）施工总进度计划
      - （5）各项资源需求量计划
      - （6）全场性施工总平面图设计
      - （7）主要技术经济指标
  - 2 单位工程施工组织设计
    - 对象：单位工程　如：一栋楼房、一个烟囱、一段道路、一座桥
    - 关键词：单位工程；措施
    - 内容：
      - （1）工程概况及施工特点分析
      - （2）施工方案的选择
      - （3）单位工程施工准备工作计划
      - （4）单位工程施工进度计划
      - （5）各项资源需求量计划
      - （6）单位工程施工总平面图设计
      - （7）技术组织措施、质量保证措施和安全施工措施
      - （8）主要技术经济指标
  - 3 分部（分项）施工组织设计
    - 对象：某些特别重要的、技术复杂的或采用新工艺、新技术施工的分部（分项）工程，如定向爆破、大量土石方、特大构件的吊装
    - 关键词：方法；措施；作业区
    - 内容：
      - （1）工程概况及施工特点分析
      - （2）施工方法和施工机械的选择
      - （3）分部（分项）工程的施工准备工作计划
      - （4）分部（分项）工程的施工进度计划
      - （5）各项资源需求量计划
      - （6）技术组织措施、质量保障措施和安全施工措施
      - （7）作业区施工平面布置图设计

- 施工组织设计的编制程序
  - 1 收集和熟悉编制施工组织总设计所需的有关资料和图纸，进行项目特点和施工条件的调查研究（调）
  - 2 计算主要工种工程的工程量（工）
  - 3 确定施工的总体部署（署-总）
  - 4 拟定施工方案（案）
  - 5 编制施工总进度计划（度）
  - 6 编制资源需求量计划（需）
  - 7 编制施工准备工作计划（备）
  - 8 施工总平面图设计（图）
  - 9 计算主要技术经济指标（济）

附注：③④ 可交叉；④⑤⑥ 不可逆　　口诀：调公鼠暗渡需背土鸡

> 二、本节真题与解析

施工组织设计的内容

1.【2012年单】下列分部(分项)工程中,需要编制分部(分项)工程施工组织设计的是( )。
  A. 零星土石方工程　　　　　　B. 场地平整
  C. 混凝土垫层工程　　　　　　D. 定向爆破工程
【答案】D
【解析】本题考核的是施工组织设计的内容,分部(分项)工程施工组织设计[也称为分部(分项)工程作业设计,或称分部(分项)工程施工设计]是针对某些特别重要的、技术复杂的或采用新工艺、新技术施工的分部(分项)工程,如深基础、无黏结预应力混凝土、特大构件的吊装、大量土石方工程、定向爆破工程等为对象编制的,其内容具体、详细,可操作性强,是直接指导分部(分项)工程施工的依据。

2.【2013年单】某住宅小区建设中,承包商针对其中一幢住宅楼施工所编制的施工组织设计,属于( )。
  A. 施工组织总设计
  B. 单位工程施工组织设计
  C. 单项工程施工组织设计
  D. 分部工程施工组织设计
【答案】B
【解析】本题考核的是施工组织设计的内容。根据施工组织设计编制的广度、深度和作用的不同,可分为:施工组织总设计[如一个工厂、一个机场、一个道路工程(包括桥梁)、一个居住小区等];单位工程施工组织设计[如一栋楼房、一个烟囱、一段道路、一座桥等];分部(分项)工程施工组织设计[如深基础、无黏结预应力混凝土、特大构件的吊装、大量土石方工程、定向爆破工程等]。因此,只有B选项符合题意。

3.【2014年单】下列施工组织设计的基本内容中,可以反映现场文明施工组织的是( )。
  A. 工程概况　　　　　　　　　B. 施工部署
  C. 施工平面图　　　　　　　　D. 技术经济指标
【答案】C
【解析】本题考核的是施工组织设计的内容。施工平面图是施工方案及施工进度计划在空间上的全面安排。它把投入的各种资源、材料、构件、机械、道路、水电供应网络、生产、生活活动场地及各种临时工程设施合理地布置在施工现场,使整个现场能有组织地进行文明施工。因此,只有C选项符合题意。

施工组织设计的编制方法

1.【2012年单】施工组织总设计包括如下工作:①计算主要工种工程的工程量;②编制施工总进度计划;③编制资源需求量计划;④拟订施工方案,其正确的工作顺序是( )
  A. ①②③④　　B. ①④②③　　C. ①③②④　　D. ④①②③

【答案】B

【解析】本题考核的是施工组织设计的编制方法。施工组织总设计的编制有些顺序是不可逆转的，如：拟订施工方案后才可编制施工总进度计划，因为进度的安排取决于施工的方案；编制施工总进度计划后才可编制资源需求量计划，因为资源需求量计划要反映各种资源在时间上的需求。因此，只有B选项符合题意。

2.【2013年单】下列施工组织设计内容中，应当首先确定的是（　　）
A. 施工平面图设计　　　　　　B. 机具设备需要计划
C. 施工进度计划　　　　　　　D. 施工方案

【答案】D

【解析】本题考核的是施工组织设计的编制方法。施工组织总设计的编制程序顺序有些不可逆转，如拟订施工方案后才可编制施工总进度计划（因为进度的安排取决于施工的方案）；编制施工总进度计划后才可编制资源需求量计划（因为资源需求量计划要反映各种资源在时间上的需求）。因此，排序是施工方案、施工进度计划、机具设备需求计划、施工平面图设计，只有D选项符合题意。

2Z101040　施工项目管理目标的动态控制

一、本节知识速记

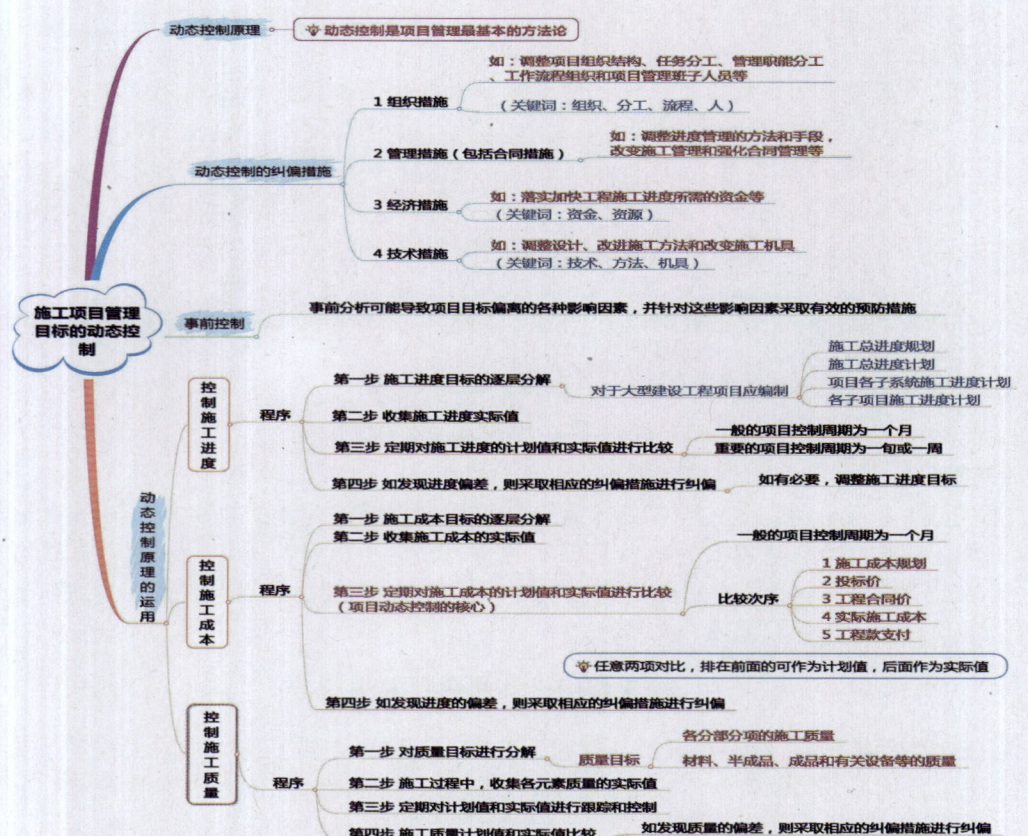

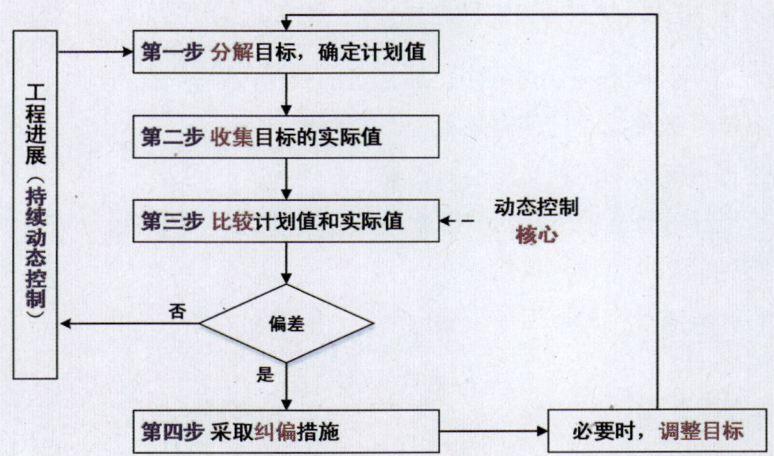

二、本节真题与解析

动态控制方法

1.【2012年单】下面项目目标动态控制措施中，属于管理措施的是（　　）。
   A. 强化合同管理　　　　　　B. 调整职能分工
   C. 优化组织结构　　　　　　D. 改进施工工艺

【答案】A

【解析】本题考核的是动态控制方法。管理措施(包括合同措施)，分析由于管理的原因而影响项目目标实现的问题，并采取相应的措施，如调整进度管理的方法和手段，改变施工管理和强化合同管理等。因此，只有A选项符合题意。B选项的调整职能分工是组织措施，C选项优化组织结构是组织措施，D选项改进施工工艺是技术措施。

2.【2013年单】关于项目目标动态控制的说法，错误的是（　　）。
   A. 动态控制首先应将目标分解，制定目标控制的计划值
   B. 当目标的计划值和实际值发生偏差时应进行纠偏
   C. 在项目实施过程中对项目目标进行动态跟踪和控制
   D. 目标的计划值在任何情况下都应保持不变

【答案】D

【解析】本题考核的是动态控制方法。项目目标动态控制的工作程序：①对项目的目标进行分解，以确定用于目标控制的计划值；②收集项目目标的实际值；③定期进行项目目标的计划值和实际值的比较；④通过项目目标的计划值和实际值的比较，如有偏差，则采取纠偏措施进行纠偏；⑤如有必要(即原定的项目目标不合理，或原定的项目目标无法实现)，进行项目目标的调整，目标调整后控制过程再回到第一步。因

此，只有 D 选项错误。

3.【2013年多】项目动态控制过程中，属于事前控制内容的有( )。
  A. 分析可能导致项目目标偏离的各种影响因素
  B. 定期进行目标计划值和实际值的比较
  C. 针对可能导致目标偏离的影响因素采取预防措施
  D. 发现目标偏离时采取纠偏措施
  E. 分析目标偏离产生的原因和影响

【答案】AC

【解析】本题考核的是动态控制方法。项目目标动态控制的核心是，在项目实施的过程中定期进行项目目标的计划值和实际值的比较，当发现项目目标偏离时采取纠偏措施。为避免项目目标偏离的发生，还应重视事前的主动控制，即事前分析可能导致项目目标偏离的各种影响因素，并针对这些影响因素采取有效的预防措施。因此，A、B、D 选项属于项目动态控制，只有 A、C 选项属于实现控制。

4.【2014年单】下列工作中，不属于施工项目目标动态控制程序中的工作是( )。
  A. 目标分解
  B. 目标计划值收集
  C. 目标计划值与实际值比较
  D. 采取措施纠偏

【答案】B

【解析】本题考核的是动态控制方法。项目目标动态控制的工作程序：①对项目的目标进行分解，以确定用于目标控制的计划值；②收集项目目标的实际值；③定期进行项目目标的计划值和实际值的比较；④通过项目目标的计划值和实际值的比较，如有偏差，则采取纠偏措施进行纠偏；⑤如有必要(即原定的项目目标不合理，或原定的项目目标无法实现)，进行项目目标的调整，目标调整后控制过程再回到第一步。选项 B 中应是目标实际值的收集而不是计划值的收集，因此，只有 B 选项错误。

动态控制方法在施工管理中的应用

【2012年多】关于运用动态控制原理控制施工成本的方法，正确的有( )。
  A. 相对于工程合同价而言，施工成本规划的成本值是实际值
  B. 施工成本的计划值和实际值的比较，可以是定性的比较
  C. 如果原定施工成本目标无法实现，则应采取特别措施及时纠偏，以免产生严重的不良后果

D. 在进行成本目标分解时,要分析和论证其实现的可能性

E. 成本计划值和实际值比较的成果是成本跟踪和控制报告

【答案】ADE

【解析】本题考核的是动态控制方法在施工管理中的应用。选项A,施工成本的计划值和实际值也是相对的,如:相对于工程合同价而言,施工成本规划的成本值是实际值,而相对于实际施工成本,则施工成本规划的成本值是计划值等;选项B,成本的计划值和实际值的比较应是定量的数据比较;选项E,比较的成果是成本跟踪和控制报告。选项C,如有必要(即发现原定的施工进度目标不合理,或原定的施工进度目标无法实现等),则调整施工进度目标。选项D,施工成本目标的分解指的是通过编制施工成本规划,分析和论证施工成本目标实现的可能性,并对施工成本目标进行分解。因此,A、D、E选项符合题意。

2Z101050 施工项目经理的任务和责任

一、本节知识速记

1. 项目经理

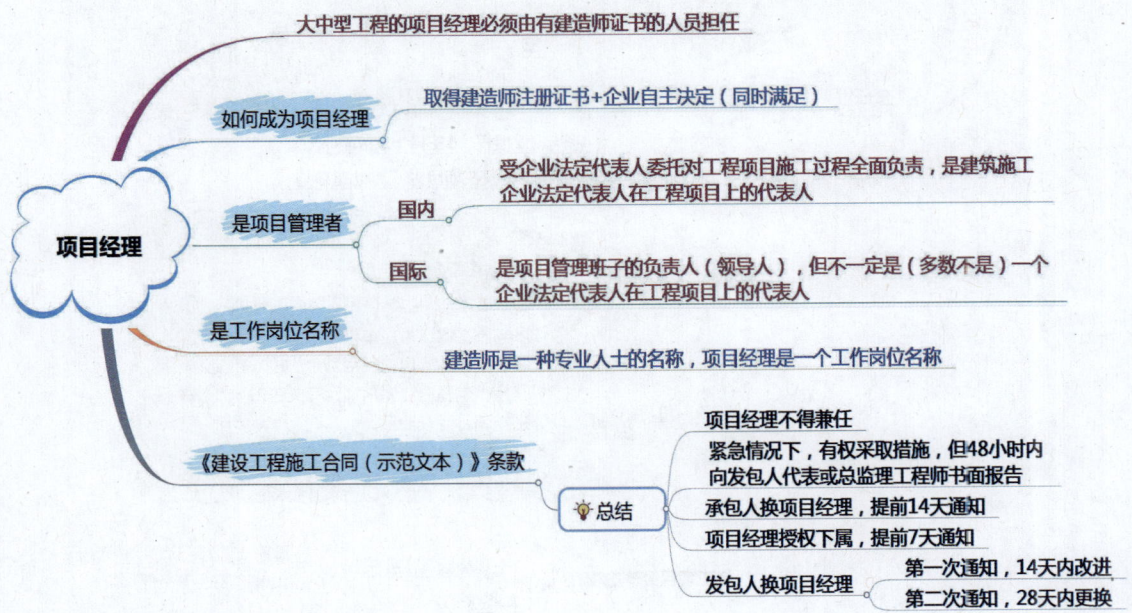

2. 项目经理的任务和责任

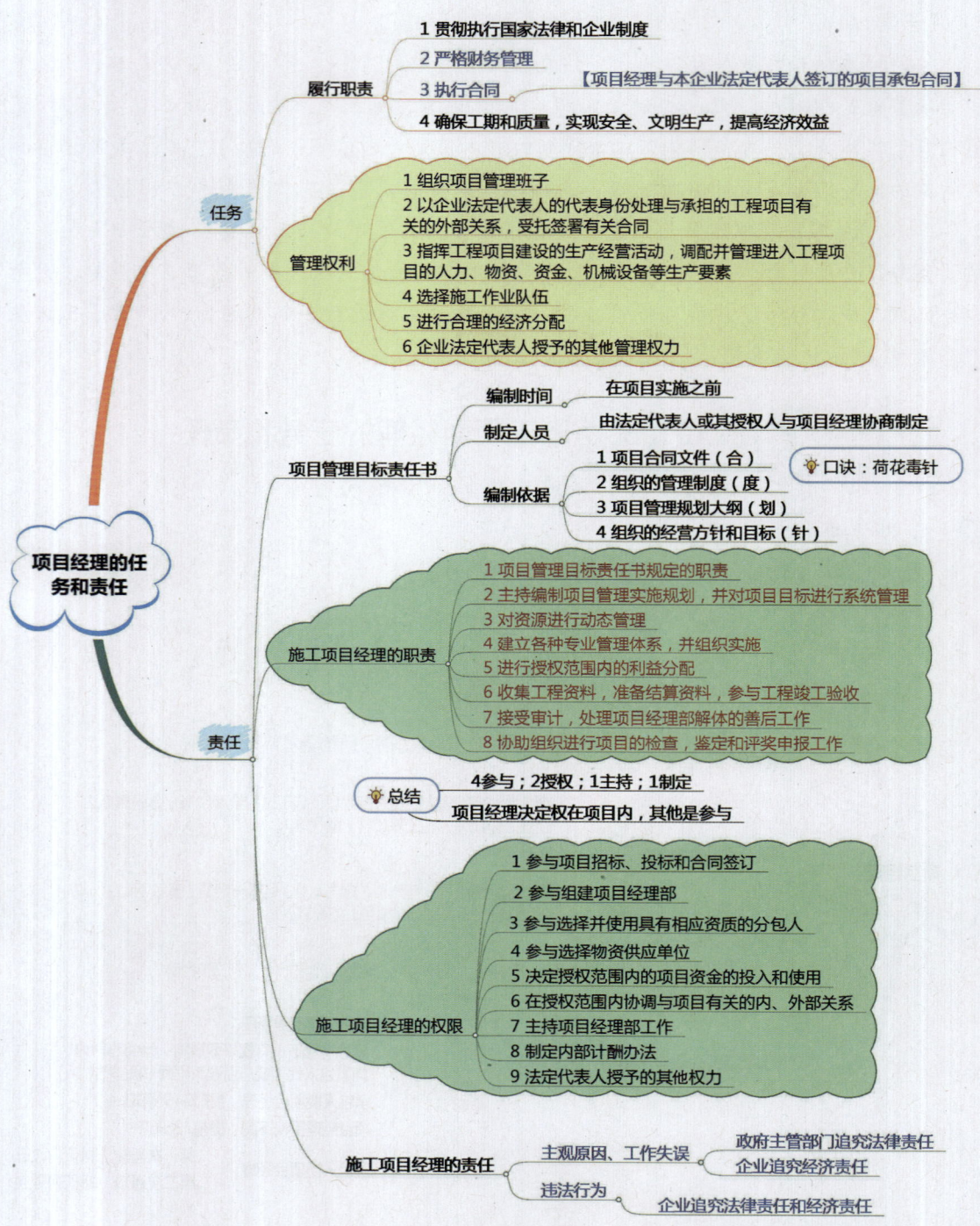

二、本节真题与解析

施工项目经理的任务

1.【2013年单】施工方项目经理在承担工程项目施工管理过程中，以（　　）身份处理与所承担的工程项目有关的外部管理。
   A. 施工企业决策者
   B. 施工企业法定代表人的代表
   C. 施工企业法定代表人
   D. 建设单位项目管理者

【答案】B

【解析】本题考核的是施工项目经理的任务和责任。建筑施工企业项目经理（简称项目经理），指受企业法定代表人委托对工程项目施工过程全面负责的项目管理者，是建筑施工企业法定代表人在工程项目上的代表人。因此，只有B选项符合题意。

2.【2014年单】项目经理在承担工程项目施工的管理工程中，其管理权力不包括（　　）。
   A. 组织项目管理班子
   B. 指挥项目建设的生产经营活动
   C. 签署项目参与人员聘用合同
   D. 选择施工作业队伍

【答案】C

【解析】本题考核的是施工项目经理的任务。项目经理行使以下管理权力：①组织项目管理班子；②以企业法定代表人的代表身份处理与所承担的工程项目有关的外部关系，受托签署有关合同；③指挥工程项目建设的生产经营活动，调配并管理进入工程项目的人力、资金、物资、机械设备等生产要素；④选择施工作业队伍；⑤进行合理的经济分配；⑥企业法定代表人授予的其他管理权力。管理权力不包括签署项目参与人员聘任合同，因此，选项C错误。

3.【2014年多】关于施工项目经理任职条件的说法，正确的有（　　）。
   A. 通过建造师执业资格考试的人员只能担任项目经理
   B. 项目经理必须由承包人正式聘用的建造师担任
   C. 项目经理每月在施工现场的时间可自行决定
   D. 项目经理不得同时担任其他项目的经理
   E. 项目经理可以由取得项目管理师资格证书的人员担任

【答案】BD

【解析】本题考核的是施工项目经理的任务和责任。选项A，通过建造师执业资格考试的人员不仅能担任项目经理，还可以进入其他岗位；选项C，项目经理确需离开施工现场时，应事先通知监理人，并取得发包人的书面同意；选项E，大、中型工程项目施工的项目经理必须由取得建造师注册证书的人员担任。因此，只有B、D选项符合题意。

施工项目经理的责任

1.【2012年单】某施工项目经理,在组织项目施工中,施工质量控制不严,造成工程返工,赔偿直接经济损失达30万元,则施工企业主要追究其( )
  A. 法律责任 B. 经济责任 C. 行政责任 D. 领导责任
【答案】B
【解析】本题考核的是施工项目经理的责任。项目经理由于主观原因,或由于工作失误有可能承担法律责任和经济责任。政府主管部门将追究的主要是其法律责任,企业将追究的主要是其经济责任。但是,如果由于项目经理的违法行为而导致企业的损失,企业也有可能追究其法律责任。本题中,该项目经理行为属于工作失误,企业追究其经济责任,因此只有B选项符合题意。

2.【2013年单】根据《建设工程项目管理规范》(GB/T50326—2006),项目管理目标责任由( )制定。
  A. 施工企业管理部门
  B. 建设单位和施工企业法定代表人协商
  C. 法定代表人或其授权人与项目经理协商
  D. 施工企业合同预算部门
【答案】C
【解析】本题考核的是施工项目经理的责任。项目管理目标责任书应在项目实施之前,由法定代表人或其授权人与项目经理协商制定。因此,只有C选项符合题意。

3.【2014年单】对建设工程项目施工负有全面管理责任的是( )。
  A. 企业法定代表人 B. 项目经理
  C. 项目总工程师 D. 总监理工程师
【答案】B
【解析】本题考核的是施工项目经理的责任。项目经理对施工承担全面管理的责任:工程项目施工应建立以项目经理为首的生产经营管理系统,实行项目经理负责制。项目经理在工程项目施工中处于中心地位,对工程项目施工负有全面管理的责任。因此,B选项符合题意。

4.【2014年多】根据《建设工程项目管理规范》(GB/T50326—2006),施工项目经理应履行的职责有( )。
  A. 对资源进行动态管理
  B. 建立各种专业管理体系
  C. 参与工程竣工验收
  D. 主持编制项目目标责任书
  E. 进行授权范围内的利益分配
【答案】ABCE
【解析】本题考核的是施工项目经理的责任。项目经理的职责包括:

(1) 项目管理目标责任书规定的职责；
(2) 主持编制项目管理实施规划，并对项目目标进行系统管理；
(3) 对资源进行动态管理；
(4) 建立各种专业管理体系，并组织实施；
(5) 进行授权范围内的利益分配；
(6) 收集工程资料，准备结算资料，参与工程竣工验收；
(7) 接受审计，处理项目经理部解体的善后工作；
(8) 协助组织进行项目的检查、鉴定和评奖申报工作。
因此，只有 D 选项错误。

2Z101060　施工风险管理

> 一、本节知识速记

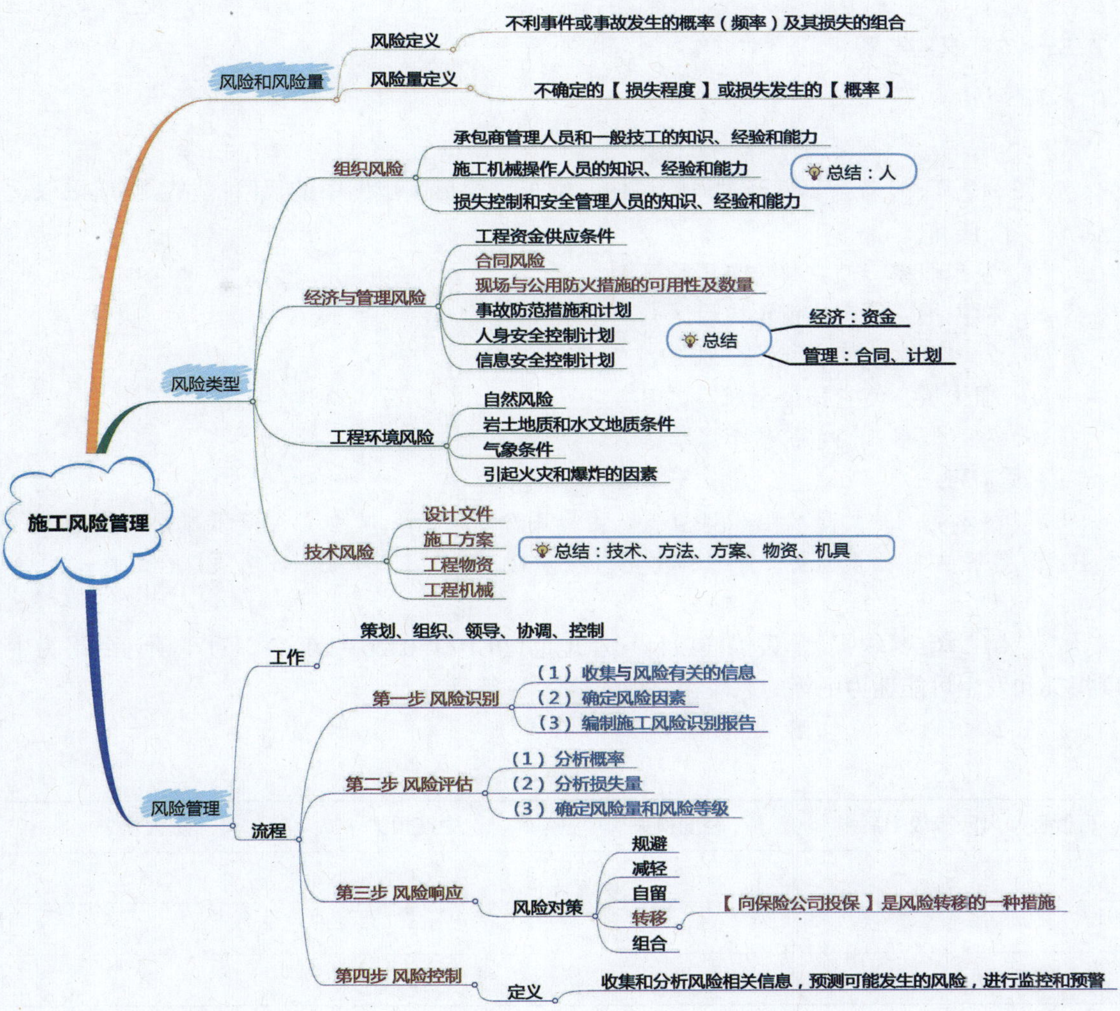

施工风险管理

- 风险类型
  - 风险和风险量
    - 风险定义：不利事件或事故发生的概率（频率）及其损失的组合
    - 风险量定义：不确定的【损失程度】或损失发生的【概率】
  - 组织风险
    - 承包商管理人员和一般技工的知识、经验和能力
    - 施工机械操作人员的知识、经验和能力
    - 损失控制和安全管理人员的知识、经验和能力
    - 总结：人
  - 经济与管理风险
    - 工程资金供应条件
    - 合同风险
    - 现场与公用防火措施的可用性及数量
    - 事故防范措施和计划
    - 人身安全控制计划
    - 信息安全控制计划
    - 总结：经济：资金；管理：合同、计划
  - 工程环境风险
    - 自然风险
    - 岩土地质和水文地质条件
    - 气象条件
    - 引起火灾和爆炸的因素
  - 技术风险
    - 设计文件
    - 施工方案
    - 工程物资
    - 工程机械
    - 总结：技术、方法、方案、物资、机具

- 风险管理
  - 工作：策划、组织、领导、协调、控制
  - 流程
    - 第一步 风险识别
      - (1) 收集与风险有关的信息
      - (2) 确定风险因素
      - (3) 编制施工风险识别报告
    - 第二步 风险评估
      - (1) 分析概率
      - (2) 分析损失量
      - (3) 确定风险量和风险等级
    - 第三步 风险响应
      - 风险对策：规避、减轻、自留、转移、组合
      - 【向保险公司投保】是风险转移的一种措施
    - 第四步 风险控制
      - 定义：收集和分析风险相关信息，预测可能发生的风险，进行监控和预警

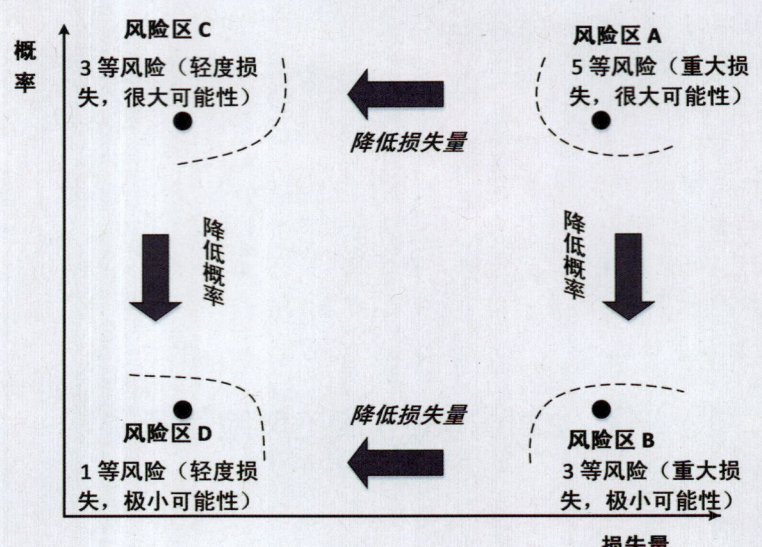

二、本节真题与解析

风险和风险量

1.【2012 年多】若某事件经过风险评估，位于风险量区域图中的风险区 A，则应采取适当措施，降低其（　　）。

A. 发生概率，使它移位至风险区 D
B. 损失量，使它移位至风险区 C
C. 发生概率，使它移位至风险区 C
D. 损失量，使它移位至风险区 B
E. 发生概率，使它移位至风险区 B

【答案】BE

【解析】本题考核的是风险和风险量。由上图分析可知，风险区 A 降低概率，使它移位至 B；风险区 A 降低损失量，使它移位至风险区 C。因此，只有 B、E 选项符合题意。

2.【2013 年单】根据《建设工程项目管理规范》（GB/T50326—2006），对于预计后果为中度损失和发生可能性为中等的风险，应列入（　　）等风险。

A. 2　　　　B. 4　　　　C. 5　　　　D. 3

可能性 \ 风险等级 \ 后果	轻度损失	中度损失	重大损失
很大	3	4	5
中等	2	3	4
极小	1	2	3

【答案】D

【解析】本题考核的是风险和风险量。中度损失和发生可能性为中等相交的风险等级为3等风险，因此，只有D选项符合题意。

施工风险的类型

【2012 年单】某建设工程项目在基坑开挖阶段，遇到了不利的软弱土层。需要进行地基处理，使施工进度延迟、施工费用增加、该风险属于(　　)。

A. 组织风险　　　B. 技术风险　　　C. 工程环境风险　　　D. 经济与管理风险

【答案】C

【解析】本题考核的是施工风险的类型。工程环境风险，如：自然灾害；岩土地质条件和水文地质条件；气象条件；引起火灾和爆炸的因素等。因此，只有C选项符合题意。

施工风险管理的任务和方法

1.【2012 年单】在施工风险管理过程中，属于风险识别工作的是(　　)。

A. 分析风险发生概率　　　　B. 制定风险管理目标
C. 确定风险因素　　　　　　D. 预测风险成本

【答案】C

【解析】本题考核的是施工风险管理的任务和方法。施工风险管理过程包括施工全过程的风险识别、风险评估、风险响应和风险控制。风险识别的任务是识别施工全过程存在哪些风险，其工作程序包括：收集与施工风险有关的信息；确定风险因素；编制施工风险识别报告。因此，只有C选项符合题意。A选项分析风险发生概率属于风险评估，B选项制定风险管理目标属于风险响应，D选项预测风险成本属于风险控制。

2.【2013 年单】施工风险管理过程包括施工全过程的风险识别、风险评估、风险响应和(　　)。

A. 风险转移　　　B. 风险跟踪　　　C. 风险排序　　　D. 风险控制

【答案】D

【解析】本题考核的是施工风险管理的任务和方法。施工风险管理过程包括施工全过程的风险识别、风险评估、风险响应和风险控制。因此，只有D选项符合题意。

3.【2013 年多】建设工程项目风险管理过程中，风险识别的工作有(　　)。

A. 确定风险因素
B. 收集与施工风险相关的信息
C. 分析各种风险的损失量
D. 分析各种风险因素发生的频率
E. 编制施工风险识别报告

【答案】ABE

【解析】本题考核的是施工风险管理的任务和方法。施工风险管理过程包括施工全过程的风险识别、风险评估、风险响应和风险控制。风险识别的任务是识别施工全过程存在哪些风险，其工作程序包括：收集与施工风险有关的信息；确定风险因素；编制施工风险识别报告。C、D选项属于风险评估。因此，只有A、B、E选项符合题意。

4.【2014年单】建设工程施工风险管理的工作程序中，风险响应的下一步工作是（　　）。

　　A. 风险评估　　　B. 风险控制　　　C. 风险识别　　　D. 风险预测

【答案】B

【解析】本题考核的是施工风险管理的任务和方法。施工风险管理过程包括风险识别、风险评估、风险响应、风险控制四个环节，所以风险响应的下一步工作是风险控制。因此，B选项符合题意。

2Z101070　工程监理的工作任务和方法

一、本节知识速记

1. 工程监理

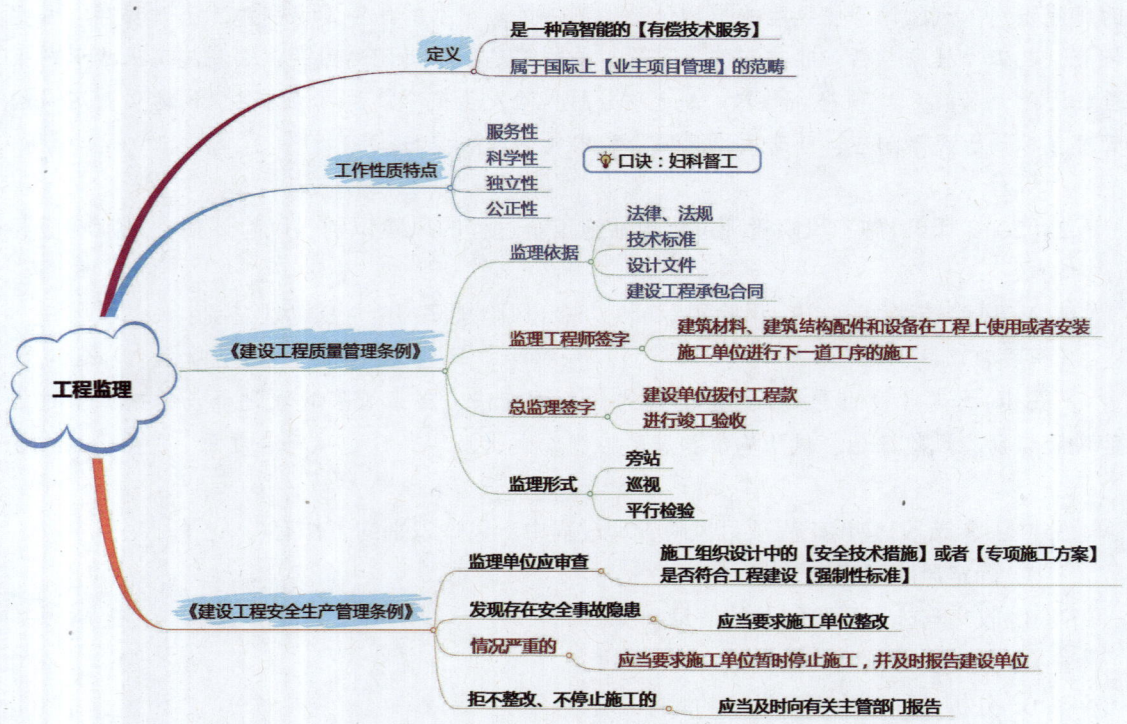

2. 工程监理的工作任务和方法

工程监理的工作任务和方法

- **项目实施阶段监理工作的主要任务**
  - 施工准备阶段
    1. 审查施工单位选择的分包单位的【资质】
    2. 监督检查施工单位质量保证体系及安全技术【措施】，完善质量管理程序与【制度】
    3. 参与设计单位向施工单位的【设计交底】
    4. 审查施工【组织设计】
    5. 在单位工程开工前检查施工单位的【复测资料】
    6. 对重点工程部位的【中线和水平】控制进行复查
    7. 审批一般单项工程和单位工程的【开工报告】

    注意：记忆并区别施工准备阶段

  - 竣工验收阶段
    1. 督促和检查施工单位及时整理竣工文件和【验收资料】，并提出【意见】
    2. 审查施工单位提交的竣工【验收申请】，编写工程【质量评估报告】
    3. 组织工程【预验收】，参加业主组织的竣工验收，并签署竣工验收意见
    4. 编制、整理工程【监理归档文件】并提交给业主

- **工程监理的工作方法**
  - 监理前，建设单位【书面通知】被监理的施工企业内容有：
    - 委托的工程监理单位
    - 监理的内容
    - 监理权限
  - 发现问题如何处理？
    - 认为【工程施工】不符合【工程设计要求、施工技术标准、合同约定】 —— 有权要求施工企业改正
    - 发现【工程设计】不符合【建筑工程质量标准、合同约定的质量要求】 —— 报告建设单位要求设计单位改正
  - 监理规划的规定
    1. 何时开始编制？何时报送？
       - 在【签订委托监理合同】及【收到设计文件后】开始【编制】
       - 在召开【第一次工地会议前】报送建设单位
    2. 谁组织？谁编制？谁签字？谁审批？
       - 总监理工程师
       - 专业监理工程师编制
       - 总监理工程师签字
       - 监理单位技术负责人审批
    3. 编制依据
       - 法律法规
       - 标准、设计文件、技术资料
       - 监理大纲、委托监理合同
  - 监理实施细则的规定
    1. 哪些需要编制监理实施细则
       - 采用新材料、新工艺、新技术、新设备的工程
       - 专业性较强、危险性较大的分部分项工程
    2. 何时开始编制？ —— 在相应工程施工开始前
    3. 谁编制？谁审批？
       - 专业监理工程师编制
       - 总监理工程师审批
       - 补充：监理工作实施过程中，监理实施细则可根据实际情况进行补充、修改，经【总监理工程师批准后实施】
    4. 编制依据
       - 监理规划
       - 标准、设计文件
       - 施工组织设计、专项施工方案
  - 旁站监理
    - 哪些需要旁站监理？
      - 关键部位
      - 关键工序
    - 施工企业何时书面通知监理机构？ —— 施工前24小时
    - 旁站监理的主要职责
      1. 检查人、料、机准备情况
      2. 检查施工方案和强制性标准
      3. 检查检验报告
      4. 做好监理记录
    - 进行下一道工序施工，哪些人应在旁站监理记录上签字？
      - 旁站监理人员
      - 现场质检人员
    - 发现问题如何处理？
      - 施工企业违反工程建设强制性标准 —— 责令施工企业立即整改
      - 危及工程质量
        1. 向【监理工程师】或【总监理工程师】报告
        2. 由【总监理工程师】下达局部暂停施工指令

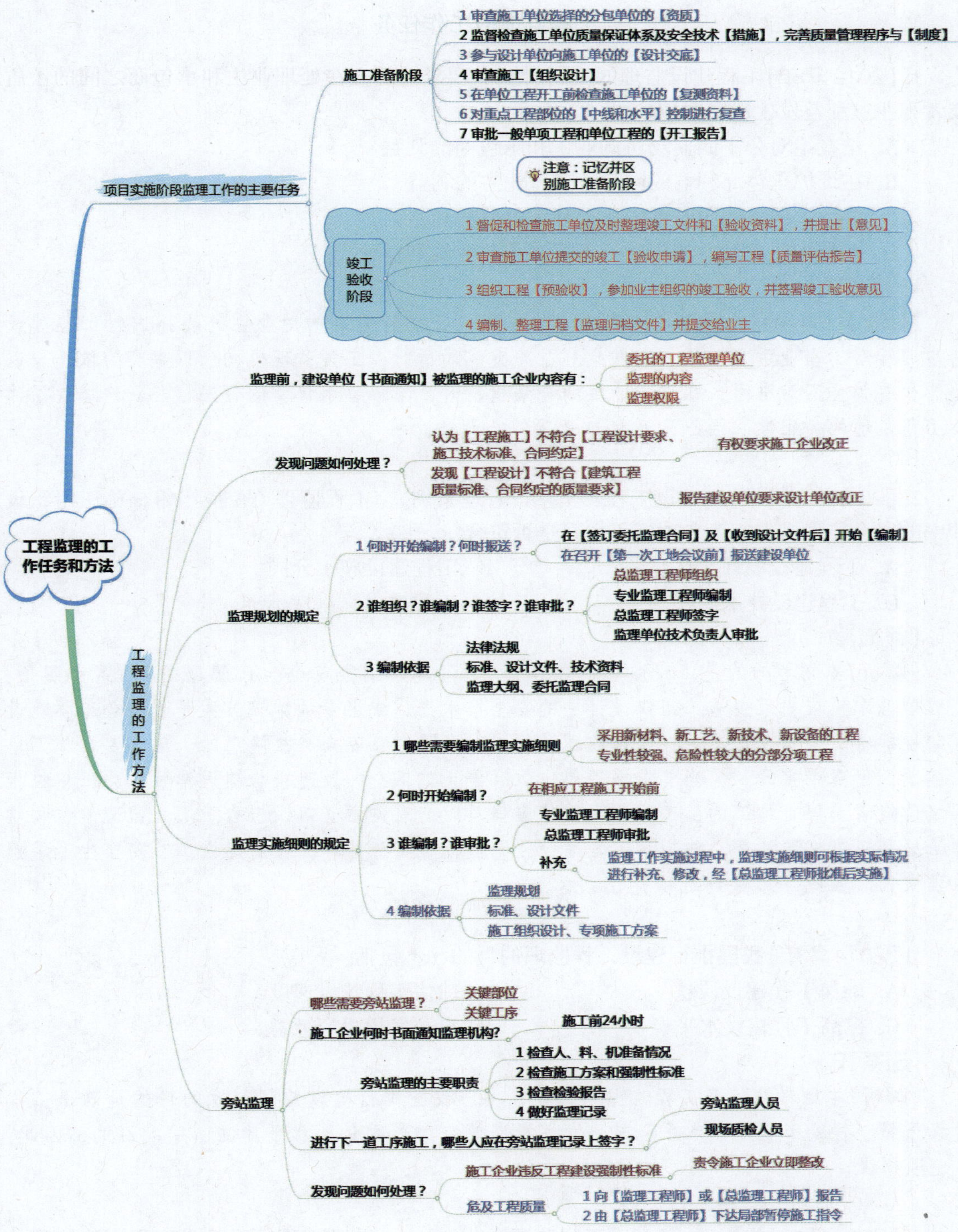

二、本节真题与解析

工程监理的工作任务

1.【2012年单】工程建设监理的"公正性",要求监理方在处理业主和承包商之间的矛盾或者和业主利益发生冲突时应(　　)。
    A. 站在绝对公平的立场协调业主和承包商的利益
    B. 在维护承包商利益的同时,兼顾业主的利益
    C. 尽最大的可能同时维护业主和承包商的利益
    D. 在维护业主利益的同时,不损害承包商的利益

【答案】D

【解析】本题考核的是工程监理的工作任务。工程监理机构受业主的委托进行工程建设的监理活动,当业主方和承包商发生利益冲突或矛盾时,工程监理机构应以事实为依据,以法律和有关合同为准绳,在维护业主的合法权益时,不损害承包商的合法权益,这体现了建设工程监理的公正性。因此,只有D选项符合题意。

2.【2013年单】根据《建设工程安全生产管理条例》,工程监理单位应当审核施工组织设计中的安全技术措施或者专项施工方案是否符合(　　)。
    A. 工程建设设计文件   B. 工程建设施工合同
    C. 工程建设技术规程   D. 工程建设强制性标准

【答案】D

【解析】本题考核的是工程监理的工作任务。《建设工程安全生产管理条例》第十四条:工程监理单位应当审查施工组织设计中的安全技术措施或者专项施工方案是否符合工程建设强制性标准。工程监理单位在实施监理过程中,发现存在安全事故隐患的,应当要求施工单位整改;情况严重的,应当要求施工单位暂时停止施工,并及时报告建设单位。施工单位拒不整改或者不停止施工的,工程监理单位应当及时向有关主管部门报告。工程监理单位和监理工程师应当按照法律、法规和工程建设强制性标准实施监理,并对建设工程安全生产承担监理责任。因此,只有D选项符合题意。

3.【2014年单】我国推行建设工程监理的目的,不包括(　　)。
    A. 确保工程建设质量   B. 加快工程建设速度
    C. 提高工程建设水平   D. 充分发挥投资效益

【答案】B

【解析】本题考核的是工程监理的工作任务。我国推行建设监理制度的目的是确保工程建设质量、提高工程建设水平、充分发挥投资效益,选项B不属于建立制度的目的,因此,B选项错误。

4.【2014年单】根据现行《建设工程监理规范》要求,监理工程师对建设工程实施监理的形式包括(　　)。
    A. 旁站、巡视和班组自检

B. 巡视、平行检验和班组自检
C. 平行检验、班组互检和旁站
D. 旁站、巡视和平行检验

【答案】D

【解析】本题考核的是工程监理的工作任务。监理工程师应当按照工程监理规范的要求，采取旁站、巡视和平行检验等形式，对建设工程实施监理。因此，D选项符合题意。

工程监理的工作方法

1.【2012年单】对需要旁站监理的钢结构施工，施工企业至少应当在钢结构安装前（　　）小时，书面通知监理单位派驻工地的监理机构。
　　A. 24　　　　　B. 36　　　　　C. 48　　　　　D. 60

【答案】A

【解析】本题考核的是工程监理的工作方法。施工企业根据监理企业制定的旁站监理方案，在需要实施旁站监理的关键部位、关键工序进行施工前24小时，应当书面通知监理企业派驻工地的项目监理机构。项目监理机构应当安排旁站监理人员按照旁站监理方案实施旁站监理。因此，只有选项A符合题意。

2.【2013年单】工程建设监理规划编制完成后，必须经（　　）审批批准。
　　A. 业主
　　B. 总监理工程师
　　C. 监理单位技术负责人
　　D. 专业监理工程师

【答案】C

【解析】本题考核的是工程监理的工作方法。总监理工程师组织专业监理工程师参加编制，总监理工程师签字后由工程监理单位技术负责人审批。因此，只有C选项符合题意。

2Z102000 施工成本管理

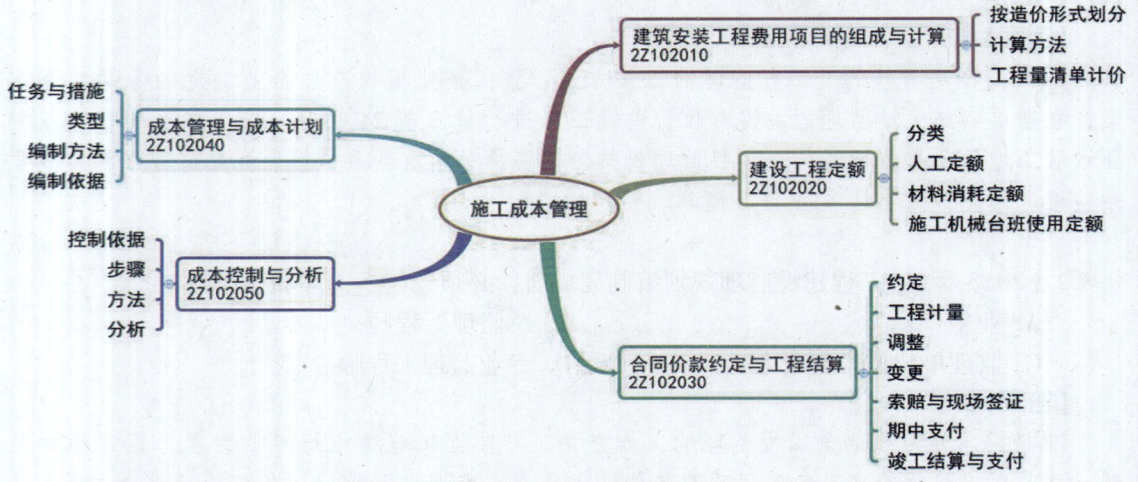

2Z102010 建设安装工程费用项目的组成与计算

一、本节知识速记

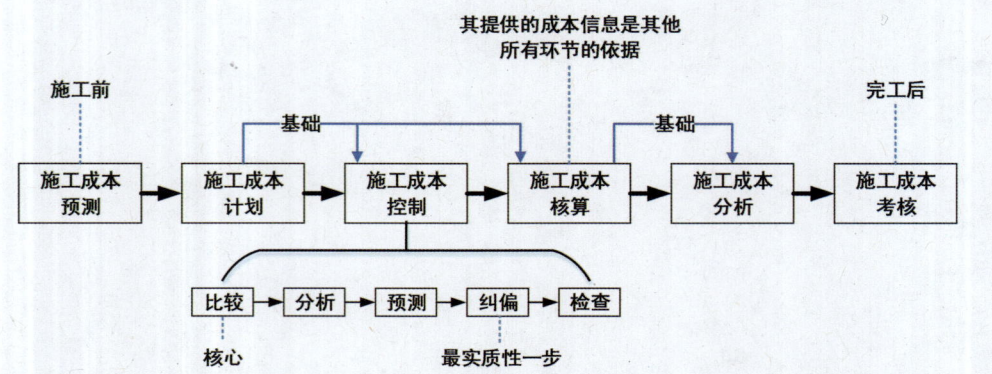

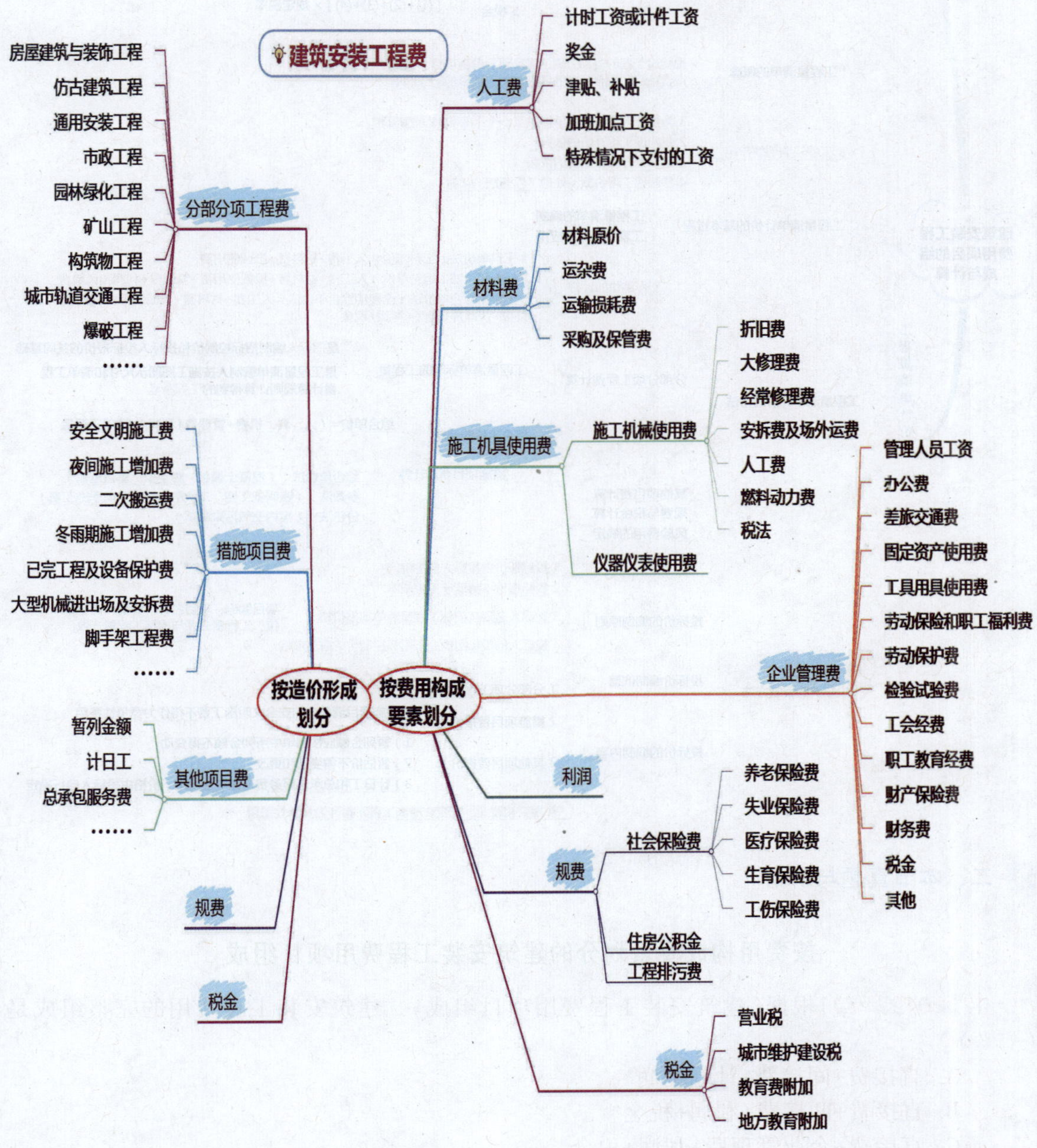

第一部分 建设工程项目管理

建筑安装工程费

按费用构成要素划分

- **人工费**
  - 计时工资或计件工资
  - 奖金
  - 津贴、补贴
  - 加班加点工资
  - 特殊情况下支付的工资

- **材料费**
  - 材料原价
  - 运杂费
  - 运输损耗费
  - 采购及保管费

- **施工机具使用费**
  - 施工机械使用费
    - 折旧费
    - 大修理费
    - 经常修理费
    - 安拆费及场外运费
    - 人工费
    - 燃料动力费
    - 税法
  - 仪器仪表使用费

- **企业管理费**
  - 管理人员工资
  - 办公费
  - 差旅交通费
  - 固定资产使用费
  - 工具用具使用费
  - 劳动保险和职工福利费
  - 劳动保护费
  - 检验试验费
  - 工会经费
  - 职工教育经费
  - 财产保险费
  - 财务费
  - 税金
  - 其他

- **利润**

- **规费**
  - 社会保险费
    - 养老保险费
    - 失业保险费
    - 医疗保险费
    - 生育保险费
    - 工伤保险费
  - 住房公积金
  - 工程排污费

- **税金**
  - 营业税
  - 城市维护建设税
  - 教育费附加
  - 地方教育附加

按造价形成划分

- **分部分项工程费**
  - 房屋建筑与装饰工程
  - 仿古建筑工程
  - 通用安装工程
  - 市政工程
  - 园林绿化工程
  - 矿山工程
  - 构筑物工程
  - 城市轨道交通工程
  - 爆破工程
  - ……

- **措施项目费**
  - 安全文明施工费
  - 夜间施工增加费
  - 二次搬运费
  - 冬雨期施工增加费
  - 已完工程及设备保护费
  - 大型机械进出场及安拆费
  - 脚手架工程费
  - ……

- **其他项目费**
  - 暂列金额
  - 计日工
  - 总承包服务费
  - ……

- **规费**

- **税金**

31

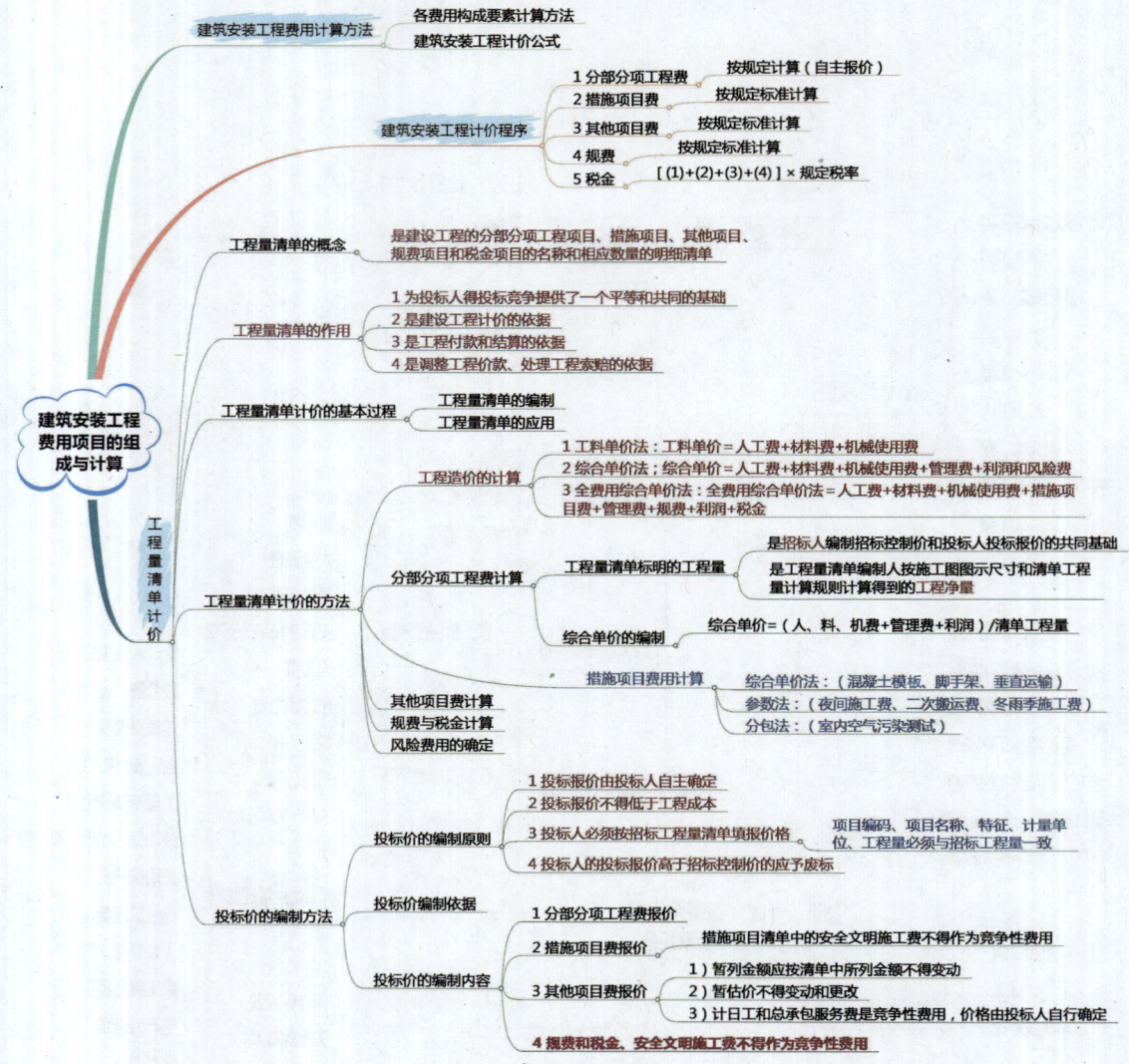

> 二、本节真题与解析

按费用构成要素划分的建筑安装工程费用项目组成

1.【2012年单】根据《建筑安装工程费用项目组成》,建筑安装工程费用的完整组成是( )。

　　A. 直接费+间接费+计划利润
　　B. 直接费+间接费+利润+税金
　　C. 直接费+企业管理费+利润+税金
　　D. 直接工程费+间接费+利润+税金

【答案】B

【解析】本题考核的是建筑安装工程费用项目组成。主要包括直接费、间接费、利润和税金。因此,只有B选项符合题意。

2.【2012年单】根据《建筑安装工程费用项目组成》(建标〔2003〕206号),施工项目墙体砌筑所用的砂子在运输过程中不可避免的损耗,应计入( )
  A. 企业管理费 B. 二次搬运费 C. 材料费 D. 措施费
【答案】C
【解析】本题考核的是建筑安装工程费用项目组成。材料费包括:①材料原价;②材料杂费;③运输损耗费;④采购及保管费;⑤检验试验费。因此,只有C选项符合题意。

3.【2012年单】根据《建筑安装工程费用项目组成》(建标〔2003〕206号),施工企业为高空、井下、海上作业等特殊工种工人缴纳的工伤保险费属于( )
  A. 施工项目的直接费
  B. 施工企业须向业主索赔的费用
  C. 施工企业的管理费
  D. 施工企业间接费中的的规费
【答案】D
【解析】本题考核的是建筑安装工程费用项目组成。规费保护工伤保险费,即企业为特殊工种工人缴纳的工伤保险费,属于施工企业间接费中的规费,规费是政府和有关权力部门规定必须缴纳的费用。主要包括①工程排污费;②工程定额测定费;③社会保障费;④住房公积金;⑤危险作业意外伤害保险。因此,只有D选项符合题意。

4.【2012年多】根据《建筑安装工程费用项目组成》(建标〔2003〕206号),应计入建筑安装工程直接工程费中人工费的有( )。
  A. 生产工人劳动保护费
  B. 职工教育经费
  C. 按规定标准发放的生产工人的交通和住房补贴
  D. 生产工人培训期间的工资
  E. 六个月以上的病假人员的工资
【答案】ACD
【解析】本题考核的是建筑安装工程费用项目组成。人工费包括基本工资、工资性补贴、生产工人辅助工资、职工福利费和生产工人劳动保护费。因此,A、C、D选项符合题意。

5.【2013年单】根据《建筑安装工程费用项目组成》(建标2003,206号),病假在六个月以内的生产工人的工资属于( )。
  A. 生产工人基本工资   B. 生产工人辅助工资
  C. 职工福利费   D. 企业管理费
【答案】B
【解析】本题考核的是建筑安装工程费用组成。病假在六个月内的工资及产、婚、丧假期的工期属于人工费中的生产工人辅助工资。因此,只有B选项符合题意。

6.【2013年单】根据现行规定,施工企业为职工缴纳的工伤保险费,属于建筑安装工程费中的( )。
  A. 文明施工费 B. 劳动保险费 C. 规费 D. 安全施工费
【答案】C
【解析】本题考核的是建筑安装工程费用项目组成。规费包括工程排污费、社会保障费、住房公积金、工伤保险费。因此，只有 C 选项符合题意。

7.【2014年单】根据《建筑安装工程费用项目组成》（建标〔2013〕44号），下列税金组合中，应计入建筑安装企业管理费的是（　　）。
　　A. 营业税、房产税、车船使用税、土地使用税
　　B. 城市维护建设税、教育费附加、地方教育附加
　　C. 房产税、土地使用税、营业税
　　D. 房产税、车船使用税、土地使用税、印花税
【答案】D
【解析】本题考核的是建筑安装工程费用项目组成。利用排除法解题：营业税、城市维护建设税、教育费附加、地方教育附加均为税金，故 ABC 错误。

按造价形成划分的建筑安装工程费用项目组成

1.【2012年多】根据《建筑安装工程费用项目组成》（建标〔2003〕206号），应计入措施费的有（　　）。
　　A. 二次搬运费　　　　　　　　B. 脚手架费
　　C. 夜间施工增加费　　　　　　D. 施工机械大修理费
　　E. 已完工程及设备保护费
【答案】ABCE
【解析】本题考核的是按造价形成划分的建筑安装工程费用项目组成。措施费包括环境保护费、文明施工费、安全施工费、临时设施费、夜间施工费、二次搬运费、大型机械设备进出场及安拆费、混凝土、钢筋混凝土模板及支架费、脚手架费、已完工程及设备保护费、施工排水、降水费。因此，只有 A、B、C、E 选项符合题意。

2.【2013年多】根据《建筑安装工程费用项目组成》（建标〔2003〕206号），下列费用属于措施费的是（　　）。
　　A. 环境保护费　　B. 文明施工费　　C. 安全施工费　　D. 机械修理费
　　E. 工程排污费
【答案】ABC
【解析】本题考核的是按造价形成划分的建筑安装工程费用项目组成。机械修理费属于施工机械使用费，工程排污费属于规费。因此，D、E 选项错误。

3.【2014年单】根据《建筑安装工程费用项目组成》（建标〔2013〕44号），下列费用中，应计入措施项目费的是（　　）。
　　A. 检验试验费　　　　　　　　B. 总承包服务费
　　C. 施工机具使用费　　　　　　D. 工程定位复测费
【答案】D
【解析】本题考核的是按造价形成划分的建筑安装工程费用项目组成。A 为企业管理费；B 为其他项目费；C 为施工机具使用费。因此，只有 D 选项符合题意。

4.【2014年多】根据《建筑安装工程费用项目组成》（建标〔2013〕44号），按造价形成划分，属于措施项目费的有（　　）。
　　A. 特殊地区施工增加费　　　　B. 工程定位复测费

C. 安全文明施工费　　　　D. 仪器仪表使用费
E. 脚手架工程费

【答案】ABCE

【解析】本题考核的是按造价形成划分的建筑安装工程费用项目组成。仪器仪表使用费是按费用构成要素划分的施工机具使用费。因此，只有 D 选项错误，其他正确。

建筑安装工程费用计算方法

1.【2013 年单】某地基基础工程直接工程费为 1000 万元，以直费为计算基础计算建筑安装工程费，其中措施费为直接工程费的 5%，间接费为 8%，综合税率为 3.35%，则该工程的建筑安装工程费含税造价为（　　）万元。
A. 1186.500　　B. 1190.7　　C. 11226.248　　D. 1230.588

【答案】D

【解析】本题考核的是建筑安装工程造价计算。含税工程造价 = 1000×(1+5%)×(1+8%)×(1+5%)×(1+3.35%) = 1230.588 万元。因此，只有 D 选项符合题意。

2.【2013 年单】建筑安装工程税金中，城市维护建设税的计算基数是（　　）。
A. 建安工程产值　B. 应纳营业税额　C. 应纳所得税额　D. 直接工程费

【答案】B

【解析】本题考核的是城市维护建设税的计算。城市维护建设税 = 应纳营业税额×适用税率。因此，只有 B 选项符合题意。

3.【2014 年单】根据《建设工程工程量计价规范》(GB50500—2013)，关于暂列金额的说法，正确的是（　　）。
A. 已签约合同中的暂列金额应由发包人掌握使用
B. 已签约合同中的暂列金额应由承包人掌握使用
C. 发包人按照合同规定将暂列金额作出支付后，剩余金额归承包人所有
D. 发包人按照合同规定将暂列金额作出支付后，剩余金额由发包人和承包人共同所有

【答案】A

【解析】本题考核的是建筑安装工程造价计算。已签约合同价中的暂列金额由发包人掌握使用。发包人按照合同的规定作出支付后，如有剩余，则暂列金额余额归发包人所有。

建筑安装工程计价程序

1.【2012 年单】某工程采用《建设工程工程量清单计价规范》(GB50500—2008)，招标人提供的工程量清单挖土方的工程 2600m³，招标人依据其他方案计算出的挖二方作业量为 4300m³，完成改分项工程的直接工程费为 76000 元，管理费 20000 元，利润 5000 元，其他的因素均不考虑，则根据已知条件，投标人应报的综合单价为（　　）元/m³。
A. 23.49　　B. 29.28　　C. 36.92　　D. 38.85

【答案】D

【解析】本题考核的是建筑安装工程计价程序。清单综合单价 = (人工+材料+机械+管理费+利润)/图示尺寸的工程量 = (76000+20000+5000)/2600 = 38.85。因此只有 D 选项符合题意。

2.【2012年单】某建筑工程人工费为1500万元,材料费为5000万元,施工机械使用费为1000万元,措施费为直接工程费的6%,间接费费率为10%,利润率为5%,综合税率为3.41%,则该工程建筑安装工程总造价为( )万元。

A. 8881　　　　　B. 9135　　　　　C. 9447　　　　　D. 9495

【答案】D

【解析】本题考核的是建筑安装工程费用项目组成的计算方法。直接工程费＝人工+材料+机械＝1500+5000+1000＝7500万元,措施费＝直接工程费×6%＝7500×6%＝450万元;直接费＝直接工程费+措施费＝7500+450＝7950万元,间接费＝直接费×费率＝7950×10%＝795万元,直接费+间接费＝7950+795＝8745万元,利润＝(直接费+间接费)×利润率＝8745×5%＝437.25万元,税金＝(直接费+间接费+利润)×3.41%＝313.114725万元,总造价＝直接费+间接费+利润+税金＝9495.364725万元。

工程量清单计价

1.【2012年单】根据《建设工程工程量清单计价规范》(GB50500—2008),招投标时不能作为竞争性费用的是( )。

A. 夜间施工费　　　　　　　　B. 冬雨季施工费
C. 安全文明施工费　　　　　　D. 已完工程及设备保护费

【答案】C

【解析】本题考核的是工程量清单计价。规费、税金、安全文明施工费不得设为竞争性费用。安全文明施工费包含：环境保护费、文明施工费、安全措施费、临时设施费。因此,只有C选项符合题意。

2.【2013年多】根据《建设工程工程量清单计价规范》(GB50500—2008),"其他项目清单"的内容一般包括( )

A. 暂估价　　B. 计日工　　C. 工程排污费　　D. 暂列金额
E. 总承包服务费

【答案】ABDE

【解析】本题考核的是工程量清单计价。由暂列金额、暂估价、计日工、总承包服务费等内容组成。因此,只有C选项错误。

3.【2014年单】根据《建设工程工程量清单价计规范》(GB50500—2013),关于投标价编制原则的说法,正确的是( )。

A. 投标报价只能由投标人自行编制
B. 投标报价可以另行设定情况优惠总价
C. 投标报价高于招标控制价的必须下调后采用
D. 投标报价不得低于工程成本

【答案】D

【解析】本题考核的是工程量清单计价。投标报价的编制原则中明确规定：投标报价不得低于工程成本。因此,只有D选项符合题意。

2Z102020 建设工程定额

> 一、本节知识速记

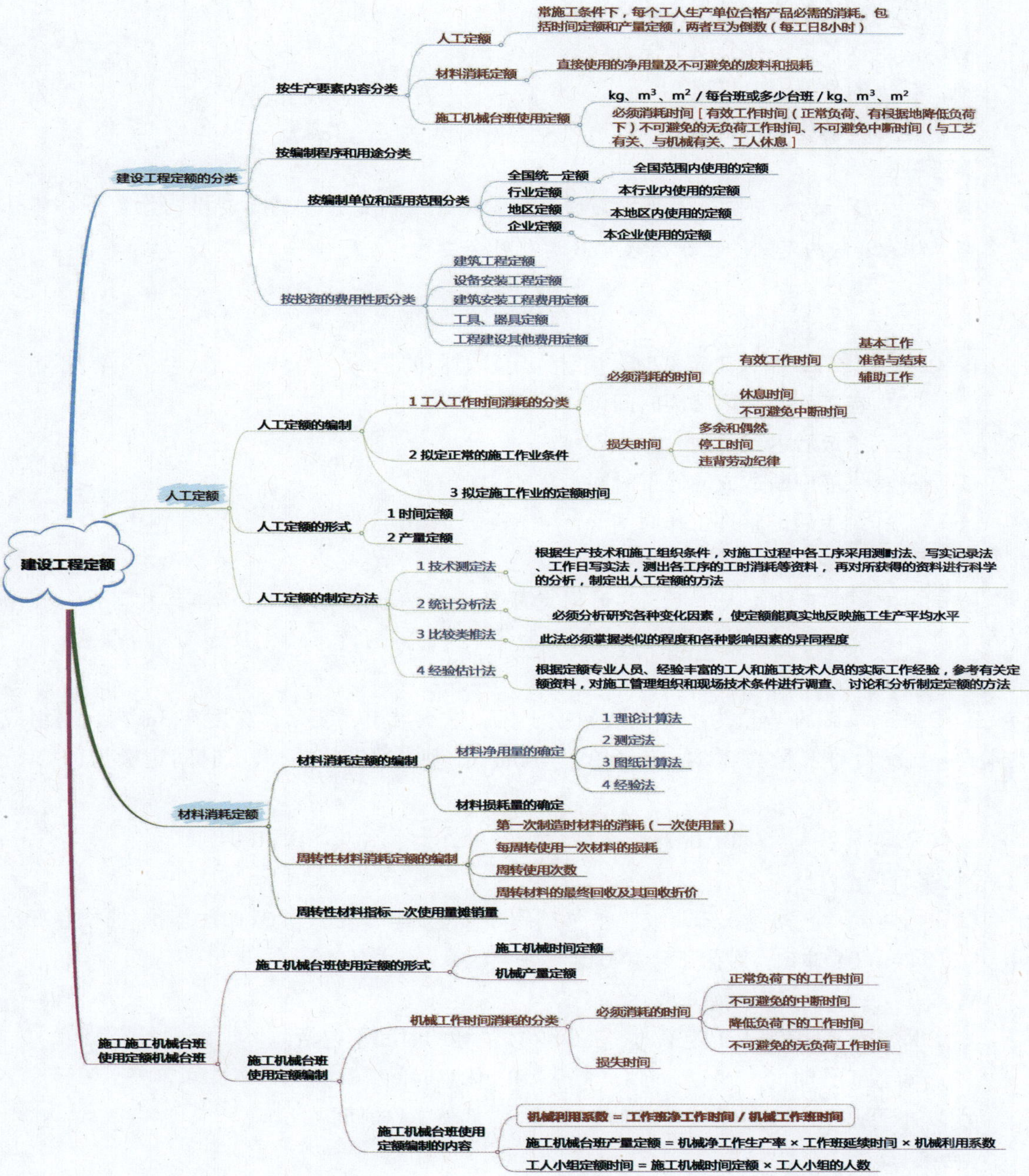

建设工程定额
- 建设工程定额的分类
  - 按生产要素内容分类
    - 人工定额：常施工条件下，每个工人生产单位合格产品必需的消耗。包括时间定额和产量定额，两者互为倒数（每工日8小时）
    - 材料消耗定额：直接使用的净用量及不可避免的废料和损耗
    - 施工机械台班使用定额：$kg、m^3、m^2$／每台班或多少台班／$kg、m^3、m^2$
      - 必须消耗时间 [有效工作时间（正常负荷、有根据地降低负荷下）不可避免的无负荷工作时间、不可避免中断时间（与工艺有关、与机械有关、工人休息）]
  - 按编制程序和用途分类
  - 按编制单位和适用范围分类
    - 全国统一定额：全国范围内使用的定额
    - 行业定额：本行业内使用的定额
    - 地区定额：本地区内使用的定额
    - 企业定额：本企业使用的定额
  - 按投资的费用性质分类
    - 建筑工程定额
    - 设备安装工程定额
    - 建筑安装工程费用定额
    - 工具、器具定额
    - 工程建设其他费用定额
- 人工定额
  - 人工定额的编制
    - 1 工人工作时间消耗的分类
      - 必须消耗的时间
        - 有效工作时间
          - 基本工作
          - 准备与结束
          - 辅助工作
        - 休息时间
        - 不可避免中断时间
      - 损失时间
        - 多余和偶然
        - 停工时间
        - 违背劳动纪律
    - 2 拟定正常的施工作业条件
    - 3 拟定施工作业的定额时间
  - 人工定额的形式
    - 1 时间定额
    - 2 产量定额
  - 人工定额的制定方法
    - 1 技术测定法：根据生产技术和施工组织条件，对施工过程中各工序采用测时法、写实记录法、工作日写实法，测出各工序的工时消耗资料，再对所获得的资料进行科学的分析，制定出人工定额的方法
    - 2 统计分析法：必须分析研究各种变化因素，使定额能真实地反映施工生产平均水平
    - 3 比较类推法：此法必须掌握类似的程度和各种影响因素的异同程度
    - 4 经验估计法：根据定额专业人员、经验丰富的工人和施工技术人员的实际工作经验，参考有关定额资料，对施工管理组织和现场技术条件进行调查、讨论和分析制定定额的方法
- 材料消耗定额
  - 材料消耗定额的编制
    - 材料净用量的确定
      - 1 理论计算法
      - 2 测定法
      - 3 图纸计算法
      - 4 经验法
    - 材料损耗量的确定
  - 周转性材料消耗定额的编制
    - 第一次制造时材料的消耗（一次使用量）
    - 每周转使用一次材料的损耗
    - 周转使用次数
    - 周转材料的最终回收及其回收折价
  - 周转性材料指标一次使用量摊销量
- 施工施工机械台班使用定额机械台班
  - 施工机械台班使用定额的形式
    - 施工机械时间定额
    - 机械产量定额
  - 施工机械台班使用定额编制
    - 机械工作时间消耗的分类
      - 必须消耗的时间
        - 正常负荷下的工作时间
        - 不可避免的中断时间
        - 降低负荷下的工作时间
        - 不可避免的无负荷工作时间
      - 损失时间
  - 施工机械台班使用定额编制的内容
    - 机械利用系数 = 工作班净工作时间／机械工作班时间
    - 施工机械台班产量定额 = 机械净工作生产率 × 工作班延续时间 × 机械利用系数
    - 工人小组定额时间 = 施工机械时间定额 × 工人小组的人数

二、本节真题与解析

建设工程定额的分类

【2014年单】预算定额是编制概算定额的基础，是以（　　）为对象编制的定额。
　A. 同一性质的施工过程
　B. 建筑物各个分部分项工程
　C. 扩大的分部分项工程
　D. 整个建筑物和构筑物

【答案】B

【解析】本题考核的是建设工程定额的分类。预算定额是以建筑物或构筑物各个分部分项工程为对象编制的定额。因此，只有B选项符合题意。

人工定额

1.【2012年单】编制人工定额时，应计入定额时间的是（　　）。
　A. 工人在工作时间内聊天时间
　B. 工人午饭后迟到时间
　C. 材料供应中断造成的停工时间
　D. 工作结束后的整理工作时间

【答案】D

【解析】本题考查的是人工定额。时间定额包括准备与结束时间、基本工作时间、辅助工作时间、不可避免的中断时间及工人必要的休息时间。因此，只有D选项符合题意。

2.【2013年单】斗容量为$1m^3$的反铲挖土机，挖三类土，装车，深度在3m内，小组成员4人，机械台班产量为3.84（定额单位$100m^3$），则挖$100m^3$的人工时间定额为（　　）工日。
　A. 3.84　　　B. 0.78　　　C. 0.26　　　D. 1.04

【答案】D

【解析】本题考核的是人工定额。单位产品时间定额=小组成员工日数总和/机械台班产量=4/3.84=1.04工日。因此，只有D选项符合题意。

3.【2013年单】编制人工定额时，工人必须消耗的时间不包括（　　）
　A. 有效工作时间　　　　　B. 休息时间
　C. 不可避免中断时间　　　D. 偶然工作时间

【答案】D

【解析】本题考核的是人工定额。必须消耗的时间：有效工作时间，休息时间，不可避免中断时间。因此，只有D选项符合题意。

4.【2013年多】施工作业的定额时间，是在拟定基本工作时间和（　　）的基础上编制的。

  A. 偶然时间   B. 辅助工作时间

  C. 准备与结束时间   D. 不可避免的中断时间

  E. 休息时间

【答案】BCDE

【解析】本题考核的是人工定额。施工作业的定额时间，是在拟定基本工作时间、辅助工作时间、准备与结束时间、不可避免的中断时间，以及休息时间的基础上编制的。因此，只有A选项错误。

5.【2014年单】编制施工机械台班使用定额时，可计入定额时间的是（　　）。

  A. 因技术人员过错造成机械降低负荷情况下的工作时间

  B. 机械使用中进行必要的保养所造成的中断时间

  C. 操作机械的工人违反劳动纪律所消耗的时间

  D. 施工组织不当造成的机械停工时间

【答案】B

【解析】本题考核的是人工定额。B选项为不可避免的中断时间，属于必须消耗的时间，应计入定额。因此，只有B选项符合题意。

6.【2014年多】编制人工定额时，应计入工人有效工作时间的有（　　）。

  A. 准备与结束工作时间   B. 基本工作时间

  C. 辅助工作时间   D. 不可避免的中断时间

  E. 休息时间

【答案】ABC

【解析】本题考核的是人工定额。人工定额中的有效工作时间：基本工作时间，准备与结束工作时间和辅助工作时间。因此，只有A、B、C选项符合题意。

材料消耗定额

1.【2012年单】砂浆搅拌机工作时，由于工人没有及时供料而使机械空转的时间属于机械工作时间消耗中的（　　）。

  A. 有效工作时间

  B. 非施工本身造成的停工时间

  C. 多余工作时间

  D. 低负荷下的工作时间

【答案】C

【解析】本题考核的是机械台班定额。机械的多余工作时间，是机械进行任务内和工艺过程内未包括的工作而延续的时间，如工人没有及时供料而使机械空运转的时间。因此，只有C选项符合题意。

2. 【2013年单】施工机械台班产量定额等于(　　)。
   A. 机械净工作生产率×工作班延续时间
   B. 机械净工作生产率×工作班延续时间×机械利用系数
   C. 机械净工作生产率×机械利用系数
   D. 机械净工作生产率×工作延续时间×机械运行时间

【答案】B

【解析】本题考核的是机械台班定额。施工机械台班产量定额=机械净工作生产率×工作班延续时间×机械利用系数。因此，只有B选项符合题意。

3. 【2013年单】编制标准砖砌体材料消耗定额时，砖的消耗量应按(　　)规定。
   A. 净用量　　　　　　　　　　B. 净用量+损耗量
   C. 一次损耗量　　　　　　　　D. 损耗量+补耗量

【答案】B

【解析】本题考核的是机械台班定额。材料消耗定额的编制，主要包括确定直接使用在工程上的材料净用量和在施工现场内运输和操作过程中的不可避免的废料和损耗。因此，只有B选项符合题意。

2Z102030 合同价款约定与工程结算

▶ 一、本节知识速记

1. 合同价款约定

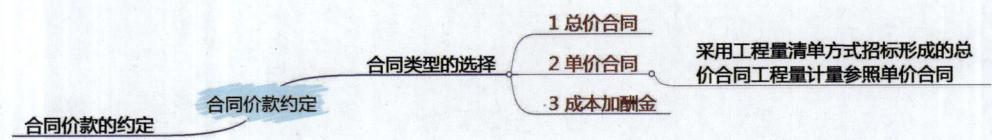

2. 工程量计量

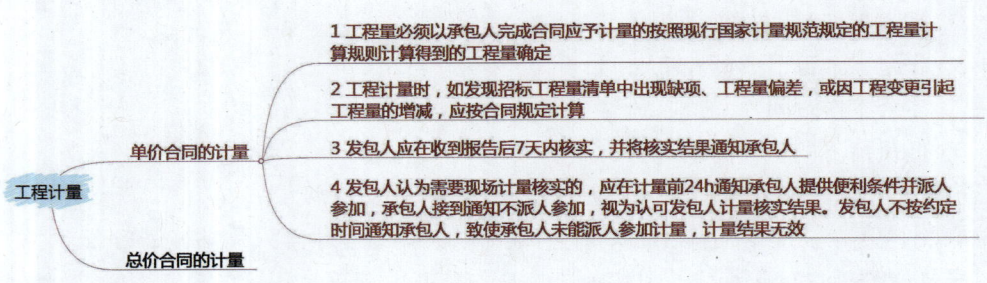

3. 合同价款调整

- 合同价款调整
  - 1 法律发生变化
    - （1）招标工程以投标截止日前28天，非招标工程以合同签订前28天为基准日
    - （2）因承包人原因导致工期延误，合同价款调增的不予调整，合同价款调减的予以调整
  - 2 项目特征描述不符
  - 3 工程量清单缺项
    - （1）新增分部分项工程清单项目的，应按照变更价款确定方法确定单价，调整合同价款；（2）措施项目发生变化的，在承包人提交的实施方案被发包人批准后；3）调整合同价款措施项目实施方案提交发包人批准后，按照计价规范的规定调整合同价款
  - 4 工程量偏差
    - 是否超过15%
      - 增加时，其增加部分的工程量的综合单价应予调低
      - 减少时，减少后剩余部分的工程量的综合单价应予调高
  - 5 计日工
    - （1）发包人通知承包人以计日工方式实施的零星工作，承包人应予执行
    - （2）按合同约定提交以下报表和有关凭证送发包人复核
      - ① 工作名称、内容和数量
      - ② 投入该工作所有人员的姓名、工种、级别和耗用工时
      - ③ 投入该工作的材料名称、类别和数量
      - ④ 投入该工作的施工设备型号、台数和耗用台时
      - ⑤ 发包人要求提交的其他资料和凭证
  - 6 物价变化
    - 发生合同工程工期延误的，应按照下列规定确定合同履行期应予调整的价格
      - （1）因发包人原因，则计划进度日期后续工程的价格，采用计划进度日期与实际进度日期两者的较高者
      - （2）因承包人原因，则计划进度日期后续工程的价格，采用计划进度日期与实际进度日期两者的较低者
    - 物价变化合同价款调整方法
      - 价格指数调整法
      - 造价信息差额调整法
  - 7 暂估价
    - 暂估价是指招标人在工程量清单中提供的用于支付必然发生但暂时不能确定价格的材料、工程设备的单价以及专业工程的金额
  - 8 不可抗力
    - 不可抗力是指发承包双方在工程合同签订时不能预见的，对其发生的后果不能避免，并且不能克服的自然灾害和社会性突发事件。因不可抗力事件导致的人员伤亡、财产损失及其费用增加，发承包双方应按以下原则分别承担并调整合同价款和工期
      - 各家的损失各自承担
  - 9 提前竣工
    - 压缩的工期天数不得超过定额工期的20%，超过者，应在招标文件中明示增加赶工费用
  - 10 误期赔偿
  - 11 暂列金额
    - 暂列金额是指招标人在工程量清单中暂定并包括在合同价款中的一笔款项。施工中可能发生的工程变更、合同约定调整因素出现时的合同价款调整以及发生的索赔、现场签证确认等的费用

4. 工程变更

- 工程变更
  - 工程变更调整方法
    - 1、分部分项工程费的调整
      - 标价工程量清单中没有适用、但有类似于变更工程项目的
        - 可在合理范围内参照类似项目的单价
      - 标价工程量清单中没有适用、也没有类似
        - 工程造价管理机构发布的信息价格缺价
          - 由承包人根据变更工程资料、计量规则、计价办法和通过市场调查等取得有合法依据的市场价格提出变更工程项目的单价 报发包人确认后调整
        - 由承包人根据变更工程资料、计量规则和计价办法、工程造价管理机构发布的信息价格和承包人报价浮动率提出变更工程项目的单价，报发包人确认后调整
    - 2、措施项目费的调整
      - 安全文明施工费按照实际发生变化的措施项目调整，不得浮动
      - 采用单价计算的措施项目费，按照实际发生变化的措施项目以前述已标价工程量清单项目的规定确定单价
      - 总价（或系数）计算的措施项目费，按照实际发生变化的措施项目调整，但应考虑承包人报价浮动因素，即调整金额按照实际调整金额乘以公式或得出的承包人报价浮动率计算
    - 3、承包人报价偏差的调整
    - 4、删减工程或工作的补偿

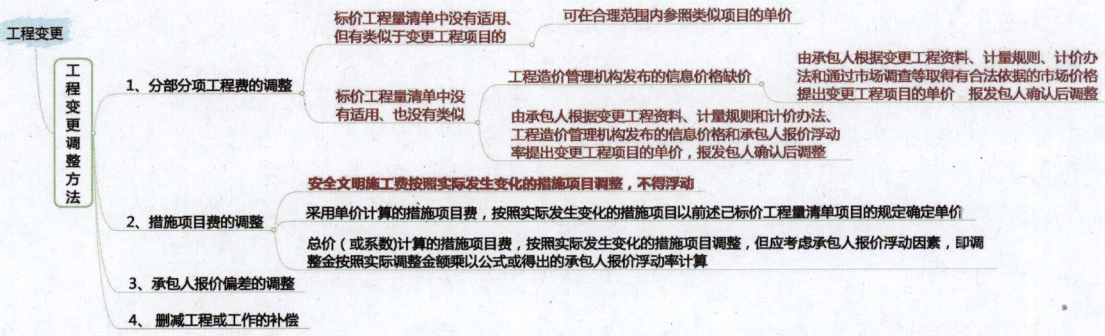

5. 索赔与现场签证

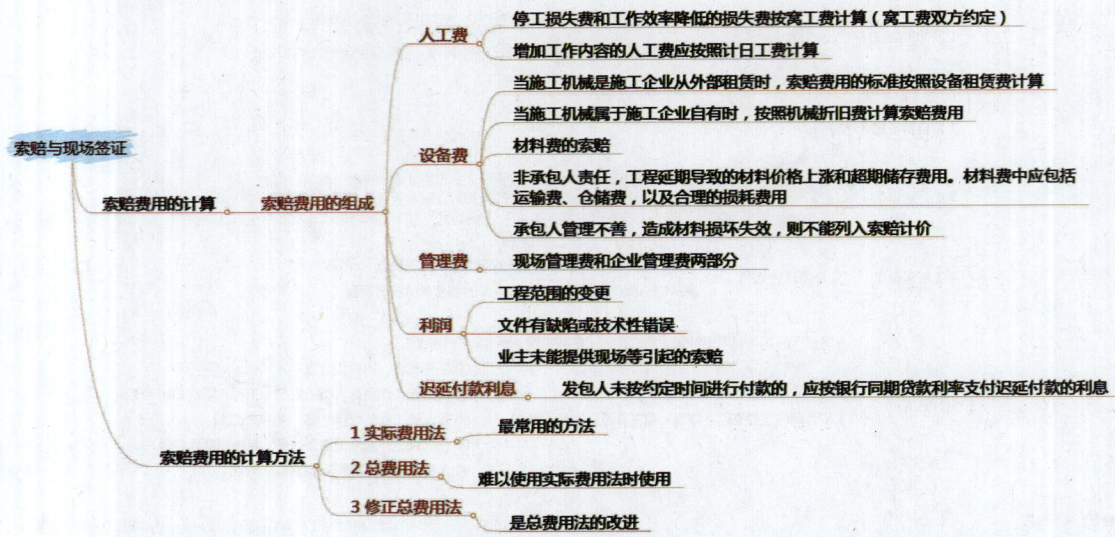

6. 合同价款期中支付

二、本节真题与解析

合同价款调整

【2014年多】根据《建设工程工程量清单计价规范》(GB50500—2013)，关于计日工的说法正确的有（　　）
A. 发包人通知承包人以计日工方式实施的零星工作，承包人应予执行
B. 采用计日工计价的任何一项变更工作，承包人都应将相关报表和凭证送发包人复核
C. 发包人在收到承包人提交现场签证报告后的2天内，应予以确认计日工记录汇总
D. 计日工是承包人完成合同范围内的零星项目按合同约定的单价计价的一种方式
E. 每个支付期末，承包人应向发包人提交本期间所有计日工记录的签证汇总表
【答案】ABCE
【解析】本题考核的是计日工，是指在施工过程中，承包人完成发包人提出的工程合同范围以外的零星项目或工作，按合同中约定的单价计价的一种方式。发包人通知承包人以计日工方式实施的零星工作，承包人应予执行。采用计日工计价的任何一项变更工作，承包人都应将相关报表和有关凭证送发包人复核。发包人在收到承包人提交现场签证报告后的2天内予以确认并将其中一份返还给承包人，作为计日工计价和支付的依据。每个支付期末，承包人应按规定向发包人提交本期间所有计日工记录的签证汇总表。

合同价款期中支付

【2013年单】某工程包含两个子项工程，甲子项工程预计工程量为5000m³，合同单价为240元/m³，乙子项估计工程量2500m³，合同单价580元/m³，工程预付款为合同价的12%，主要材料和构配件所占比重为60%，则该工程预付款的起扣点为（　　）万元。

A. 96　　　　　　B. 212　　　　　　C. 116　　　　　　D. 176

【答案】B

【解析】本题考核的是工程预付款起扣点的计算。合同价款 = 5000×240 + 2500×580 = 265 万元。预付款的起扣点 = 265 − 265×12%/60% = 212 万元。

2Z102040　施工成本管理与施工成本计划

一、本节知识速记

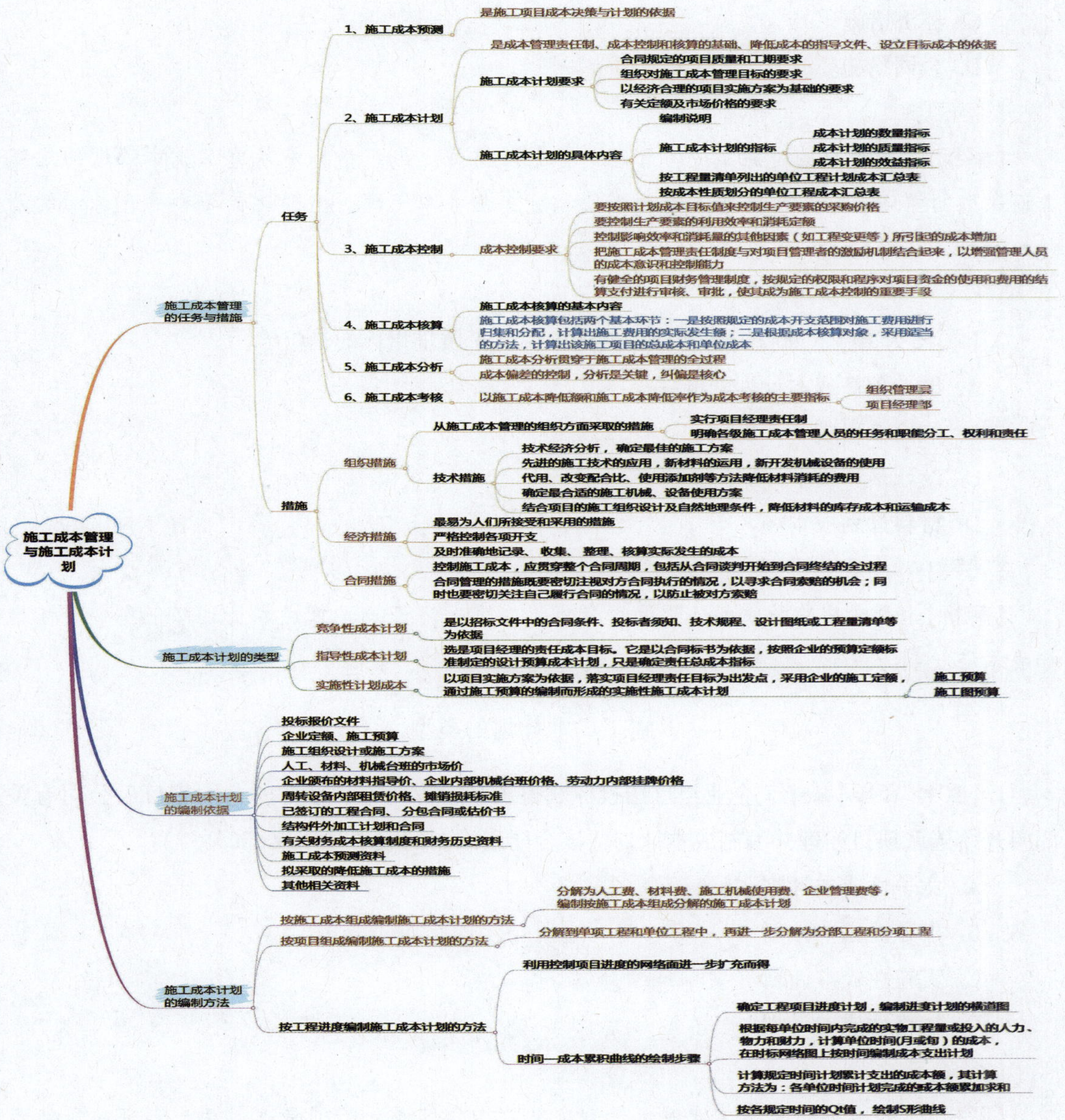

（施工成本管理与施工成本计划思维导图，内容包括：

施工成本管理的任务与措施
- 任务
  1. 施工成本预测：是施工项目成本决策与计划的依据
  2. 施工成本计划：是成本管理责任制、成本控制和核算的基础、降低成本的指导文件、设立目标成本的依据
     - 施工成本计划要求：合同规定的项目质量和工期要求；组织对施工成本管理目标的要求；以经济合理的项目实施方案为基础的要求；有关定额及市场价格的要求
     - 施工成本计划的具体内容：编制说明；施工成本计划的指标（成本计划的数量指标、成本计划的质量指标、成本计划的效益指标）；按工程量清单列出的单位工程计划成本汇总表；按成本性质划分的单位工程成本汇总表
  3. 施工成本控制：成本控制要求——要按照计划成本目标值来控制生产要素的采购价格；要控制生产要素的利用效率和消耗定额；控制影响效率和消耗量的其他因素（如工程变更等）所引起的成本增加；把施工成本管理责任制与对项目管理者的激励机制结合起来，以增强管理人员的成本意识和控制能力；有健全的项目财务管理制度，按规定的权限和程序对项目资金的使用和费用的结算支付进行审核、审批，使其成为施工成本控制的重要手段
  4. 施工成本核算：施工成本核算包括两个基本环节：一是按规定的成本开支范围对施工费用进行归集和分配，计算出施工费用的实际发生额；二是根据成本核算对象，采用适当的方法，计算出该施工项目的总成本和单位成本
  5. 施工成本分析：贯穿于施工成本管理的全过程；成本偏差的控制，分析是关键，纠偏是核心
  6. 施工成本考核：以施工成本降低额和施工成本降低率作为成本考核的主要指标；组织管理层；项目经理部
- 措施
  - 组织措施：从施工成本管理的组织方面采取的措施；实行项目经理责任制；明确各级施工成本管理人员的任务和职能分工、权利和责任
  - 技术措施：技术经济分析，确定最佳的施工方案；先进的施工技术的应用，新材料的运用，开发机械设备的使用；代用、改变配合比、使用添加剂等方法降低材料消耗的费用；确定最合适的施工机械、设备使用方式；结合项目的施工组织设计及自然地理条件，降低材料的库存成本和运输成本
  - 经济措施：最易为人们所理解和采用的措施；严格控制各项开支；及时准确地记录、收集、整理、核算实际发生的成本
  - 合同措施：控制施工成本，应贯穿整个合同周期，包括从合同谈判开始到合同终结的全过程；合同管理的措施既要密切注视对方合同执行的情况，以寻求合同索赔的机会；同时也要密切关注自己履行合同的情况，以防止被对方索赔

施工成本计划的类型
- 竞争性成本计划：是以招标文件中的合同条件、投标者须知、技术规程、设计图纸或工程量清单等为依据
- 指导性成本计划：选定项目经理的责任成本目标。它是以合同标书为依据，按照企业的预算定额标准制定的设计预算成本计划，只是责任总成本的控制指标
- 实施性计划成本：以项目实施方案为依据，落实项目经理责任目标为出发点，采用企业的施工定额，通过施工预算的编制而形成的实施性施工成本计划；施工预算；施工图预算

施工成本计划的编制依据：
- 投标报价文件
- 企业定额、施工预算
- 施工组织设计或施工方案
- 人工、材料、机械台班的市场价
- 企业颁布的材料指导价、企业内部机械台班价格、劳动力内部挂牌价格
- 周转设备内部租赁价格、摊销损耗标准
- 已签订的工程合同、分包合同或估价书
- 结构件外加工计划和合同
- 有关财务成本核算制度和财务历史资料
- 施工成本预测资料
- 拟采取的降低施工成本的措施
- 其他相关资料

施工成本计划的编制方法
- 按施工成本组成编制施工成本计划的方法：分解为人工费、材料费、施工机械使用费、企业管理费等；编制按施工成本组成分解的施工成本计划
- 按项目组成编制施工成本计划的方法：分解到单项工程和单位工程中，再进一步分解为分部工程和分项工程
- 按工程进度编制施工成本计划的方法：利用控制项目进度的网络图进一步扩充而得
  - 时间—成本累积曲线的绘制步骤：
    - 确定工程项目进度计划，编制进度计划的横道图
    - 根据每单位时间内完成的实物工程量或投入的人力、物力和财力，计算单位时间（月或旬）的成本，在时标网络图上按时间编制成本支出计划
    - 计算规定时间计划累计支出的成本额，其计算方法为：各单位时间计划完成的成本额累加求和
    - 按各规定时间的Qt值，绘制S形曲线）

43

二、本节真题与解析

施工成本管理的任务与措施

1.【2013年单】通过加强施工定额管理和施工任务单管理,控制活劳动和物化劳动的消耗。这属于施工成本管理措施的( )。

    A. 技术措施
    B. 组织措施
    C. 经济措施
    D. 合同措施

【答案】B

【解析】本题考核的是施工成本管理的任务与措施。组织措施是从施工成本管理的组织方面采取的措施。比如加强施工定额管理和施工任务单管理,控制活劳动和物化劳动的消耗等。

2.【2013年单】下列施工承办计划指标中,属于质量指标的是( )

    A. 设计预算成本计划降低率
    B. 单位工程成本计划额
    C. 设计预算成本计划降低额
    D. 材料计划成本额

【答案】A

【解析】本题考核的是成本计划的质量指标,可采用设计预算成本计划降低率、责任目标成本降低率。

施工成本计划的类型

1.【2012年单】某施工企业经过招投标获得了某工程的施工任务,合同签订后公司有关部门开始选派项目经理并编制成本计划,该合同所编制的成本计划属于( )。

    A. 竞争性成本计划
    B. 指导性成本计划
    C. 实施性成本计划
    D. 战略性成本计划

【答案】B

【解析】本题考核的是指导性成本计划定义,指导性成本计划是选派项目经理阶段的预算成本计划,项目经理的责任成本目标,它以合同标书为依据。

2.【2014年多】关于竞争性成本计划、指导性成本计划和实施性成本计划三者区别的说法，正确的是（　　）。

　　A. 指导性成本计划是项目施工准备阶段的施工预算成本计划，比较详细

　　B. 实施性成本计划是选派项目经理阶段的预算成本计划

　　C. 指导性成本计划是以项目实施方案为依据编制的

　　D. 竞争性成本计划是项目投标和签订合同阶段的估算成本计划，比较粗略

【答案】D

【解析】本题考核的是施工成本计划的类型。指导性成本计划即选派项目经理阶段的预算成本计划，是以合同标书为依据，按照企业的预算定额标准制定的设计预算成本计划；实施性计划成本即项目施工准备阶段的施工预算成本计划；竞争性成本计划即工程项目投标及签订合同阶段的估算成本计划，总体上较为粗略。

施工成本计划的编制依据

【2012年多】下列文件中属于施工成本计划编制依据的有（　　）。

　　A. 招标文件

　　B. 施工成本预测资料

　　C. 已签订合同

　　D. 施工组织设计或施工方案

　　E. 企业定额、施工预算

【答案】BCDE

【解析】本题考核的是施工成本计划编制依据。施工成本计划编制主要从施工成本预测资料、已签订的合同、施工组织设计、企业定额等方面进行编制。

施工成本计划的编制方法

【2012年单】关于编制施工项目成本计划时考虑预备费的说法，正确的是（　　）。

　　A. 只针对整个项目考虑总的预备费，以便灵活调用

　　B. 在分析各分项工程风险的基础上，只针对部分分项工程考虑预备费

　　C. 既要针对项目考虑预备费，也要在分项工程中安排适当的不可预见费

　　D. 不考虑整个项目预备费，由施工企业统一考虑

【答案】C

【解析】本题考核的是施工项目成本计划预备费知识点。在编制成本支出计划时，要在项目总的方面考虑总的预备费，也要在主要的分项工程中安排适当的不可预见费。

2Z102050 施工成本控制与施工成本分析

一、本节知识速记

施工成本控制与施工成本分析

- **施工成本控制的依据**
  - 工程承包合同：施工成本控制要以工程承包合同为依据
  - 施工成本计划：是施工成本控制的指导文件
  - 进度报告
  - 工程变更
    - 设计变更
    - 进度计划变更
    - 施工条件变更
    - 技术规范与标准变更
    - 施工次序变更
    - 工程数量变更

- **施工成本控制的步骤**
  - 第一步 比较：施工成本计划值与实际值逐项进行比较，以发现施工成本是否已超支
  - 第二步 分析：在比较的基础上，对比较的结果进行分析，以确定偏差的严重性及偏差产生的原因。这一步是施工成本控制工作的核心，其主要目的在于找出产生偏差的原因
  - 第三步 预测：按照完成情况估计完成项目所需的总费用
  - 第四步 纠偏：如工程项目的实际施工成本出现了偏差，应当根据工程的具体情况、偏差分析和预测的结果，采取适当的措施，以期达到使施工成本偏差尽可能小的目的。纠偏是施工成本控制中最具实质性的一步
  - 第五步 检查：它是指对工程的进展进行跟踪和检查，及时了解工程进展状况以及纠偏措施的执行情况和效果，为今后的工作积累经验

- **施工成本控制的方法**
  - 施工成本的过程控制方法
    - 人工费的控制
      - "量价分离"
      - 劳务合同进行控制
    - 材料费的控制（量价分离）
      - 材料用量的控制
        - 定额控制：对于有消耗定额的材料，以消耗定额为依据，实行限额发料制度
        - 指标控制：对于没有消耗定额的材料，则实行计划管理和按指标控制的办法
        - 计量控制：准确做好材料物资的收发计量检查和投料计量检查
        - 包干控制：部分小型及零星材料（如钢钉、钢丝等）根据工程计量计算出所需材料量，将其折算成费用，由作业者包干控制
      - 材料价格的控制：材料价格是由买价、运杂费、运输中的合理损耗费组成，控制材料价格，主要是通过掌握市场信息，应用招标采购询价等方式控制材料、设备的采购价格
    - 施工机械使用费的控制
      - 合理安排施工生产，加强设备租赁计划管理，减少因安排不当引起的设备闲置
      - 加强机械设备的调度工作，尽量避免窝工，提高现场设备利用率
      - 做好机上人员与辅助生产人员的协调与配合，提高施工机械台班产量
      - 加强现场设备的维修保养，避免因不正当使用造成机械设备的停置
    - 施工分包费用的控制
  - 赢得值（挣值）法
    - 赢得值法的三个基本参数
      - 已完工作预算费用：已完工作预算费用（BCWP）= 已完成工作量 × 预算单价
      - 计划工作预算费用：计划工作预算费用（BCWS）= 计划工作量 × 预算单价
      - 已完工作实际费用：已完工作实际费用（ACWP）= 已完成工作量 × 实际单价
    - 赢得值法的四个评价指标
      - 费用偏差CV：费用偏差（CV）= 已完工作预算费用（BCWP）- 已完工作实际费用（ACWP）
      - 进度偏差SV：进度偏差（SV）= 已完工作预算费用（BCWP）- 计划工作预算费用（BCWS）
      - 费用绩效指数（CPI）：费用绩效指数（CPI）= 已完工作预算费用（BCWP）/ 已完工作实际费用（ACWP）；CPI<1时，表示超支；CPI>1时，表示节支
      - 进度绩效指数（SPI）：进度绩效指数（SPI）= 已完工作预算费用（BCWP）/ 计划工作预算费用（BCWS）；SPI<1时，表示进度延误；SPI>1时，表示进度提前
  - 偏差原因分析与纠偏措施
    - 偏差原因分析：物价上涨、设计原因、业主原因、客观原因
    - 纠偏措施
      - 购买部分产品，而不是采用完全由自己生产的产品
      - 寻找新的、更好更省的、效率更高的设计方案
      - 索赔，例如向业主、承（分）包商、供应商索赔以弥补费用超支
      - 变更工程范围
      - 改变实施过程
      - 重新选择供应商，但会产生供应风险，选择需要时间

- **施工成本分析的方法**
  - 施工成本分析的依据
    - 会计核算：会计核算主要是价值核算；是施工成本分析的重要依据
    - 业务核算：业务核算是各业务部门根据业务工作的需要而建立的核算制度，业务核算比会计核算范围广
    - 统计核算：统计核算是利用会计核算资料和业务核算资料
  - 施工成本分析的方法
    - 成本分析的基本方法
      - 比较法（指标对比分析法）
        - 将实际指标与目标指标对比
        - 本期实际指标与上期实际指标对比
        - 与本行业平均水平、先进水平对比
      - 因素分析法（连环置换法）
        - 确定该指标是由哪几个因素组成的，并按其相互关系进行排序（排序原则：先实物量，后价值量；先绝对值，后相对值）
        - 分析各种因素跟成本的影响
      - 差额计算法：是因素分析法的一种简化形式
    - 比率法
      - 相关比率法
      - 构成比率法
      - 动态比率法
  - 综合成本的分析方法
    - 分部分项工程成本分析
      - 是施工项目成本分析的基础
      - 分析的方法是：进行预算成本、目标成本和实际成本的"三算"对比
      - 资料来源是：预算成本来自投标报价成本，目标成本来自施工预算，实际成本来自施工任务单的实际工程量、实耗人工和限额领料单的实耗材料
    - 月（季）度成本分析
    - 年度成本分析
      - 企业成本要求一年结算一次，不得将本年成本转入下一年度
      - 项目成本则以项目的寿命周期为结算期，要求从开工到竣工到保修期结束连续计算，最后结算出成本总盈及其盈亏。由于项目的施工周期一般较长，除进行月（季）度成本核算和分析外，还要进行年度成本的核算和分析。这不仅是为了满足企业汇编年度成本报表的需要，同时也是项目成本管理的需要
    - 竣工成本的综合分析
      - 竣工成本分析
      - 主要资源节超对比分析
      - 主要技术节约措施及经济效果分析

二、本节真题与解析

施工成本控制的依据

【2014年单】施工企业建立施工项目成本管理责任制、开展成本控制和核算的基础是（　　）。
   A. 施工成本预测   B. 施工成本分析
   C. 施工成本考核   D. 施工成本计划
【答案】D
【解析】本题考核的是施工成本控制的依据。施工成本计划是建立施工项目成本管理责任制、开展成本控制和核算的基础，它是该项目降低成本的指导文件，是设立目标成本的依据。

施工成本控制的步骤

1.【2012年单】在施工成本控制的工作步骤，"检查"的主要内容是（　　）
   A. 估计完成项目所需的总费用
   B. 了解工程进展情况及纠偏措施的执行情况和效果
   C. 及时了解施工成本是否超支
   D. 查找产生偏差的原因
【答案】B
【解析】本题考核的是检查的含义。检查是对工程的进展进行跟踪和检查，及时了解工程进展状况以及纠偏措施的执行情况和效果，为今后的工作积累经验。

2.【2013年单】施工成本控制的步骤是（　　）
   A. 比较——分析——预测——纠偏——检查
   B. 预测——检查——比较——分析——纠偏
   C. 检查——比较——分析——预测——纠偏
   D. 分析——检查——比较——预测——纠偏
【答案】A
【解析】本题考核的是施工成本控制的步骤。排序：比较，分析，预测，纠偏，检查。

3.【2014年单】施工成本偏差的控制，其核心工作是（　　）。
   A. 成本分析   B. 纠正偏差   C. 成本考核   D. 调整成本计划
【答案】A
【解析】本题考核的是施工成本控制的步骤。成本分析是施工成本控制工作的核心。

施工成本控制的方法

1.【2014年单】某土方工程，月计划工程量2800m³，预算单价25元/m³；到月末时已完成工程量3000m³，实际单价26元/m³。对该项工作采用赢得值法进行偏差分析的说法，正确的是（　　）。

A. 已完成工作实际费用为 75000 元
B. 费用绩效指标>1，表明项目运行超出预算费用
C. 进度绩效指标<1，表明实际进度比计划进度拖后
D. 费用偏差为 -3000 元，表明项目运行超出预算费用

【答案】D

【解析】本题考核的是赢得值法。已完成工作实际费用：3000×26＝78000 元，A 错；已完成工作预算费用：3000×25＝75000 元；计划工作预算费用：2800×25＝70000 元；费用绩效指数：75000/78000<1，B 错；进度绩效指标：75000/70000>1，C 错。费用偏差：75000-78000＝-3000，超支。

2.【2014 年多】某商品混凝土目标成本与实际成本对比如下表，关于其成本分析的说法，正确的有（　　）。

项目	单位	目标	实际
产量	m³	600	640
单价	元	715	755
损耗	%	4	3

A. 产量增加使成本增加了 28600 元
B. 实际成本与目标成本的差额是 51536 元
C. 单价提高使成本增加了 26624 元
D. 该商品混凝土目标成本是 497696 元
E. 损耗率下降使成本减少了 4832 元

【答案】BCE

【解析】本题考核的是施工成本分析的方法的因素分析法应用。目标额为：600×715×1.04＝446160 元。第一次替代产量因素：640×715×1.04＝475904 元；第二次替代单价因素：640×755×1.04＝502528 元；第三次替代损耗率因素：640×755×1.03＝497696 元。计算差额可知，因产品增加的差额：475904-446160＝29744 元；实际成本与目标成本的差额：497696-446160＝51536 元，B 正确。因单价提高的差额：502528-475904＝26624 元，C 正确。因损耗率下降的差额：497696-502528＝-4832 元，E 正确。

施工成本分析的方法

1.【2012 年单】某施工项目的商品混凝土目标成本是 420000 元（目标产量 500m³，目标单价 800 元/m³，预计损耗率为 5%）。实际成本是 511680 元（实际产量 600m³，实际单价 820 元/m³，实际损耗率为 4%）。若采用因素分析法进行成本分析（因素的排列顺序超出产量、单价、损耗率）则由于产量提高增加的成本是（　　）元。【2012 年真题 10 题】

A. 49200　　B. 12600　　C. 84000　　D. 91680

【答案】C

【解析】本题考核的是因素分析法的计算原则：先实物量，后价值量，先绝对值，后相

对值，目标成本 500×800×1.05=420000 元。产量提高后：600×800×1.05=504000 元。所以由于产量增加导致成本增加 504000-420000=8400 元。

2.【2013年单】某分部工程商品混凝土消耗情况如下表，则由于混凝土量增加导致的成本增加额为(　　)元。【2013年真题56题】

A. 8600　　　　B. 9200　　　　C. 9600　　　　D. 18200

项目	单位	计划	实际
消耗量	m³	300	320
单价	元/m³	430	460

【答案】A
【解析】(320-300)×430=8600 元。

3.【2014年单】关于分部分项工程成本分析的说法，正确的是(　　)。
　A. 施工项目成本分析是分部分项工程成本分析的基础
　B. 分部分项工程成本分析的对象是已完成分部分项工程
　C. 分部分项工程成本分析的资料来源是施工预算
　D. 分部分项工程成本分析的方法是进行预算成本与实际成本的"两算"对比

【答案】B
【解析】本题考核的是施工成本分析的方法，是施工项目成本分析的基础。分部分项工程成本分析的对象为已完成分部分项工程。分析的方法是：进行预算成本、目标成本和实际成本的"三算"对比，分部分项工程成本分析的资料来源是：预算成本来自投标报价成本，目标成本来自施工预算，实际成本来自施工任务单的实际工程量、实耗人工和限额领料单的实耗材料。

2Z103000 施工进度管理

本章知识框架

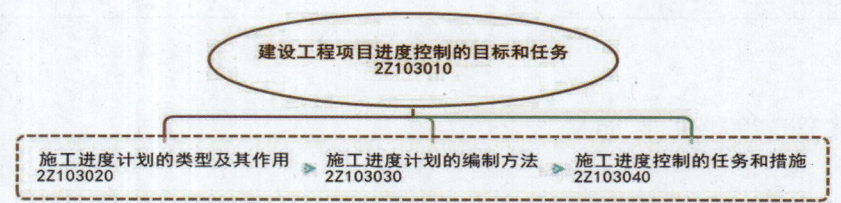

2Z103010 建设工程项目进度控制的目标和任务

 一、本节知识速记

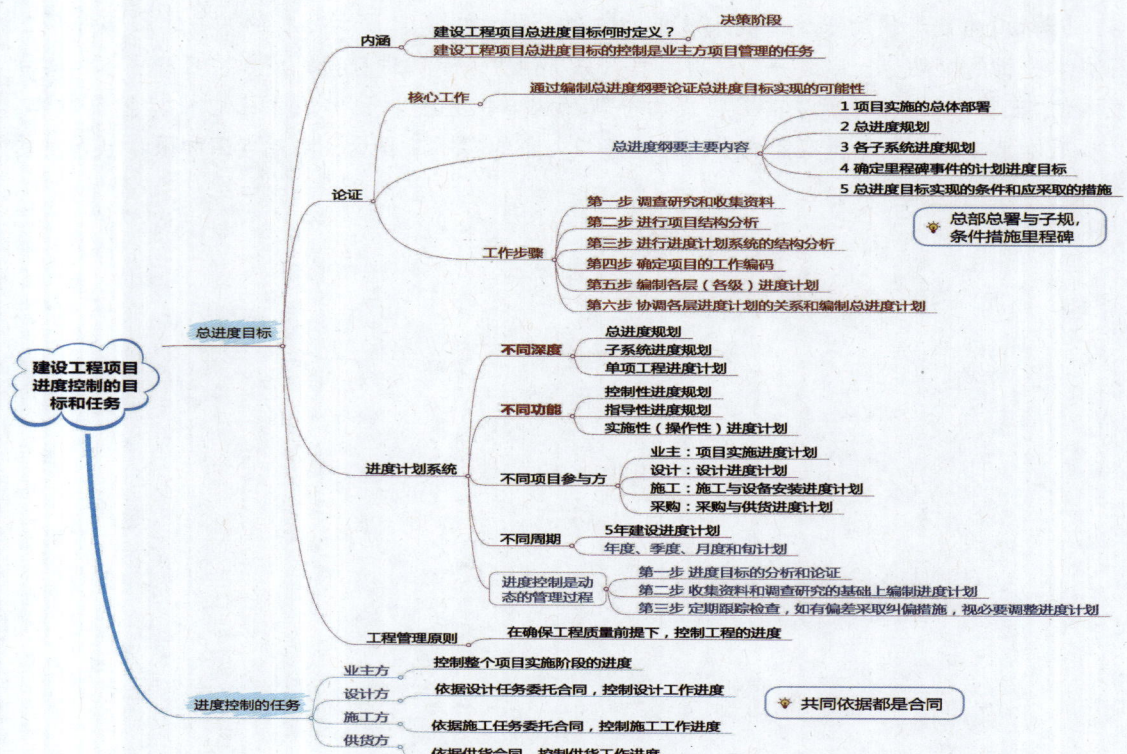

二、本节真题与解析

总进度目标

1. 【2013年单】建设工程项目总进度目标的控制是( )项目管理的任务。
   A. 业主方　　B. 设计方　　C. 施工方　　D. 供货方

   【答案】A

   【解析】本题考核的是建设工程项目总进度目标。建设工程项目总进度目标的控制是业主方项目管理的任务。因此，只有A选项符合题意。

2. 【2013年单】建设工程项目总进度目标论证的工作包括：(1)项目结构分析；(2)编制各层进度计划；(3)进度计划系统的结构分析；(4)项目的工作编码，其正确的工作顺序是( )。
   A. (1)-(3)-(2)-(4)　　　　　B. (1)-(3)-(4)-(2)
   C. (3)-(2)-(1)-(4)　　　　　D. (4)-(1)-(3)-(2)

   【答案】B

   【解析】本题考核的是建设工程项目总进度目标。正确的工作排序是项目结构分析——进度计划系统的结构分析——项目的工作编码——编制各层进度计划。因此，只有B选项符合题意。

3. 【2013年多】按计划的功能划分，建设工程项目施工进度计划分为( )。
   A. 控制性进度计划　　　　B. 指示性进度计划
   C. 指导性进度计划　　　　D. 总结性进度计划
   E. 实施性进度计划

   【答案】ACE

   【解析】本题考核的是建设工程项目总进度目标。由不同功能的计划构成的进度计划系统包括：控制性进度计划、指导性进度计划、实施性进度计划。因此，只有A、C、E选项符合题意。

4. 【2013年多】关于建设工程项目进度计划系统的说法，正确的有( )。
   A. 项目进度计划系统是项目进度控制的依据
   B. 项目进度计划系统在项目实施前应建立并完善
   C. 项目各参与方可以编制多个不同的进度计划系统
   D. 项目进度计划系统中各计划应注意联系与协调
   E. 项目进度计划系统可以由多个不同周期的进度计划完成

   【答案】ACDE

   【解析】本题考核的是建设工程项目总进度目标。由于各种进度计划编制所需要的必要资料是在项目进展过程中逐步形成的，因此项目进度计划系统的建立和完善也有一个过程，它也是逐步完善的。因此，A、C、D、E选项符合题意。

5.【2014年单】关于建设工程项目管理进度计划系统的说法,正确的是( )。
　　A. 由多个相互独立的进度计划组成
　　B. 由项目各参与方共同参与编制
　　C. 其建立是逐步完善的过程
　　D. 一个特定项目的进度计划系统是唯一的
【答案】C
【解析】本题考核的是建设工程项目总进度目标。由于各种进度计划编制所需要的必要资料是在项目进展过程中逐步形成的,因此项目进度计划系统的建立和完善也有一个过程,它也是逐步完善的。因此,只有C选项符合题意。

6.【2014年单】在进行建设工程项目总进度目标控制前,首先应( )。
　　A. 进行项目结构分析
　　B. 确定项目的工作编码
　　C. 编制各层进度计划
　　D. 分析和论证目标实施的可能性
【答案】D
【解析】本题考核的是建设工程项目总进度目标。在进行建设工程项目总进度目标的控制前,首先应分析和论证目标实现的可能性。因此,只有D选项符合题意。

进度控制的任务

【2012年单】下列建设工程项目进度控制工作中,属于施工进度控制任务的是( )
　　A. 部署项目动用准备工作进度
　　B. 协调设计、招标的工作进度
　　C. 编制项目施工的工作计划
　　D. 编制供货进度计划
【答案】C
【解析】除了C选项以外,其他几项均属业主进度控制任务的内容。因此,只有C选项符合题意。

进度控制任务	业主:整个项目实施阶段 包括:控制设计准备阶段的工作、设计工作进度、施工进度、物资采购进度、项目动用前准备阶段的工作
	设计:依据设计委托合同要求控制设计工作进度 注:国际上,通过确定各设计阶段出图计划控制进度
	施工:依据委托合同对施工进度的要求控制施工工作进度
	供货:依据委托合同对供货的要求控制供货工作进度

2Z103020 施工进度计划的类型及其作用

一、本节知识速记

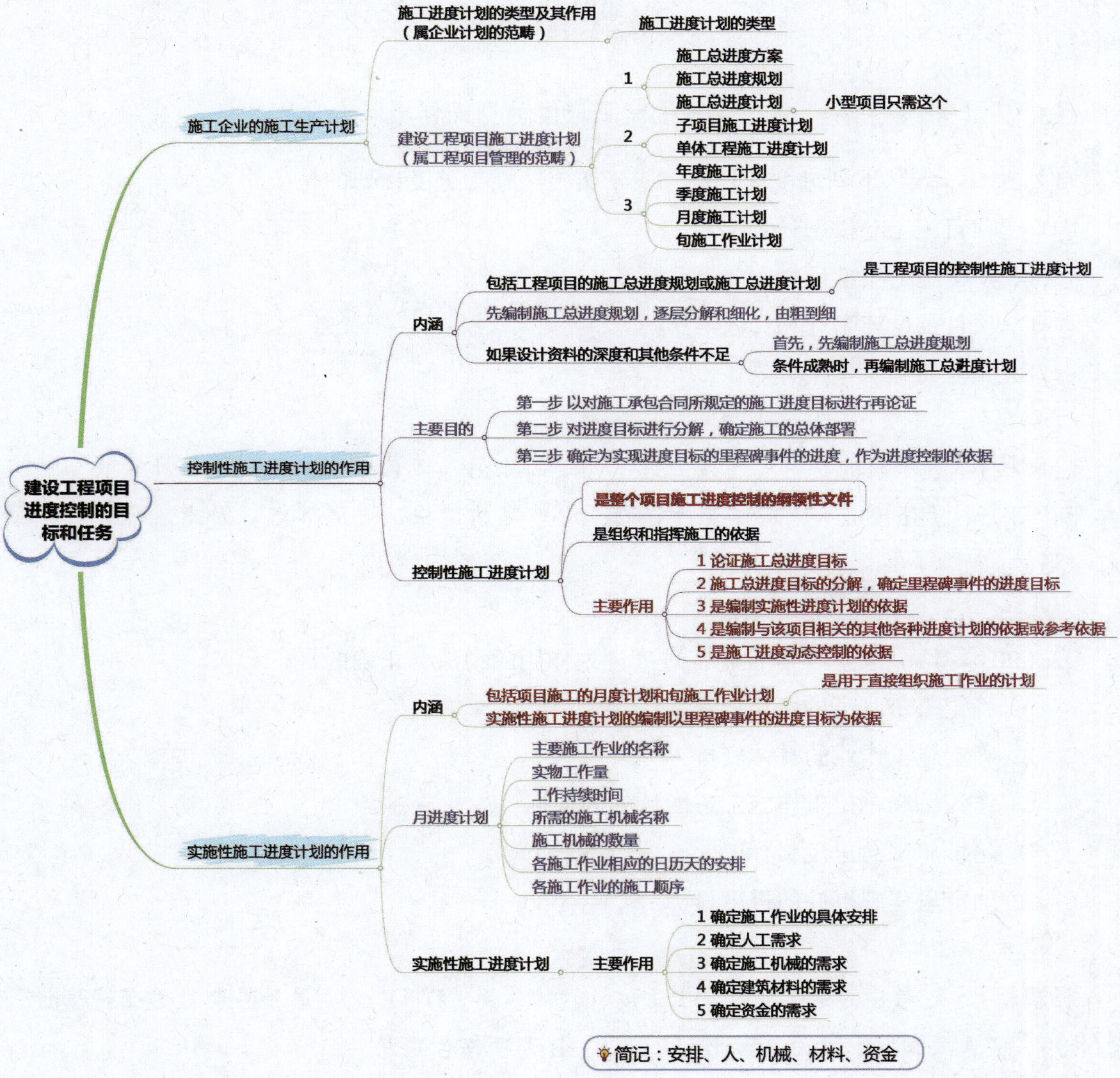

建设工程项目进度控制的目标和任务

- 施工企业的施工生产计划
  - 施工进度计划的类型及其作用（属企业计划的范畴）
    - 施工进度计划的类型
      1. 施工总进度方案
         - 施工总进度规划
         - 施工总进度计划 —— 小型项目只需这个
      2. 子项目施工进度计划
         - 单体工程施工进度计划
      3. 年度施工计划
         - 季度施工计划
         - 月度施工计划
         - 旬施工作业计划
  - 建设工程项目施工进度计划（属工程项目管理的范畴）

- 控制性施工进度计划的作用
  - 内涵
    - 包括工程项目的施工总进度规划或施工总进度计划 —— 是工程项目的控制性施工进度计划
    - 先编制施工总进度规划，逐层分解和细化，由粗到细
    - 如果设计资料的深度和其他条件不足 —— 首先，先编制施工总进度规划；条件成熟时，再编制施工总进度计划
  - 主要目的
    - 第一步 以对施工承包合同所规定的施工进度目标进行再论证
    - 第二步 对进度目标进行分解，确定施工的总体部署
    - 第三步 确定为实现进度目标的里程碑事件的进度，作为进度控制的依据
  - 控制性施工进度计划 主要作用
    - **是整个项目施工进度控制的纲领性文件**
    - 是组织和指挥施工的依据
    - 1 论证施工总进度目标
    - 2 施工总进度目标的分解，确定里程碑事件的进度目标
    - 3 是编制实施性进度计划的依据
    - 4 是编制与该项目相关的其他各种进度计划的依据或参考依据
    - 5 是施工进度动态控制的依据

- 实施性施工进度计划的作用
  - 内涵
    - 包括项目施工的月度计划和旬施工作业计划 —— 是用于直接组织施工作业的计划
    - 实施性施工进度计划的编制以里程碑事件的进度目标为依据
  - 月进度计划
    - 主要施工作业的名称
    - 实物工作量
    - 工作持续时间
    - 所需的施工机械名称
    - 施工机械的数量
    - 各施工作业相应的日历天的安排
    - 各施工作业的施工顺序
  - 实施性施工进度计划 主要作用
    - 1 确定施工作业的具体安排
    - 2 确定人工需求
    - 3 确定施工机械的需求
    - 4 确定建筑材料的需求
    - 5 确定资金的需求

💡简记：安排、人、机械、材料、资金

二、本节真题与解析

施工进度计划的类型

【2013年单】施工企业的施工生产计划与建设工程项目施工进度计划的关系是（　　）。
A. 施工生产计划是项目施工进度计划的集合
B. 属同一个计划系统，但范围不同

C. 属两个不同系统的计划，但两者紧密相关

D. 属两个不同系统的计划，两者之间没有关系

【答案】C

【解析】本题考核的是施工进度计划的类型。施工企业的施工生产计划与建设工程项目施工进度计划虽属于两个不同的系统的计划，但是，两者是紧密相关的。因此，只有C选项符合题意。

实施性施工进度计划的作用

1.【2013年单】下列进度计划中，属于实施性施工进度计划的是( )。

A. 项目施工总进度计划

B. 项目施工年度计划

C. 项目月度施工计划

D. 企业旬施工生产计划

【答案】C

【解析】本题考核的是实施性施工进度计划的作用。项目施工的月度施工计划和旬施工作业计划是用于直接组织施工作业的计划，它是实施性施工进度计划。因此，只有C选项符合题意。

2.【2014年多】关于实施性施工进度计划作用的说法，正确的是( )。

A. 确定一个月度的资源需求

B. 确定施工作业的具体安排

C. 作为编制单位工作施工进度计划的依据

D. 论证施工总进度目标

E. 确定里程碑事件的进度目标

【答案】AB

【解析】本题考核的是实施性施工进度计划的作用。D、E选项属于控制性施工进度计划的作用，C选项和题干无关。因此，只有A、B选项符合题意。

实施性施工进度计划作用包括：

(1)确定施工作业的具体安排；

(2)确定(或据此可计算)一个月度或旬的人工需求(工种和相应的数量)；

(3)确定(或据此可计算)一个月度或旬的施工机械的需求(机械名称和数量)；

(4)确定(或据此可计算)一个月度或旬的建筑材料(包括成品、半成品和辅助材料等)的需求(建筑材料的名称和数量)；

(5)确定(或据此可计算)一个月度或旬的资金的需求等。

2Z103030 施工进度计划的编制方法

一、本节知识速记

1. 横道图进度计划的编制方法

- 横道图
  - 适用范围：用于小型或大型项目子项目
  - 优点：
    - 最简单并运用最广的传统的计划方法
    - 表达直观，易看懂计划编制的意图
  - 缺点：
    1. 适用于手工编制计划
    2. 计划调整只能用手工方式进行，其工作量较大
    3. 工序(工作)之间的逻辑关系不易表达清楚
    4. 不能确定计划的关键工作、关键路线与时差
    5. 难以适应大的进度计划系统

2. 工程网络计划的类型和应用

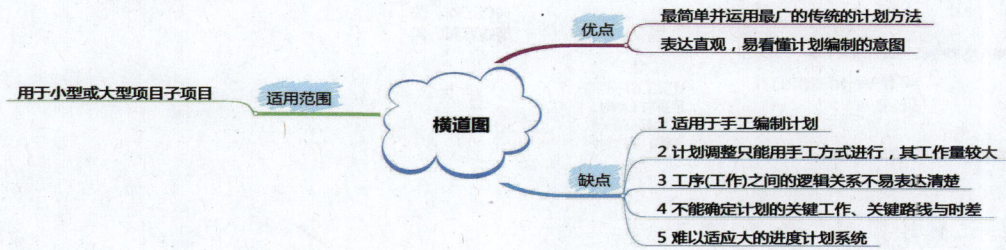

- 工程网络计划的类型和应用
  - 双代号网络计划
    - 基本概念
      - 双代号网络图是以箭线及其两端节点的编号表示工作的网络图
      - 虚箭线：表示并不存在的虚工作，既不消耗时间也不消耗资源，只是用来表示工作之间的逻辑关系（工艺关系和组织关系）
      - 作用：联系、区分、断路
      - 节点
        - 起点节点：只出不进
        - 终点节点：只进不出
        - 中间节点：有进有出
      - 线路
        - 关键线路：总时间最长，一般用双线或粗线标准
        - 非关键线路：线路长度均小于关键线路
    - 绘图规则
      1. 正确表达已定的逻辑关系
      2. 严禁出现循环回路
      3. 严禁出现带双向箭头或无箭头的连线
      4. 严禁出现没有箭头节点或没有箭尾节点的箭线
      5. 某些节点有多条外向箭线或多条内向箭线时，使用母线法绘制
      6. 箭线不宜交叉，当交叉不可避免时，可用过桥法或指向法
    - 时间参数的计算
      - 工作持续时间：一项工作从开始到完成的时间
      - 概念
        - 工期
          - 计算工期：根据网络计划计算出来的工期
          - 要求工期：任务委托人所要求的工期
          - 计划工期：实施目标的工期
        - 工作
          - 紧前工作：以该工作的开始节点为完成节点的所有工作
          - 紧后工作：以该工作的完成节点为开始节点的所有工作
      - 六个时间参数
        - 最早开始时间 ES_{i-j}：所有紧前工作全部完成后，本工作可能开始的最早时间。计算：从左往右计算
        - 最早完成时间 EF_{i-j}：所有紧前工作全部完成后，本工作可能完成的最早时刻。计算：从左往右计算
        - 最迟开始时间 LS_{i-j}：在不影响整个任务完成的前提下，本工作必须开始的最迟时刻。计算：从右往左计算
        - 最迟完成时间 LF_{i-j}：在不影响整个任务完成的前提下，本工作必须完成的最迟时刻。计算：从右往左计算
        - 总时差 TF_{i-j}：不影响总工期的前提下，可利用的机动时间
        - 自由时差 FF_{i-j}：不影响其紧后工作最早开始的前提下，必须完成的最迟时刻
  - 单代号网络计划
    - 基本概念：单代号网络图是以节点及其编号表示工作，以箭线表示工作之间逻辑关系的网络图
    - 节点：加注工作代号、名称、持续时间
    - 关键工作：总时差最小的工作是关键工作
    - 关键线路：从起点节点开始到终点节点均为关键工作，且所有工作的时间间隔为零的线路
  - 双代号时标网络计划
    - 基本概念：双代号时标计划是以时间坐标为尺度编制的网络计划
      - 箭线：表示工作
      - 虚箭线：表示虚工作
      - 波形线：表示工作的自由时差
    - 虚工作：必须以垂直方向的虚箭线表示，有自由时差时，加放形线表示
    - 编制规定：按各个工作的最早开始时间编制

55

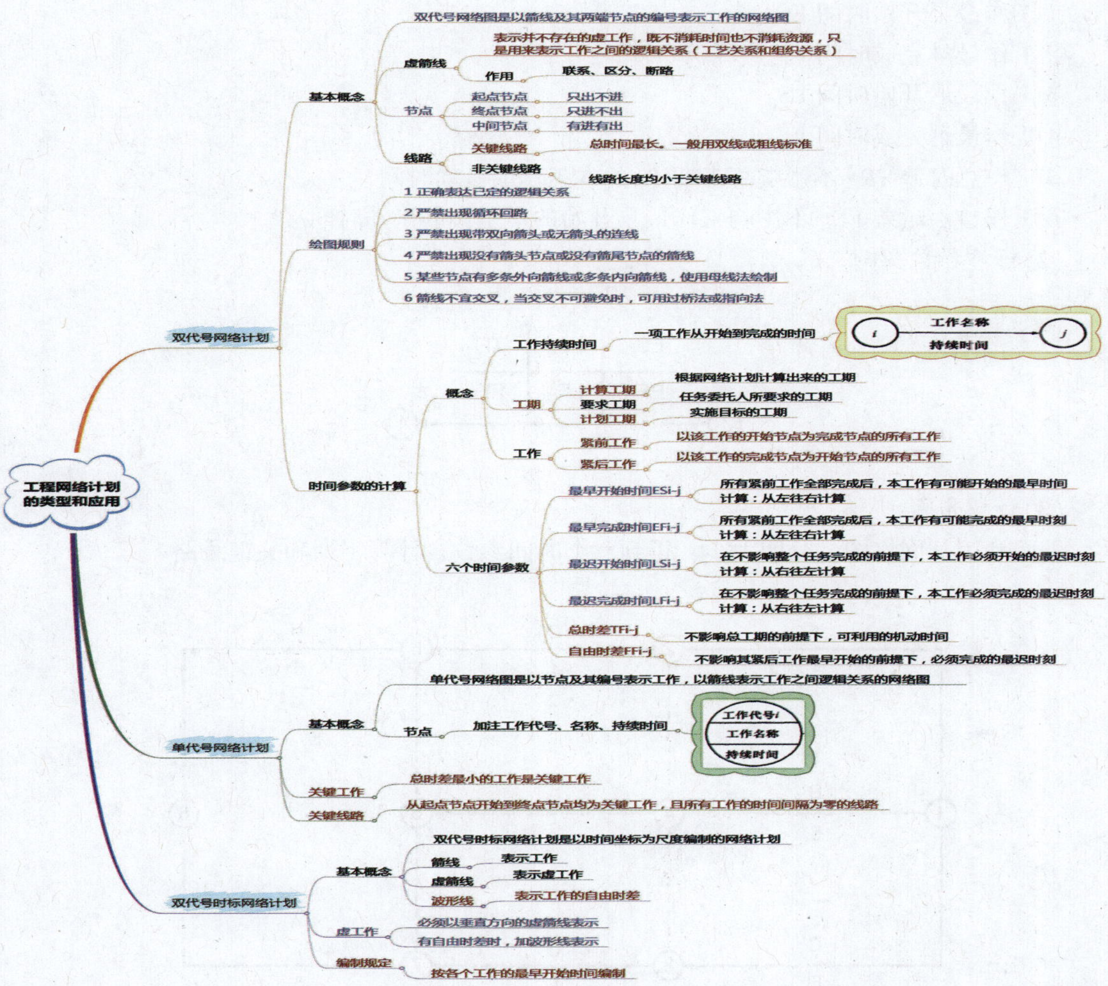

3. 关键工作、关键路线和时差

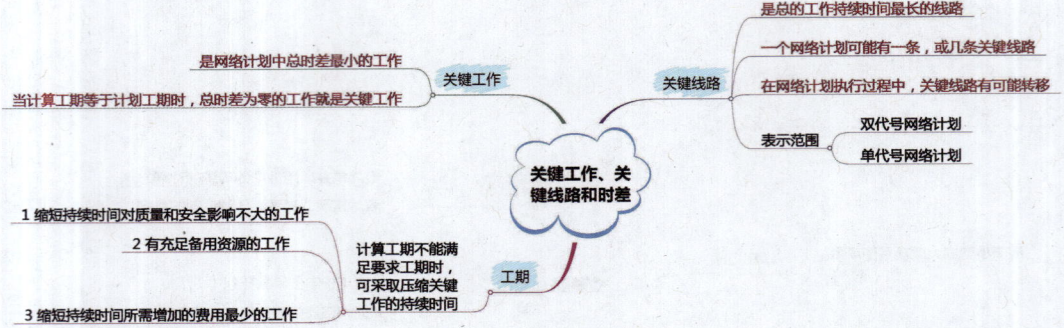

4. 工作计算法

运用工作计算法，计算出网络图六个时间参数，并且确定关键线路。

(1) 六个时间参数。
① 工作最早开始时间 ES_{i-j}
② 工作最早完成时间 EF_{i-j}
③ 工作最迟开始时间 LS_{i-j}
④ 工作最迟完成时间 LF_{i-j}
⑤ 工作总时差 TF_{i-j} 不影响总工期 Tc 的本工作的机动时间
⑥ 工作自由时差 FF_{i-j} 不影响工作最早开始的本工作的机动时间

(2) 标注参数图例。

ES_{i-j}	LS_{i-j}	TF_{i-j}
EF_{i-j}	LF_{i-j}	FF_{i-j}

(i) ──────────→ (j)

(3) 计算步骤。

下面利用某网络图，分四大步，得到六个时间参数、计算工期和关键线路。

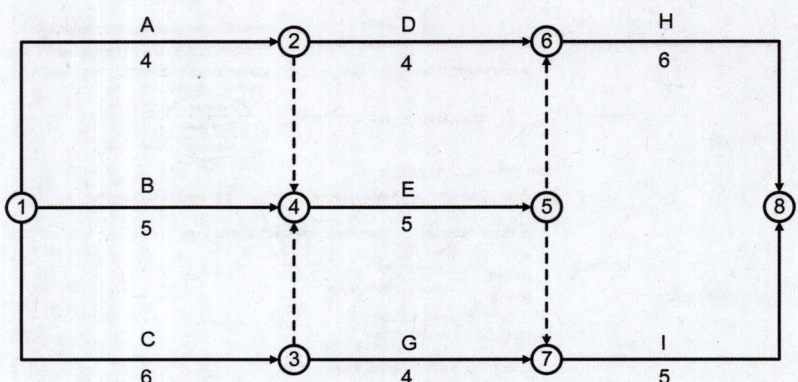

第一步：顺算：起点①->终点⑧，最终得到 ES_{i-j}、EF_{i-j}、计算工期 T_c。

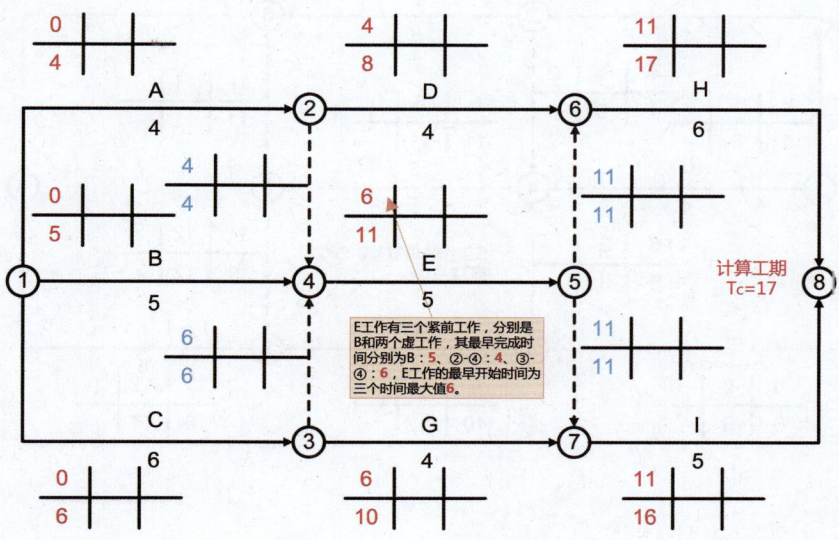

第二步：逆算：终点⑧->起点①，最终得到 LS_{i-j}、LF_{i-j}。

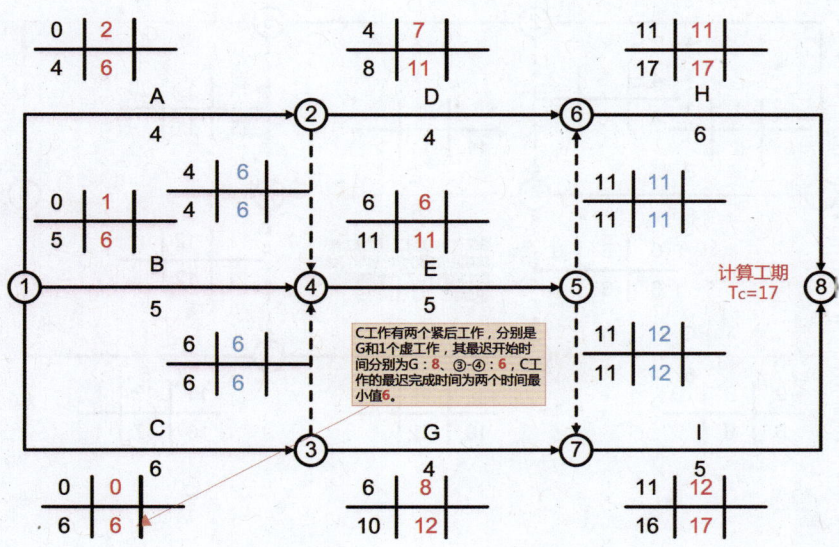

第三步：计算总时差 TF、确定关键线路。

总时差：$TF_{i-j} = LS_{i-j} - ES_{i-j}$ 或 $TF_{i-j} = LF_{i-j} - EF_{i-j}$。

关键线路：当计算工期等于计划工期时，TF＝0 的线路，C-E-H。

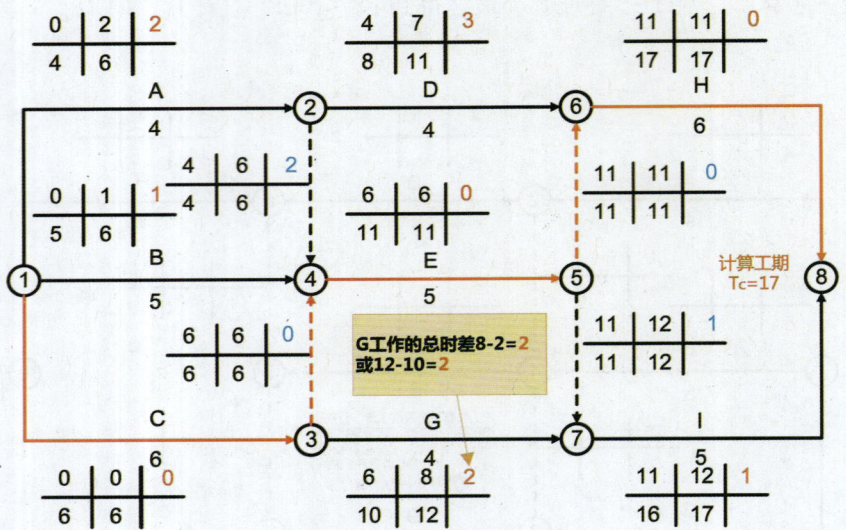

第四步:计算自由时差。

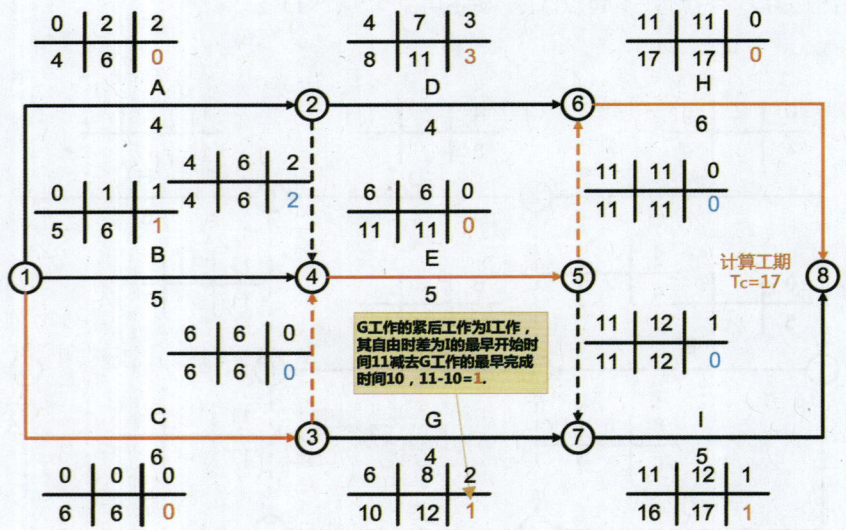

5. 标号法

掌握该方法后,即可快速并准确判断复杂网络图的工期和关键线路,节省考试做题时间。

下面利用某网络图,快速计算工期 Tc 和关键路线。

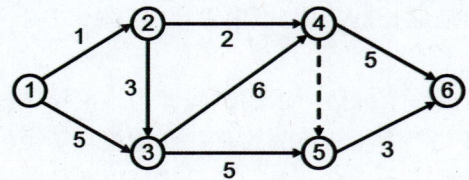

第一步 以节点①为出发点,对节点②、节点③快速标注和分析。

节点②,由图可知,节点②只有一条进线①->②,时间为1,线路只有一个条,保留线路①->②,并进行蓝色标注;

节点③,有两条进线①->②->③时间为4,①->③时间为5,因为关键线路持续时间必须是最长的,因此删除②->③线路,并进行灰色标注,只保留线路①->③,并进行红色标注。

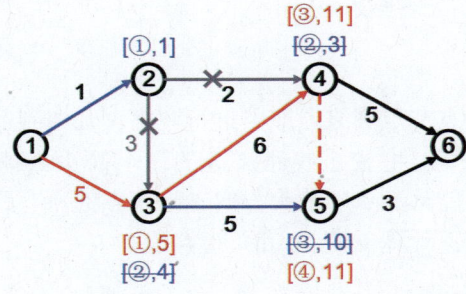

第二步 对节点④、节点⑤快速标注和分析。

节点④,上一步删除线路②->③后,节点④只有两条进线①->②->④时间是3,①->③-④时间是11,因为关键线路持续时间必须是最长的,因此删除①->②->④线路,并进行灰色标注。保留①->③-④线路,并进行红色标注;

节点⑤,上一步删除线路②->③和①->②->④后,节点⑤只有两条进线①->③->④->⑤时间是11,①->③-⑤时间是10,因为关键线路持续时间必须是最长的,因此删除①->②->⑤线路,并进行灰色标注。保留①->③->④->⑤线路,并进行红色标注。

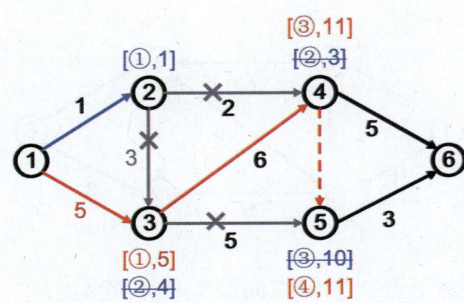

第三步:对节点⑥快速标注和分析,并最终确定工期和关键线路。

节点⑥,只有两条进线①->③->④->⑥时间是16,①->③->④->⑤->⑥时间是14,

因为关键线路持续时间必须是最长的，因此删除①->③->④->⑤->⑥线路，并进行灰色标注。

工期，如图所示，以最后一个标注所示的时间即为该网络图的计算工期 Tc 等于 16。

关键线路，从节点①出发，标注红色的线路并到达终点节点⑧的所有通路，即为关键线路，该网路图的关键线路如图所示只有一条，且最终可以确定为①->③->④->⑥。

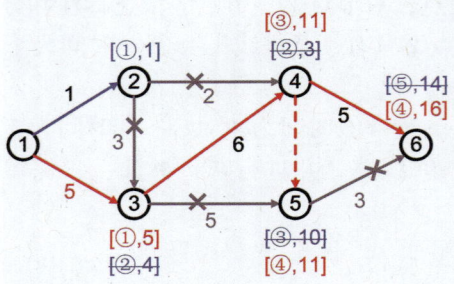

6. 破圈法

破圈法应用描述：从起点节点到终点节点进行观察，凡遇到节点有两个及以上的内向箭线时，按线路段工作时间长短，把较短线路流进的一个箭头去掉（注意只去掉一个箭头），便可把较短线路断开，最终能从起点顺箭头方向走到终点的所有路线，便是关键路线。

下面利用某网络图，快速计算工期 Tc 和关键路线。

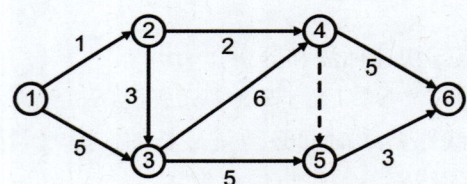

第一步：找出第一个有两个及以上的内向箭线的节点③

节点③有两条内向箭线，①->②->③时间为 1+3=4，①->③时间为 5，根据破圈法定义，将较短线路②->③断开。

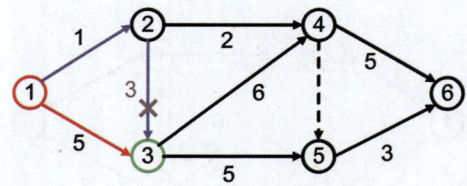

第二步：找出第二个有两个及以上的内向箭线的节点④。

节点④有两条内向箭线，①->②->④时间为 1+2=3，①->③->④时间为 5+6=11，根据破圈法定义，将较短线路②->④断开。

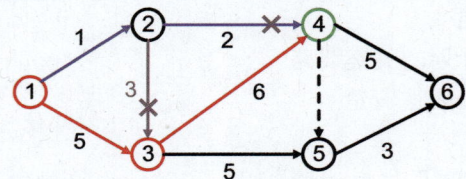

第三步：找出第二个有两个及以上的内向箭线的节点⑤

节点⑤有两条内向箭线，①->③->④->⑤时间为5+6=11，①->③->⑤时间为5+5=10，根据破圈法定义，将较短线路③->⑤断开。

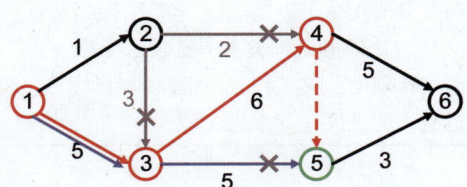

第四步：找出第二个有两个及以上的内向箭线的节点⑥

节点⑥有两条内向箭线，①->③->④->⑥时间为5+6+5=16，①->③->④->⑤->⑥时间为5+6+3=14，根据破圈法定义，将较短线路⑤->⑥断开。

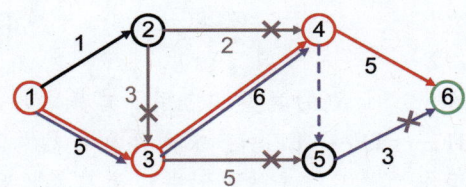

第五步：最终可定出工期和关键线路

如图所示，最终从起点到终点只有一条通路，①->③->④->⑥，时间为16，既工期为16。

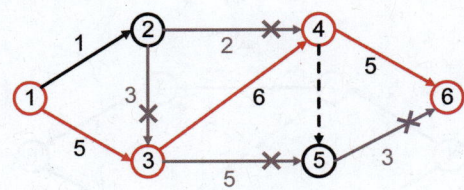

> **二、本节真题与解析**

横道图进度计划的编制方法

【2014年单】关于横道图进度计划表的说法，正确的是(　　)。

A. 可以将工作简要说明直接放到横道图上

B. 计划调整比较方便
C. 可以直观地确定计划的关键线路
D. 工作逻辑关系易于表达清楚

【答案】A

【解析】本题考核的是横道图进度计划的编制方法。由该表所列内容可知，只有 A 选项符合题意。

	优点	缺点	适用范围
横道图	表达较直观，易懂	1. 适用于手工编制计划 2. 计划调整只能用手工方式进行，其工作量较大 3. 工序（工作）之间的逻辑关系不易表达清楚 4. 不能确定计划的关键工作、关键路线与时差 5. 难以适应大的进度计划系统	用于小型或大型项目子项目 用于计算资源需要量、概要预示进度、其他计划进度的表示结果

工程网络计划的类型和应用

1.【2012年单】某网络计划中，工作 A 的紧后工作是 B 和 C，工作 B 的最迟开始时间是 14，最早开始时间是 10；工作 C 的最迟完成时间是 16，最早完成时间是 14；工作 A 与工作 B 和工作 C 的间隔时间均为 5 天，工作 A 的总时差为（　　）天。

A. 3　　　　　B. 7　　　　　C. 8　　　　　D. 10

【答案】B

【解析】本题考核的是工程网络计划的类型和应用。首先求得工作 B 和 C 的总时差，根据公式 $TF_{i-j}=LS_{i-j}-ES_{i-j}/TF_{i-j}=LF_{i-j}-EF_{i-j}$，求得 B 和 C 的总时差分别为 4 天、2 天；由于工作 A 有 B、C 两项紧后工作，则工作 A 的总时差应为其各紧后工作总时差加本工作与其紧后工作时间间隔之和的最小值，即 4+5=9 天，2+5=7 天，故取其中的最小值 7 天。因此，只有 B 选项符合题意。

2.【2012年单】下列网络计划中的计算工期是（　　）。

A. 9　　　　　B. 11　　　　　C. 12　　　　　D. 13

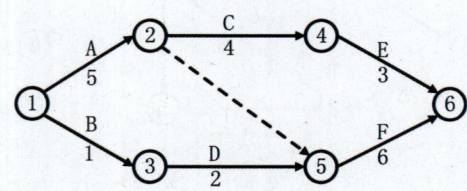

【答案】C

【解析】本题考核的是工程网络计划的类型和应用。要计算工期，首先要找出关键路线。应用破圈法找出关键路线：
第一步：按照工作代号由小到大的顺序，寻找第一个出现 2 个及 2 个以上个箭头指向的圆圈，即圆圈5(即有2条路线可以到达圆圈5，即1-2-5和1-3-5，持续时间分别为：5+0=5天和1+2=3天)，此时删除持续时间较短的线路1-3-5中圆圈5的紧前工作D(删除后此处断开，可认为3-5工作不存在)，保留持续时间较长的5天线路：1-2-5。

第二步：按照第一步方法，寻找第二个出现2个及2个以上个箭头指向的圆圈，即圆圈6(即有2条路线可以到达圆圈6，1-2-4-6和1-2-5-6，持续时间分别为：5+4+3=12天和5+0+6=11天)，此时删除持续时间较短的线路1-2-5-6中圆圈6的紧前工作D，保留持续时间较长的12天线路即1-2-4-6。

第三步：由于圆圈6为终点节点，故该计划的关键线路即为1-2-4-6，计算工期即为12天。

备注：如果圆圈6不是终点节点，则仍按照第一步的方法寻找第三个、第四个……直至终点节点，即为关键线路。

因此，只有C选项符合题意。

3.【2012年单】某网络计划中，工作M的最早完成时间是第8天，最迟完成时间是13天，工作的持续时间是4天，与所有紧后工作的时间间隔最小值是2天，则该工作的自由时差为(　　)。

A. 2　　　　　B. 3　　　　　C. 4　　　　　D. 5

【答案】A

【解析】本题考核的是工程网络计划的类型和应用。此题注意区分双代号网络计划和单代号网络计划自由时差的概念；

对于双代号网络计划：有紧后工作j-k，自由时差等于紧后工作早开减本工作早完之差的最小值。$FF_i = MIN(ES_{j-k} - EF_{i-j})$

对于单代号网络计划：有紧后工作的，自由时差等于本工作i与各紧后工作之间的时间间隔的最小值 $FF_i = MIN(LAG_{i-j})$

由于本题出现了时间间隔，故自由时差应为本工作与各紧后工作之间的时间间隔的最小值2天。因此，只有A选项符合题意。

4.【2012年单】下列网络计划中，工作E的最迟开始时间是(　　)。

A. 4　　　　　B. 5　　　　　C. 6　　　　　D. 7

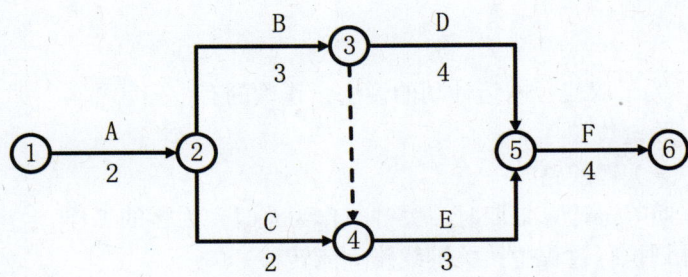

【答案】C

【解析】本题考核的是工程网络计划的类型和应用。

最迟开始时间，是在不影响整个任务完成的前提下，本工作必须开始的最迟时刻。

第一步：找出关键线路，求得计算工期 T_c。方法同单选15，关键线路1-2-3-5-6，计算工期为：2+3+4+4=13 天。

第二步：求工作 E 的最迟开始时间。

a. 根据定义，工作 E 最迟开始时间应为工作 E 最迟完成时间减去持续时间，其中持续时间已知，为 3 天。

b. 而工作 E 的最迟完成时间为工作 F 的最迟开始时间，工作 F 的最迟开始时间等于最迟完成时间减去持续时间，其中持续时间已知，为 4 天。

c. 由于 6 为终点节点，故工作 F 的最迟完成时间等于计算工期 13 天，且本网络计划无要求工期，故计划工期 T_p=计算工期 T_c=13 天。

故按照 c、b、a 依次计算出工作 F 的最迟开始时间=13-4=9 天，工作 F 的最迟开始时间=工作 E 的最迟完成时间=9 天，工作 E 的最迟开始时间=9-3=6 天。

因此，只有 C 选项符合题意。

5.【2012年多】某工程施工进度计划如图所示，下列说法中，正确的有（　　）。

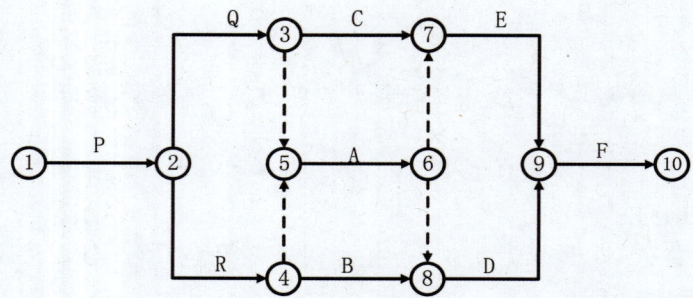

A. R 的紧后工作只有 A、B
B. E 的紧前工作只有 C
C. D 的紧后工作只有 F
D. P 没有紧前工作
E. A、B 的紧后工作都有 D

【答案】ACDE

【解析】本题考核的是工程网络计划的类型和应用。E 的紧前工作有 C 和 A。因此，只有 B 选项错误。

6.【2012年多】关于双代号网络计划的说法，正确的有（　　）。

A. 可能没有关键线路
B. 至少有一条关键线路
C. 在计划工期等于计算工期时，关键工作为总时差为零的工作
D. 在网络计划执行过程中，关键线路不能转移
E. 由关键节点组成的路线，就是关键线路

【答案】BCE

【解析】本题考核的是工程网络计划的类型和应用。对于双代号网络计划一定有关键线

路,可以有一条也可以有多条关键线路;在网络计划执行的过程中可能会对工作进行调整,从而使关键线路发生变化;双代号网络计划中,关键线路上可能有虚工作(虚箭线)存在,且由关键节点组成的线路不一定是关键线路。因此,只有B、C、D符合题意。

7.【2013年单】双代号网络图中,工作是用(　　)表示的。
A. 节点及其编号
B. 箭线及其两端节点编号
C. 箭线及其起始节点编号
D. 箭线及其终点节点编号

【答案】B

【解析】本题考查的是工程网路计划的类型和应用。由于一项工作需要用一条箭线和其箭尾以及箭头处两个圆圈中的号码来表示,故称双代号表示法。因此,只有B选项符合题意。

8.【2013年单】某工程网络计划中,工作N最早开始时间为第17天,持续时间为5天,该工作有3项紧后工作,它们的最早开始时间分别为第25天、第27天和第30天,则N的自由时差时间为(　　)天。
A. 2　　　　B. 3　　　　C. 7　　　　D. 8

【答案】D

【解析】本题考核的是工程网络计划的类型和应用。TF_n = 紧后工作最早开始时间 - 本工作最早完成时间 = 25-17 = 8 天。因此,只有D选项符合题意。

9.【2013年单】某分部工程双代号时标网络计划如下图所示(时间单位:天),工作A的总时差为(　　)天。
A. 0　　　　B. 2　　　　C. 3　　　　D. 1

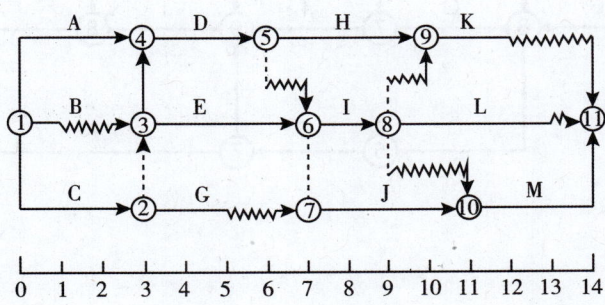

【答案】D

【解析】本题考核的是工程网络计划的类型和应用。关键工作是CEJM,路线1-4-5-6-7-10-11,有1天的总时差。因此,只有D选项符合题意。

10.【2013年单】某工程的单代号网络计划如下图所示(时间单位:天),该计划的计算工期为( )天。
A. 9　　　　B. 11　　　　C. 12　　　　D. 15

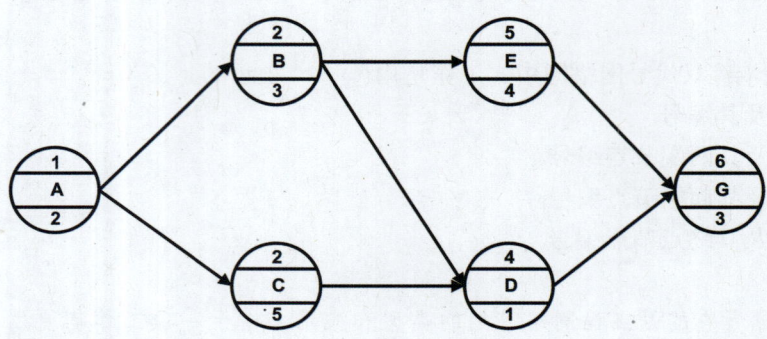

【答案】C

【解析】本题考核的是工程网络计划的类型和应用。找所有路线中工期最长的一条，即ABEG，工期是12天。因此，只有C选项符合题意。

11. 【2013年多】某双代号网络计划如下图，图中存在绘图错误的有( )。
    A. 多个终点节点
    B. 节点编号重复
    C. 两项工作有相同节点编号
    D. 循环回路
    E. 多个起点节点

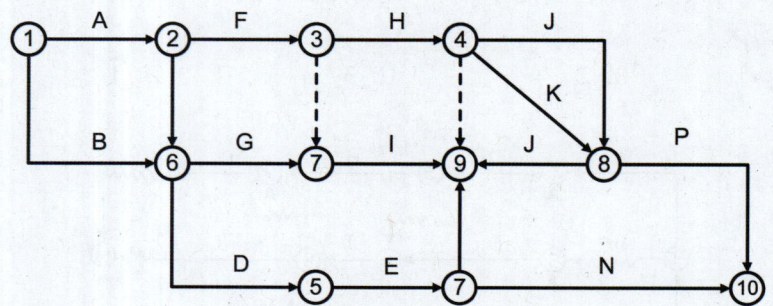

【答案】ABC

【解析】本题考核的是工程网络计划的类型和应用。多个终点节点⑨⑩，节点编号重复，两个⑦节点，两项工作有相同的节点编号⑦→⑨。

12. 【2014年单】双代号网络计划如下图所示(时间单位：天)，其计算工期是( )天。
    A. 16　　　　B. 17　　　　C. 18　　　　D. 20

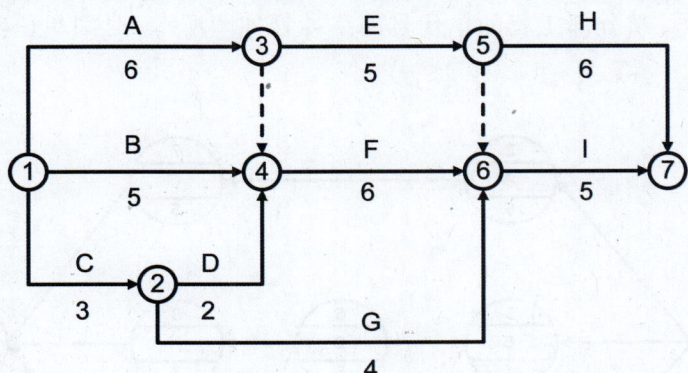

【答案】B

【解析】本题考核的是工程网络计划的类型和应用。关键线路为 A-F-I，计算工期为 17 天。因此，只有 B 选项符合题意。

13.【2014 年单】单代号网络计划如下图所示（时间单位：天），工作 C 的最迟开始时间是（　　）。

　　A. 0　　　　B. 1　　　　C. 3　　　　D. 4

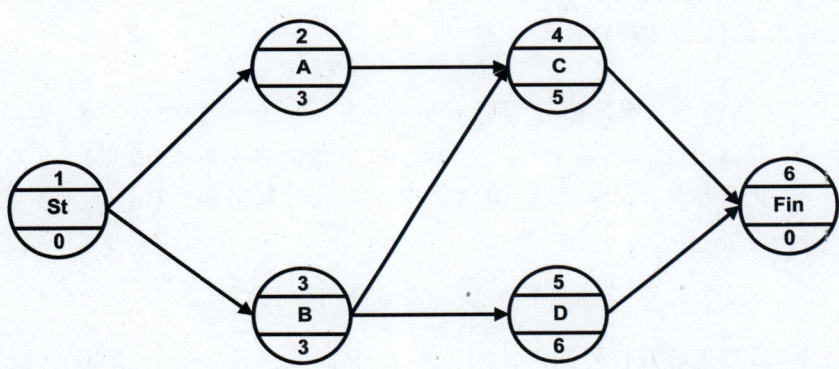

【答案】D

【解析】本题考核的是工程网络计划的类型和应用。从图中可知关键工作为 B→D，总工期为 3+6=9，C 工作持续时间为 5 天，则 C 工作的最迟开始时间为 9-5=4。

14.【2014 年单】关于双代号网络图绘图规则的说法，正确的是（　　）。

　　A. 箭线不能交叉　　　　　　　　B. 关键工作必须安排在图面中心
　　C. 只有一个起点节点　　　　　　D. 工作箭线只能用水平线

【答案】C

【解析】本题考核的是工程网络计划的类型和应用。A 选项，箭线可以交叉；B 选项，关键工作安排在图面中心不是必需的；D 选项，工作箭线可以是竖向的。因此，只有 C 选项符合题意。

15.【2014年多】某分部工程的单代号网络计划如图所示(时间单位:天),正确的有(   )。

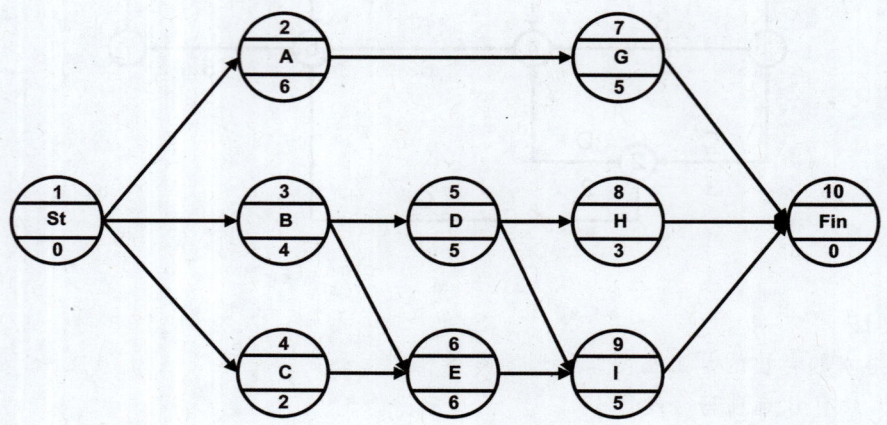

A. 有两条关键线路
B. 计算工期为15天
C. 工作G的总时差和自由时差均为4天
D. 工作D和I直接的时间间隔为1天
E. 工作H的自由时差为2天

【答案】BCD

【解析】本题考核的是工程网络计划的类型和应用。关键线路只有一条B-E-I,计算工期是4+6+5=15,G工作的总时差15-11=4天,G工作的自由时差15-11=4天,D工作最早完成是第9天,I工作最早开始是第10天,有一天的时间间隔,H工作的自由时差15-(4+5+3)=3天。

关键工作、关键路线和时差

1.【2012年多】某工程双代号网络计划如图所示(时间单位:天),则该计划的关键线路是(   )
A. 1-2-3-4-5-6   B. 1-2-3-4-6   C. 1-3-4-6   D. 1-3-5-6

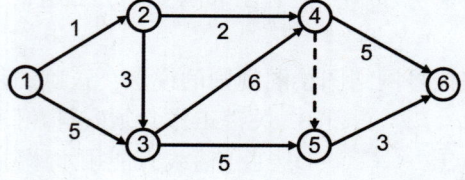

【答案】C

【解析】本题考核的是关键工作、关键路线和时差。用破圈法找出总持续时间最长的线路即关键线路。因此,只有C选项符合题意。

2.【2013年单】某工程双代号网络计划如下图所示(时间单位:天),其关键线路有( )条。

A. 2　　　　　　B. 4　　　　　　C. 3　　　　　　D. 5

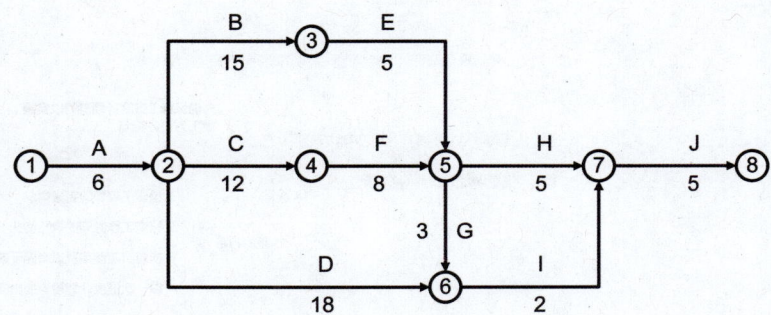

【答案】B

【解析】本题考核的是关键工作、关键路线和时差。关键路线为 ABEHJ、ABEGIJ、ACFGIJ。

3.【2013年多】关于网络计划关键线路的说法,正确的有( )。

A. 单代号网络计划中由关键工作组成的线路

B. 总持续时间最长的线路

C. 双代号网络计划中无虚线的线路

D. 时标网络中没有波形线的线路

E. 双代号网络计划中由关键节点连成的线路

【答案】ABD

【解析】本题考核的是关键工作、关键路线和时差。

4.【2014年单】双代号网络计划中的关键线路是指( )。

A. 总时差为零的线路

B. 总的工作持续时间最短的线路

C. 一经确定,不会发生转移的线路

D. 自始至终全部由关键工作组成的线路

【答案】D

【解析】本题考核的是关键工作、关键路线和时差。双代号网络计划关键线路,自始至终全部由关键工作组成的线路为关键工作;线路上总的工作持续时间最长的线路为关键工作。

2Z103040 施工进度控制的任务和措施

▶ 一、本节知识速记

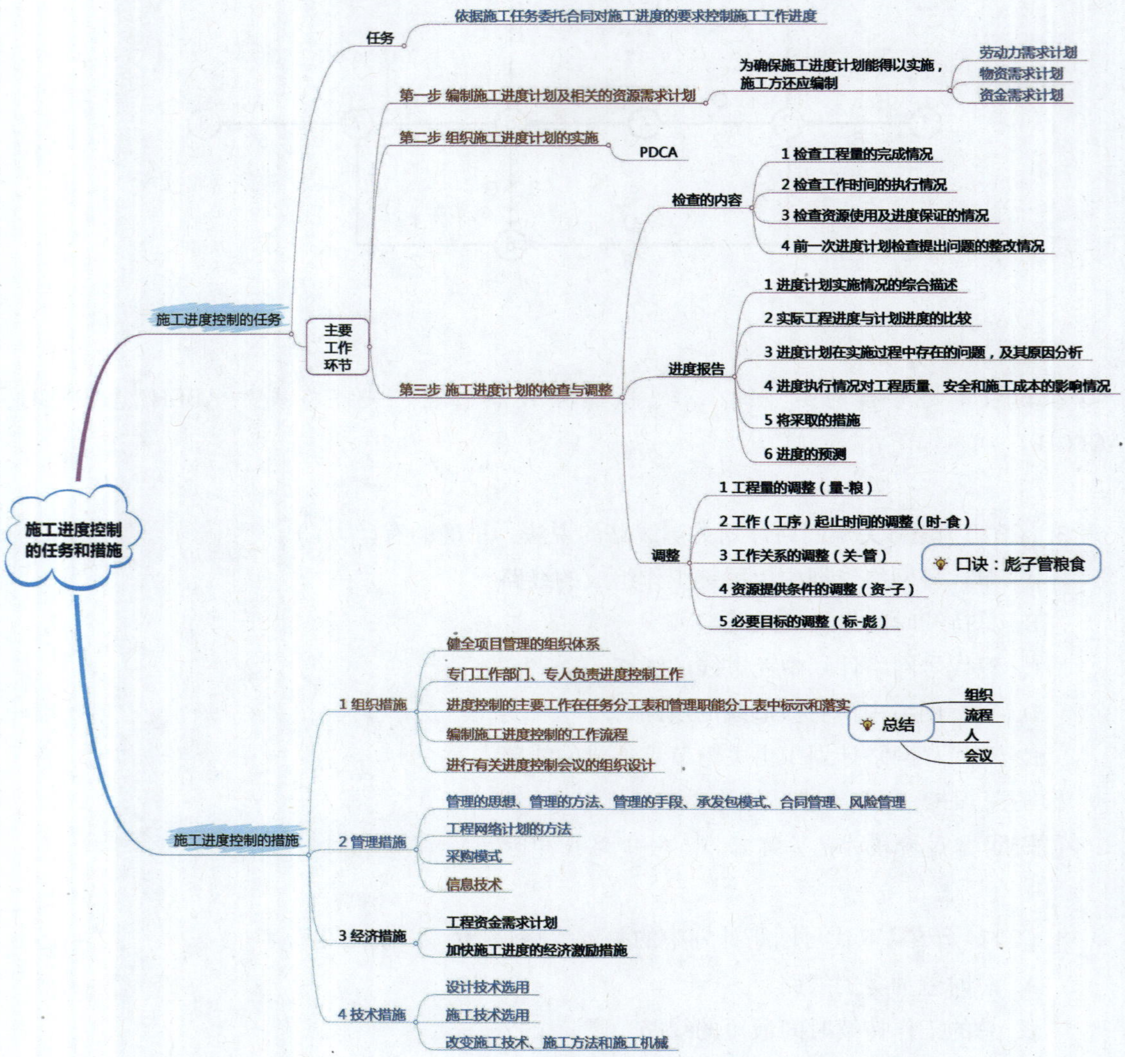

施工进度控制的任务和措施
- 施工进度控制的任务
  - 任务：依据施工任务委托合同对施工进度的要求控制施工工作进度
  - 主要工作环节
    - 第一步 编制施工进度计划及相关的资源需求计划
      - 为确保施工进度计划能得以实施，施工方还应编制
        - 劳动力需求计划
        - 物资需求计划
        - 资金需求计划
    - 第二步 组织施工进度计划的实施 PDCA
    - 第三步 施工进度计划的检查与调整
      - 检查的内容
        - 1 检查工程量的完成情况
        - 2 检查工作时间的执行情况
        - 3 检查资源使用及进度保证的情况
        - 4 前一次进度计划检查提出问题的整改情况
      - 进度报告
        - 1 进度计划实施情况的综合描述
        - 2 实际工程进度与计划进度的比较
        - 3 进度计划在实施过程中存在的问题，及其原因分析
        - 4 进度执行情况对工程质量、安全和施工成本的影响情况
        - 5 将采取的措施
        - 6 进度的预测
      - 调整
        - 1 工程量的调整（量-粮）
        - 2 工作（工序）起止时间的调整（时-食）
        - 3 工作关系的调整（关-管）
        - 4 资源提供条件的调整（资-子）
        - 5 必要目标的调整（标-彪）
        - 口诀：彪子管粮食
- 施工进度控制的措施
  - 1 组织措施
    - 健全项目管理的组织体系
    - 专门工作部门、专人负责进度控制工作
    - 进度控制的主要工作在任务分工表和管理职能分工表中标示和落实
    - 编制施工进度控制的工作流程
    - 进行有关进度控制会议的组织设计
    - 总结：组织 流程 人 会议
  - 2 管理措施
    - 管理的思想、管理的方法、管理的手段、承包模式、合同管理、风险管理
    - 工程网络计划的方法
    - 采购模式
    - 信息技术
  - 3 经济措施
    - 工程资金需求计划
    - 加快施工进度的经济激励措施
  - 4 技术措施
    - 设计技术选用
    - 施工技术选用
    - 改变施工技术、施工方法和施工机械

▶ 二、本节真题与解析

施工进度控制的任务

1.【2012年多】施工进度计划检查后，应编制进度报告，其内容有（　　）。
   A. 进度计划实施情况的综合描述
   B. 实际工程进度与计划进度的比较
   C. 前一次进度计划检查提出问题的整改情况

D. 进度计划在实施过程中存在问题的整改情况
E. 进度的预测

【答案】ABDE

【解析】本题考核的是施工方进度控制的任务。施工进度计划检查后应按下列内容编制进度报告：进度计划实施情况的综合描述；实际工程进度与计划进度的比较；进度计划的实施过程中存在的问题，及其原因分析；进度执行情况对工程质量、安全和施工成本的影响情况；将采取的措施；进度的预测。

2.【2014年多】施工方进度控制工作的主要环节包括（　　）。
A. 确定施工项目的进度目标
B. 编制施工进度计划及相关资源需求计划
C. 论证施工项目的进度目标
D. 组织施工进度计划的实施
E. 施工进度计划的检查与调整

【答案】BDE

【解析】本题考核的是施工方进度控制的任务。施工方进度控制的主要工作环节包括：编制施工进度计划及相关的资源需求计划；组织施工进度计划的实施；施工进度计划的检查与调整。因此，只有B、D、E选项符合题意。

施工进度控制的措施

1.【2012年单】下列进度控制措施中，属于管理措施的是（　　）。
A. 编制工程资源需求计划　　B. 应用互联网进行进度计划
C. 制定进度控制工作流程　　D. 选择先进的施工技术

【答案】B

【解析】本题考核的是施工进度控制的措施。A选项属于经济措施，C选项属于组织措施，D选项属于技术措施。因此，只有B选项符合题意。

进度控制措施	组织措施	健全项目管理的组织体系、编制进度计划、落实任务分工、管理职能分工、编制进度控制工作流程、进行进度控制会议的组织设计
	管理措施	加强进度控制的管理观念、思想、方法、手段、合同管理及风险管理、应用网络计划、选择承发包模式、应用信息技术
	经济措施	编制资源（包括资金需求、人力物力资源）需求计划、采取经济激励措施
	技术措施	设计技术、施工方案、技术经济合理性分析

2.【2013年单】下列建设工程项目进度控制的措施中，属于技术措施的是（　　）。
A. 确定各类进度计划的审批程序
B. 选择合理的合同结构
C. 选择工程承发包方式
D. 优化项目的设计方案或施工方案

【答案】D

【解析】本题考核的是施工进度控制的措施。优化项目的设计方案或施工方案属于技术措施，因此，只有 D 选项符合题意。

3.【2014 年单】下列施工方进度控制的措施中，属于技术措施的是（　　）。
   A. 确定进度控制的工作流程　　B. 优化施工方案
   C. 选择合适的施工承发包方式　　D. 选择合理的合同结构

【答案】B

【解析】施工方进度控制的技术措施：设计技术，在工程进度受阻时，应分析是否存在设计技术的影响因素，为实现进度目标有无设计变更的必要和是否可能变更。施工技术，施工方案对工程进度有直接的影响，在决策其选用时，不仅应分析技术的先进性和经济合理性，还应考虑其对进度的影响。在工程进度受阻时，应分析是否存在施工技术的影响因素，为实现进度目标有无改变施工技术、施工方法和施工机械的可能性。因此，只有 B 选项符合题意。

第一部分　建设工程项目管理

2Z104000　施工质量管理

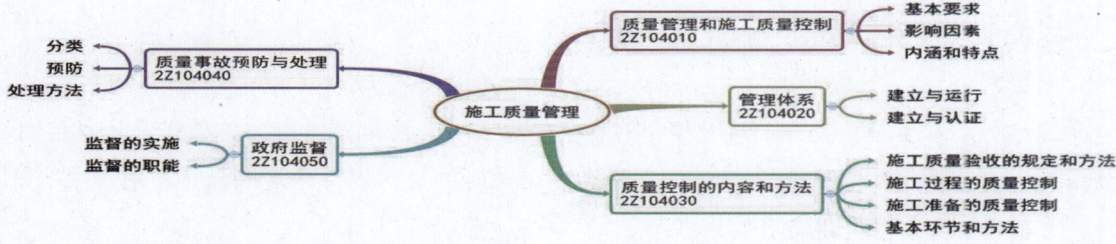

2Z104010　施工质量管理和质量控制

▶ 一、本节知识点速记

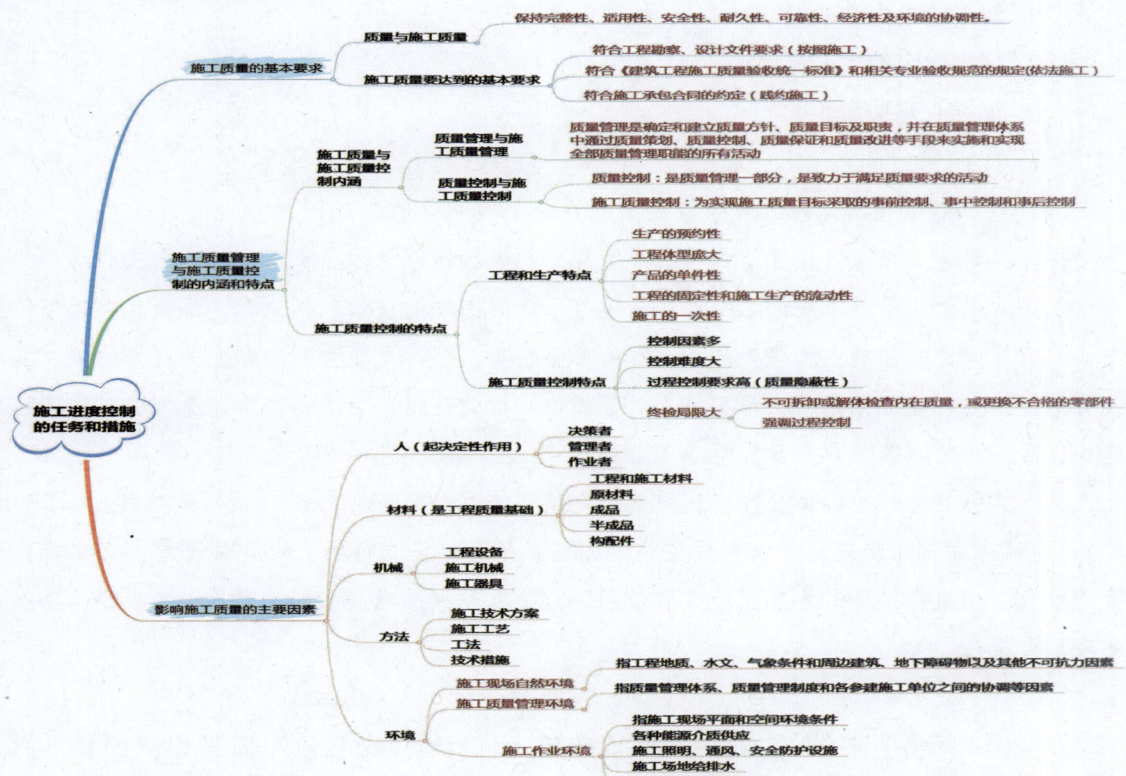

73

二、本节真题与解析

施工质量管理和施工质量控制的内涵和特点

1.【2012年单】工程项目建成后,不可能像某些工业产品那样,可以拆卸或者解体来检查内在的质量,所以工程项目施工质量控制应强调( )

A. 质量验收

B. 施工方法的技术比选

C. 过程控制

D. 投入要素的质量控制

【答案】C

【解析】本题考核的是施工质量控制的特点。施工质量控制工作中,必须强调过程控制,加强对施工过程的质量检查,及时发现和整改存在的质量问题,并及时做好检查、签证记录,为证明施工质量提供必要的证据。

2.【2014年单】根据施工质量控制的特点,施工质量控制应( )。

A. 加强对施工过程的质量检测

B. 解体检查内在质量

C. 建立固定的生产流水线

D. 加强观感质量验收

【答案】A

【解析】本题考核的是施工质量控制的特点。工程项目在施工过程中,工序衔接多、中间交接多、隐蔽工程多,施工质量具有一定的过程性和隐蔽性。上道工序的质量往往会影响下道工序的质量,下道工序的施工往往又掩盖了上道工序的质量。因此在施工质量控制工作中,必须强调过程控制,加强对施工过程的质量检查,及时发现和整改存在的质量问题,并及时做好检查、签证记录,为证明施工质量提供必要的证据。由于前面所述原因,工程项目建成以后不能像一般工业产品那样,可以依靠终检来判断和控制产品的质量;也不可能像工业产品那样将其拆卸或解体检查内在质量、更换不合格的零部件。工程项目的终检(竣工验收)只能从表面进行检查,难以发现在施工过程中产生、又被隐蔽了的质量隐患,存在较大的局限性。如果在终检时才发现严重质量问题,要整改也很难,如果不得不推倒重建,必然导致重大损失。

3.【2014年多】与一般工业产品的生产相比较,建设工程竣工质量控制的特点有( )。

A. 控制的标

B. 需要控制的因素多

C. "终检"的安全性强

D. 控制的难度大

E. 过程控制的要求高

【答案】BDE

【解析】本题考核的是施工质量控制的特点。施工质量控制的特点：(1)需要控制的因素多；(2)控制的难度大；(3)过程控制要求高；(4)终检局限大。

施工质量管理与施工质量控制

1. 【2012年单】影响施工质量的环境因素中，施工作业环境因素包括(　　)

    A. 地下障碍物的影响

    B. 施工现场交通运输条件

    C. 质量管理制度

    D. 施工工艺与工法

【答案】B

【解析】本题考核的是影响施工质量的主要因素。施工作业环境因素：主要指施工现场平面和空间环境条件，各种能源介质供应，施工照明、通风、安全防护设施、施工场地给排水，以及交通运输和道路条件等因素，这些条件是否良好，直接影响到施工能否顺利进行，以及施工质量能否得到保证。根据上述描述，选项B正确。

2. 【2013年单】施工现场照明条件属于影响施工质量环境因素中的(　　)

    A. 自然环境因素

    B. 施工质量管理环境因素

    C. 技术环境因素

    D. 作业环境因素

【答案】D

【解析】本题考核的是影响施工质量的主要因素。施工作业环境因素：主要指施工现场平面和空间环境条件，各种能源介质供应，施工照明、通风、安全防护设施、施工场地给排水，以及交通运输和道路条件等因素，这些条件是否良好，直接影响到施工能否顺利进行，以及施工质量能否得到保证。根据上述描述，选项D正确。

2Z104020 施工质量管理体系

> 一、本节知识点速记

1. 工程项目施工质量保证体系的建立与运行

质量保证体系的建立与运行

- 内涵：是为了保证某项产品或某项服务能满足给定的质量要求的体系
- 作用：
  1. 一种技术和管理手段
  2. 取得业主信任
- 内容：
  1. 项目施工质量目标
     - （1）须有明确的质量目标，符合项目质量总目标的要求
     - （2）分解
       - 空间角度展开
       - 时间角度展开 —— 以工程承包合同为依据
  2. 项目施工质量计划 —— 依据企业的质量手册和质量目标
  3. 思想保证体系
     - （1）质量第一
     - （2）一切为用户服务
  4. 组织保证体系
     - （1）成立质量管理小组
     - （2）健全各类规章制度
     - （3）明确人员任务、责权
  5. 工作保证体系
     - 第一步：施工准备阶段
     - 第二步：施工阶段 —— 强调过程控制
     - 第三步：竣工验收阶段
- 运行：
  1.

计划（P）	1.明确质量管理目标 2.质量保证工作计划
执行（D）	1.计划的行动方案交底 2.按计划规定的方法与要求展开活动
检查（C）	检查是否执行计划方案
处理（A）	1.应急的纠偏措施 2.长效的预防措施

  2. 以质量计划为主线，以过程管理为重心
  3. 运行就是反复按照PDCA循环周而复始地运转

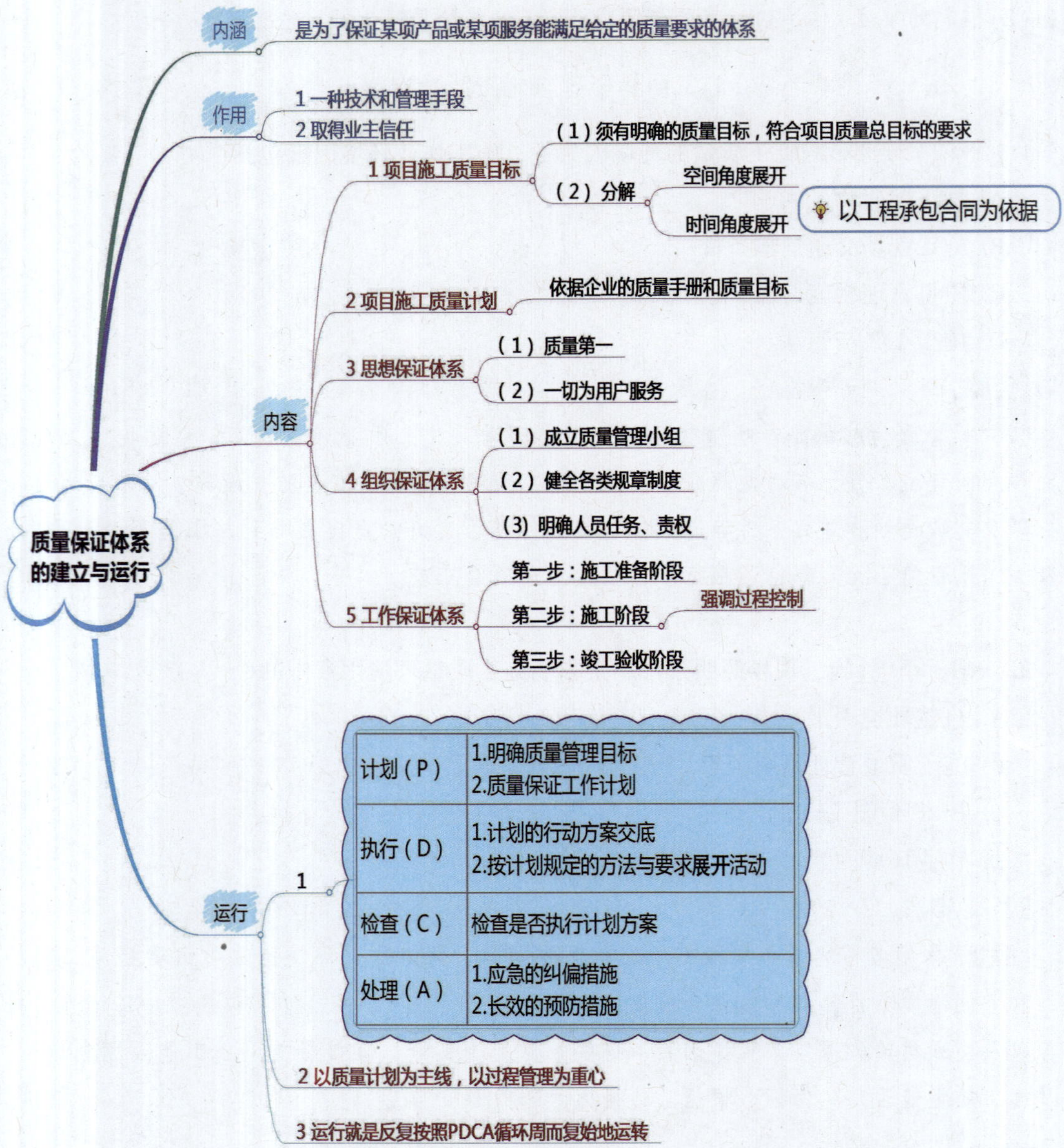

2. 施工企业质量管理体系的建立和认证

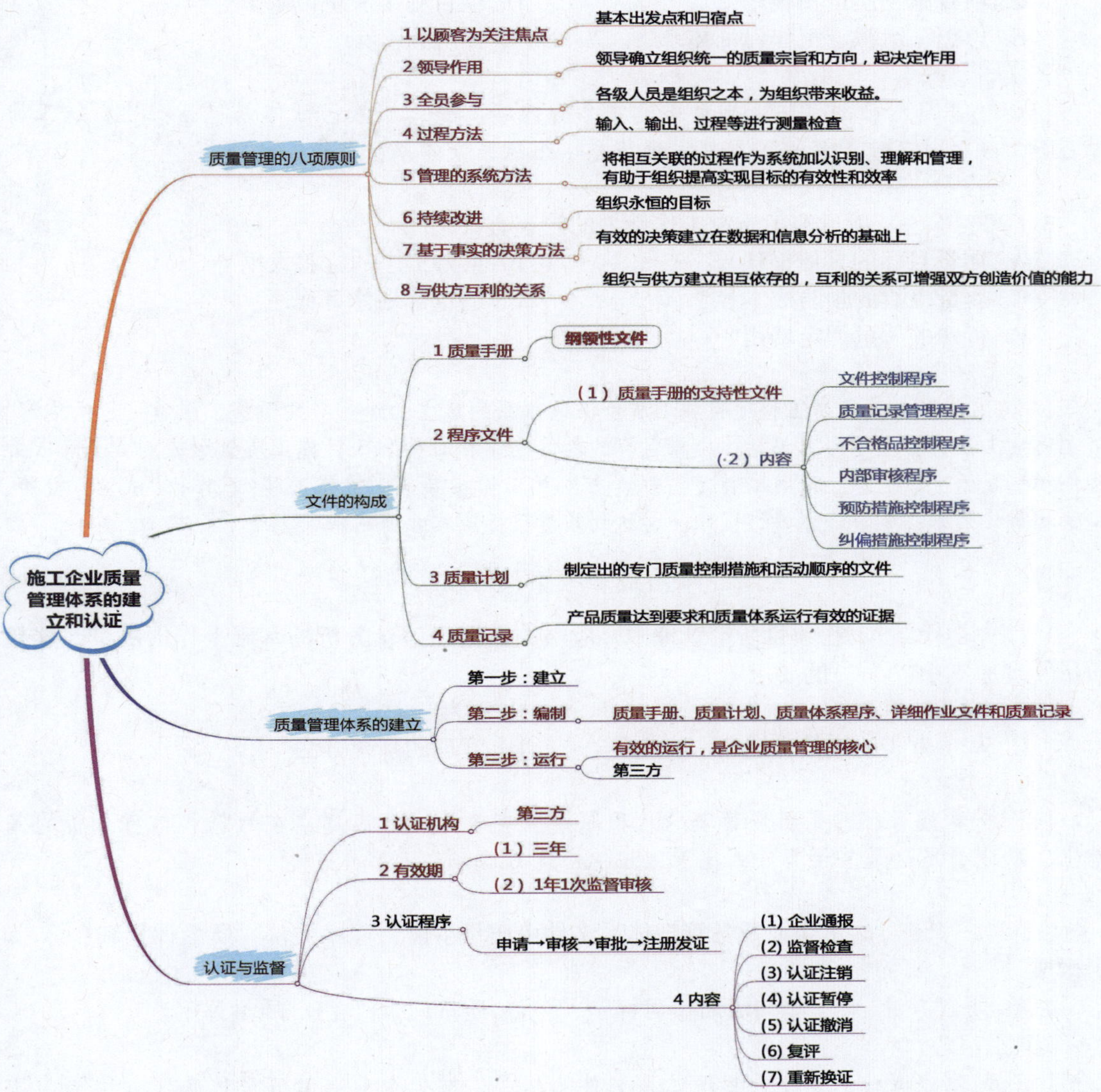

质量管理的八项原则
- 1 以顾客为关注焦点 —— 基本出发点和归宿点
- 2 领导作用 —— 领导确立组织统一的质量宗旨和方向，起决定作用
- 3 全员参与 —— 各级人员是组织之本，为组织带来收益。
- 4 过程方法 —— 输入、输出、过程等进行测量检查
- 5 管理的系统方法 —— 将相互关联的过程作为系统加以识别、理解和管理，有助于组织提高实现目标的有效性和效率
- 6 持续改进 —— 组织永恒的目标
- 7 基于事实的决策方法 —— 有效的决策建立在数据和信息分析的基础上
- 8 与供方互利的关系 —— 组织与供方建立相互依存的，互利的关系可增强双方创造价值的能力

文件的构成
- 1 质量手册 —— 纲领性文件
- 2 程序文件
  - （1）质量手册的支持性文件
  - （2）内容
    - 文件控制程序
    - 质量记录管理程序
    - 不合格品控制程序
    - 内部审核程序
    - 预防措施控制程序
    - 纠偏措施控制程序
- 3 质量计划 —— 制定出的专门质量控制措施和活动顺序的文件
- 4 质量记录 —— 产品质量达到要求和质量体系运行有效的证据

质量管理体系的建立
- 第一步：建立
- 第二步：编制 —— 质量手册、质量计划、质量体系程序、详细作业文件和质量记录
- 第三步：运行 —— 有效的运行，是企业质量管理的核心
  - 第三方

认证与监督
- 1 认证机构 —— 第三方
- 2 有效期
  - （1）三年
  - （2）1年1次监督审核
- 3 认证程序 —— 申请→审核→审批→注册发证
- 4 内容
  - (1) 企业通报
  - (2) 监督检查
  - (3) 认证注销
  - (4) 认证暂停
  - (5) 认证撤消
  - (6) 复评
  - (7) 重新换证

二、本节真题与解析

工程项目施工质量保证体系的建立与运行

1.【2013年单】施工质量保证体系的运行，应以（　　）为重心。
　A. 过程管理　　　B. 计划管理　　　C. 结果管理　　　D. 成品保护
【答案】A
【解析】本题考核的是施工质量保证体系的运行。施工质量保证体系的运行，应以质量计划为主线，以过程管理为重心，按照 PDCA 循环的原理，通过计划、实施、检查和处理的步骤展开控制。

2. 【2012年多】工程项目施工质量保证体系的主要内容有( )。
   A. 项目施工质量目标　　　　　　B. 项目施工质量计划
   C. 项目施工质量实施　　　　　　D. 项目施工质量记录
   E. 思想、组织、工作保证体系
   【答案】ABE
   【解析】本题考核的是施工质量保证体系的内容。施工质量保证体系包括：项目施工质量目标、项目施工质量计划、思想保证体系、组织保证体系、工作保证体系。

3. 【2014年多】项目施工质量工作计划的内容有( )
   A. 质量目标的具体描述　　　　　B. 重要工序的检验大纲
   C. 质量事故的预防成本　　　　　D. 适量计划修订程序
   E. 特殊的质量评定费用
   【答案】ABD
   【解析】本题考核的是工程项目施工质量保证体系的建立和运行，关于施工质量计划的内容。施工质量工作计划主要内容包括：质量目标的具体描述和对整个项目施工质量形成的各个环节的责任和权限的定量描述；采用的特定程序、方法和工作指导书；重要工序(工作)的试验、检验、验证和审核大纲；质量计划修订程序；为达到质量目标成本管理的基准。

施工企业质量管理体系的建立和认证

1. 【2012年单】工程项目质量管理中。应当在数据和信息分析的基础上作出决策。这是质量管理原则中( )的要求。
   A. 持续改进　　　　　　　　　　B. 过程方法
   C. 基于事实的决策方法　　　　　D. 管理的系统方法
   【答案】C
   【解析】本题考核的是质量管理的八项原则。有效的决策应建立在数据和信息分析的基础上，从此看出这是基于事实的决策方法，应选C选项。

2. 【2013年单】施工企业质量管理体系文件由质量手册、程序文件、质量计划和( )等构成。
   A. 质量方针　　B. 质量目标　　C. 质量记录　　D. 质量评审
   【答案】C
   【解析】本题考核的是质量管理体系文件的构成。施工企业质量管理体系文件主要由质量手册、程序文件、质量计划和质量记录等构成。

3. 【2014年单】根据施工企业质量管理体系文件构成，"质量审查、修改和控制管理办法"属于( )的内容。
   A. 程序文件　　B. 质量计划　　C. 质量手册　　D. 质量记录
   【答案】C
   【解析】本题考核的是质量管理体系文件的构成，关于质量手册的定义。质量手册的主要内容包括：企业的质量方针、质量目标；组织机构和质量职责；各项质量活动的基本控制程序或体系要素；质量评审、修改和控制管理办法。

4. 【2014年单】施工企业质量管理体系的认证方应为( )。

A. 企业最高领导者　　　　　　　B. 第三方认证机构
C. 企业行政主管部门　　　　　　D. 行业管理部门

【答案】B

【解析】本题考核的是质量管理体系的认证与监督。质量管理体系由公正的第三方认证机构，依据质量管理体系的要求标准，审核企业质量管理体系要求的符合性和实施的有效性，进行独立、客观、科学、公正的评价，得出结论。

2Z104030　施工质量控制的内容和方法

一、本节知识点速记

1. 施工质量控制的基本环节和一般方法

施工质量控制的基本环节和一般方法			
施工质量控制的基本环节	事先质量控制（施工前主动质量控制）		通过编制施工质量计划，明确质量目标，制定施工方案，设置质量管理点，落实质量责任，分析质量目标偏离的因素，制定有效的预防措施防范
	事中质量控制		控制的重点是对工序质量、工作质量和质量控制点的控制
			事中控制关键是坚持质量标准，一切以标准为依据
	事后质量控制		事后控制包括对质量活动结果的评价、认定和对质量偏差的纠正
			控制的重点是发现施工质量方面的缺陷，并通过分析提出施工质量改进的措施使其受控
施工质量控制的依据	共同性依据		
	专门技术法规性依据		新工艺、新技术、新材料、新设备的质量规定和鉴定意见
施工质量控制的一般方法	质量文件审核	技术文件	
		报告	
		报表	
	现场质量检查	内容	1 开工前的检查：执行"三检"制度，即自检、互检、专检
			2 工序交接检查：未经监理工程师（或建设单位技术负责人）检查认可，不得下道工序施工
			3 隐蔽工程检查：施工中凡是隐蔽工程必须检查认证后方可进行隐蔽掩盖
			4 停工后复工的检查
			5 分项、分部工程完工后的检查
			6 成品保护的检查
		方法	目测法：看——根据质量标准要求进行外观检查；摸——通过触摸手感进行检查、鉴别；敲——运用敲击工具进行音感检查；照——通过人工光源或反射光照射，检查难以看到或光线较暗的部位
			实测法：靠——运用直尺、塞尺检查诸如墙面、地面、路面的平整度等；量——用测量工具和计量仪表等检查断面尺寸、轴线、标高、湿度、温度等的偏差；吊——用托线板以及线垂吊线检查垂直度；套——以方尺套方，辅以塞尺检查
			实验法：理化试验、无损检测。理化试验：物理力学性能方面的检验和化学成分及含量的测定等两个方面，如：静载试验。无损检测：超声波探伤、X射线探伤、γ射线探伤

79

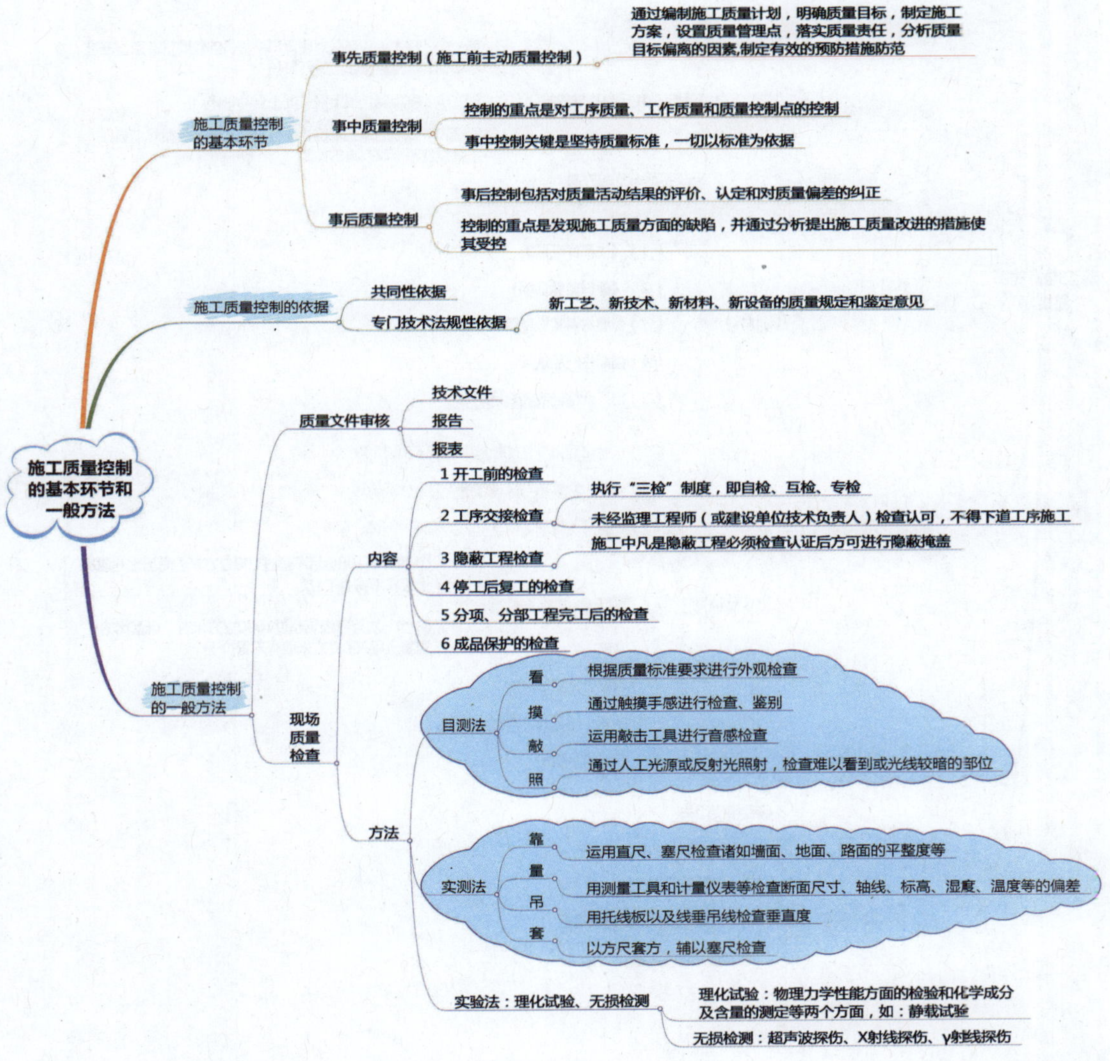

2. 施工准备的质量控制

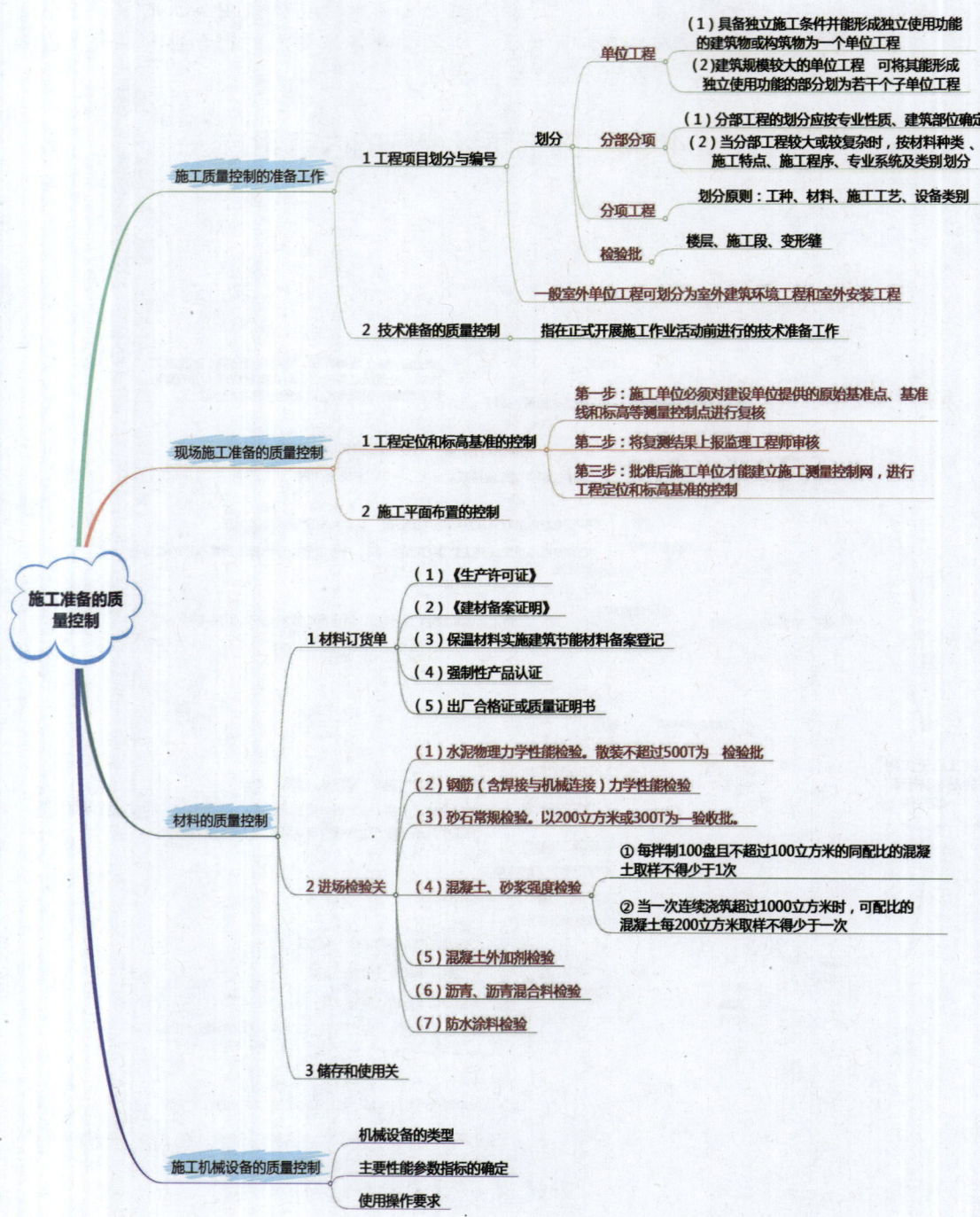

3. 施工过程的质量控制

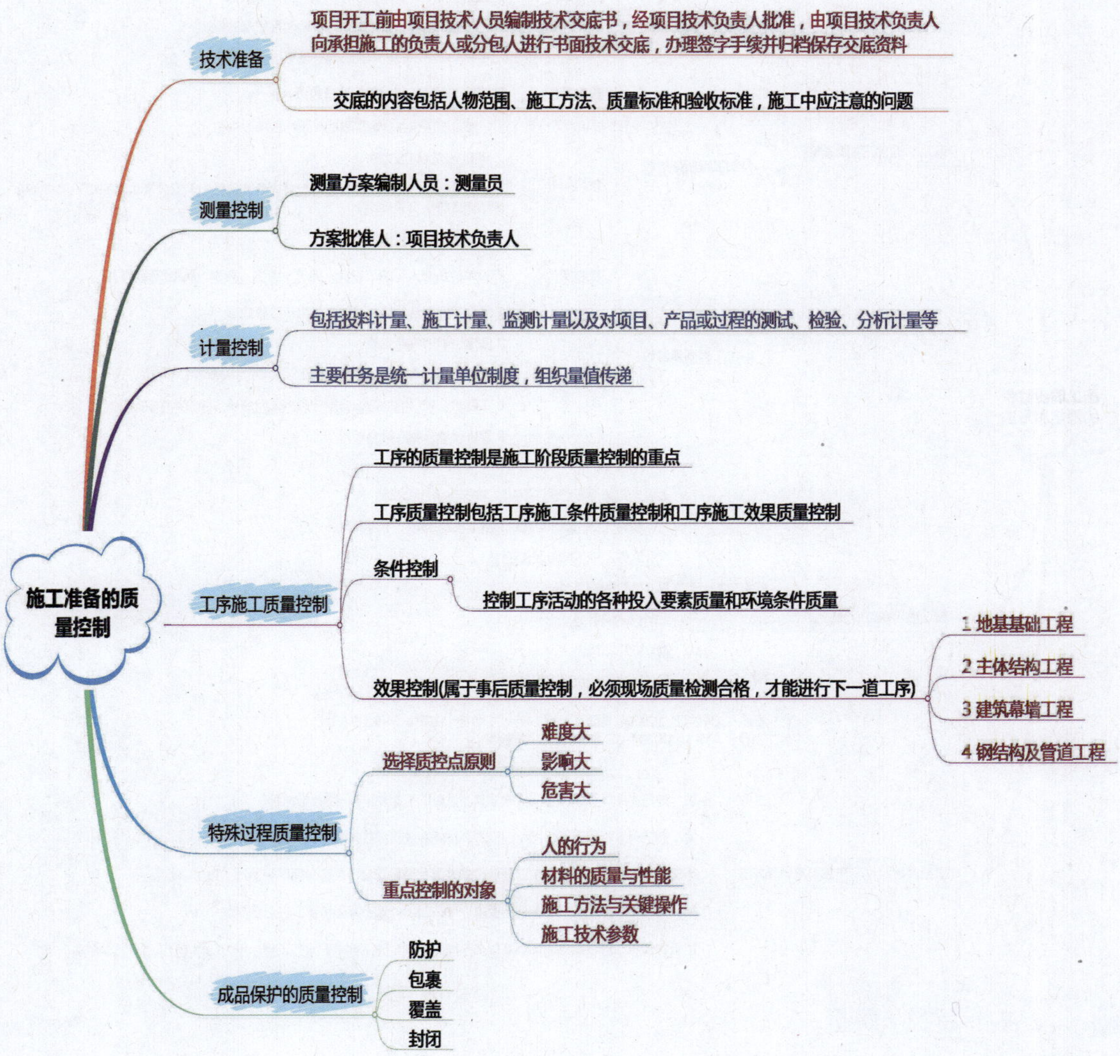

施工准备的质量控制

- **技术准备**
  - 项目开工前由项目技术人员编制技术交底书，经项目技术负责人批准，由项目技术负责人向承担施工的负责人或分包人进行书面技术交底，办理签字手续并归档保存交底资料
  - 交底的内容包括人物范围、施工方法、质量标准和验收标准，施工中应注意的问题

- **测量控制**
  - 测量方案编制人员：测量员
  - 方案批准人：项目技术负责人

- **计量控制**
  - 包括投料计量、施工计量、监测计量以及对项目、产品或过程的测试、检验、分析计量等
  - 主要任务是统一计量单位制度，组织量值传递

- **工序施工质量控制**
  - 工序的质量控制是施工阶段质量控制的重点
  - 工序质量控制包括工序施工条件质量控制和工序施工效果质量控制
  - 条件控制
    - 控制工序活动的各种投入要素质量和环境条件质量
  - 效果控制(属于事后质量控制，必须现场质量检测合格，才能进行下一道工序)
    - 1 地基基础工程
    - 2 主体结构工程
    - 3 建筑幕墙工程
    - 4 钢结构及管道工程

- **特殊过程质量控制**
  - 选择质控点原则
    - 难度大
    - 影响大
    - 危害大
  - 重点控制的对象
    - 人的行为
    - 材料的质量与性能
    - 施工方法与关键操作
    - 施工技术参数

- **成品保护的质量控制**
  - 防护
  - 包裹
  - 覆盖
  - 封闭

4. 施工质量验收的规定和方法

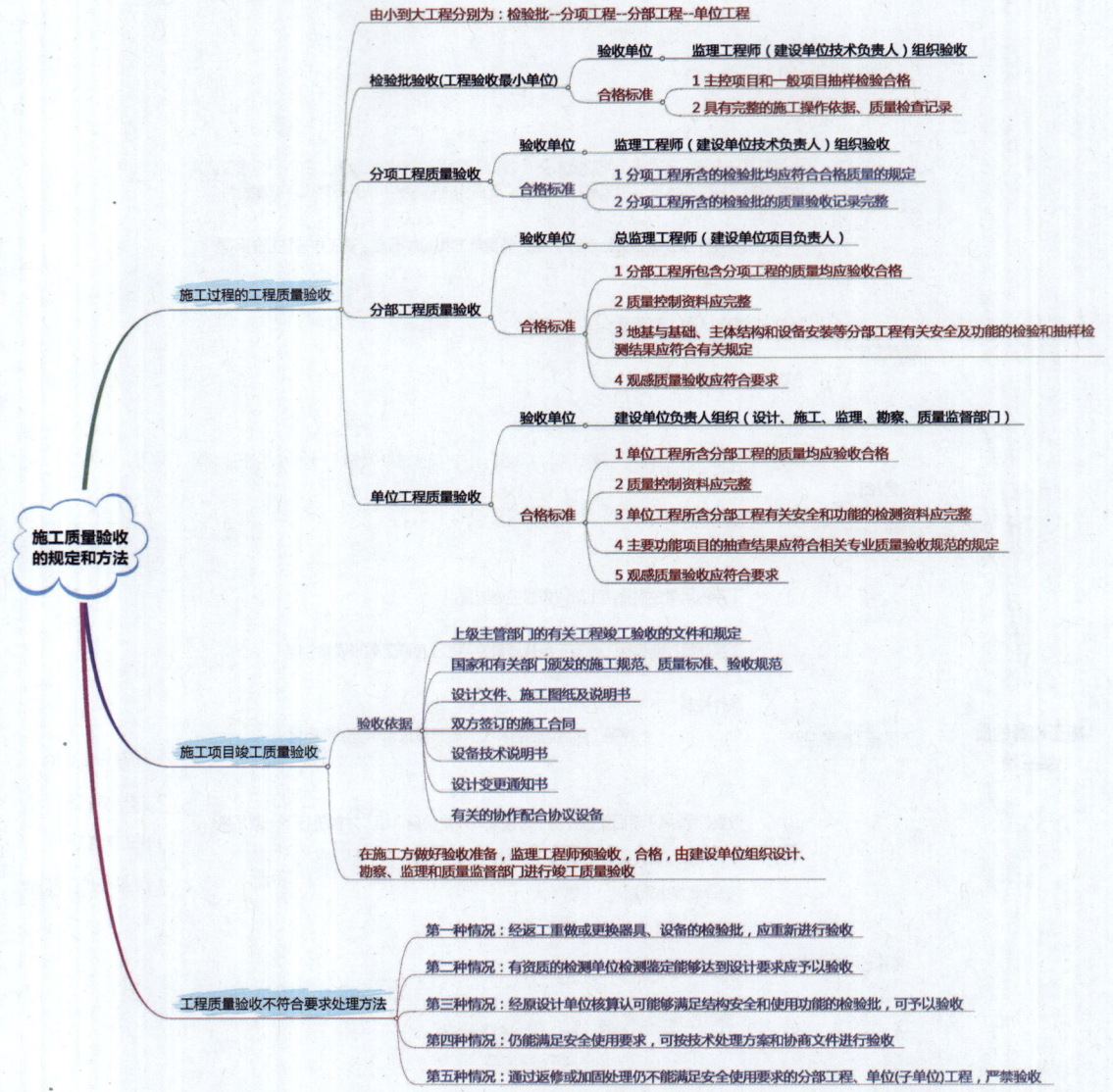

二、本节真题与解析

施工质量控制的基本环节和一般方法

1. 【2012年多】下列施工质量控制内容中，属于现场施工质量检查内容的有（   ）。
    A. 开工条件检查
    B. 工序交接检查
    C. 材料质量检验报告检查
    D. 成品保护检查
    E. 施工机械性能稳定性检查

【答案】ABD

【解析】本题考核的是施工过程的现场施工质量检查的内容。施工现场质量检查内容包括：(1)开工前检查；(2)工序交接检查；(3)隐蔽工程检查；(4)停工后复工的检查；(5)分项、分部工程完工后的检查；(6)成品保护的检查。

2.【2014年单】施工现场对墙面平整度进行检查时，适合采用的检查手段是(　　)。
  A. 量　　　　　B. 靠　　　　　C. 吊　　　　　D. 套
【答案】B
【解析】本题考核的是施工现场质量检查的方法。现场质量检查的方法主要有目测法、实测法和实验法等。目测法的手段可概括为"看、摸、敲、照"四个字，实测法的手段可概括为"考、量、吊、套"。所谓考，就是用直尺、塞尺检查诸如墙面、地面、路面等的平整度。

3.【2013年单】施工质量检测中工序交接检测的"三检"制度是指(　　)。
  A. 质量员检查，技术负责人检查，项目经理检查
  B. 施工单位检查，监理单位检查，建设单位检查
  C. 自检，互检，专检
  D. 施工单位内部检查，监理单位检查，质量监督机构检查
【答案】C
【解析】本题考核的是施工现场的质量检查。必须加强工序管理，建立质量检查制度，严格实行自检，互检，专检。

施工准备的质量控制

1.【2012年单】下列施工质量控制中，属于事前控制的是(　　)
  A. 设计交底　　　　　　　　B. 重要结构实体检测
  C. 隐蔽工程验收　　　　　　D. 施工质量检查验收
【答案】A
【解析】本题考核的是施工准备的质量控制。事前控制即在施工前进行的事前主动质量控制，通过编制施工质量计划，明确质量目标，制定施工方案，设置质量管理点，落实质量责任，分析可能导致质量目标偏离的各种影响因素，针对这些影响因素制定有效的预防措施。同理选项A设计交底也是施工前的技术交底，也可见教材P159页"技术准备是指在正式开展施工作业活动前进行的技术准备工作"，这类工作内容繁多，主要在室内进行，例如：熟悉施工图纸、进行详细的设计交底和图纸审查等，所以应选A选项。

2.【2012年单】施工过程中，工程质量验收的最小单位是(　　)
  A. 分项工程　　B. 单位工程　　C. 分部工程　　D. 检验批
【答案】D

【解析】本题考核的是施工准备的质量控制。为了便于控制、检查、评定和监督每个工序和工种的工作质量，就要把整个工程逐级划分为单位工程、分部工程、分项工程和检验批，并分级进行编号，据此来进行质量控制和检查验收。最小的工程施工质量验收单位是检验批。

施工过程的质量控制

1. 【2012年单】关于工程质量现场质量检测的说法，错误的是(   )。
    A. 检测和判断桩身完整性采用低应变法
    B. 设计等级为乙级的桩基必须进行桩的承载力检测
    C. 按非统计方法评定混凝土强度时，混凝土试块留置数量不应少于3组
    D. 钢筋保护层厚度检测应抽取构件数量的1%且不少于5个构件进行检测

【答案】D

【解析】本题考核的是施工过程的质量控制关于施工效果质量控制考点。设计等级为甲级、乙级的桩基或地质条件复杂，桩施工质量可靠性低，本地区采用的新桩型或新工艺的桩基应进行桩的承载力检测，检测数量在同一条件下不应少于3根，且不宜少于总桩数的1%。

2. 【2012年多】下列施工过程的质量控制中，属于工序施工效果控制的是(   )。
    A. 钢材的力学性能检测
    B. 钢筋保护层厚度检测
    C. 幕墙工程硅酮结构胶相容性检测
    D. 水泥物理化学性能检测
    E. 砌体强度现场检测

【答案】BCE

【解析】本题考核的是施工过程的质量控制。工序施工效果主要反映在工序产品的质量特征和特性指标。对工序施工效果的控制就是控制工序产品的质量特征和特性指标达到设计质量标准以及施工质量验收标准的要求。

可参考教材P163页中的①混凝土、砂浆、砌体强度现场检测；②钢筋保护层厚度检测；③建筑幕墙工程。

施工质量验收的规定和方法

1. 【2012年单】某工程在竣工质量验收时，参与竣工验收的设计单位与施工、监理单位发生争执，无法形成一致的意见，该情况下，正确的做法是(   )。
    A. 由建设单位作出验收结论
    B. 由质量监督站调解并作出验收结论
    C. 协商一致后重新组织验收并作出验收结论
    D. 请建设行政主管部门调解并作出验收结论

【答案】C

【解析】本题考核的是施工质量验收的规定和方法考点中关于施工竣工质量验收程序的考点。参与竣工验收的设计单位与施工、监理单位发生争执，无法形成一致的意见时，应当协商提出解决方法，待意见一致后，重新组织工程竣工验收，必要时可提请建设行政主管部门或质量监督站调解。

2.【2012年单】能够全面反映建设工程施工全过程质量控制和保证的依据性证明资料是（   ）。

A. 工程质量控制资料
B. 工程施工质量验收资料
C. 竣工图
D. 工程施工技术管理资料

【答案】B

【解析】本题考核的是施工项目竣工质量验收的考点。施工项目竣工质量验收是施工质量控制的最后一个环节，是对施工过程质量控制成果的全面检验，是从终端把关方面进行质量检测，所以工程施工质量验收资料能够全面反映建设工程施工全过程质量控制和保证。

3.【2013年多】施工过程的工程质量验收中，分项工程质量验收合格的条件有（   ）

A. 所含检验均已验收合格
B. 观感质量验收符合要求
C. 有关安全和功能的检验资料完整
D. 所含检验批质量验收资料完整
E. 主要功能性项目的抽查结果符合相关专业验收规范的规定

【答案】AD

【解析】本题考核的是工程施工质量验收的规定与方法。分项工程验收合格应符合下列规定：分项工程所含的检验批均符合质量的规定；分项工程所含的检验批的质量验收记录应完整。

4.【2014年单】下列施工质量控制工作中，属于技术准备工作质量控制的是（   ）。

A. 建立施工质量控制网 B. 设置质量控制点
C. 制定施工场地质量管理制度 D. 实行工序交接检查制度

【答案】B

【解析】本题考核的是技术准备的质量控制，包括对技术准备工作成果的复核审查，检查这些成果有无错漏，是否符合相关技术规范、规程的要求和对施工质量的保证程序；制订施工质量控制计划，设置质量控制点，明确关键部位的质量管理点等。

2Z104040 施工质量事故预防与处理

一、本节知识点速记

- 施工质量事故预防与处理
  - 分类
    - 概念
      - 质量不合格：工程产品没有满足某个规定的要求
      - 质量问题：凡是工程质量不合格，必须进行返修、加固或报废处理，由此造成直接经济损失低于规定限额5000元以下
      - 质量事故：凡是工程质量不合格，必须进行返修、加固或报废处理，由此造成直接经济损失高于规定限额5000元以上
    - 工程质量事故分类
      - 按事故损失程度
      - 按事故责任划分
        - 指导责任事故：指导或领导失误而造成的质量事故
        - 操作责任事故：操作者不按规程和标准实施操作，而造成的质量事故
        - 自然灾害：突发的严重自然灾害等不可抗力因素造成的质量事故
      - 按质量事故产生的原因
        - 技术原因：结构设计计算错误，对地质情况估计错误、采用了不适宜的施工方法或施工工艺
        - 管理原因：管理体系不完善、管理措施落实不力、检测仪器设备管理不善而失常、材料检验不严密等原因
        - 社会、经济原因：偷工减料
        - 其他原因：不可抗力因素
  - 施工质量事故预防
    - 非法承包，偷工减料：重大施工质量事故的首要原因
    - 违背基本建设程序
    - 勘察设计失误
    - 自然条件影响
    - 施工失误
  - 施工质量事故的处理方法
    - 依据
      - 质量事故的实况资料
      - 有关合同及合同文件
      - 有关的技术文件和档案
      - 相关的建设法规
    - 处理的程序
      - 第一步 事故调查：事故涉及人员与主要责任者的情况等
      - 第二步 事故的原因分析
      - 第三步 制订事故处理的方案
      - 第四步 事故处理
      - 第五步 事故处理的鉴定验收
    - 施工质量事故处理的基本方法
      - 修补处理：不满足规范、标准或设计的要求，存在缺陷，经修补后可以达到要求的质量标准，又不影响使用功能或外观的要求（例子）
      - 加固处理：主要是针对危及承载力缺陷质量事故的处理
      - 返工处理：缺陷经过修补不满足质量标准要求，或不具备补救可能性（例子）
      - 限制使用
      - 不作处理：
        - （1）不影响结构安全、生产工艺和使用要求的
        - （2）后道工序可以弥补的质量缺陷
        - （3）法定检测单位鉴定合格的
        - （4）出现的质量缺陷，经检测鉴定达不到设计要求，但经原设计单位核算，仍能满足结构安全和使用功能的
      - 报废：采取修补、加固、返工、限制方法后仍不能满足要求

86

工程质量事故分类

等级	死亡人数 P	重伤人数 P	直接经济损失 E
一般事故	P<3 人	P<10 人	100 万元≤E<1000 万元
较大事故	3 人≤P<10 人	10 人≤P<50 人	1000 万元≤E<5000 万元
重大事故	10 人≤P<30 人	50 人≤P<100 人	5000 万元≤E<1 亿元
特大事故	P>30 人	P>100 人	E>1 亿元
备注	以上，包括本数；以下，不包括本数		

二、本节真题与解析

工程质量事故的分类

1.【2012 年单】根据国务院《生产安全事故报告和调查处理条例》，致使 120 名操作工人急性工业中毒的生产安全事故属于（　　）。

　　A. 特别重大事故　　　　　　　　B. 重大事故
　　C. 较大事故　　　　　　　　　　D. 一般事故

【答案】A

【解析】本题考核的是工程质量事故的分类。工程质量事故分为 4 个等级：（1）特别重大事故，是指造成 30 人以上死亡，或者 100 人以上重伤，或者 1 亿元以上直接经济损失的事故；（2）重大事故，是指造成 10 人以上 30 人以下死亡，或者 50 人以上 100 人以下重伤，或者 5000 万元以上 1 亿元以下直接经济损失的事故；（3）较大事故，是指造成 3 人以上 10 人以下死亡，或者 10 人以上 50 人以下重伤，或者 1000 万元以上 5000 万元以下直接经济损失的事故；（4）一般事故，是指造成 3 人以下死亡，或者 10 人以下重伤，或者 100 万元以上 1000 万元以下直接经济损失的事故。本题是 120 名操作工人重伤在 100 人以上，所以为特别重大事故，应选 A。

2.【2012 年单】某工程由于施工现场管理落后，质量问题频发，致使在建的一栋办公楼施工至主体 2 层时坍塌，死亡 11 人，这期工程质量事故属于（　　）

　　A. 特别重大事故　　　　　　　　B. 严重质量事故
　　C. 重大质量事故　　　　　　　　D. 一般质量事故

【答案】C

【解析】本题考核的是工程质量事故的分类。本题是死亡 11 人，在 10 人以上 30 人以下死亡的为重大质量事故，所以应选 C。

3.【2014 年单】1 人重伤，直接经济损失 300 万元。根据《关于做好房屋建筑和市政基础设施工程质量事故报告和调查处理工作的通知》（建质〔2010〕111 号），该事故等级为（　　）。

　　A. 一般事故　　　B. 较大事故　　　C. 重大事故　　　D. 特别重大事故

【答案】A
【解析】略。

工程质量事故的处理方法

1.【2012年单】工程施工质量事故的处理包括：①事故调查；②事故原因分析；③事故处理；④事故处理的鉴定验收；⑤指定事故处理方案，其正确程序为(　　)。
　　A.①②③④⑤　　　B.②①③④⑤　　　C.②①⑤③④　　D.①②⑤③④
【答案】D
【解析】本题考核的是施工质量的处理程序，根据图表，可以看出，选项D正确。

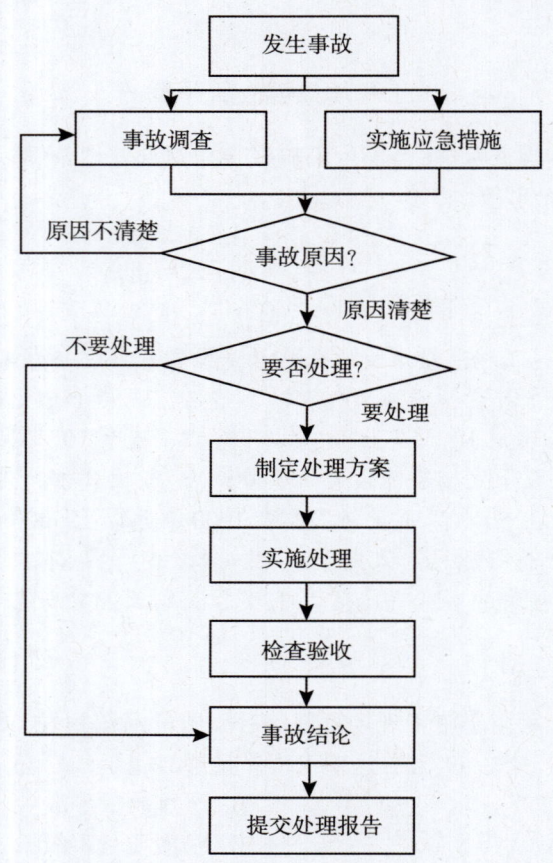

2.【2012年多】下列工程质量问题中，一般可不做专门处理的情况有(　　)。
　　A. 混凝土结构出现宽度不大于 0.3mm 的裂缝
　　B. 混凝土现浇楼面的平整度偏差达到 8mm
　　C. 某一结构面截面尺寸不足，但进行复核验算后能满足设计要求
　　D. 混凝土表面出现蜂窝、麻面
　　E. 某基础的混凝土 28d 强度不到规定强度的 30%
【答案】BC
【解析】本题考核的是施工质量处理的基本要求。A. 应该采用修补处理，D. 也应该修

补处理,注意选项 D. 如果是轻微麻面,则应该不作处理。E. 书上没有明确依据,按照常识应该返工或者加固处理。多选题以少选为妙,宁可漏选,不可错选。

3.【2013 年单】某工厂设备基础的混凝土浇筑工程中,由于施工管理不善,导致 28d 的混凝土实际强度达不到设计强度的 30%,对这起质量事故的正确处理方法是( )。
　　A. 返工处理　　　　B. 返补处理　　　C. 加固处理　　D. 不作处理
【答案】A
【解析】本题考核的是施工质量处理的基本要求。因施工管理不善,掺量多于规定 7 倍,导致混凝土坍落度大于 180mm,石子下沉,混凝土结构不均匀,浇筑后 5d 仍然不凝固硬化,28d 的混凝土实际强度达不到规定强度的 30%,不得不返工重浇。

4.【2013 年多】施工质量事故处理的程序中,事故处理环节的主要工作是( )。
　　A. 事故调查　　　　　　　　B. 制定事故处理方案
　　C. 事故的技术处理　　　　　D. 事故处理鉴定验收
　　E. 事故的责任处罚
【答案】ABCD
【解析】本题考核的是施工质量事故处理的方法。事故处理的工作:事故调查、事故的原因分析、指定处理的方案、事故处理、事故处理的鉴定验收。

5.【2014 年多】根据《关于做好房屋建筑和市政基础设施工程质量事故报告和调查处理工作通知》(建质〔2010〕111 号)的规定,质量事故处理报告的内容有( )。
　　A. 事故原因分析及论证　　　B. 对事故处理的建议
　　C. 事故调查的原始资料　　　D. 检查验收记录
　　E. 事故发生后的应急防护措施
【答案】ACD
【解析】本题考核的是施工质量事故处理的方法。质量事故处理报告的内容有:事故调查的原始资料、测试的数据;事故原因分析、论证;事故处理的依据;事故处理的方案及技术措施;实施质量处理中有关的数据、记录、资料;检查验收记录;事故处理的结论等。

6.【2013 年单】施工质量事故发生以后,按规定的时间和程序,及时向施工企业报告事故的状况。积极组织事故调查的人,应该是( )。
　　A. 施工项目负责人　　　　　B. 施工技术负责人
　　C. 施工单位质检员　　　　　D. 项目总监理工程师
【答案】A
【解析】本题考核的是施工质量事故处理的程序。施工质量事故发生后,事故现场有关人员应立即向工程建设单位负责人报告。工程建设单位负责人接到报告后,应于 1 小时内向事故发生地县级以上人民政府住房和城乡建设主管部门及有关部门报告。同时,施工项目有关负责人应根据事故现场实际情况,及时采取必要措施抢救人员和财产,保护事故现场,防止事故扩大。

2Z104050 施工质量的政府监督

一、本节知识点速记

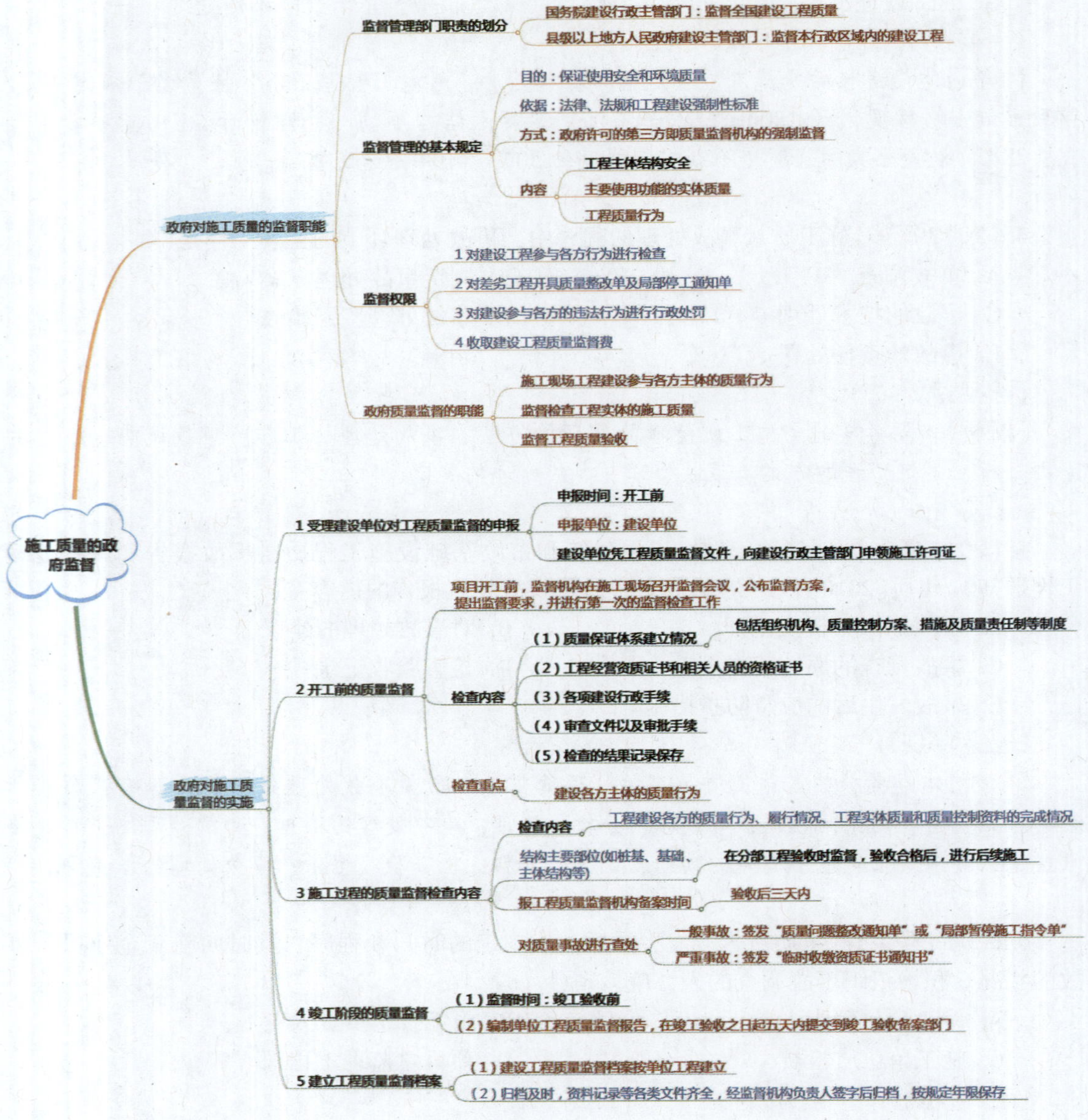

施工质量的政府监督
- 政府对施工质量的监督职能
  - 监督管理部门职责的划分
    - 国务院建设行政主管部门：监督全国建设工程质量
    - 县级以上地方人民政府建设主管部门：监督本行政区域内的建设工程
  - 监督管理的基本规定
    - 目的：保证使用安全和环境质量
    - 依据：法律、法规和工程建设强制性标准
    - 方式：政府许可的第三方即质量监督机构的强制监督
    - 内容
      - 工程主体结构安全
      - 主要使用功能的实体质量
      - 工程质量行为
  - 监督权限
    - 1 对建设工程参与各方行为进行检查
    - 2 对差劣工程开具质量整改单及局部停工通知单
    - 3 对建设参与各方的违法行为进行行政处罚
    - 4 收取建设工程质量监督费
  - 政府质量监督的职能
    - 施工现场工程建设参与各方主体的质量行为
    - 监督检查工程实体的施工质量
    - 监督工程质量验收
- 政府对施工质量监督的实施
  - 1 受理建设单位对工程质量监督的申报
    - 申报时间：开工前
    - 申报单位：建设单位
    - 建设单位凭工程质量监督文件，向建设行政主管部门申领施工许可证
  - 2 开工前的质量监督
    - 项目开工前，监督机构在施工现场召开监督会议，公布监督方案，提出监督要求，并进行第一次的监督检查工作
    - 检查内容
      - （1）质量保证体系建立情况——包括组织机构、质量控制方案、措施及质量责任制等制度
      - （2）工程经营资质证书和相关人员的资格证书
      - （3）各项建设行政手续
      - （4）审查文件以及审批手续
      - （5）检查的结果记录保存
    - 检查重点：建设各方主体的质量行为
  - 3 施工过程的质量监督检查内容
    - 检查内容：工程建设各方的质量行为、履行情况、工程实体质量和质量控制资料的完成情况
    - 结构主要部位（如桩基、基础、主体结构等）：在分部工程验收时监督，验收合格后，进行后续施工
    - 报工程质量监督机构备案时间：验收后三天内
    - 对质量事故进行查处
      - 一般事故：签发"质量问题整改通知单"或"局部暂停施工指令单"
      - 严重事故：签发"临时收缴资质证书通知书"
  - 4 竣工阶段的质量监督
    - （1）监督时间：竣工验收前
    - （2）编制单位工程质量监督报告，在竣工验收之日起五天内提交到竣工验收备案部门
  - 5 建立工程质量监督档案
    - （1）建设工程质量监督档案按单位工程建立
    - （2）归档及时，资料记录等各类文件齐全，经监督机构负责人签字后归档，按规定年限保存

二、本节真题与解析

施工质量的政府监督

1. 【2012年单】建设工程质量监督档案归档前，应由（　　）签字。
   A. 质量监督单位负责人　　　　　B. 项目业主代表

C. 项目总监理工程师　　　　　D. 建设行政主管机构负责人

【答案】A

【解析】本题考核的是政府对施工质量监督的实施。建设工程质量监督档案按单位工程建立。要求归档及时，资料记录等各类文件齐全，经监督机构负责人签字后归档，按规定年限保存。由此选项 A 正确。参见教材 P179 页。

2.【2012 年多】政府质量监督机构在工程开工前进行第一次监督检查，其内容有（　　）。

A. 检查项目参与各方的质量保证体系建立情况
B. 审查施工组织设计、监理规划等文件以及审批手续
C. 检查工程建设各方的合同文件的签署情况
D. 审查项目建设行政审批手续是否齐全完备
E. 检查相关人员的资格证书

【答案】AE

【解析】本题考核的是质量监督机构第一次监督检查的内容。检查内容有：（1）检查参与工程项目建设各方的质量保证体系建立情况，包括组织机构、质量控制方案、措施及质量责任制等制度；（2）审查参与建设各方的工程经营资质证书和相关人员的资格证书；（3）审查按建设程序规定的开工前必须办理的各项建设行政手续是否齐全完备；（4）审查施工组织设计、监理规划等文件以及审批手续；（5）检测结果的记录保存。

3.【2013 年单】工程项目开工前，负责向监督机构申报建设工程质量监督手续的单位应该是（　　）。

A. 施工单位　　B. 建设单位　　C. 监理单位　　D. 设计单位

【答案】B

【解析】本题考核的是施工质量的政府监督首先申报考点。在工程项目开工前，监督机构接受建设单位有关建设工程质量监督的申报手续。

4.【2013 年多】政府对建设工程质量监督的职能包括（　　）。

A. 监督工程建设参与各主体的质量行为
B. 评定施工企业的施工资质等级
C. 监督已验收合格工程进度款的支付
D. 监督检查涉及结构安全和使用功能的实体施工质量
E. 监督工程质量验收

【答案】ADE

【解析】本题考核的是政府对建设工程质量监督的职能，主要包括：（1）监督检查施工现场工程建设参与各方主体的质量行为。检查施工现场工程建设各方主体及有关人员的资质或资格；检查勘察、设计、施工、监理单位的质量管理体系和质量责任落实情况；检查有关质量文件、技术资料是否齐全并符合规定；（2）监督检查工程实体的施工质量、特别是基础、主体结构、主要设备安装等涉及结构安全和使用功能的施工质量；（3）监督工程质量验收。监督建设单位组织的工程竣工验收的组织形式。验收程序以及在验收过程中提供的有关资料

和形成的质量评定文件是否符合有关规定，实体质量是否存在严重缺陷，工程质量验收是否符合国家标准。

5.【2014年单】政府质量监督机构对建设工程进行第一次监督检查的重点是（　　）。
  A. 各参与方主体的质量行为
  B. 建设工程的招标结果
  C. 工程建设的地址
  D. 建设工程的实体质量
【答案】A
【解析】本题考核的是开工前的质量监督。在工程开工前，监督机构首先在施工现场召开由工程建设参与各方代表参加的监督会议，公布监督方案，提出监督要求，并进行第一次监督检查工作。检查的重点是参与工程建设各方主体的质量行为。

第一部分 建设工程项目管理

2Z105000 施工职业健康安全与环境管理

 2Z105010 职业健康安全与环境管理体系

> 一、本节知识点速记

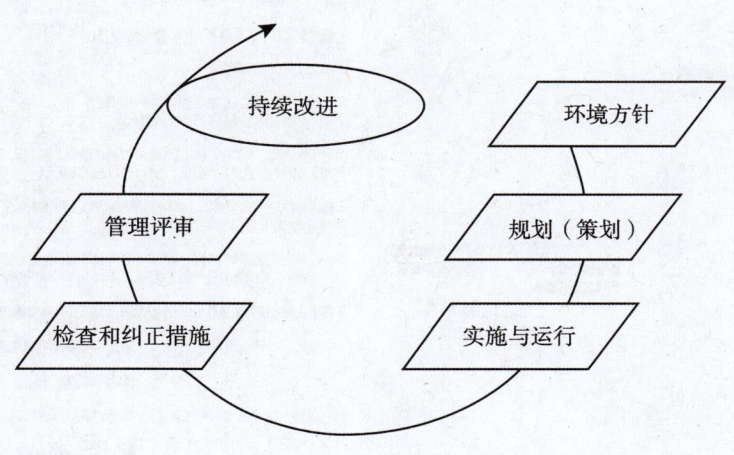

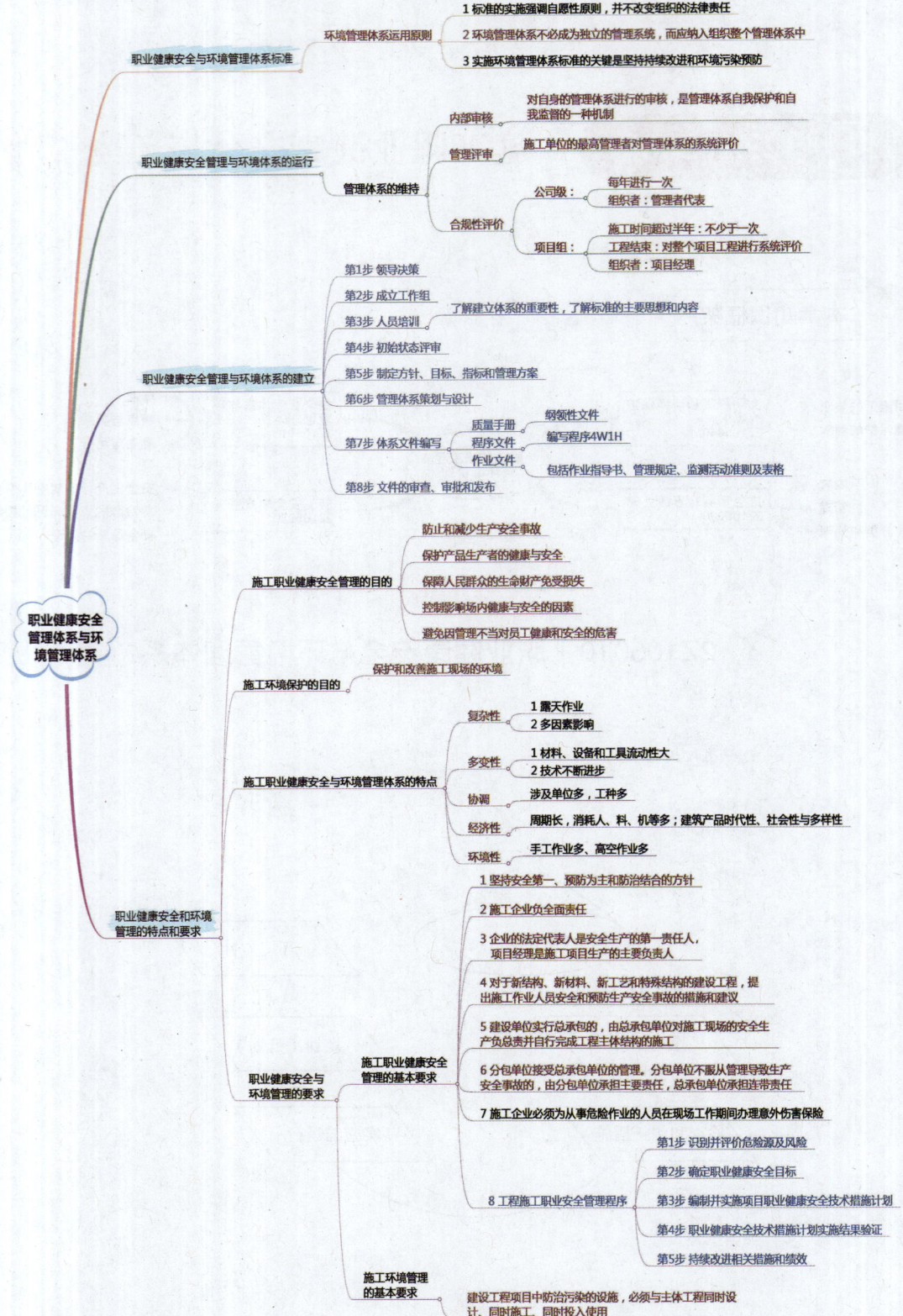

二、本节真题与解析

职业健康安全与环境管理体系标准

1.【2012年单】《环境管理体系——要求及使用指南（GB/T 24001—2004）》由（　　）五大要素构成。
　　A. 方针，策划，实施与运行，检查和纠正措施，管理评审
　　B. 范围，总要求，方针，实施与运行，管理评审
　　C. 引用文件，方针，策划，实施与运行，检查和纠正措施
　　D. 术语和定义，方针，实施与运行，检查和纠正措施，管理评审
【答案】A
【解析】本题考核的是环境管理体系。《环境管理体系——要求及使用指南（GB/T 24001—2004）》由环境方针、策划、实施与运行、检查和纠正措施、管理评审五大要素构成的动态循环过程组成，体现了持续改进的动态管理思想。因此，只有A选项符合题意。

2.【2013年单】施工企业实施环境管理体系标准的关键是（　　）。
　　A. 坚持持续改进和环境污染预防　　B. 采用PDCA循环管理模式
　　C. 组织最高管理者的承诺　　　　　D. 组织全体员工的参与
【答案】A
【解析】本题考核的是环境管理体系标准。环境管理体系标准的应用原则：
（1）标准的实施强调自愿性原则，并不改变组织的法律责任。
（2）有效的环境管理需建立并实施结构化的管理体系。
（3）标准着眼于采用系统的管理措施。
（4）环境管理体系不必成为独立的管理系统，而应纳入组织整个管理体系中。
（5）实施环境管理体系标准的关键是坚持持续改进和环境污染预防。
（6）有效实施环境管理体系标准，必须有组织最高管理者的承诺和责任以及全员的参与。实施环境管理体系标准的关键是坚持持续改进和环境污染预防。因此，由第（5）项应用原则可知，只有选项A符合题意。

3.【2013年单】建设工程三大管理体系是指质量管理体系、环境管理体系和（　　）。
　　A. 环境评价体系　　　　　　　B. 职业健康安全管理体系
　　C. 技术管理体系　　　　　　　D. 人力资源管理体系
【答案】B
【解析】本题考核的是施工质量、职业健康安全与环境管理。建设工程三大管理体系是指质量管理体系、环境管理体系和职业健康安全管理体系。因此，只有B选项符合题意。

4.【2014年单】及时购买补充适用的规范、规程等行业标准的活动，属于职业健康安全体系运行中的（　　）活动。
　　A. 信息交流　　B. 执行控制程序　　C. 文件管理　　D. 预防
【答案】C
【解析】本题考核的是职业健康安全管理体系与环境管理体系的运行。体系运行指按照已建立体系的要求实施，其实施的重点是围绕培训意识和能力、信息交流、文件管理、执行控制程序、监测、不符合、纠正和预防措施、记录等活动推进体系的运行工作。其中文件管

理包括对现有有效文件进行整理编号，方便查询索引；对适用的规范、规程等行业标准应及时购买补充，对适用的表格要及时发放；对在内容上有抵触的文件和过期的文件要及时作废并妥善处理。因此，只有C选项符合题意。

2Z105020 施工安全生产管理

一、本节知识点速记

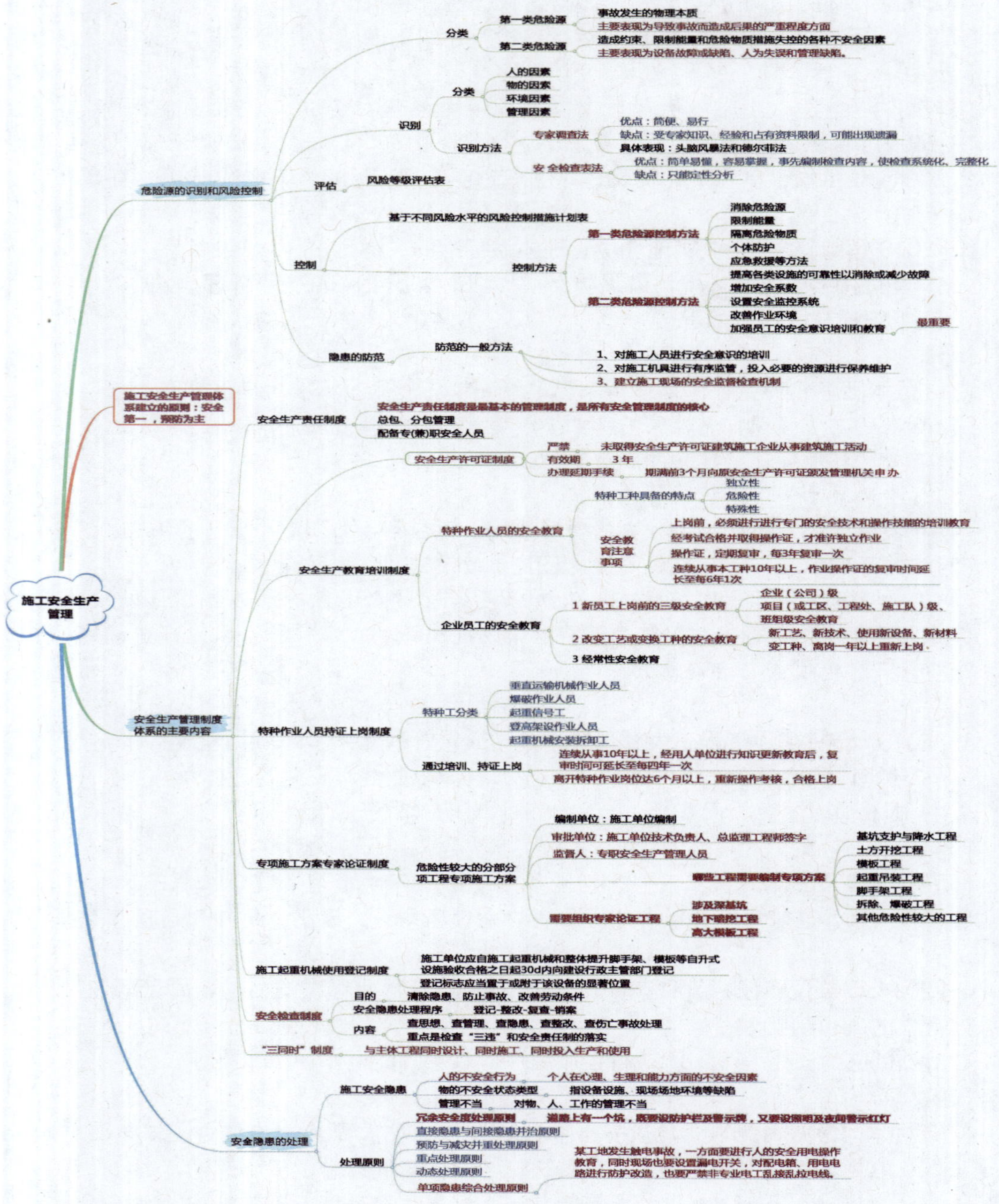

（思维导图：施工安全生产管理）

主要分支内容：

- **危险源的识别和风险控制**
  - 分类：第一类危险源（事故发生的物理本质，主要表现为导致事故而造成后果的严重程度方面）；第二类危险源（造成约束、限制能量和危险物质措施失效的各种不安全因素，主要表现为设备故障或缺陷、人为失误和管理缺陷）
  - 识别
    - 分类：人的因素、物的因素、环境因素、管理因素
    - 识别方法
      - 专家调查法（优点：简便、易行；缺点：受专业知识、经验和占有资料限制，可能出现遗漏）
      - 具体表现：头脑风暴法和德尔菲法
      - 安全检查表法（优点：简单易懂，容易掌握，事先编制检查内容，使检查系统化、完整化；缺点：只能定性分析）
  - 评估：风险等级评估表
  - 控制
    - 基于不同风险水平的风险控制措施计划表
    - 控制方法
      - 第一类危险源控制方法：消除危险源、限制能量、隔离危险物质、个体防护、应急救援等方法
      - 第二类危险源控制方法：提高各类设施的可靠性以消除或减少故障、增加安全系数、设置安全监控系统、改善作业环境、加强员工的安全意识培训和教育（最重要）
  - 隐患的防范
    - 防范的一般方法：
      1. 对施工人员进行安全意识的培训
      2. 对施工机具进行有序监管，投入必要的资源进行保养维护
      3. 建立施工现场的安全监督检查制度

- **安全生产管理制度体系的主要内容**（施工安全生产管理体系建立的原则：安全第一，预防为主）
  - 安全生产责任制度：安全生产责任制度是最基本的管理制度，是所有安全管理制度的核心；总包、分包管理；配备专（兼）职安全人员
  - 安全生产许可证制度
    - 严禁：未取得安全生产许可证建筑施工企业从事建筑施工活动
    - 有效期：3年
    - 办理延期手续：期满前3个月向原安全生产许可证颁发管理机关申办
  - 安全生产教育培训制度
    - 特种工种具备的特点：独立性、危险性、特殊性
    - 特种作业人员的安全教育：上岗前，必须进行专门的安全技术和操作技能的培训教育；经考试合格并取得操作证，才准许独立作业
    - 安全教育注意事项：操作证，定期复审，每3年复审一次；连续从事本工种10年以上，作业操作证的复审时间延长至每6年1次
    - 企业员工的安全教育：
      1. 新员工上岗前的三级安全教育：企业（公司）级、项目（或工区、工程处、施工队）级、班组级安全教育
      2. 改变工艺或变换工种的安全教育：新工艺、新技术、使用新设备、新材料；变工种、离岗一年以上重新上岗
      3. 经常性安全教育
  - 特种作业人员持证上岗制度
    - 特种工分类：垂直运输机械作业人员、爆破作业人员、起重信号工、登高架设作业人员、起重机械安装拆卸工
    - 通过培训、持证上岗：连续从事本工种10年以上，经用人单位对其进行知识更新教育后，复审时间可延长至每四年一次；离开特种作业岗位达6个月以上，重新操作考核，合格上岗
  - 专项施工方案专家论证制度
    - 危险性较大的分部分项工程专项施工方案
      - 编制单位：施工单位编制
      - 审批单位：施工单位技术负责人、总监理工程师签字
      - 监督人：专职安全管理人员
      - 哪些工程需要编制专项方案：基坑支护与降水工程、土方开挖工程、模板工程、起重吊装工程、脚手架工程、拆除、爆破工程、其他危险性较大的工程
    - 需要组织专家论证工程：涉及深基坑、地下暗挖工程、高大模板工程
  - 施工起重机械使用登记制度：施工单位应自施工起重机械和整体提升脚手架、模板等自升式设施验收合格之日起30d内向建设行政主管部门登记；登记标志应当置于或附于该设备的显著位置
  - 安全检查制度
    - 目的：清除隐患、防止事故、改善劳动条件
    - 内容：安全隐患处理程序：登记-整改-复查-销案；查思想、查管理、查隐患、查整改、查伤亡事故处理；重点是检查"三违"和安全责任的落实
  - "三同时"制度：与主体工程同时设计、同时施工、同时投入生产和使用

- **安全隐患的处理**
  - 施工安全隐患
    - 人的不安全行为：个人在心理、生理和能力上的不安全因素
    - 物的不安全状态类型：指设备设施、现场场地环境等缺陷
    - 管理不当：对物、人、工作的管理不当
  - 处理原则
    - 冗余安全处理原则：遮栏上有一个坑，既要设置防护栏及警示牌，又要设置照明及夜间警示红灯
    - 直接隐患与间接隐患并治原则：某工地发生触电事故，一方面要进行人的安全用电教育，同时现场也要设置漏电开关，对配电、用电线路进行防护改造，也要严禁非专业电工乱接、拉电线
    - 预防与减灾并重处理原则
    - 重点处理原则
    - 动态处理原则
    - 单项隐患综合处理原则

风险等级评估表

风险级别(大小) 后果(f) 可能性(p)	轻度损失 (轻微伤害)	中度损失 (伤害)	重大损失 (严重伤害)
很大	Ⅲ	Ⅳ	Ⅴ
中等	Ⅱ	Ⅲ	Ⅳ
极小	Ⅰ	Ⅱ	Ⅲ

表中：Ⅰ——可忽略风险；Ⅱ——可容许风险；Ⅲ——中度风险；Ⅳ——重大风险；Ⅴ——不容许风险。

基于不同风险水平的风险控制措施计划表

风险	措 施
可忽略的	不采取措施且不必保留文件记录
可容许的	不需要另外的控制措施，应考虑投资效果更佳的解决方案或不增加额外成本的改进措施，需要监视来确保控制措施得以维持
中度的	应努力降低风险，但应仔细测定并限定预防成本，并在规定的时间期限内实施降低风险的措施。在中度风险与严重伤害后果相关的场合，必须进一步的评价，以更准确地确定伤害的可能性，以确定是否需要改进控制措施
重大的	直至风险降低后才能开始工作。为降低风险有时必须配给大量的资源。当风险涉及正在进行中的工作时，就应采取应急措施
不容许的	只有当风险已经降低时，才能开始或继续工作。如果无限的资源投入也不能降低风险，就必须禁止工作

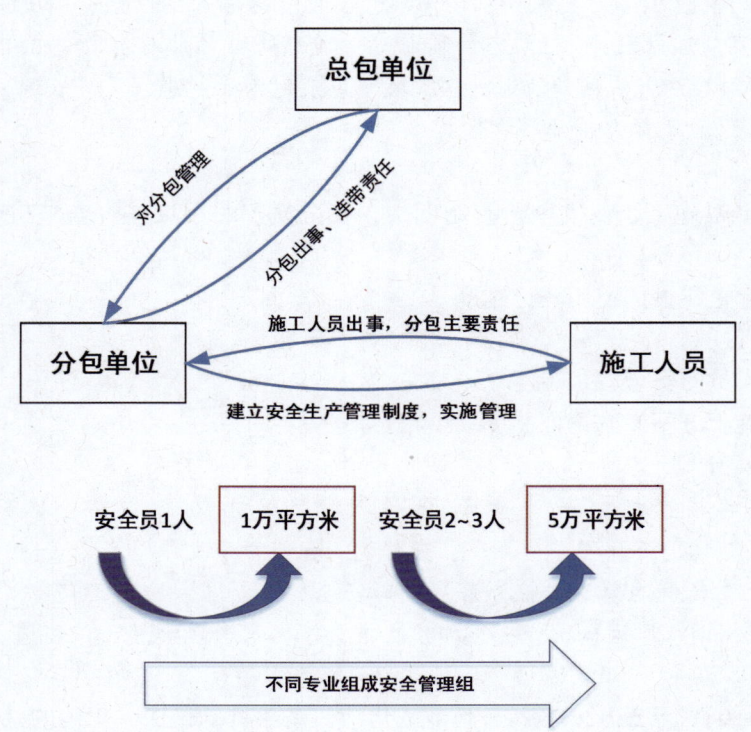

二、本节真题与解析

施工安全生产管理

1.【2014年单】对建设工程来说，新员工上岗前的三级安全教育具体应由（　　）负责实施。

A. 公司、项目、班组
B. 企业、工区、施工队
C. 企业、公司、工程处
D. 工区、施工队、班组

【答案】A

【解析】本题考核的是施工安全生产管理制度体系的主要内容。新员工上岗前的三级安全教育，通常是指进厂、进车间、进班组三级，对建设工程来说，具体指企业（公司）、项目（或工区、工程处、施工队）、班组三级。企业新员工上岗前必须进行三级安全教育，企业新员工须按规定通过三级安全教育和实际操作训练，并经考核合格后方可上岗。因此，只有A选项符合题意。

2.【2014年单】施工过程中发现问题及时处理，是施工安全隐患处理原则中（　　）原则的体现。

A. 动态处理
B. 重点处理
C. 预防与减灾并重
D. 冗余安全度处理

【答案】A

【解析】本题考核的是施工安全隐患的处理。施工安全隐患处理原则包括：（1）冗余安全度处理原则；（2）隐患综合处理原则；（3）隐患与间接隐患并治原则；（4）预防与减灾并重处理原则；（5）点处理原则；（6）动态处理原则：动态处理就是对生产过程进行动态随机安全化处理，生产过程中发现问题及时处理，既可以及时消除隐患，又可以避免小的隐患发展成大的隐患。因此，只有A选项符合题意。

3.【2014年单】施工企业安全检查制度中，安全检查的重点是检查"三违"和（　　）的落实。

A. 施工起重机械的使用登记制度
B. 安全责任制
C. 现场人员的安全教育制度
D. 专项施工方案专家论证制度

【答案】B

【解析】本题考核的是施工安全生产管理制度体系的主要内容。安全检查制度：安全检查的内容包括查思想、查管理、查隐患、查整改、查伤亡事故处理等。安全检查的重点是检查"三违"和安全责任制的落实。检查后应编写安全检查报告，报告应包括已达标项目、未达标项目、存在问题、原因分析、纠正和预防措施等内容。因此，只有B选项符合题意。

4.【2014年单】关于施工一般特种作业人员应具备条件的说法，正确的是（　　）。

A. 年满 16 周岁，且不超过国家法定退休年龄

B. 必须为男性

C. 连续从事本工种 10 年以上

D. 具有初中及以上文化程度

【答案】D

【解析】本题考核的是施工安全生产管理制度体系的主要内容。特种作业人员应具备的条件是：(1)年满 18 周岁，且不超过国家法定退休年龄；(2)经社区或者县级以上医疗机构健康体检合格，并无妨碍从事相应特种作业的器质性心脏病、癫痫病、美尼尔氏症、眩晕症、癔症、震颤麻痹症、精神病、痴呆症以及其他疾病和生理缺陷；(3)具有初中及以上文化程度；(4)具备必要的安全技术知识与技能；(5)相应特种作业规定的其他条件。危险化学品特种作业人员除符合前款第(1)项、第(2)项、第(4)项和第(5)项规定的条件外，应当具备高中或者相当于高中及以上文化程度。因此，只有 D 选项符合题意。

5.【2014 年多】下列分部分项工程中，必须编制专项施工方案并进行专家论证审查的有（　）。

A. 预应力结构张拉工程

B. 悬挂脚手架工程

C. 开挖深度超过 5m 的基坑支护工程

D. 大体积混凝土工程

E. 高大模板工程

【答案】CE

【解析】本题考核的是施工安全生产管理制度体系的主要内容。对涉及深基坑、地下暗挖工程、高大模板工程的专项施工方案，施工单位还应当组织专家进行论证、审查。因此，只有 C、E 选项符合题意。

6.【2014 年多】关于从事危险化学品特种作业人员条件的说法，正确的是（　）。

A. 应当具备初中及以上文化程度

B. 取得操作证后准许独立作业

C. 技能熟练后操作证可以不复审

D. 年满 18 周岁，且不超过国家法定退休年龄

E. 经社区或县级以上医疗机构体检健康合格

【答案】ABDE

【解析】本题考核的是施工安全生产管理制度体系的主要内容。特种作业人员的应具备的条件包括：经社区或县级以上医疗机构健康体检合格、应当具备初中及以上文化程度、年满 18 周岁，且不超过国家法定退休年龄，故选项 ADE 正确。选项 B，取得操作证后准许独立作业的表述也符合规定。选项 C，取得操作证特种作业人员，必须定期进行复审。特种作业操作证每 3 年复审 1 次。因此，只有 C 选项错误。

2Z105030 生产安全事故应急预案和事故处理

一、本节知识点速记

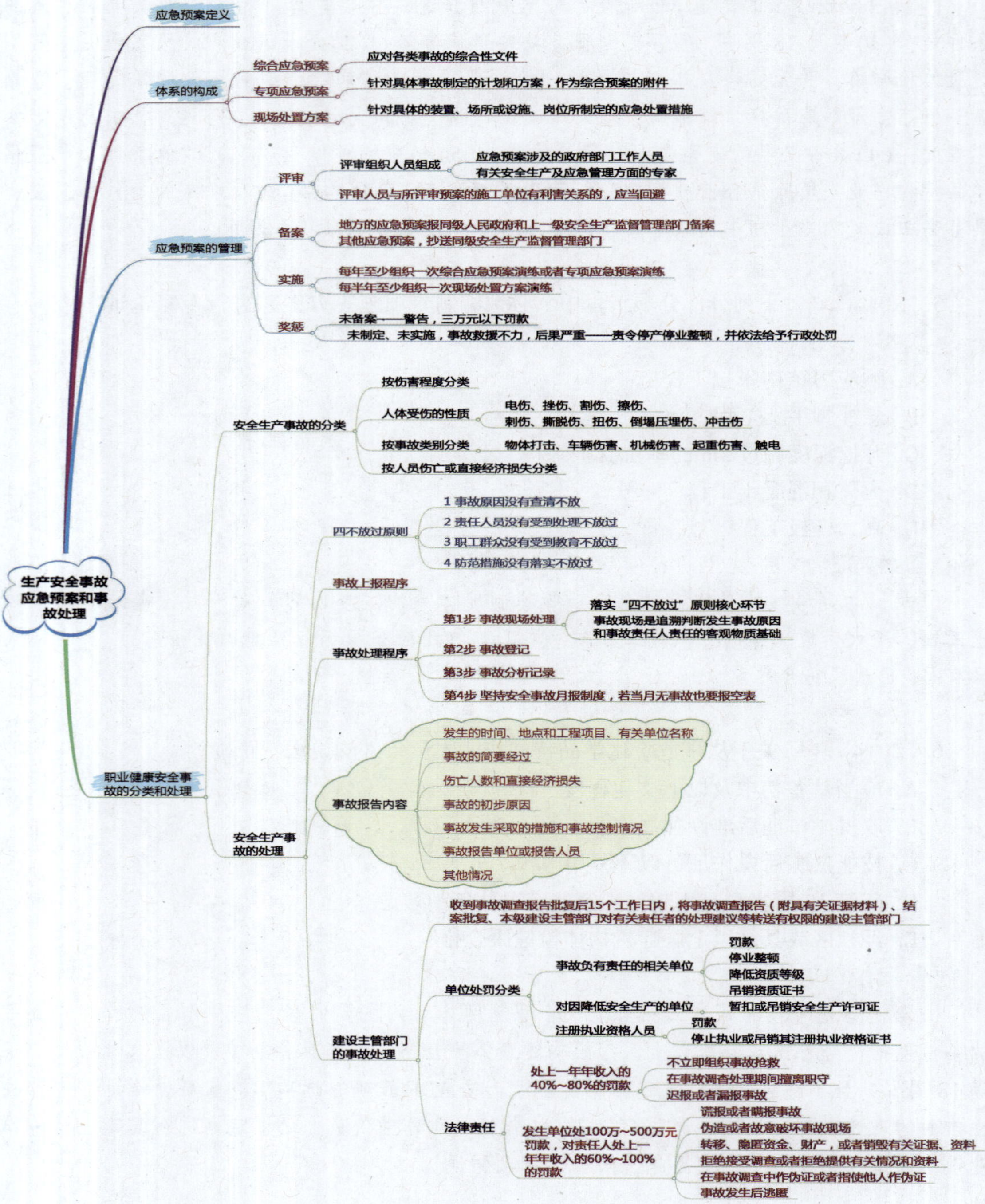

生产安全事故应急预案和事故处理

- 应急预案定义
- 体系的构成
  - 综合应急预案：应对各类事故的综合性文件
  - 专项应急预案：针对具体事故制定的计划和方案，作为综合预案的附件
  - 现场处置方案：针对具体的装置、场所或设施、岗位所制定的应急处置措施
- 应急预案的管理
  - 评审
    - 评审组织人员组成
      - 应急预案涉及的政府部门工作人员
      - 有关安全生产及应急管理方面的专家
    - 评审人员与所评审预案的施工单位有利害关系的，应当回避
  - 备案
    - 地方的应急预案报同级人民政府和上一级安全生产监督管理部门备案
    - 其他应急预案，抄送同级安全生产监督管理部门
  - 实施
    - 每年至少组织一次综合应急预案演练或者专项应急预案演练
    - 每半年至少组织一次现场处置方案演练
  - 奖惩
    - 未备案——警告，三万元以下罚款
    - 未制定、未实施，事故救援不力，后果严重——责令停产停业整顿，并依法给予行政处罚

- 职业健康安全事故的分类和处理
  - 安全生产事故的分类
    - 按伤害程度分类
    - 人体受伤的性质：电伤、挫伤、割伤、擦伤、刺伤、撕脱伤、扭伤、倒塌压埋伤、冲击伤
    - 按事故类别分类：物体打击、车辆伤害、机械伤害、起重伤害、触电
    - 按人员伤亡或直接经济损失分类
  - 安全生产事故的处理
    - 四不放过原则
      - 1 事故原因没有查清不放过
      - 2 责任人没有受到处理不放过
      - 3 职工群众没有受到教育不放过
      - 4 防范措施没有落实不放过
    - 事故上报程序
    - 事故处理程序
      - 第1步 事故现场处理——落实"四不放过"原则核心环节；事故现场是追溯判断发生事故原因和事故责任人责任的客观物质基础
      - 第2步 事故登记
      - 第3步 事故分析记录
      - 第4步 坚持安全事故月报制度，若当月无事故也要报空表
    - 事故报告内容
      - 发生的时间、地点和工程项目、有关单位名称
      - 事故的简要经过
      - 伤亡人数和直接经济损失
      - 事故的初步原因
      - 事故发生采取的措施和事故控制情况
      - 事故报告单位或报告人员
      - 其他情况
    - 建设主管部门的事故处理
      - 收到事故调查报告批复后15个工作日内，将事故调查报告（附具有关证据材料）、结案批复、本级建设主管部门对有关责任者的处理建议等转送有权限的建设主管部门
      - 单位处罚分类
        - 事故负有责任的相关单位：罚款；停业整顿；降低资质等级；吊销资质证书
        - 对因降低安全生产的单位：暂扣或吊销安全生产许可证
        - 注册执业资格人员：罚款；停止执业或吊销其注册执业资格证书
      - 法律责任
        - 处上一年年收入的40%~80%的罚款
          - 不立即组织事故抢救
          - 在事故调查处理期间擅离职守
          - 迟报或者漏报事故
        - 发生单位处100万~500万元罚款，对责任人处上一年年收入的60%~100%的罚款
          - 谎报或者瞒报事故
          - 伪造或者故意破坏事故现场
          - 转移、隐匿资金、财产，或者销毁有关证据、资料
          - 拒绝接受调查或者拒绝提供有关情况和资料
          - 在事故调查中作伪证或者指使他人作伪证
          - 事故发生后逃匿

安全生产事故的分类——按事故后果严重程度分类

轻伤	重伤	死亡	重大伤亡	特大伤亡
需休息 1~105 天（3 个半月）	需休息 ≥105 天（3 个半月）	死亡 1~2 人	死亡 ≥3 人	死亡 ≥10 人

安全生产事故的分类——按人员伤亡或直接经济损失分类

等级	死亡人数	重伤人数（包括急性工业中毒）	直接经济损失
一般事故	3 人以下	10 人以下	100 万元以上 1000 万元以下
较大事故	3 人以上 10 人以下	10 人以上 50 人以下	1000 万元以上 5000 万元以下
重大事故	10 人以上 30 人以下	50 人以上 100 人以下	5000 万元以上 1 亿元以下
特别重大事故	30 人以上	100 人以上	1 亿元以上
备注	以上，包括本数；以下，不包括本数		

不同级别事故的处理程序

	逐级上报至何级单位	谁组织调查	审理时限
一般事故	市级人民政府安全生产监督管理部门和负有安全生产监督管理职责有关部门	(1) 县级人民政府负责调查 (2) 政府委托有关部门组织事故调查组进行调查	负责事故调查的人民政府应当自收到事故调查报告之日起 15 日内作出批复
较重大事故	省、自治区、直辖市人民政府安全生产监督管理部门和负有安全生产监督管理职责有关部门	(1) 市级人民政府负责调查 (2) 政府委托有关部门组织事故调查组进行调查	
重大事故	上报至国务院安全生产监督管理部门和负有安全生产监督管理职责有关部门	(1) 省级人民政府负责调查 (2) 政府委托有关部门组织事故调查组进行调查	
特别重大事故		由国务院或者国务院授权有关部门组织事故调查组进行调查	30 日内作出批复

```
              一般   较重   重大   特重大
组织调查：    县     市     省     国
上报至：      市     省     国     国
```

二、本节真题与解析

生产安全事故应急预案与事故处理

1.【2014 年单】生产规模小、危险因素少的施工单位，其生产安全事故应急预案体系可以（   ）。

A. 只编写综合应急预案
B. 只编写现场处置方案
C. 将专项应急预案与现场处置方案合并编写
D. 将综合应急预案与专项应急预案合并编写

【答案】D

【解析】本题考核的是生产安全事故应急预案的概念。生产安全事故应急预案应形成体系，针对各级各类可能发生的事故和所有危险源制订专项应急预案和现场应急处置方案，并明确事前、事中、事后的各个过程中相关部门和有关人员的职责。生产规模小、危险因素少的施工单位，综合应急预案和专项应急预案可以合并编写。因此，只有D选项符合题意。

2.【2014年多】编制生产安全事故应急预案的目的有（　　）。
A. 避免紧急情况发生时出现混乱
B. 确保按照合理的响应流程采取适当的救援措施
C. 满足《职业健康安全管理体系》论证的要求
D. 确保建设主管部门尽快开展调查处理
E. 预防和减少可能随之引发的职业健康安全和环境影响

【答案】ABE

【解析】本题考核的是生产安全事故应急预案的概念。编制生产安全事故应急预案的目的，是避免紧急情况发生时出现混乱，确保按照合理的响应流程采取适当的救援措施，预防和减少可能随之引发的职业健康安全和环境影响。因此，只有A、B、E选项符合题意。

职业健康安全生产事故的分类和处理

1.【2012年单】根据国务院《生产安全事故报告和调查处理条例》，致使120名操作工人急性工业中毒的生产安全事故属于（　　）。
A. 特别重大事故　　　　　　　　B. 重大事故
C. 较大事故　　　　　　　　　　D. 一般事故

【答案】A

【解析】本题考核的是职业健康安全事故的分类。根据题目提供的资料，并结合职业健康安全事故分类可知，120人急性工业中毒事故为特别重大事故。因此，只有A选项符合题意。

等级	死亡人数	重伤人数（包括急性工业中毒）	直接经济损失
一般事故	3人以下	10人以下	100万元以上1000万元以下
较大事故	3人以上10人以下	10人以上50人以下	1000万元以上5000万元以下
重大事故	10人以上30人以下	50人以上100人以下	5000万元以上1亿元以下
特别重大事故	30人以上	100人以上	1亿元以上
备注	以上，包括本数；以下，不包括本数		

2.【2012年单】某分包工程发生生产安全事故，应由（　　）负责上报事故。
A. 分包单位　　　B. 总承包单位　　　C. 建设单位　　　D. 监理单位

【答案】B

【解析】本题考核的是施工生产安全事故的处理。施工单位事故报告要求：生产安全事故发生后，受伤者或最先发现事故的人员应立即用最快的传递手段，将发生事故的时间、地点、伤亡人数、事故原因等情况，向施工单位负责人报告；施工单位负责人接到报告后，应当在1小时内向事故发生地县级以上人民政府建设主管部门和有关部门报告。实行施工总承包的建设工程，由总承包单位负责上报事故。情况紧急时，事故现场有关人员可以直接向事故发生地县级以上人民政府建设主管部门和有关部门报告。题目提示该工程是一个分包工程，因此由总承包单位负责上报事故，只有B选项符合题意。

3.【2012年多】建设工程安全事故调查报告的主要内容包括(　　)。
   A. 事故发生单位概况
   B. 事故造成的直接经济损失
   C. 事故发生的原因和事故性质
   D. 事故报告单位或报告人员
   E. 事故防范和整改措施

【答案】ABCE

【解析】本题考核的是施工生产安全事故的处理。事故调查报告的内容应包括：
（1）事故发生单位概况；
（2）事故发生经过和事故救援情况；
（3）事故造成的人员伤亡和直接经济损失；
（4）事故发生的原因和事故性质；
（5）事故责任的认定和对事故责任者的处理建议；
（6）事故防范和整改措施。
事故调查报告应当附具有关证据材料，事故调查组成人员应当在事故调查报告上签名。因此，只有A、B、C、E选项符合题意。

4.【2013年单】根据《生产安全事故报告和调查处理条例》(国务院令第493号)，生产安全事故发生后，受伤者或最先发现事故的人员应该立即用最快的传递手段，向(　　)报告。
   A. 施工单位负责人   B. 项目经理
   C. 安全员   D. 项目总监理工程师

【答案】A

【解析】本题考核的是施工生产安全事故的处理。施工单位事故报告要求：生产安全事故发生后，受伤者或最先发现事故的人员应立即用最快的传递手段，将发生事故的时间、地点、伤亡人数、事故原因等情况，向施工单位负责人报告；施工单位负责人接到报告后，应当在1小时内向事故发生地县级以上人民政府建设主管部门和有关部门报告。实行施工总承包的建设工程，由总承包单位负责上报事故。情况紧急时，事故现场有关人员可以直接向事故发生地县级以上人民政府建设主管部门和有关部门报告。题目提示该工程是一个分包工程，因此由总承包单位负责上报事故，只有A选项符合题意。

5.【2013年多】根据《生产安全事故报告和调查处理条例》(国务院令第493号)，对事故

发生单位主要负责人处上一年年收入40%~80%罚款的情形有（　　）

A. 谎报或瞒报事故　　　　　　　　B. 伪造或者故意破坏事故现场
C. 不立即组织事故抢险　　　　　　D. 迟报或者漏报事故
E. 在事故调查处理期间擅离职守

【答案】CDE

【解析】本题考核的是施工生产安全事故处理。处上一年年收入的40%~80%的罚款的情形主要有：（1）不立即组织事故抢险；（2）迟报或者漏报事故；（3）在事故调查处理期间擅离职守的。因此，只有C、D、E选项符合题意。

选项A、B，属于对事故发生单位处100万元以上500万元以下的罚款；对主要负责人、直接负责的主管人员和其他直接责任人员处上一年年收入60%~100%的罚款；属于国家工作人员的，并依法给予处分；构成违反治安管理行为的，由公安机关依法给予治安管理处罚；构成犯罪的，依法追究刑事责任。

6.【2014年单】某房屋建设工程施工中，现浇混凝土阳台根部突然断裂，导致2人死亡，1人重伤，直接经济损失300万元。根据《关于做好房屋建筑和市政基础设施工程质量事故报告和调查处理工作的通知》（建质〔2010〕111号），该事故等级为（　　）。

A. 一般事故　　B. 较大事故　　C. 重大事故　　D. 特别重大事故

【答案】A

【解析】本题考核的是职业健康安全事故的分类。根据质量事故划分标准，死亡、重伤和直接经济损失的标准，本题中死亡人数、重伤人数、直接经济损失三项指标均属于一般事故的范围，因此，只有A选项符合题意。

等级	死亡人数	重伤人数（包括急性工业中毒）	直接经济损失
一般事故	3人以下	10人以下	100万元以上1000万元以下
较大事故	3人以上10人以下	10人以上50人以下	1000万元以上5000万元以下
重大事故	10人以上30人以下	50人以上100人以下	5000万元以上1亿元以下
特别重大事故	30人以上	100人以上	1亿元以上
备注		以上，包括本数；以下，不包括本数	

7.【2014年单】建设主管部门按照现行法律法规的规定，对因降低安全生产条件导致事故发生的施工单位可以给予的处罚方式是（　　）。

A. 吊销安全生产许可证　　　　　　B. 罚款
C. 停业整顿　　　　　　　　　　　D. 降低资质等级

【答案】A

【解析】本题考核的是施工生产安全事故的处理。建设主管部门应当依照有关法律法规的规定，对因降低安全生产条件导致事故发生的施工单位给予暂扣或吊销安全生产许可证的处罚；对事故负有责任的相关单位给予罚款、停业整顿、降低资质等级或吊销资质证书的处罚。因此，只有A选项符合题意。

2Z105040 施工现场文明施工和环境保护的要求

一、本节知识点速记

施工现场文明施工和环境保护的要求
- 施工现场文明施工的要求
  - 组织措施
    - 1 应确立项目经理为现场文明施工的第一责任人
    - 2 建立各级文明施工岗位责任制
  - 管理措施
    - 围挡：市区主要路段和其他涉及市容景观的围挡高度不低于2.5m,其他不低于1.8m
    - 结构外墙脚手架设置安全网，检验不合格的安全网不得使用
    - "五牌一图"
      - 工程概况牌
      - 管理人员名单及监督电话牌
      - 消防保卫（防火责任）牌
      - 安全生产牌
      - 文明施工牌
      - 施工现场平面图
  - 临时布置
    - 集体宿舍与作业区隔离，人均床铺面积不小于2平方米
    - 严禁任意拉线接电，严禁使用电炉和明火烧煮食物。
- 施工现场环境保护的要求
  - 环境保护的原则
    - 经济建设与环境保护协调发展的原则
    - 预防为主、防治结合、综合治理的原则
    - 依靠群众保护环境的原则
    - 环境经济责任原则，即污染者付费的原则
  - 环境保护的技术措施
    - 妥善处理泥浆水，未经处理不得直接排入城市排水设施和河流
    - 不得在施工现场熔融沥青或者焚烧油毡、油漆以及其他会产生有毒有害烟尘和恶臭气体的物质
    - 使用密闭式的圈筒或采取其他措施处理高空废弃物
    - 采取有效措施控制施工过程的扬尘
    - 禁止将有毒有害废弃物用作土方回填
    - 对产生噪音、振动的施工机械，应采用有效控制措施，减轻噪音扰民
- 施工现场环境污染的处理
  - 大气污染的处理
    - 1 施工现场外围围挡不得低于1.8m,以避免或减少污染物向外扩散
    - 2 施工现场垃圾杂物要及时清理
    - 3 规定的文物保护区内施工工程，严禁使用敞口锅熬制沥青
    - 4 在城区、郊区城镇和居民稠密区、风景旅游区、疗养区及国家规定的文物保护区
  - 水污染的处理
    - 1 污水须经排水沟排放和沉淀池沉淀后排入城市污水管道或河流，污水未经处理不得直接排入城市污水管道或河流。
    - 2 禁止将有毒有害废弃物作土方回填
    - 3 施工现场存放油料、化学溶剂等设有专门的库房，必须对库房地面四周高250mm墙面进行防渗处理
    - 4 对于现场气焊用的乙炔发生罐产生的污水严禁随地倾倒
    - 5 施工现场100人以上的临时食堂，污水排放时可设置简易有效的隔油池
    - 6 施工现场临时厕所内的化粪池应采取防渗漏措施
    - 7 施工现场化学药品、外加剂等要妥善入库保存
  - 噪声污染的处理
    - 1 降低施工现场附近敏感点的噪声强度
    - 2 人口密集区控制作业时间，一般避开晚10时到次日早6时的作业
    - 3 夜间运输材料的车辆进入施工现场，严禁鸣笛和乱轰油门，装卸材料要做到轻拿轻放
    - 4 进入施工现场不得高声喊叫和乱吹哨、不得甩打模板、钢筋铁件和工具设备等
    - 5 加强各种机械设备的维修保养，缩短维修保养周期
    - 6 采取吸声、隔声等方法来降低噪声
  - 固体废物污染的处理
    - 1 设立专门的固体废弃物临时贮存场所
    - 2 固体废弃物的运输应采取分类、密封、撒盖
    - 3 施工现场应使用环保型的包装箱袋
    - 4 减少或杜绝工程返工
    - 5 施工中及时回收使用落地灰和其他施工材料，做到工完料尽
  - 光污染的处理
    - 1 对施工现场照明器具的种类、灯光亮度加以控制，不对着居民区照射
    - 2 电气焊应尽量远离居民区或在工作面设蔽光屏障
- 噪声控制传播途径
  - 声源
    - 安装消声器消声
    - 声源上降低噪声，是防止噪声污染的最根本措施
    - 晚10点到次日早6点之间停止强噪声作业
    - 夜间噪声最大声级超过限值的幅度不得高于15dB(A)   昼间：70 夜间：55
  - 传播途径
  - 接收者防护

二、本节真题与解析

施工现场环境保护的要求

1. 【2012年单】下列施工单位在施工现场的做法中，正确的是（　　）。
   A. 施工现场熔融沥青
   B. 将有害废弃物做土方回填
   C. 将泥浆水接入城市排水设施
   D. 使用密封或圆筒处理高空废弃物

【答案】D

【解析】本题考核的是施工现场环境保护的措施。根据《建设工程施工现场管理规定》第三十二条规定，施工单位应当采取下列防止环境污染的技术措施：

(1) 妥善处理泥浆水，未经处理不得直接排入城市排水设施和河流；
(2) 除设有符号规定的装置外，不得在施工现场熔融沥青或者焚烧油毡、油漆以及其他会产生有毒有害烟尘和恶臭气体的物质；
(3) 使用密封式的圈筒或者采取其他措施处理高空废弃物；
(4) 采取有效措施控制施工过程中的扬尘；
(5) 禁止将有毒有害废弃物用作土方回填；
(6) 对产生噪声、振动的施工机械，应采取有效控制措施，减轻噪声扰民。

选项A，不符合第(2)项规定；选项B，不符合第(5)项规定；选项C，不符合第(1)项规定；因此，只有D选项符合题意。

2. 【2012年单】施工现场的临时食堂，用餐人数在（　　）人以上应设置简易有效的隔油池。
   A. 50   B. 80   C. 90   D. 100

【答案】D

【解析】本题考核的是施工现场环境污染的处理。施工现场水污染的处理，施工现场100人以上的临时食堂，污水排放时可设置简易有效的隔油池，定期掏油、清理杂物，防止污染水体。因此，只有D选项符合题意。

3. 【2012年多】在某市中心施工的工程，施工单位采取的下列环境保护措施，正确的有（　　）。
   A. 用餐人数在100人以上的施工现场临时食堂，设置简易有效的隔油池
   B. 施工现场作业产生的污水，分批排入市政污水管网
   C. 严格控制施工作业时间，晚间作业不超过22时，早晨作业不早于6时
   D. 在进行沥青防潮防水作业时，使用密闭和带有烟尘处理装置的加热设备
   E. 施工现场外围设1.5m高的围挡

【答案】ACD

【解析】本题考核的是施工现场环境污染处理。选项B，水污染的处理，施工现场搅拌站的污水、水磨石的污水等须经排水沟排放和沉淀池沉淀后再排入城市污水管道或河流，污

水未经处理不得直接排入城市污水管道或河流。选项D，属于大气污染的处理，施工现场外围围挡不得低于1.8m，以避免或减少污染物向外扩散。因此，只有A、C、E选项符合题意。

4.【2014年单】下列施工现场文明施工的措施中，符合现场卫生管理要求的是（ ）。
    A. 集体宿舍与作业区隔离
    B. 工地四周设置连续，密闭的砖砌围墙
    C. 食堂禁止使用食用塑料制品做熟食容器
    D. 施工现场不允许有积水存在
【答案】C
【解析】本题考核的是施工现场文明施工的措施。选项A，属于临设布置；选项B，属于现场围挡设计；选项D，现场场地和道路。因此，只有C选项符合题意。

5.【2014年单】下列施工现场超噪声值的声源控制措施中，属于转移声源措施的是（ ）。
    A. 用电动空压机代替柴油机
    B. 在工厂车间生产制作门窗
    C. 在鼓风机进出风管处设置阻性消声器
    D. 装卸材料轻拿轻放
【答案】B
【解析】本题考核的是施工现场环境污染的处理。施工现场超噪声值的声源，采取如下措施降低噪声或转移声源：
  （1）尽量选用低噪声设备和工艺来代替高噪声设备和工艺（如用电动空压机代替柴油空压机；用静压桩施工方法代替锤击桩施工方法等），降低噪声。
  （2）在声源处安装消声器消声，即在鼓风机、内燃机、压缩机各类排气装置等进出风管的适当位置设置消声器（如阻性消声器、抗性消声器、阻抗复合消声器、穿微孔板消声器等），降低噪声。
  （3）加工成品、半成品的作业（如预制混凝土构件、制作门窗等），尽量放在工厂车间生产，以转移声源来消除噪声。
  因此，选项A、B、C属于降低噪声声源措施，选项B属于转移声源措施，只有B选项符合题意。

6.【2014年多】根据现行法律法规，建设工程队施工环境管理的基本要求有（ ）。
    A. 应采取生态保护措施
    B. 建筑材料和装修材料必须符合国家标准
    C. 经行政部门批准后可以引进低于我国环保规定的特定技术
    D. 建设工程项目中的防治污染设施必须与主体工程同时设计、同时施工和同时投产使用
    E. 尽量减少建设工程施工所产生的噪声对周围生活环境的影响
【答案】ABDE

【解析】 本题考核的是施工职业健康安全与环境管理要求。施工环境管理的基本要求：

(1) 涉及依法划定的自然保护区、风景名胜区、生活饮用水水源保护区及其他需要特别保护的区域时，工程施工应符合国家有关法律法规及该区域内建设工程项目环境管理的规定。

(2) 建设工程应当采用节能、节水等有利于环境与资源保护的建筑设计方案、建筑材料、建筑构配件及设备。建筑材料和装修材料必须符合国家标准。禁止生产、销售和使用有毒、有害物质超过国家标准的建筑材料和装修材料。

(3) 建设工程项目中防治污染的设施，必须与主体工程同时设计、同时施工、同时投产使用。防治污染的设施必须经原审批环境影响报告书的环境保护行政主管部门验收合格后，该建设工程项目方可投入生产或者使用。

(4) 尽量减少建设工程施工所产生的噪声对周围生活环境的影响。

(5) 拟采取的污染防治措施应确保污染物排放达到国家和地方规定的排放标准，满足污染物总量控制要求；涉及可能产生放射性污染的，应采取有效预防和控制放射性污染的措施。

(6) 应采取生态保护措施，有效预防和控制生态破坏。

(7) 禁止引进不符合我国环境保护规定要求的技术和设备。

(8) 任何单位不得将产生严重污染的生产设备转移给没有污染防治能力的单位使用。

因此，只有 C 选项不符合第(7)项规定，A、B、D、E 选项符合题意。

第一部分 建设工程项目管理

2Z106000 施工合同管理

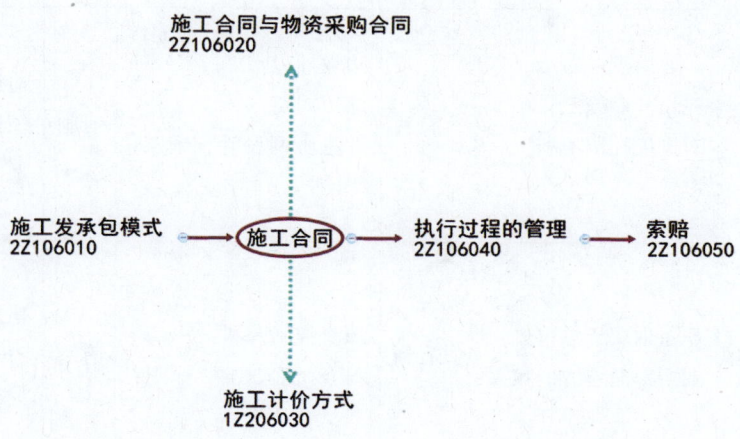

2Z106010 施工发承包模式

> 一、本节知识速记

1. 施工发承包的主要类型

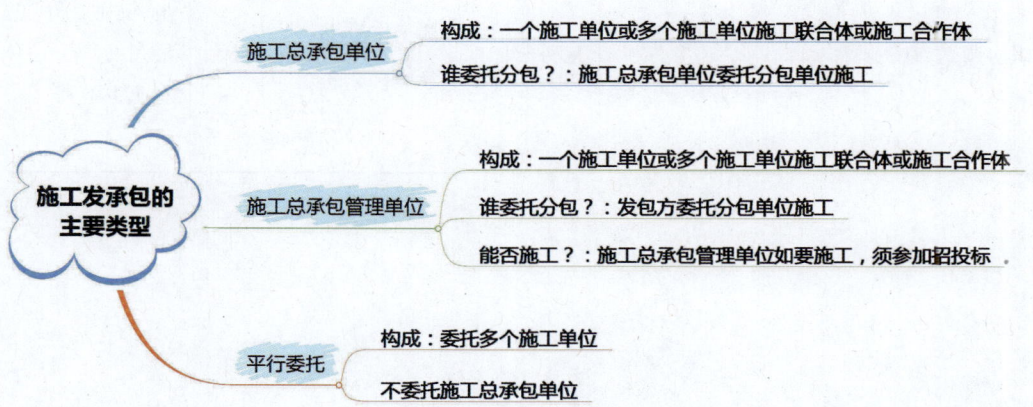

109

施工任务委托模式对比

业主方立场		施工总承包		施工总承包管理		施工平行委托
费用控制	有利	施工图报价；易发生索赔；早期投资控制有利；	不利	分包合同以施工图报价；总包合同只定总包管理费；	不利	施工图报价；业主风险小；早期投资控制不利；
进度控制	不利	先设计后施工；对进度控制不利；	有利	边设计边施工；缩短周期；业主协调设计、施工、采购；	有利	边设计边施工；缩短周期；业主控制进度
质量控制	依赖	质量取决于总包方；业主对总包方依赖大；	有利	质量控制有利；符合"他人控制"原则；	有利	质量控制有利；符合"他人控制"原则
合同管理	有利	一次招标；合同管理工作量小；	不利	招标工作量大；合同管理工作量大；	不利	招标工作量大；合同管理工作量大
组织协调	有利	组织协调工作量小；对业主有利；	有利	组织协调工作量小；对业主有利；	不利	组织协调工作量大；对业主不利

2. 施工招标与投标

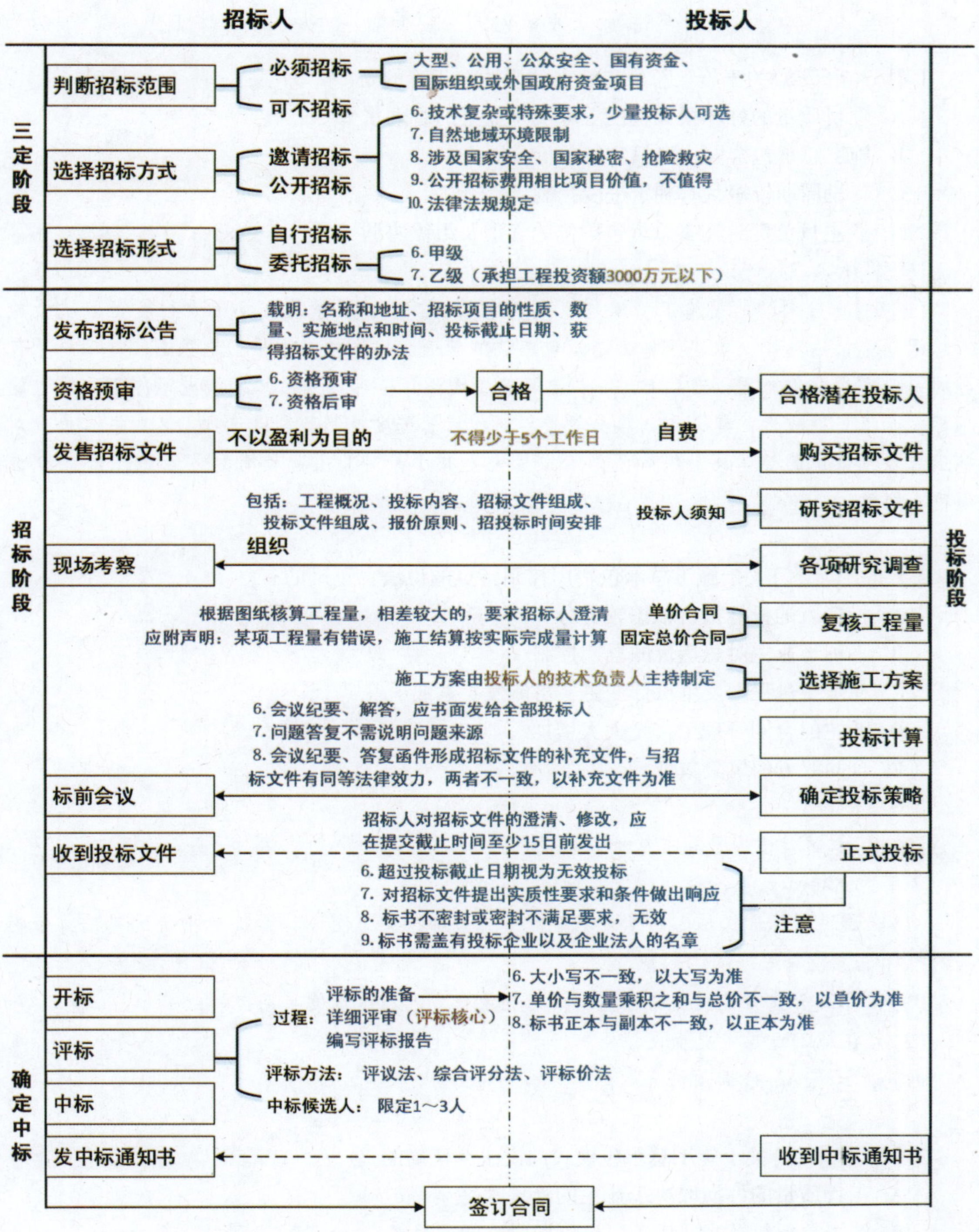

```
                           招标人                              投标人

三   ┌ 判断招标范围 ─┬ 必须招标 ── 大型、公用、公众安全、国有资金、
定   │              │             国际组织或外国政府资金项目
阶   │              └ 可不招标 ─┬ 6. 技术复杂或特殊要求，少量投标人可选
段   │                          │ 7. 自然地域环境限制
     ├ 选择招标方式 ─┬ 邀请招标 ─┤ 8. 涉及国家安全、国家秘密、抢险救灾
     │              │           │ 9. 公开招标费用相比项目价值，不值得
     │              └ 公开招标   └ 10. 法律法规规定
     │
     └ 选择招标形式 ─┬ 自行招标
                    └ 委托招标 ─┬ 6. 甲级
                                └ 7. 乙级（承担工程投资额3000万元以下）

招   ┌ 发布招标公告 ── 载明：名称和地址、招标项目的性质、数
标   │                 量、实施地点和时间、投标截止日期、获
阶   │                 得招标文件的办法
段   │
     ├ 资格预审 ─── ┬ 6. 资格预审 ─→ 合格 ─→ 合格潜在投标人            投
     │              └ 7. 资格后审                                        标
     │                                                                   阶
     ├ 发售招标文件 ── 不以盈利为目的   不得少于5个工作日  自费  ─→ 购买招标文件   段
     │
     │                 包括：工程概况、投标内容、招标文件组成、
     │                 投标文件组成、报价原则、招投标时间安排  投标人须知 ─→ 研究招标文件
     ├ 现场考察 ←──── 组织                              ─────→ 各项研究调查
     │
     │                 根据图纸核算工程量，相差较大的，要求招标人澄清  单价合同
     │                 应附声明：某项工程量有错误，施工结算按实际完成量计算  固定总价合同 ─→ 复核工程量
     │
     │                 施工方案由投标人的技术负责人主持制定 ─→ 选择施工方案
     │
     │                 6. 会议纪要、解答，应书面发给全部投标人
     │                 7. 问题答复不需说明问题来源                         ─→ 投标计算
     │                 8. 会议纪要、答复函件形成招标文件的补充文件，与招
     ├ 标前会议 ←───── 标文件有同等法律效力，两者不一致，以补充文件为准
     │
     │                 招标人对招标文件的澄清、修改，应
     │                 在提交截止时间至少15日前发出                      ─→ 确定投标策略
     │
     └ 收到投标文件 ←── 6. 超过投标截止日期视为无效投标
                         7. 对招标文件提出实质性要求和条件做出响应       ─→ 正式投标
                         8. 标书不密封或密封不满足要求，无效
                         9. 标书需盖有投标企业以及企业法人的名章                 注意

确   ┌ 开标                       ┌ 评标的准备              6. 大小写不一致，以大写为准
定   │                过程：      ┤ 详细评审（评标核心）    7. 单价与数量乘积之和与总价不一致，以单价为准
中   ├ 评标                       └ 编写评标报告            8. 标书正本与副本不一致，以正本为准
标   │                评标方法：评议法、综合评分法、评标价法
     ├ 中标           中标候选人：限定1～3人
     │
     └ 发中标通知书 ────────────────────────────→ 收到中标通知书

                                    签订合同
```

二、本节真题与解析

施工发承包的主要类型

1.【2012年单】关于施工总承包特点的说法,正确的是( )。
   A. 项目质量的好坏很大程度上取决于业主的管理水平
   B. 施工总承包合同一般只实行单价合同
   C. 建设周期较短,有利于进度控制
   D. 业主只负责对施工总承包单位的管理及组织协调

【答案】D

【解析】本题考核的是施工总承包模式。选项A,项目质量的好坏很大程度上取决于施工总承包单位的选择,取决于施工总承包单位的管理水平和技术水平;选项B,施工总承包合同一般实行总价合同;选项C,一般要等施工图设计全部结束后,才能进行施工总承包的招标,开工日期较迟,建设周期势必较长,对项目总进度控制不利;选项D,业主只负责对施工总承包单位的管理及组织协调,工作量大大减小,对业主比较有利。因此,只有D选项符合题意。

2.【2012年多】关于施工总承包费用控制特点的说法,正确的有( )。
   A. 投标人的投标报价依据较充分
   B. 不利于业主对总造价的早期控制
   C. 在施工过程中发生设计变更,可能发生索赔
   D. 业主的合同管理工作量大大增加
   E. 合同双方的风险较低

【答案】AC

【解析】本题考核的是施工总承包模式。
费用控制特点
(1)在通过招标选择施工总承包单位时,一般都以施工图设计为投标报价的基础,投标人的投标报价较有依据;
(2)在开工前就有较明确的合同价,有利于业主对总造价的早期控制;
(3)若在施工过程中发生设计变更,则可能发生索赔。
因此,只有A、C选项符合题意。

3.【2013年单】关于施工总承包模式的说法,正确的是( )。
   A. 工程质量的好换取决于业主的管理水平
   B. 施工总承包模式适用于建设周期紧迫的项目
   C. 施工总承包模式下业主对施工总承包单位的依赖较大
   D. 施工总承包合同一般采用单价合同

【答案】C

【解析】本题考核的是施工总承包模式。选项A，项目质量的好坏很大程度上取决于施工总承包单位的选择，取决于施工总承包单位的管理水平和技术水平。选项B，一般要等施工图设计全部结束后，才能进行施工总承包的招标，开工日期较迟，建设周期势必较长，对项目总进度控制不利，对建设周期紧迫的项目不适用；选项D，一般情况下，招标人在通过招标选择承包人时通常以施工图设计为依据，即施工图设计已经完成，不确定性因素减少了，有利于实行总价合同。施工总承包合同一般实行总价合同。因此，只有C选项符合题意。

4.【2012年多】关于施工总承包管理方责任的说法，正确的有(　　)。
　　A. 施工总承包管理方和施工总承包方承担的管理任务和责任不同
　　B. 施工总承包管理方承担对分包方的组织和管理责任
　　C. 施工总承包管理方不能承担施工任务，它只负责施工的总体管理和协调
　　D. 施工总承包管理方必须直接与分包方和供货方签订施工合同
　　E. 施工总承包管理方可以应业主方要求负责整个施工的招标和发包工作

【答案】BE

【解析】本题考核的是施工总承包管理模式。选项A，施工总承包管理方和施工总承包方承担的管理任务和责任相同；选项C，有时也存在施工总承包管理单位也想承担部分具体工程的施工，这时它也可以参加这一部分工程施工的投标，通过竞争取得任务；选项D，在施工总承包管理模式中，所有分包单位的选择都是由业主决策的。业主通常通过招标选择分包单位。一般情况下，分包合同由业主与分包单位直接签订，但每一个分包人的选择和每一个分包合同的签订都要经过施工总承包管理单位的认可，因为施工总承包管理单位要承担施工总体管理和目标控制的任务和责任。因此，只有B、E选项符合题意。

5.【2012年单】关于施工平行承发包特点的说法，正确的是(　　)。
　　A. 签订的合同越多，业主的责任与义务就越少
　　B. 业主直接管理所有的施工合同，管理风险小
　　C. 业主可以分次招标，每次招标工作量较小，业主用于招标的时间较少
　　D. 业主直接控制所有工程的发包，可决定所有工程的承包商的选择

【答案】D

【解析】本题考核的是施工平行发承包模式。选项A，业主在每个合同中都会有相应的责任和义务，签订的合同越多，业主的责任和义务就越多；选项B，业主直接管理所有的施工合同，管理风险大；选项C，由于要进行多次招标，业主用于招标的时间较多。因此，只有D选项符合题意。

6.【2013年单】业主把某建设项目土建工程发包给A施工单位，安全工程发包给B施工单位，装饰装修工程发包给C施工单位，该业主采用的施工任务委托模式是(　　)。

A. 施工平行发包模式

B. 施工总承包模式

C. 施工总承包管理模式

D. 工程总承包模式

【答案】A

【解析】本题考核的是施工平行发承包模式。施工平行发承包，又称为分别发承包，是指发包方根据建设工程项目的特点、项目进展情况和控制目标的要求等因素，将建设工程项目按照一定的原则分解，将其施工任务分别发包给不同的施工单位，各个施工单位分别与发包方签订施工承包合同。因此，只有A选项符合题意。

7.【2014年单】某工程施工合同结构图如下，则该工程施工发承包模式是（　　）。

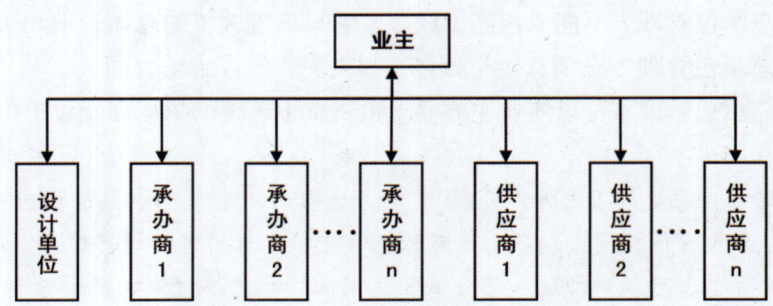

A. 施工总承包模式　　　　　　B. 施工总承包管理模式

C. 建设项目工程总承包模式　　D. 施工平行发承包模式

【答案】D

【解析】本题考核的是施工平行发承包模式，施工平行发承包，又称为分别发承包，是指发包方根据建设工程项目的特点、项目进展情况和控制目标的要求等因素，将建设工程项目按照一定的原则分解，将其施工任务分别发包给不同的施工单位，各个施工单位分别与发包方签订施工承包合同，其合同结构图如下图所示。因此，只有D选项符合题意。

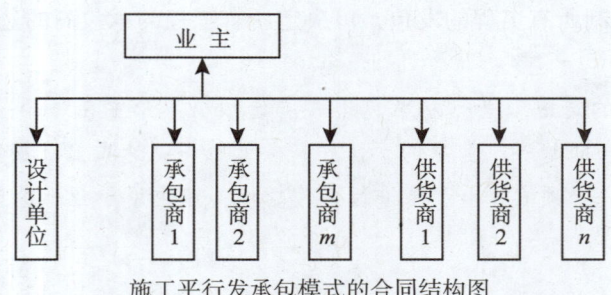

施工平行发承包模式的合同结构图

第一部分 建设工程项目管理

2Z106020 施工合同与物资采购合同

▶ 一、本节知识速记

1. 施工承包合同的主要内容

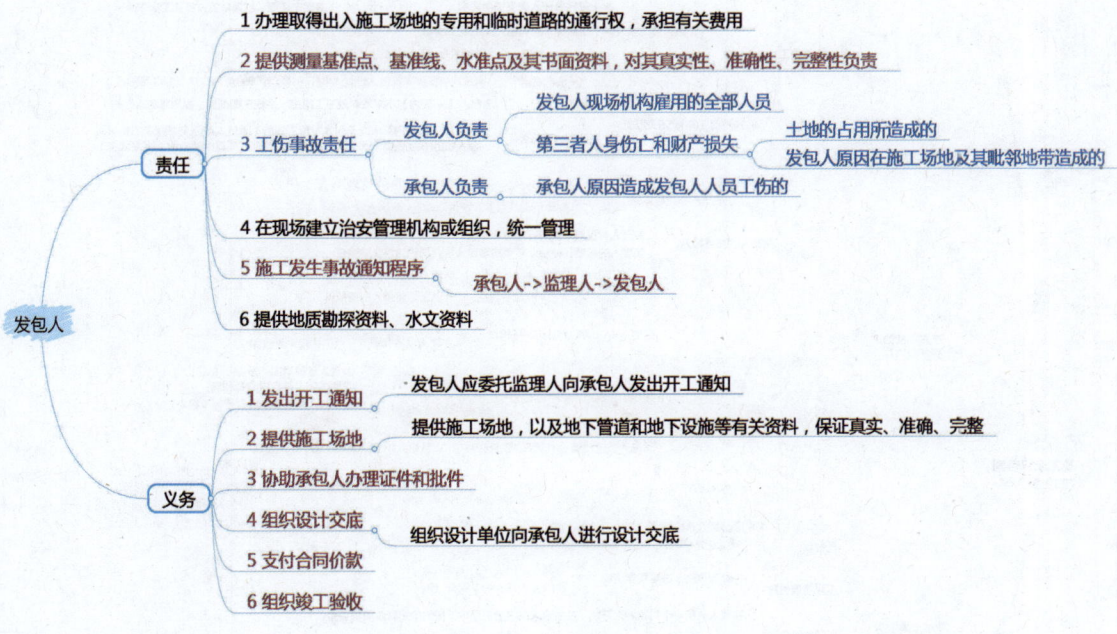

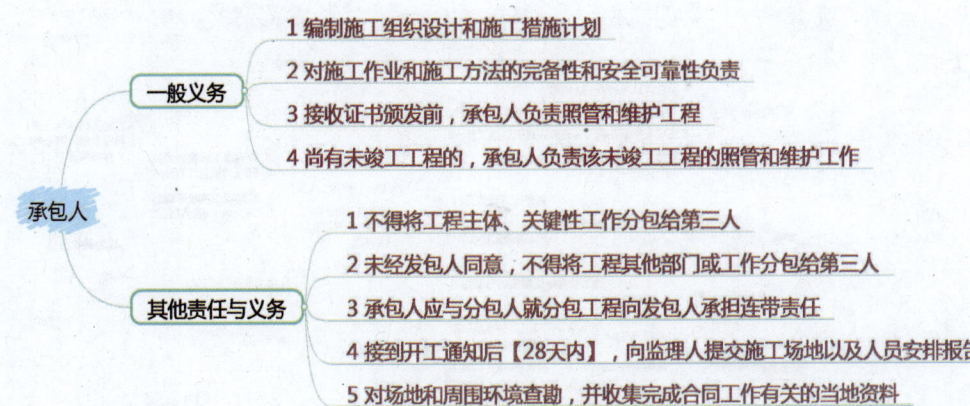

115

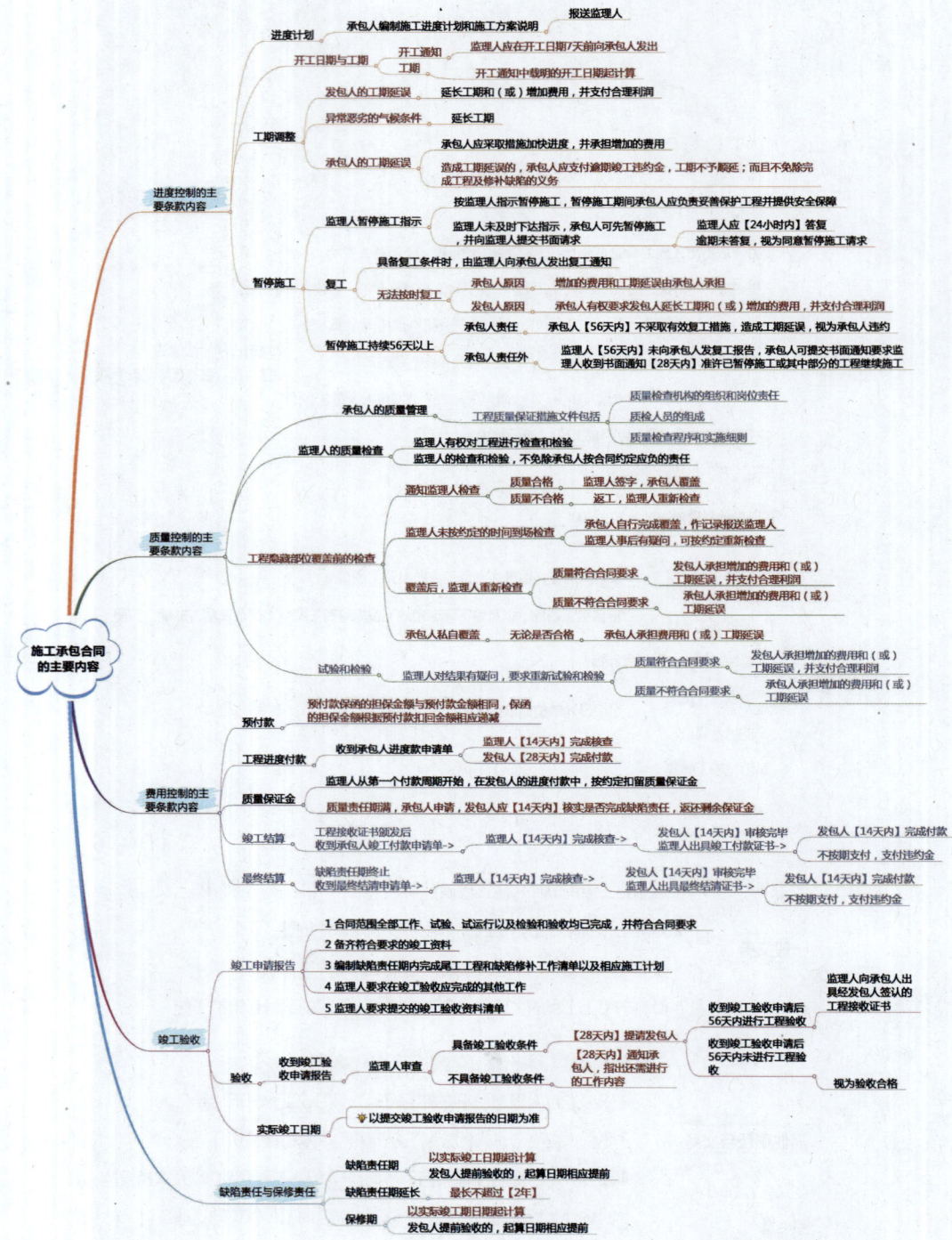

2. 施工专业分包合同的内容

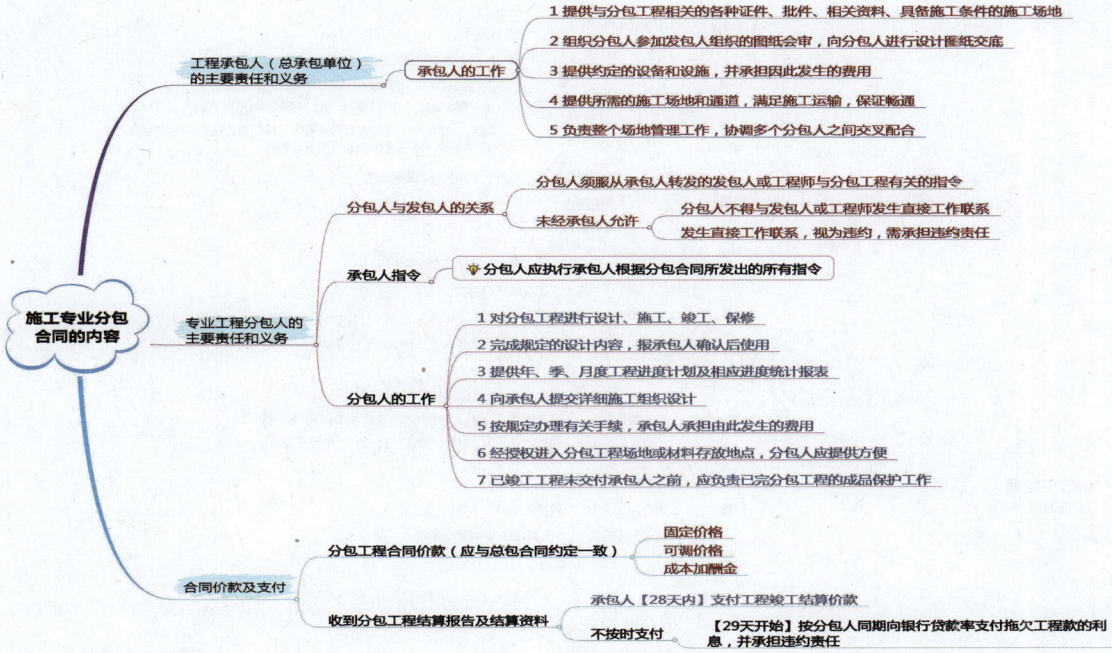

3. 施工劳务分包合同的内容

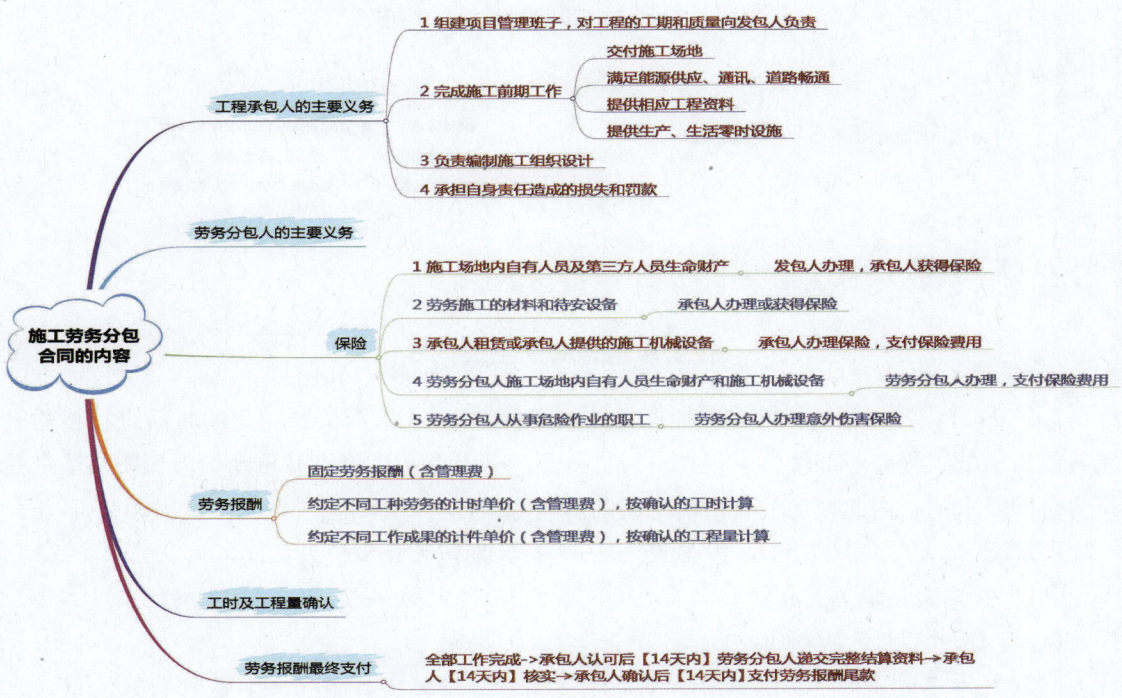

4. 物资采购合同的主要内容

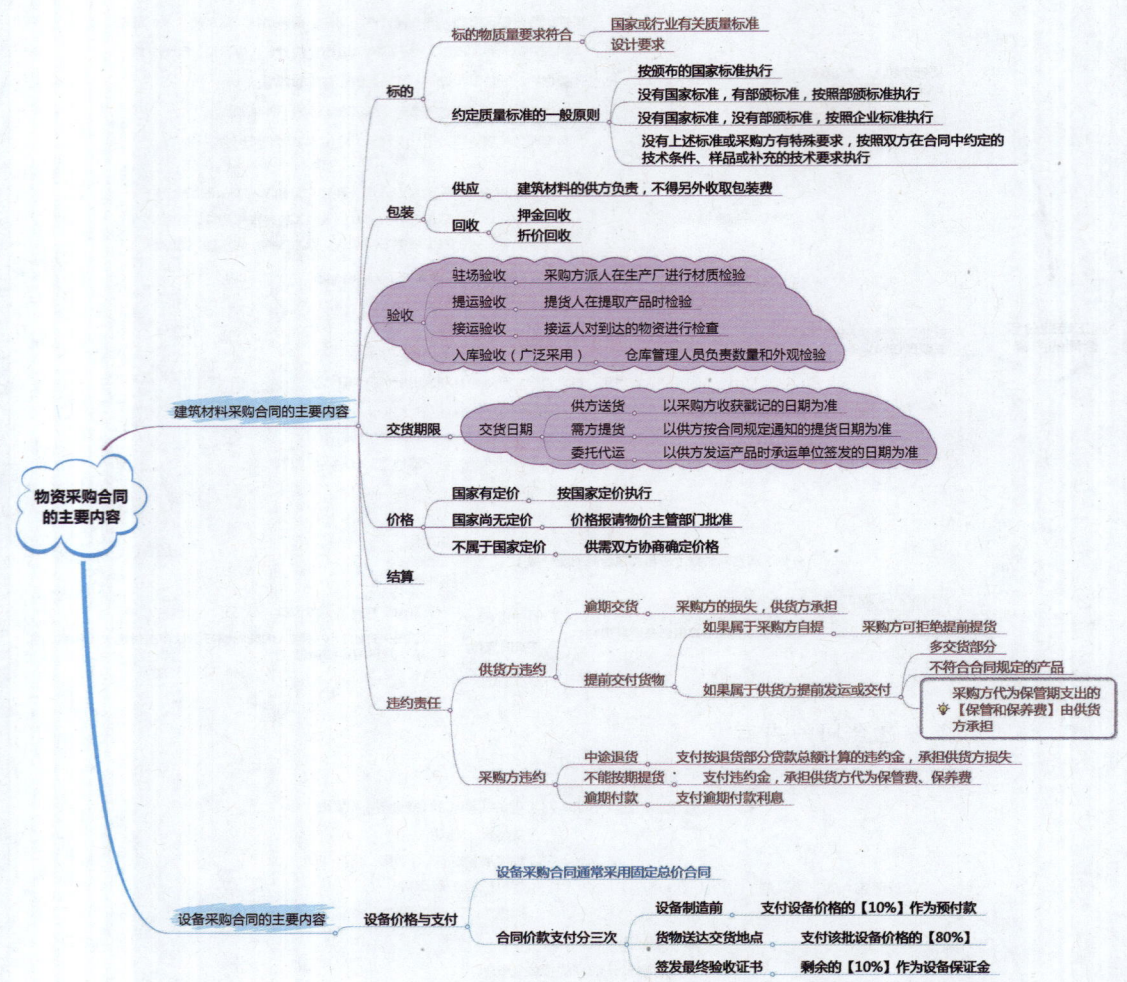

> 二、本节真题与解析

施工承包合同的主要内容

1.【2012年单】根据《标准施工招标文件》，对于监理人未能按照约定的时间进行检验且无其他指示的工程隐蔽部位，承包人自行进行了隐蔽。此后，经剥开重新检验证明其质量是符合合同要求的，由此增加的费用和延误的工期应由（　　）承担。

　　A. 承包人　　　　B. 发包人　　　　C. 发包人和承包人共同
　　D. 监理人和承包人共同

【答案】B

【解析】本题考核的是施工承包合同的主要内容。承包人覆盖工程隐蔽部位后，监理人对质量有疑问的，可要求承包人对已覆盖的部位进行钻孔探测或揭开重新检验，承包人应遵照执行,并在检验后重新覆盖恢复原状。经检验证明工程质量符合合同要求的,由发包人承担由此增加的费用和(或)工期延误,并支付承包人合理利润;经检验证明工程质量不符合合同要求的,由此增加的费用和(或)工期延误由承包人承担。因此,只有B选项符合题意。

2.【2013年单】根据《建设工程施工专业分包合同》(示范文本)(GF—2003-0213),关于发包人、承包人和分包人的说法,正确的是(　　)。
　　A. 发包人向分包人提供具备施工条件的施工场地
　　B. 就分包范围内的有关工作,承包人可以随时向分包人发出指令
　　C. 分包人可直接致电发包人或工程师
　　D. 分包合同价款与总承包合同相应部分价款存在连带关系
【答案】B
【解析】本题考核的是施工承包合同的主要内容。选项A,发包人应按专用合同条款约定向承包人提供施工场地,以及施工场地内地下管线和地下设施等有关资料,并保证资料的真实、准确、完整。承包人随时为分包人提供确保分包工程的施工所要求的施工场地和通道等,满足施工运输的需要,保证施工期间的畅通;选项B,就分包工程范围内的有关工作,承包人随时可以向分包人发出指令,分包人应执行承包人根据分包合同所发出的所有指令。选项C,就分包工程范围内的有关工作,承包人随时可以向分包人发出指令,分包人应执行承包人根据分包合同所发出的所有指令。选项D,分包合同价款与总包合同相应部分价款无任何连带关系。因此,只有B选项符合题意。

3.【2014年单】根据《标准施工招标文件》,关于发包人责任和义务的说法,错误的是(　　)。
　　A. 按通用合同条款约定提供施工场地
　　B. 提供施工场地内地下管线和地下设施等资料,并保证资料的真实、准确、完整
　　C. 负责办理法律规定的有关施工证件和批件
　　D. 负责赔偿工程或工程的任何部分对土地的占用所造成的第三者财产损失
【答案】C
【解析】本题考核的是施工承包合同的主要内容。发包人应协助承包人办理法律规定的有关施工证件和批件。因此,C选项错误。

施工专业分包合同的内容

1.【2012年单】根据《建筑工程施工专业分包合同(示范文本)》(GF—2003—0213),承包人应在收到分包工程竣工结算报告及结算资料后(　　)日内结算工程结算价款。
　　A. 7　　　　B. 14　　　　C. 28　　　　D. 42
【答案】C
【解析】本题考核的是施工专业分包合同的内容。承包人应在收到分包工程竣工结算报告及结算资料后28天内支付工程竣工结算价款,无正当理由不按时支付,从第29天起按分

包人同期向银行贷款利率支付拖欠工程价款的利息,并承担违约责任。因此,只有 C 选项符合题意。

对比记忆,施工劳务分包合同的内容规定:工程承包人收到劳务分包人递交的结算资料后 14 内进行核实,给予确认或者提出修改意见。工程承包人确认结算资料后 14 天内向劳务分包人支付劳务报酬尾款。

2.【2013 年多】根据《建设工程施工专业分包合同(示范文本)》(GF—2003—0213),分包人的工作包括( )。

  A. 按照分包合同的约定,对分包工程进行设计、施工、竣工和保修
  B. 在合同约定的时间内,向承包人提供工程进度计划及相应进度统计报表
  C. 在合同约定的时间内,向承包人提交详细施工组织设计
  D. 已竣工工程未交付承包人之前,负责已完分包工程的成品保护工作
  E. 按照合同约定的时间,完成规定的设计内容,并承担由此发生的费用

【答案】ABCD

【解析】:本题考核的是施工专业分包合同。选项 E,按照合同约定的时间,完成规定的设计内容,报承包人确认后在分包工程中使用。承包人承担由此发生的费用。因此,只有 E 选项错误。

专业工程分包人的工作:

(1)按照分包合同的约定,对分包工程进行设计(分包合同有约定时)、施工、竣工和保修。

(2)按照合同约定的时间,完成规定的设计内容,报承包人确认后在分包工程中使用。承包人承担由此发生的费用。

(3)在合同约定的时间内,向承包人提供年、季、月度工程进度计划及相应进度统计报表。

(4)在合同约定的时间内,向承包人提交详细施工组织设计,承包人应在专用条款约定的时间内批准,分包人方可执行。

(5)遵守政府有关主管部门对施工场地交通、施工噪音以及环境保护和安全文明生产等的管理规定,按规定办理有关手续,并以书面形式通知承包人,承包人承担因此发生的费用,因分包人责任造成的罚款除外。

(6)分包人应允许承包人、发包人、工程师(监理人)及其三方中任何一方授权的人员在工作时间内,合理进入分包工程施工场地或材料存放的地点,以及施工场地以外与分包合同有关的分包人的任何工作或准备的地点,分包人应提供方便。

(7)已竣工工程未交付承包人之前,分包人应负责已完分包工程的成品保护工作,保护期间发生损坏,分包人自费予以修复;承包人要求分包人采取特殊措施保护的工程部位和相应的追加合同价款,双方在合同专用条款内约定。

3.【2014 年单】根据《建设工程施工专业分包合同(示范文本)》(GF—2003—0213),不

属于承包人责任和义务的是(　　)。

A. 组织分包人参加发包人组织的图纸会审，向分包人进行设计图纸交底

B. 负责整个施工场地的管理工作，协调分包人与同一施工场地的其他分包人之间的交叉配合

C. 负责提供专业分包合同专用条款中约定的保修与试车，并承担由此发生的费用

D. 随时为分包人提供确保分包工程施工所要求的施工场地和通道，满足施工运输需要

【答案】C

【解析】本题考核的是施工专业分包合同的内容。

承包人的工作：

(1)向分包人提供与分包工程相关的各种证件、批件和各种相关资料，向分包人提供具备施工条件的施工场地。

(2)组织分包人参加发包人组织的图纸会审，向分包人进行设计图纸交底。

(3)提供本合同专用条款中约定的设备和设施，并承担因此发生的费用。

(4)随时为分包人提供确保分包工程的施工所要求的施工场地和通道等，满足施工运输的需要，保证施工期间的畅通。

(5)负责整个施工场地的管理工作，协调分包人与同一施工场地的其他分包人之间的交叉配合，确保分包人按照经批准的施工组织设计进行施工。

C选项，应为提供本合同专用条款中约定的设备和设施，并承担因此发生的费用，因此C选项错误。

施工劳务分包合同的内容

1.【2012年单】根据《建筑工程施工劳务分包合同(示范文本)》(GF—2003—0213)，全部分包工作完成，经工程承包人认可后(　　)日内，劳务分包人向工程承包人递交完整的结算资料，按照合同约定进行劳务报酬的最终支付。

A. 7　　　　B. 14　　　　C. 28　　　　D. 42

【答案】B

【解析】本题考核的是施工劳务分包合同的内容。全部工作完成，经工程承包人认可后14天内，劳务分包人向工程承包人递交完整的结算资料，双方按照本合同约定的计价方式，进行劳务报酬的最终支付。因此，只有B选项符合题意。

2.【2012年多】根据《建设工程施工劳务分包合同(示范文本)》(GF—2003—0214)，承包人的义务有(　　)。

A. 为劳务分包人提供生产生活临时设施

B. 为劳务分包人从事危险作业的职工办理意外伤害保险

C. 编制物资需用量计划表

D. 为租赁或提供给劳务分包人使用的施工机械设备办理保险

E. 负责工程测量定位、技术交底、组织图纸会审

【答案】ACE

【解析】本题考核的是施工劳务分包合同的内容。选项B，劳务分包人必须为从事危险作业的职工办理意外伤害保险，并为施工场地内自有人员生命财产和施工机械设备办理保险，支付保险费用，而不是承包人的义务。选项D，工程承包人必须为租赁或提供给劳务分包人使用的施工机械设备办理保险，并支付保险费用，但不是承包人的义务。因此，只有A、C、E选项符合题意。

对劳务分包合同条款中规定的工程承包人的主要义务归纳如下：

(1) 组建与工程相适应的项目管理班子，全面履行总(分)包合同，组织实施施工管理的各项工作，对工程的工期和质量向发包人负责。

(2) 完成劳务分包人施工前期的下列工作：
①向劳务分包人交付具备本合同项下劳务作业开工条件的施工场地；
②满足劳务作业所需的能源供应、通信及施工道路畅通；
③向劳务分包人提供相应的工程资料；
④向劳务分包人提供生产、生活临时设施。

(3) 负责编制施工组织设计，统一制定各项管理目标，组织编制年、季、月施工计划以及物资需用量计划表，实施对工程质量、工期、安全生产、文明施工、计量检测、实验化验的控制、监督、检查和验收。

(4) 负责工程测量定位、沉降观测、技术交底，组织图纸会审，统一安排技术档案资料的收集整理及交工验收。

(5) 按时提供图纸，及时交付材料、设备，所提供的施工机械设备、周转材料、安全设施保证施工需要。

(6) 按合同约定，向劳务分包人支付劳动报酬。

(7) 负责与发包人、监理、设计及有关部门联系，协调现场工作关系。

3.【2013年单】根据《建设工程施工劳务分包合同(示范文本)》(GF—2003—0214)。劳务合同项目的施工组织设计应有(　　)负责编制。

A. 发包人　　B. 监理人　　C. 劳务分包人　　D. 承包人

【答案】D

【解析】本题考核的是施工劳务分包合同的内容。工程承包人负责编制施工组织设计，统一制定各项管理目标，组织编制年、季、月施工计划以及物资需用量计划表，实施对工程质量、工期、安全生产、文明施工、计量检测、实验化验的控制、监督、检查和验收；因此，只有D选项符合题意。

物资采购合同的主要内容

1.【2012年单】按验收方式划分，建设工程采购方在所购物资制造时就派人在供应厂家进行材料检验的验收方式，属于(　　)。

A. 驻厂验收　　　B. 提运验收　　　C. 接运验收　　　D. 入库验收

【答案】A

【解析】本题考核的是物资采购合同的主要内容。验收方式有驻厂验收、提运验收、接运验收和入库验收等方式。

(1)驻厂验收：在制造时期，由采购方派人在供应的生产厂家进行材质检验。

(2)提运验收：对加工订制、市场采购和自提自运的物资，由提货人在提取产品时检验。

(3)接运验收：由接运人员对到达的物资进行检查，发现问题当场作出记录。

(4)入库验收：是广泛采用的正式的验收方法，由仓库管理人员负责数量和外观检验。

因此，只有A选项符合题意。

2.【2013年单】建筑材料采购合同条款的相关说法，正确的是(　　)。

A. 不属于国家定价的材料(产品)，由供方确定价格

B. 需方提货的，交货日期以需方收货戳记的日期为准

C. 建筑材料的包装物由供方负责，并且一般不另向需方收费

D. 建筑材料采购合同通常采用固定总价合同

【答案】C

【解析】本题考核的是物资采购合同的主要内容。选项A，不属于国家定价的产品，可由供需双方协商确定价格；选项B，采购方提货的，以供货方按合同规定通知的提货日期为准；选项C，包装物一般应由建筑材料的供货方负责供应，并且一般不得另外向采购方收取包装费；选项D，设备采购合同通常采用固定总价合同，建筑材料采购合同教材无特指。因此，只有C符合题意。

3.【2014年多】关于物资采购合同中交货日期的说法，正确的有(　　)。

A. 供货方负责送货的，以采购方收货戳记的日期为准

B. 采购方提货的，以供货方按合同规定通知的提货日期为准

C. 委托运输部门代运的产品，一般以供货方发运产品时承运单位签发的日期为准

D. 供货方负责送货的，以供货方按合同规定通知的提货日期为准

E. 采购方提供，以采购方收货戳记日期为准

【答案】ABC

【解析】本题考核的是物资采购合同的主要内容。交货日期的确定可以按照下列方式：

(1)供货方负责送货的，以采购方收货戳记的日期为准；

(2)采购方提货的，以供货方按合同规定通知的提货日期为准；

(3)凡委托运输部门或单位运输、送货或代运的产品，一般以供货方发运产品时承运单位签发的日期为准，不是以向承运单位提出申请的日期为准。

因此，A、B、C选项符合题意。

2Z106030 施工计价方式

一、本节知识速记

- 施工计价方式
  - 单价合同
    - 含义：合同中明确每项工程内容的单位价格，实际支付时，根据每一个子项的【实际完成工程量】乘以该子项的【合同单价】计算该项工作的应付工程款
    - 特点：★单价优先【实际工程款支付以实际完成工程量乘以合同单价计算】
    - 优点：
      1 允许随工程量变化调整工程总价，不存在工程量风险
      2 无需完整的工程范围，缩短投标时间
    - 缺点：
      1 业主需要核实已完工程量，花费精力，协调工作量大
      2 实际工程量可能超预测工程量，实际投资超计划投资，对投资控制不利
    - 分类：
      - 固定单价合同：单价不调整；适用于：工程较短、工程量变化幅度不会太大的项目
      - 变动单价合同：单价可调整
        1 当实际工程量发生较大变化时
        2 当通货膨胀达到一定水平时
        3 当国家政策发生变化时
        适用于：承包商承担风险相对较小
  - 总价合同
    - 含义：业主应付给承包商的款额是一个规定的金额，即【明确的总价】。如果由于承包人的失误导致ści投标计价计算错误，合同总价也【不予调整】
    - 特点：
      1 较早确定或预测工程成本
      2 业主的风险较小，承包人将承担较多风险
      3 评标时易于迅速确定最低报价的投标人
      4 在施工进度上能极大地调动承包人的积极性
      5 发包单位能更容易、更有把握地对项目进行控制
      6 必须完整而明确地规定承包人的工作
      7 必须将设计和施工方面的变化控制在最小限度内
    - 分类：
      - 固定总价合同
        - 含义：合同总价一次包死，固定不变
          - 双方结算简单
          - 价格风险（承包商承担）：报价计算错误、漏报项目、物价和人工费上涨
          - 工作量风险：工作量计算错误、工程范围不确定、工程变更、设计深度不够
        - 特点：★总价优先
        - 优点：
          1 国际上，广泛接受和采用
          2 对业主，合同签订时可确定项目总投资额
          3 【对业主，风险较小】；【对承包商，风险较大】
        - 缺点：常引起纠纷或诉讼
        - 适用于：
          1 工程量小、工期短、环境因素变化小、工程条件稳定
          2 工程设计详细，图纸完整
          3 工程结构和技术简单，风险小
          4 投标期相对宽裕，承包商有充足时间
      - 变动总价合同
        - 含义：相对固定的价格，受下列因素影响可调整
          1 通货膨胀
          2 设计变更
          3 工程量变化
          4 其他工程条件变化
          【对承包商，风险较小】；【对业主，不利于投资控制】
        - 价格调整条件：
          法律、法规、国家政策变化
          工程造价管理部门公布指令性价格调整
          一周内非承包人原因停水、停电、停气造成的停工累计超过【8小时】
          双方约定
        - 价格调整因素：
          1 劳工工资、材料费用上涨
          2 运输费、燃料费、电力等价格变化
          3 外汇汇率不稳定
          4 国家、省、市立法的改变，引起工程费用上涨
  - 成本加酬金合同
    - 含义：工程施工的最终合同价格将按照工程的实际成本再加上一定的酬金进行计算
    - 适用于：工程复杂，工程技术、结构方案不能预先确定；时间紧迫，如抢险、救灾工程
    - 优缺点：
      - 对业主：
        1 可分段施工缩短工期
        2 减少承包商的对立情绪
        3 可利用承包商的施工技术专家
        4 业主可较深介入和控制工程施工和管理
        5 约束工程成本，转移风险
      - 对承包商：
        1 比固定总价合同风险低，利润有保证
        2 设计未完成，无法准确确定合同工程内容、工程量、终止时间
        3 难以对工程计划进行合理安排
    - 分类：
      成本加固定费用合同
      成本加固定比例费用合同
      成本加奖金合同
      最大成本加费用合同
    - 应用：
      实行施工总承包管理或【CM】模式
      国际上，项目管理合同、咨询服务合同

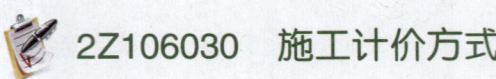

成本加酬金合同分类的对比

计价形式	计价方法	特　点
成本加固定费用	成本+固定报酬	承包商为获得酬金，会尽力缩短工期
成本加固定比例费用	成本×（1+固定比例）	报酬费用随成本加大而增加，不利于缩短工期和降低成本
成本加奖金	底点（60%～75%）之下加大酬金 顶点（110%～135%）之上收取罚款	在招标时，如图纸、规范等准备不充分，不能据以确定合同价格，而仅能制定一个估算指标时可采用这种形式
最大成本加费用	最大成本+固定酬金 超过由承包人承担 节约部分归业主，或双方共享	设计深度达到可以报总价的深度时采用 CM模式合同中采用

三种计价方式的选择

	总价合同	单价合同	成本加酬金合同
应用范围	广泛	工程量暂不确定的工程	紧急工程、保密工程等
业主的投资控制工作	容易	工作量较大	难度大
业主的风险	较小	较大	很大
承包商的风险	大	较小	无
设计深度要求	施工图设计	初步设计或施工图设计	各设计阶段

二、本节真题与解析

单价合同

1.【2012年单】施工单价合同"单价优先"原则在结算中主要体现在应支付价款按（　　）。
   A. 实际完成并经工程师认可的工程量和合同单价
   B. 清单工程量和合同单价
   C. 清单工程量和结算时市场单价
   D. 实际工程量和结算时市场单价

【答案】A

【解析】本题考核的是单价合同。在工程实践中，采用单价合同有时也会根据估算的工程量计算一个初步的合同总价，作为投标报价和签订合同之用。但是，当上述初步的合同总价与各项单价乘以实际完成的工程量之和发生矛盾时，则肯定以后者为准，即单价优先。实际工程款的支付也将以实际完成工程量乘以合同单价进行计算。因此，只有A选项符合题意。

2.【2013年单】采用单价合同招标时，对于投标书中明显的数字计算错误，业主有权先做修改，再投标，当总价和单价的计算结果不一致时，以单价为准调整总价。这体现了单价合同的( )特点。

A. 工程量优先　　B. 总价优先　　C. 单价优先　　D. 风险均摊

【答案】C

【解析】本题考核的是单价合同。在工程实践中，采用单价合同有时也会根据估算的工程量计算一个初步的合同总价，作为投标报价和签订合同之用。但是，当上述初步的合同总价与各项单价乘以实际完成的工程量之和发生矛盾时，则肯定以后者为准，即单价优先。实际工程款的支付也将以实际完成工程量乘以合同单价进行计算。因此，只有C选项符合题意。

3.【2013年单】某土石方工程按混合方式计价，其中土方工程实行总价包干，包干价20万元；石方工程实行单价合同。该工程有关的工程量和价格资料如下表所示。则该工程的结算借款是( )万元。

项目	估计工程量(m^3)	实际工程量(m^3)	合同单价(元/m^3)
土方工程	4000	4200	—
石方工程	2800	3000	240

A. 87.2　　B. 88.2　　C. 92.0　　D. 93

【答案】C

【解析】本题考核的是单价合同，在工程实践中，采用单价合同有时也会根据估算的工程量计算一个初步的合同总价，作为投标报价和签订合同之用。但是，当上述初步的合同总价与各项单价与各项单价乘以实际完成的工程量之和发生矛盾时，则肯定以后者为准，即单价优先。实际工程款的支付也将以实际完成工程量乘以合同单价进行计算。因此，该工程的结算款是3000×240+200000=92万元，只有C选项符合题意。

4.【2014年多】当采用变动单价时，合同中可以约定合同单价调整的情况有( )。

A. 工程量发生较大的变化　　B. 承包商施工成本发生较大的变化
C. 通货膨胀达到一定水平　　D. 国家相关政策发生变化
E. 业主资金不到位

【答案】ACD

【解析】本题考核的是单价合同。当采用变动单价合同时，合同双方可以约定一个估计的工程量，当实际工程量发生较大变化时可以对单价进行调整，此时还应该约定如何对单价进行调整；当然也可以约定，当通货膨胀达到一定水平或者国家政策发生变化时，可以对哪些工程内容的单价进行调整以及如何调整等。因此，A、C、D选项符合题意。

总 价 合 同

1.【2012年多】采用固定总价合同，承包商承担的风险主要有( )。

A. 工期风险　　　B. 价格风险　　　C. 工作量风险

D. 工作量风险和施工技术方案引发的风险　　　E. 政治风险

【答案】BC

【解析】本题考核的是总价合同。承包商的风险主要有两个方面：一是价格风险，二是工作量风险。价格风险有报价计算错误、漏报项目、物价和人工费上涨等；工作量风险有工程量计算错误、工程范围不确定、工程变更或者由于设计深度不够所造成的误差等。因此，只有B、C选项符合题意。

2.【2013年多】根据《建设工程施工合同(示范文本)》(GF—99—D2D1)，合同双方可约定对合同价款进行调整的条件有(　　)。

A. 市场价格的任何波动

B. 法律、行政法规和国家有关政策变化影响合同价款

C. 工程造价管理部门公布的价格调整

D. 一周内非承包人原因停水、停电、停气造成的停工累计超过8h

E. 与计划相比，实际工程量变动超过一定幅度

【答案】BCD

【解析】本题考核的是总价合同。合同价款进行调整的条件有：①法律、行政法规和国家有关政策变化影响合同价款；②工程造价管理部门公布的价格调整；③一周内非承包人原因停水、停电、停气造成的停工累计超过8h；④双方约定的其他因素。因此，只有B、C、D选项符合题意。

3.【2014年单】在固定总价合同形式下，承包人一般应承担的风险是(　　)。

A. 全部工程量的风险，不包括通货膨胀的风险

B. 工程变更的风险，不包括工程量和通货膨胀的风险

C. 全部工程量和通货膨胀的风险

D. 通货膨胀的风险，不包括工程量的风险

【答案】C

【解析】本题考核的是总价合同。采用固定总价合同，双方结算比较简单，但是由于承包商承担了较大的风险，承包商的风险主要有两个方面：一是价格风险，有报价计算错误、漏报项目、物价和人工费上涨等；二是工作量风险，有工程量计算错误、工程范围不确定、工程变更或者由于设计深度不够所造成的误差等。因此，只有C选项符合题意。

成本加酬金合同

【2014年多】成本加酬金合同的形式主要有(　　)。

A. 成本加固定合同费用　　　B. 成本加固定比例费用合同

C. 最大成本加税金合同　　　D. 成本加奖金合同

E. 最大成本加费用合同

【答案】ABDE

【解析】本题考核的是成本加酬金合同。成本加酬金合同的形式：①成本加固定费用合同；②成本加固定比例费用合同；③成本加奖金合同；④最大成本加费用合同。因此，A、B、D、E选项符合题意。

2Z106040 施工合同执行过程的管理

一、本节知识速记

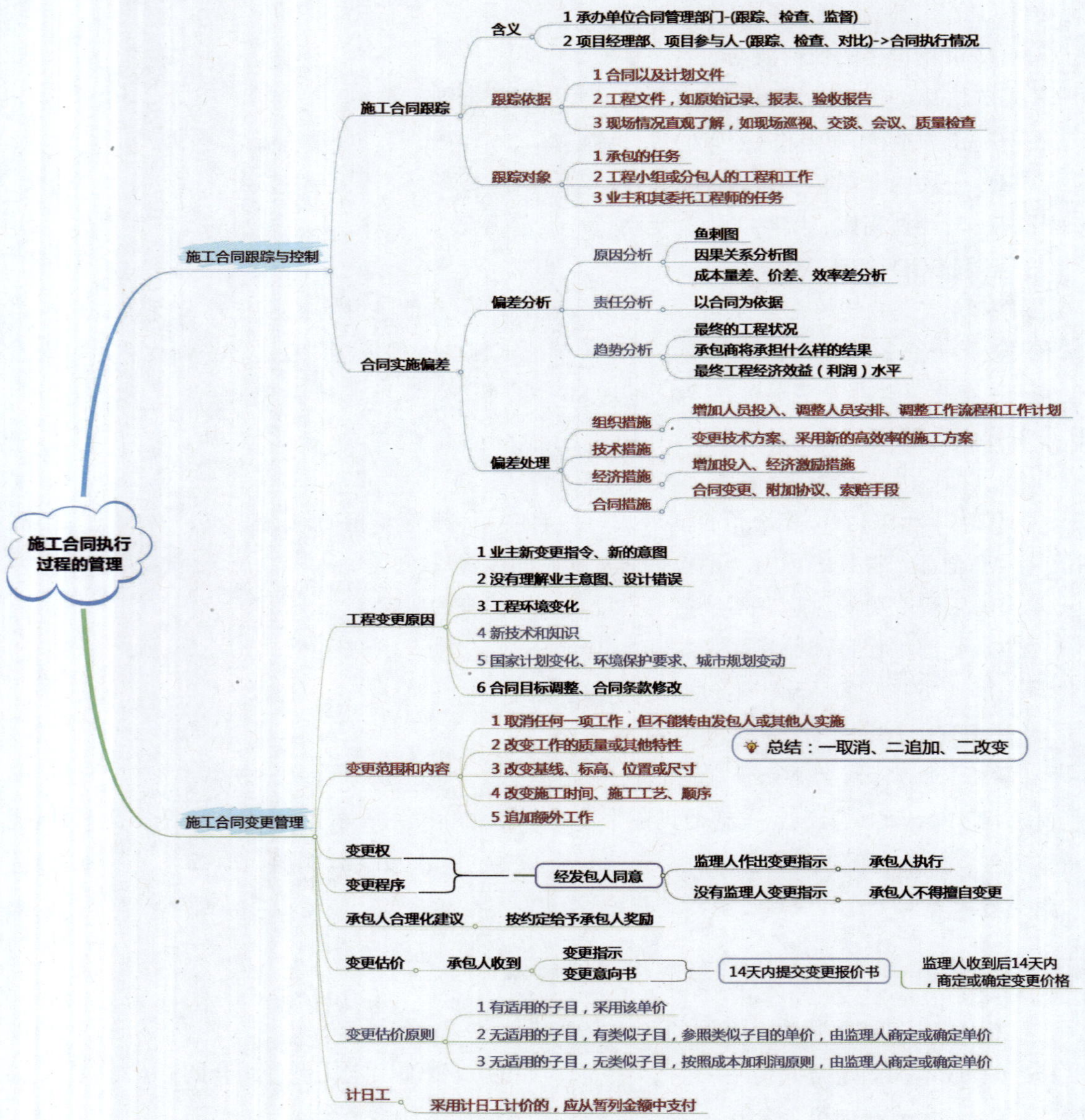

施工合同执行过程的管理

- **施工合同跟踪与控制**
  - 施工合同跟踪
    - 含义
      - 1 承办单位合同管理部门-(跟踪、检查、监督)
      - 2 项目经理部、项目参与人-(跟踪、检查、对比)->合同执行情况
    - 跟踪依据
      - 1 合同以及计划文件
      - 2 工程文件，如原始记录、报表、验收报告
      - 3 现场情况直观了解，如现场巡视、交谈、会议、质量检查
    - 跟踪对象
      - 1 承包的任务
      - 2 工程小组或分包人的工程和工作
      - 3 业主和其委托工程师的任务
  - 合同实施偏差
    - 偏差分析
      - 原因分析：鱼刺图、因果关系分析图、成本量差、价差、效率差分析
      - 责任分析：以合同为依据
      - 趋势分析：最终的工程状况、承包商将承担什么样的结果、最终工程经济效益（利润）水平
    - 偏差处理
      - 组织措施：增加人员投入、调整人员安排、调整工作流程和工作计划
      - 技术措施：变更技术方案、采用新的高效率的施工方案
      - 经济措施：增加投入、经济激励措施
      - 合同措施：合同变更、附加协议、索赔手段

- **施工合同变更管理**
  - 工程变更原因
    1 业主新变更指令、新的意图
    2 没有理解业主意图、设计错误
    3 工程环境变化
    4 新技术和知识
    5 国家计划变化、环境保护要求、城市规划变动
    6 合同目标调整、合同条款修改
  - 变更范围和内容
    1 取消任何一项工作，但不能转由发包人或其他人实施
    2 改变工作的质量或其他特性
    3 改变基线、标高、位置或尺寸
    4 改变施工时间、施工工艺、顺序
    5 追加额外工作
    （总结：一取消、二追加、二改变）
  - 变更权
  - 变更程序：经发包人同意 — 监理人作出变更指示→承包人执行；没有监理人变更指示→承包人不得擅自变更
  - 承包人合理化建议：按约定给予承包人奖励
  - 变更估价：承包人收到 变更指示/变更意向书 → 14天内提交变更报价书 → 监理人收到后14天内，商定或确定变更价格
  - 变更估价原则
    1 有适用的子目，采用该单价
    2 无适用的子目，有类似子目，参照类似子目的单价，由监理人商定或确定单价
    3 无适用的子目，无类似子目，按照成本加利润原则，由监理人商定或确定单价
  - 计日工：采用计日工计价的，应从暂列金额中支付

二、本节真题与解析

施工合同跟踪与控制

【2014年单】施工合同实施偏差分析的内容包括：产生合同偏差的原因分析、合同实施偏差的责任分析以及（　　）。
A. 不同项目合同偏差的对比
B. 偏差的跟踪情况分析
C. 合同实施趋势分析
D. 对合同偏差的态度分析

【答案】C

【解析】本题考核的是施工合同跟踪与控制。施工合同实施偏差分析的内容包括：产生合同偏差的原因分析、合同实施偏差的责任分析以及合同实施趋势分析。因此，只有C选项符合题意。

施工合同变更管理

1.【2013年单】根据《标准施工招标文件》中的通用合同条款，在合同履行过程中，没有（　　）变更指示，承包人不得擅自变更。
A. 业主
B. 设计人
C. 规划主管部门
D. 监理人

【答案】D

【解析】本题考核的是施工合同变更管理。根据九部委《标准施工招标文件》中通用合同条款的规定，变更指示只能由监理人发出。变更指示应说明变更的目的、范围、变更内容以及变更的工程量及其进度和技术要求，并附有关图纸和文件。承包人收到变更指示后，应按变更指示进行变更工作。因此，只有D选项符合题意。

2.【2013年多】根据《标准施工招标文件》。关于施工合同变更及管理的说法，正确的有（　　）。
A. 在合同履行过程中，承包人对发包人提供的图纸可提出书面变更建议
B. 承包人在收到监理人作出的变更指示后，应按变更指示进行变更工作
C. 在合同履行过程中，监理人可随时向承包人作出变更指令
D. 采用计日工计价的任何一项变更工作，按合同约定列入措施项目清单结算款中
E. 承包人应在收到变更指示的第14天内向监理人提交变更报价书

【答案】ABE

【解析】本题考核的是施工合同变更管理。选项C，在合同履行过程中，已经发生通用合同条款第15.1款约定情形的，监理人应按照合同约定的程序向承包人发出变更指示；选项D，用计日工计价的任何一项变更工作，应从暂列金额中支付，承包人应在该项变更的实施过程中，每天提交相关报表和有关凭证报送监理人审批。因此，只有A、B、E选项符合题意。

3.【2014年多】根据《建设工程工程量清单计价规范》（GB 50500—2013），关于计日工的说法，正确的有（　　）。
A. 发包人通知承包人以计日工方式实施的零星工作，承包人应予执行
B. 采用计日工计价的任何一项变更工作，承包人都应将相关报表和凭证送发包人复核
C. 发包人在收到承包人提交现场签证报告后的2天内，应予以确认计日工记录汇总
D. 计日工是承包人完成合同范围内的零星项目按合同约定的单价计价的一种方式

E. 每个支付期末，承包人应向发包人提交本期间所有计日工记录的签证汇总表

【答案】ABCE

【解析】本题考核的是计日工。计日工是指在施工过程中承包人完成发包人提出的工程合同范围以外的零星项目或工作，按合同中约定的单价计价的一种方式。因此，C 选项错误。

根据九部委《标准施工招标文件》中通用合同条款的规定：

（1）发包人认为有必要时，由监理人通知承包人以计日工方式实施变更的零星工作。其价款按列入已标价工程量清单中的计日工计价子目单价进行计算。

（2）采用计日工计价的任何一项变更工作，应从暂列金额中支付，承包人应在该项变更的实施过程中，每天提交相关报表和有关凭证报送监理人审批。

（3）计日工由承包人汇总后，按合同约定列入进度付款申请单，由监理人复核并经发包人同意后列入进度付款。

2Z106050　施工合同的索赔

▶ 一、本节知识速记

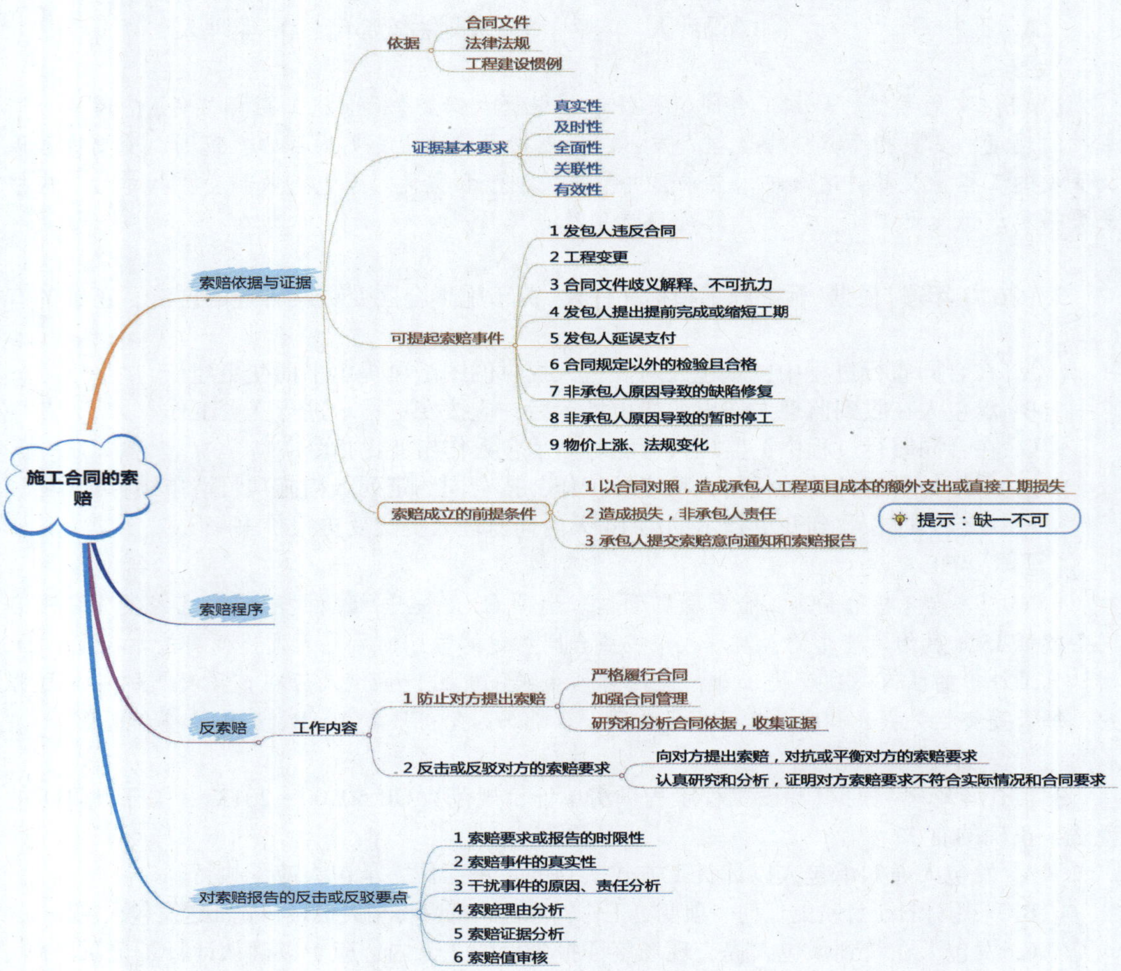

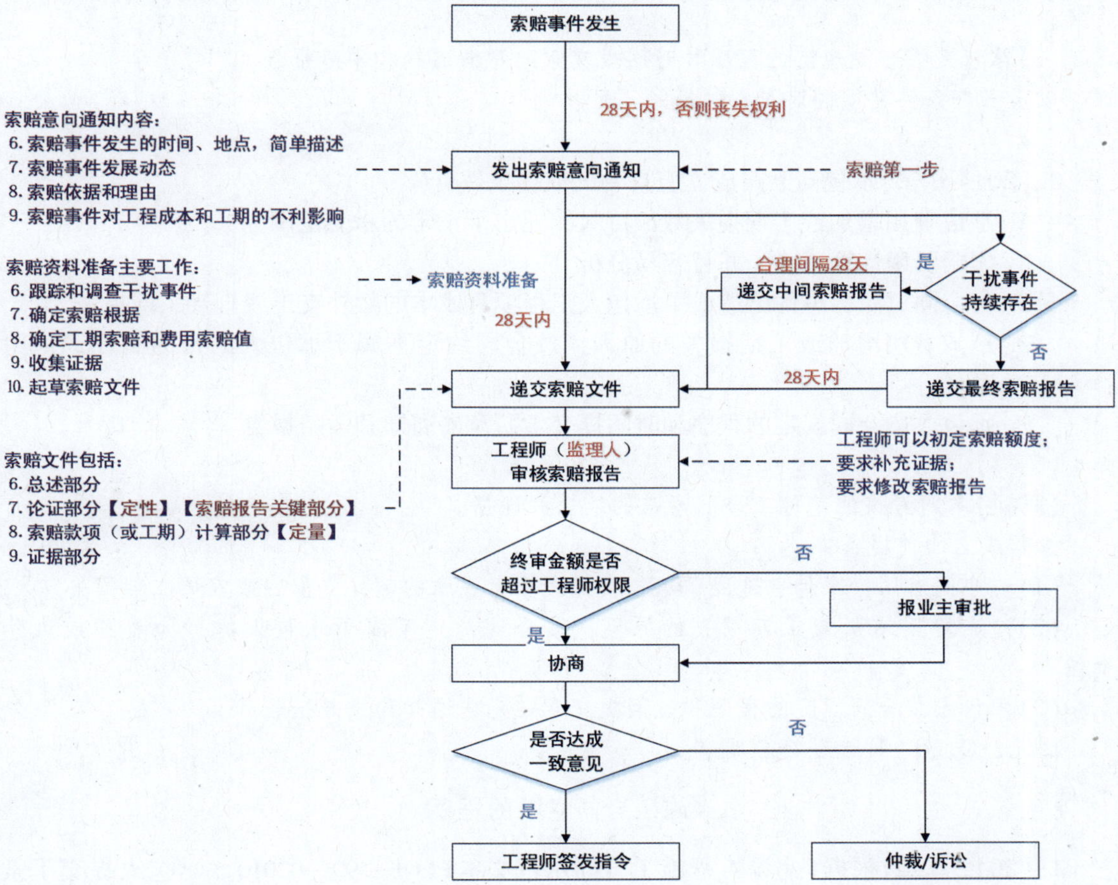

第一部分　建设工程项目管理

```
索赔意向通知内容：                      索赔事件发生
6.索赔事件发生的时间、地点，简单描述
7.索赔事件发展动态                      28天内，否则丧失权利
8.索赔依据和理由                        发出索赔意向通知 ← 索赔第一步
9.索赔事件对工程成本和工期的不利影响
                                                                         合理间隔28天  是  干扰事件
索赔资料准备主要工作：          索赔资料准备        递交中间索赔报告            持续存在
6.跟踪和调查干扰事件
7.确定索赔根据               28天内                                              否
8.确定工期索赔和费用索赔值
9.收集证据                      递交索赔文件         28天内     递交最终索赔报告
10.起草索赔文件
                                                              工程师可以初定索赔额度；
索赔文件包括：                  工程师（监理人）              要求补充证据；
6.总述部分                      审核索赔报告                   要求修改索赔报告
7.论证部分【定性】【索赔报告关键部分】
8.索赔款项（或工期）计算部分【定量】
9.证据部分                      终审金额是否      否
                                超过工程师权限         报业主审批
                                   是
                                   协商
                                是否达成         否
                                一致意见
                                   是
                                工程师签发指令                 仲裁/诉讼
```

> 二、本节真题与解析

施工合同索赔的依据和证据

1.【2013年单】关于建设工程索赔成立条件的说法，正确的是(　　)。
A. 导致索赔的事情必须是对方的过错，索赔才能成立
B. 只要对方存在过错，不管是否造成损失，索赔都能成立
C. 不按照合同规定的程序提交索赔报告，索赔不能成立
D. 只要索赔事件的事实存在，在合同有效内任何时候提出索赔都能成立
【答案】C
【解析】本题考核的是施工合同索赔的依据和证据。选项A，导致索赔的事情既是索赔事件，又称为干扰事件，是指那些使实际情况与合同规定不符合，最终引起工期和费用变化的各类事件。选项B，不符合索赔成立的必备的三个前提条件之一，是与合同对照，事件已造成了承包人工程项目成本的额外支出，或直接工期损失；选项D，不符合索赔成立的必备的三个前提条件。因此，只有C选项符合题意。
索赔成立的前提条件：
(1) 与合同对照，事件已造成了承包人工程项目成本的额外支出，或直接二期损失。
(2) 造成费用增加或工期损失的原因，按合同约定不属于承包人的行为责任或风险

责任。

(3) 承包人按合同规定的程序和时间提交索赔意向通知和索赔报告。

以上三个条件必须同时具备，缺一不可。

2. 【2014年多】承包商索赔成立应具备的前提条件有(　　)。
   A. 造成费用增加或工期损失数额巨大，超出了正常的承受范围
   B. 索赔费用计算正确，并且容易分析
   C. 与合同对照，事件已造成了承包人工程项目成本的额外支出或直接工期损失
   D. 造成费用增加或工期损失的原因，按合同约定不属于承包人的行为责任或风险责任
   E. 承包人按合同规定的程序和时间提交索赔意向通知和索赔报告

【答案】CDE

【解析】本题考核的是施工合同索赔的依据和证据。

索赔成立的前提条件：

(1) 与合同对照，事件已造成了承包人工程项目成本的额外支出，或直接工期损失。

(2) 造成费用增加或工期损失的原因，按合同约定不属于承包人的行为责任或风险责任。

(3) 承包人按合同规定的程序和时间提交索赔意向通知和索赔报告。

因此，C、D、E选项符合题意。

施工合同索赔的程序

1. 【2012年单】根据《建设工程施工合同示范文本》(GF—99—0201)，承包人提交了索赔文件后，干扰事件对施工造成持续影响，则承包人的正确做法为(　　)。
   A. 按工程师要求的间隔提交延续索赔通知，干扰事件影响结束后28天内提交最终索赔报告
   B. 只需在干扰事件影响结束后28天内提交最终索赔报告
   C. 按工程师要求的间隔提交延续索赔通知，干扰事件影响结束后36天内提交最终索赔报告
   D. 按工程师要求的间隔提交延续索赔通知，干扰事件影响结束后42天内提交最终索赔报告

【答案】A

【解析】本题考核的是索赔意向通知和索赔通知。如果干扰事件对工程的影响持续时间长，承包人则应按工程师(监理人)要求的合理间隔(一般为28天)，提交中间索赔报告，并在干扰事件影响结束后的28天提交一份最终索赔报告。否则将失去该事件请求补偿的索赔权利。因此，只有A选项符合题意。

2. 【2013年多】承包人向发包人提交的索赔报告，其内容包括(　　)。
   A. 索赔意向通知　　　　　　　　B. 索赔证据
   C. 索赔事件总述　　　　　　　　D. 索赔合理性论证
   E. 索赔款项(或工期)计算书

【答案】BCDE

【解析】本题考核的是索赔报告。索赔报告的主要内容包括以下几个方面：①总述部分；②论证部分；③索赔款项（或工期）计算部分；④证据部分。因此，B、C、D、E 选项符合题意。

3.【2014年单】根据《标准施工招标文件》，关于施工合同索赔程序的规定，正确的是（　　）。
　　A. 设计变更发生后，承包人应在 14 天内向发包人提交索赔通知
　　B. 索赔事件持续进行，承包人应在事件终了后立即提交索赔报告
　　C. 承包人在发出索赔意向通知书后 28 天内，向监理人正式递交索赔通知书
　　D. 索赔意向通知发出后 42 天内，承包人应向监理人提交索赔报告及有关资料

【答案】C

【解析】本题考核的是施工合同索赔的程序。根据《标准施工招标文件》，选项 A，承包人应在知道或应当知道索赔事件发生后 28 天内，向监理人递交索赔意向通知书，并说明发生索赔事件的事由。选项 B，索赔事件持续进行，承包人应按合理时间间隔提交中间索赔报告，并在事件终了后 28 天内提交最终索赔报告，故 B 错误。选项 D，承包人必须在发出索赔意向通知后的 28 天内或经过工程师（监理人）同意的其他合理时间内向工程师（监理人）提交一份详细的索赔文件和有关资料；承包人在发出索赔意向通知书后 28 天内，向监理人正式递交索赔通知书，因此，C 选项符合题意。

4.【2014年单】工程施工过程中发生索赔事件以后，承包人首先要做的工作是（　　）。
　　A. 提交索赔证据　　　　　　　　B. 提出索赔意向通知
　　C. 暂停施工　　　　　　　　　　D. 与业主就索赔事项进行谈判

【答案】B

【解析】本题考核的是施工合同索赔的程序。在工程实施过程中发生索赔事件以后，或者承包人发现索赔机会，首先要提出索赔意向，即在合同规定时间内将索赔意向用书面形式及时通知发包人或者工程师（监理人），向对方表明索赔愿望、要求或者声明保留索赔权利，这是索赔工作程序的第一步。因此，只有 B 选项符合题意。

 **2Z107000 施工信息管理**

 本章知识框架

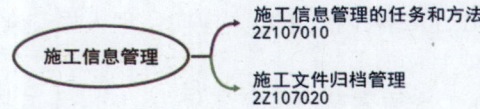

 2Z107010 施工信息管理的任务和方法

一、本节知识速记

1. 施工管理的任务

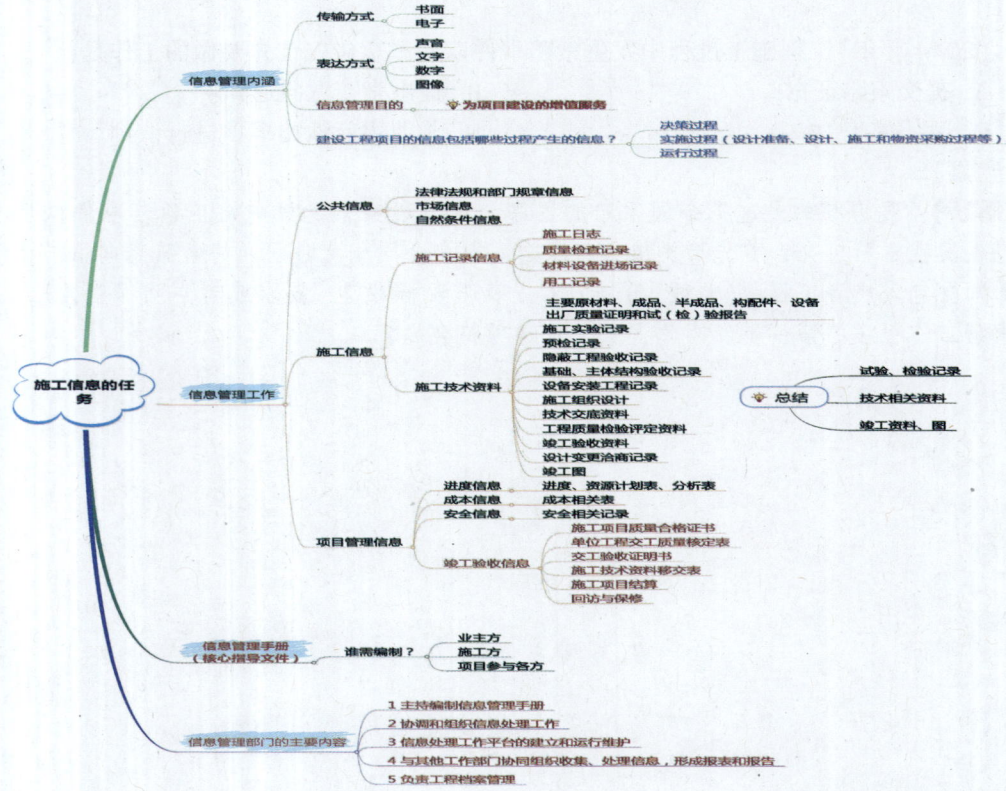

2. 施工管理的方法

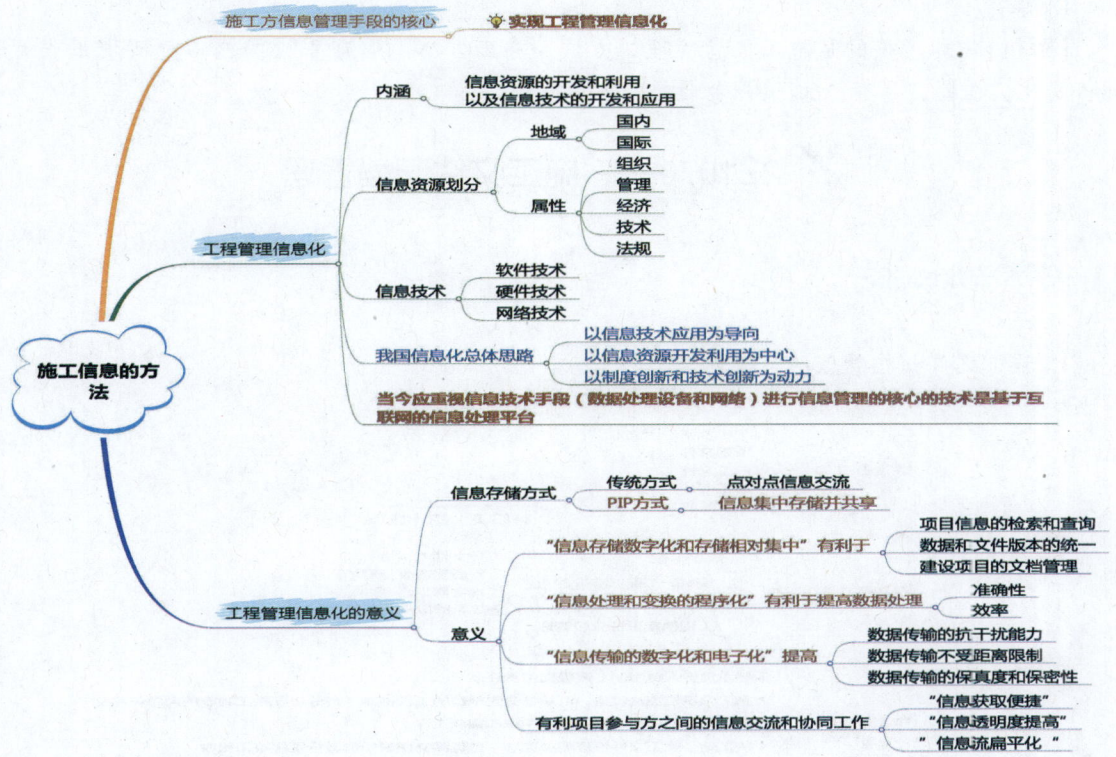

> 二、本节真题与解析

施工信息管理的任务

【2014年单】关于建设工程信息内涵的说法，正确的是(　　)。
　　A. 信息管理是指信息的收集和整理
　　B. 信息管理的目的是为有效地反映工程项目管理的实际情况
　　C. 建设工程项目的信息是指工程项目部在项目运行各阶段的产生的信息
　　D. 建设工程项目管理信息交流的问题会不同程度地影响项目目标实现
【答案】D
【解析】本题考核的是建设工程项目信息管理的内涵。选项A，信息管理指的是信息传输的合理的组织和控制。选项B，建设工程项目的信息管理的目的旨在通过有效的项目信息传输的组织和控制为项目建设的增值服务。选项C，建设工程项目的信息包括在项目决策过程、实施过程(设计准备、设计、施工和物资采购过程等)和运行过程中产生的信息，以及其他与项目建设有关的信息。选项D，建设工程项目管理信息交流的问题会不同程度地影响项目目标实现。因此，只有D选项符合题意。

施工信息管理的方法

【2013年单】施工方信息管理手段的核心是(　　)。

135

A. 实现工程管理信息化　　　　　B. 编制信息管理手段
C. 建立基于互联网的信息处理平台　　D. 实现办公自动化

【答案】A

【解析】本题考核的是施工信息管理的方法。施工方信息管理手段的核心是实现工程管理信息化。因此，只有 A 选项符合题意。

2Z107020　施工文件归档管理

一、本节知识速记

1. 施工文件归档管理的主要内容

施工文件归档管理的主要内容：

- **建设工程文件**
  - 工程准备阶段文件
  - 监理文件
  - 施工文件
  - 竣工图
  - 竣工验收文件

- **参与各方通用职责**
  - 填写的工程档案依据
    - 口诀：蛇汁盒饭
    - 设计文件（设-蛇）
    - 工程质量验收标准（质-汁）
    - 工程合同（合-盒）
    - 施工及验收规范（范-饭）
  - 工程档案进行分级管理

- **施工方职责**
  1. 技术负责人负责制，逐级岗位责任制
  2. 施工总承包负责收集、汇总各分包单位的工程档案，各分包在竣工验收前向总包移交
  3. 可按约定，接受工程档案的组织和编制工作
  4. 竣工前，施工文件整理汇总完毕，总包移交建设单位进行工程竣工验收
  5. 施工文件套数不少于地方城建档案管理部门要求

- **施工文件档案管理内容**
  - **工程施工技术管理资料**
    - 口诀：智商低主公编制军事良计
    - 施工日志记录文件（志-智）
    - 工程洽商记录文件（商）——工程洽商记录由设计专业负责人、建设、监理、施工单位相关负责人签认后生效。分包工程的工程洽商记录，通过总包审查后办理
    - 技术、安全交底记录文件（底-低）
    - 施工组织设计文件（组-主）
    - 工程开工报告（工-公）
    - 设计变更文件（变-编）
    - 图纸会审记录（纸-制）
    - 工程竣工文件（竣-军）——竣工报告、竣工验收证明、工程质量保证书
    - 工程质量事故记录文件（事）
    - 工程测量记录文件（量-良）
    - 施工记录文件（记-计）

  - **工程质量控制资料**
    - 内涵：是工程质量控制和保证的依据性证明资料
    - 包括：
      - 出厂合格证及进场检（试）验报告
      - 施工试验记录和见证检测报告
      - 隐蔽工程验收记录——【专业监理工程师】签署验收意见及验收结论，签字盖章
      - 交接检查记录——见证单位"总包单位"【总包管理范围内】【分包单位之间】移交；"建设（监理）单位"【总包单位和其他专业分包单位之间】移交

  - **工程施工质量验收资料**
    - 【现场】质量管理检查记录
    - 【单位】（子单位）工程质量竣工验收记录
    - 【分部】（子分部）工程质量验收记录文件
    - 【分项】工程质量验收记录文件
    - 【检验批】质量验收记录文件

  - **竣工图**——在项目竣工时由施工单位编制，涉及结构形式、工艺、平面布置重大变更超过35%或1/3的应重新绘制竣工图

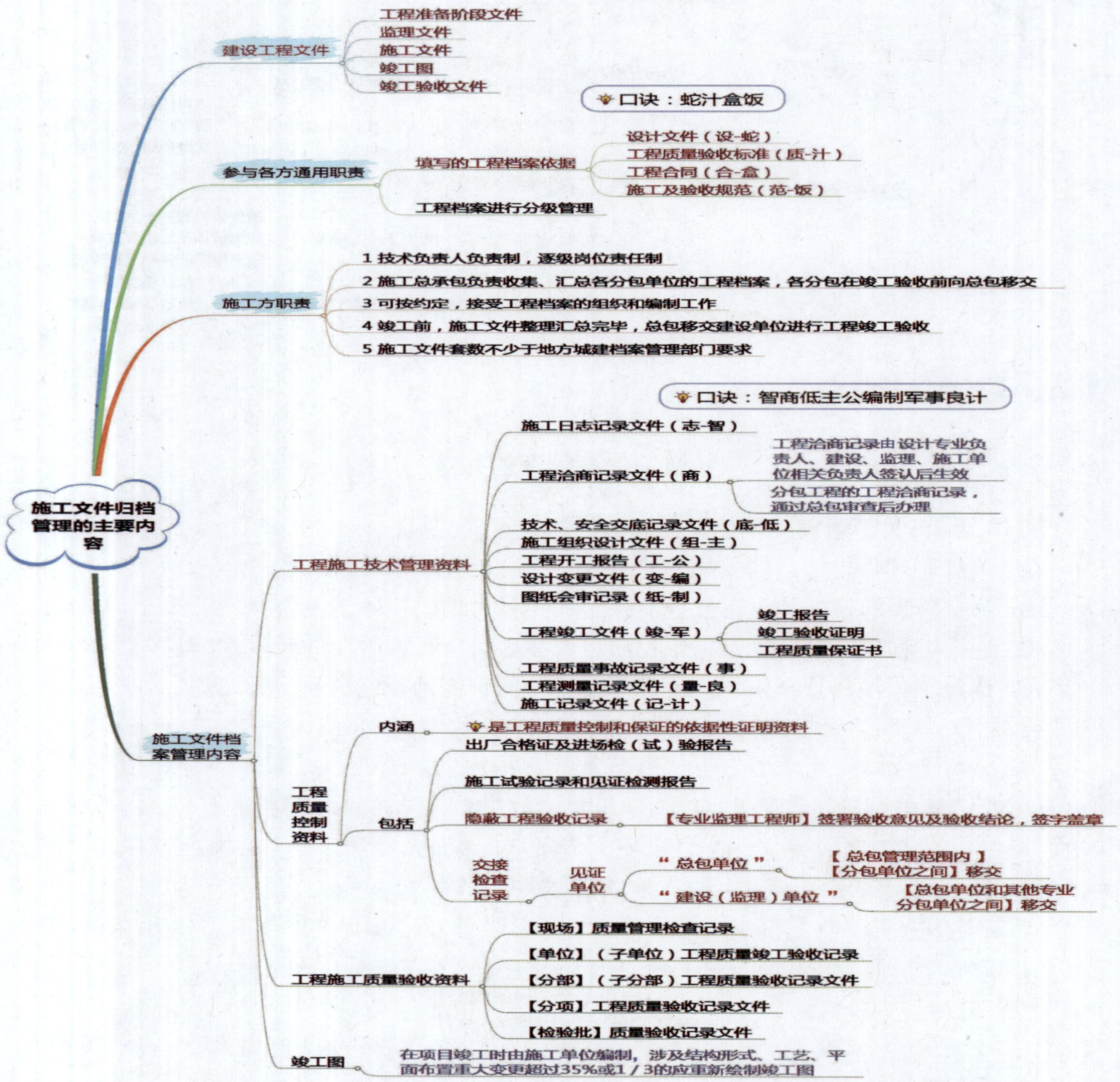

2. 施工文件的立卷

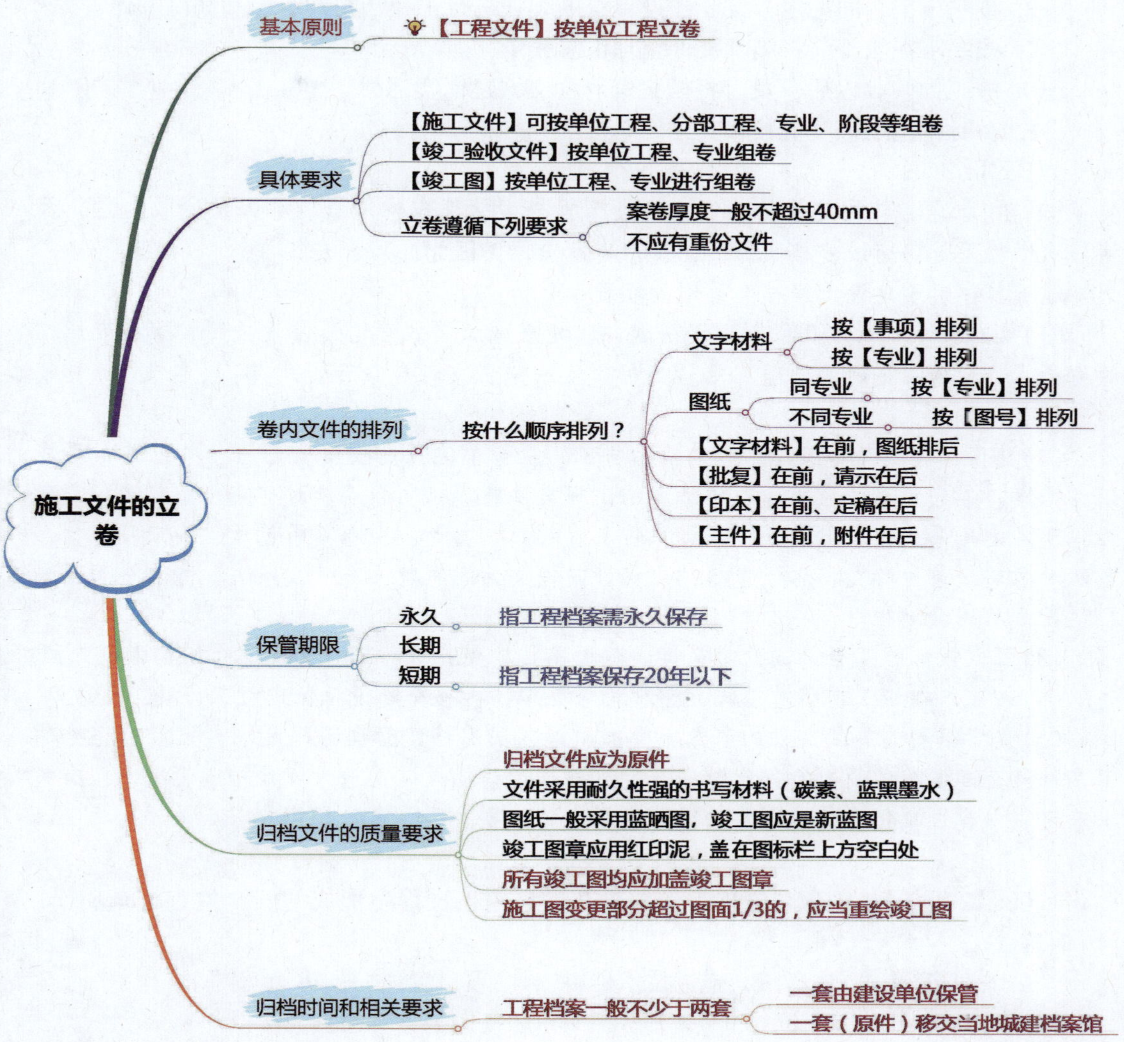

```
施工文件的立卷
├─ 基本原则：【工程文件】按单位工程立卷
├─ 具体要求
│   ├─【施工文件】可按单位工程、分部工程、专业、阶段等组卷
│   ├─【竣工验收文件】按单位工程、专业组卷
│   ├─【竣工图】按单位工程、专业进行组卷
│   └─ 立卷遵循下列要求
│       ├─ 案卷厚度一般不超过40mm
│       └─ 不应有重份文件
├─ 卷内文件的排列（按什么顺序排列？）
│   ├─ 文字材料
│   │   ├─ 按【事项】排列
│   │   └─ 按【专业】排列
│   ├─ 图纸
│   │   ├─ 同专业　按【专业】排列
│   │   └─ 不同专业　按【图号】排列
│   ├─【文字材料】在前，图纸排后
│   ├─【批复】在前，请示在后
│   ├─【印本】在前，定稿在后
│   └─【主件】在前，附件在后
├─ 保管期限
│   ├─ 永久——指工程档案需永久保存
│   ├─ 长期
│   └─ 短期——指工程档案保存20年以下
├─ 归档文件的质量要求
│   ├─ 归档文件应为原件
│   ├─ 文件采用耐久性强的书写材料（碳素、蓝黑墨水）
│   ├─ 图纸一般采用蓝晒图，竣工图应是新蓝图
│   ├─ 竣工图章应用红印泥，盖在图标栏上方空白处
│   ├─ 所有竣工图均应加盖竣工图章
│   └─ 施工图变更部分超过图面1/3的，应当重绘竣工图
└─ 归档时间和相关要求
    └─ 工程档案一般不少于两套
        ├─ 一套由建设单位保管
        └─ 一套（原件）移交当地城建档案馆
```

二、本节真题与解析

施工文件归档管理的主要内容

1.【2012年单】施工单位应当在工程竣工验收前，将形成的有关工程档案向（　　）移交。

  A. 监理单位　　　　　　　　　B. 建设单位
  C. 城建档案管理机构　　　　　D. 质量监督机构

【答案】B

【解析】本题考核的是施工单位在建设工程档案管理中的职责。施工单位按要求在竣工前将施工文件整理汇总完毕，再移交建设单位进行工程竣工验收。

2.【2013年多】施工单位在建设工程档案管理中的，职责包括有（   ）。
　　A. 配备专职档案管理员，负责施工资料的管理工作
　　B. 按照施工合同约定，接受建设单位的委托进行工程档案的组织和编制工作
　　C. 按要求在竣工前将施工文件整理汇总完毕
　　D. 竣工预验收以后，及时将档案资料移交城建档案部门
　　E. 及时将施工档案资料移交建设单位

【答案】ABCE

【解析】本题考核的是施工单位在建设工程档案管理中的职责。竣工预验收以后，及时将档案资料不是移交城建档案部门，而是建设单位。因此，只有E错误。

施工单位对于建设工程档案管理的职责如下：

（1）实行技术负责人负责制，逐级建立、健全施工文件管理岗位责任制。配备专职档案管理员，负责施工资料的管理工作。工程项目的施工文件应设专门的部门（专人）负责收集和整理。

（2）建设工程实行施工总承包的，由施工总承包单位负责收集、汇总各分包单位形成的工程档案，各分包单位应将本单位形成的工程文件整理、立卷后及时移交总承包单位。建设工程项目由几个单位承包的，各承包单位负责收集、整理、立卷其承包项目的工程文件，并应及时向建设单位移交，各承包单位应保证归档文件的完整、准确、系统，能够全面反映工程建设活动的全过程。

（3）可以按照施工合同的约定，接受建设单位的委托进行工程档案的组织和编制工作。

（4）按要求在竣工前将施工文件整理汇总完毕，再移交建设单位进行工程竣工验收。

（5）负责编制的施工文件的套数不得少于地方城建档案管理部门要求，但应有完整的施工文件移交建设单位及自行保存，保存期可根据工程性质以及地方城建档案管理部门有关要求确定。如建设单位对施工文件的编制套数有特殊要求的，可另行约定。

3.【2012年单】施工项目管理工作中，在项目施工过程中形成的安全检查记录属于（   ）信息。
　　A. 施工记录　　　B. 施工技术资料　　C. 项目管理　　　D. 工程总体

【答案】A

【解析】本题考核的是工程施工技术管理资料。施工记录是在施工过程中形成的，确保工程质量和安全的各种检查、记录的统称。主要包括：工程定位测量检查记录、预检记录、施工检查记录、冬期混凝土搅拌称量及养护测温记录、交接检查记录、工程竣工测量记录等。因此，只有A选项符合题意。

4.【2012年单】能够全面反映建设工程施工全过程质量控制和保证的依据性证明资料是（   ）。
　　A. 工程质量控制资料　　　　　　B. 工程施工质量验收资料
　　C. 竣工图　　　　　　　　　　　D. 工程施工技术管理资料

【答案】A

【解析】本题考核的是工程质量控制资料。工程质量控制资料是建设工程施工全过程全面反映工程质量控制和保证的依据性证明资料。应包括原材料、构配件、器具及设备等的质

量证明、合格证明、进场材料试验报告、施工试验记录、隐蔽工程检查记录等。因此，只有A选项符合题意。

5.【2014年多】下列施工文件档案资料中，属于工程质量控制资料的有(　　)
A. 施工测量放线报验表　　　　B. 检验质量验收质量表
C. 竣工验收证明书　　　　　　D. 水泥见证检测报告
E. 交接检查记录

【答案】DE

【解析】本题考核的是工程质量控制资料。施工文件档案资料包括工程施二技术管理资料、工程质量控制资料、工程施工质量验收资料、竣工图四部分。工程质量控制资料是建设工程施工全过程全面反映工程质量控制和保证的依据性证明资料。应包括原材料、构配件、器具及设备等的质量证明、合格证明、进场材料试验报告、施工试验记录、隐蔽工程检查记录等，包括：①工程项目原材料、构配件、成品、半成品和设备的出厂合格证及进场检(试)验报告；②施工试验记录和见证检测报告；③隐蔽工程验收记录文件；④交接检查记录。选项A、C属于工程施工技术管理资料，B属于工程施工质量验收资料，改ABC错误。选项D、E属于工程质量控制资料。因此，只有D、E符合题意。

第二部分

建设工程法规及相关知识

2Z201000 建设工程基本法律知识

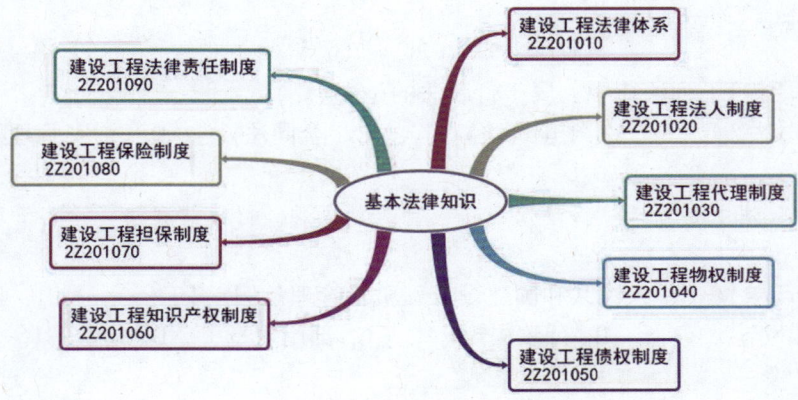

2Z201010 建设工程法律体系

2Z201011 法律体系的基本框架

> 一、本节知识速记

体系	宪法及宪法相关法	民法商法	行政法	经济法	社会法	刑法	诉讼与非诉讼程序法
具体内容	宪法 组织法 自治法 选举法 国籍法	民法通则 合同法 物权法 侵权责任法 公司法 招标投标法	行政处罚法 行政复议法 行政许可法 环境影响评价法 房地产管理法 城乡规划法 建筑法	统计法 土地管理法 标准化法 税收征收管理法 预算法 审计法 节约能源法 政府采购法 反垄断法	残疾人保障法 矿山安全法 劳动法 职业病防治法 安全生产法 劳动合同法	刑法	民事诉讼法 刑事诉讼法 行政诉讼法 仲裁法（非诉讼程序法）

续表

体系	宪法及宪法相关法	民法商法	行政法	经济法	社会法	刑法	诉讼与非诉讼程序法
调整关系	国-民	民-民 商-商	官-民 官-官	民-民 商-商	调整劳动关系、社会保障和社会福利关系		
		国家不介入		国家积极介入 主动监管			

二、本节真题与解析

1.【2013 年单】下列法律中,属于行政法的是( )。
　　A.《公司法》　　　B.《建筑法》　　　C.《合同法》　　　D.《治安管理处罚法》
【答案】D
【解析】行政法主要包括:行政处罚法、行政复议法、行政监察法、治安管理处罚法。

2.【2012 年单】《中华人民共和国建设工程质量管理条例》属于( )。
　　A. 法律　　　　B. 行政法规　　　C. 部门规章　　　D. 司法解释
【答案】B
【解析】我国规范性文件的后缀一般有以下规律:

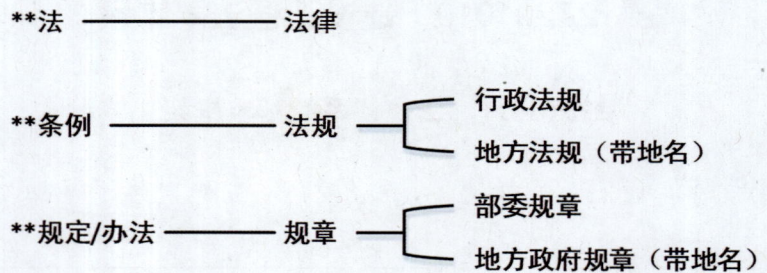

3.【2012 年单】在我国法律体系中,调整平等主体之间财产关系和人身关系的法律部门是( )。
　　A. 行政法　　　　B. 劳动法　　　C. 经济法　　　D. 民法
【答案】D
【解析】该题的考点是我国的法律体系。我国的法律体系通常包括:宪法、民法、商法、经济法、行政法、劳动法与社会保障法、自然资源与环境保护法、刑法、诉讼法。其中,民法是调整作为平等主体的公民之间、法人之间、公民和法人之间的财产关系和人身关系的法律,主要由《中华人民共和国民法通则》和单行民事法律组成。

2Z201012 法的形式和效力层级

一、本节知识速记

1. 法的形式

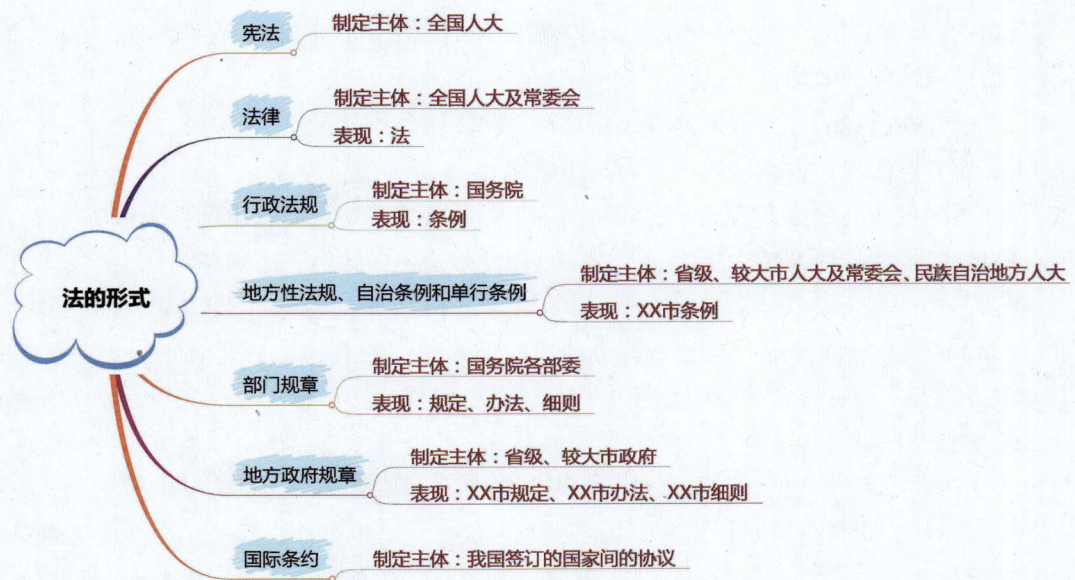

2. 法的效力层级

法的效力层级	内　　容		
宪法至上	宪法是具有最高法律效力的根本大法，具有最高的法律效力		
上位法优于下位法	宪法──→法律──→行政法规 ──→部门规章 　　　　　　　　　　　　　　　 ──→地方法规──→地方规章		
特别法优于一般法	同一机关制定	特别规定与一般规定不一致的，适用特别规定	
新法优于旧法	同一机关制定	新的规定与旧的规定不一致的，适用新的规定	
需要由有关机关裁决适用的特殊情况	同一机关制定	新的一般与旧的特别冲突	不按新的也不按特别的，谁制定谁裁决 国务院认为应适用地方法规，国务院裁决
	不同机关制定	地方法规与部门规章冲突	国务院认为应当适用部门规章，提请全国人大常委会裁决
		A部门规章与B部门规章冲突	国务院裁决

3. 备案和审查

行政法规、地方性法规、自治条例和单行条例、规章，在公布后30日内报有关机关备案，宪法和法律不需要备案。

▶ 二、本节真题与解析

1.【2012年多】关于规范性文件效力比较及处理的说法中，正确的有(　　)。

　　A. 行政法规的效力低于法律
　　B. 地方性法规的效力低于地方政府规章
　　C. 地方性法规在本辖区内的效力高于法律
　　D. 部门规章与地方政府规章之间对同一事项的规定不一致时，由国务院裁决
　　E. 部门规章与地方性法规之间对同一事项的规定不一致时，由国务院裁决

【答案】AD

【解析】该题的考点是规范性文件效力的比较及处理。在我国法的形式中，宪法的法律地位和效力是最高的；法律的效力低于宪法，但高于其他的法；行政法规的效力低于宪法和法律；地方性法规具有地方性，只在本辖区内有效，其效力低于法律和行政法规；部门规章的效力低于法律、行政法规。当地方性法规与部门规章之间对同一事项的规定不一致，不能确定如何适用时，由国务院提出意见，国务院认为应当适用地方性法规的，应当决定在该地方适用地方性法规的规定；认为应当适用部门规章的，应当提请全国人民代表大会常务委员会裁决。当部门规章之间、部门规章与地方政府规章之间对同一事项的规定不一致时，由国务院裁决。

2.【2012年多】下列国家机关中，有权制定地方性法规的有(　　)。

　　A. 省、自治区、直辖市的人民代表大会及其常委会
　　B. 省、自治区、直辖市的人民政府
　　C. 省级人民政府所在地的市级人民代表大会及其常委会
　　D. 省级人民政府所在地的市级人民政府
　　E. 国务院各部委

【答案】AC

【解析】省、自治区、直辖市的人民代表大会及其常委会根据本行政区域的具体情况和实际需要，在不与宪法、法律、行政法规相抵触的前提下，可以制定地方性法规。较大的市的人民代表大会及其常务委员会根据本市的具体情况和实际需要，在不与宪法、法律、行政法规和本省、自治区的地方性法规相抵触的前提下，可以制定地方性法规，报省、自治区的人民代表大会常务委员会批准后施行。较大的市是指省、自治区的人民政府所在地的市、经济特区所在地的市和经国务院批准的较大的市。

3. 【2011年单】行政法规的制定主体是( )。

　　A. 全国人民代表大会

　　B. 全国人民代表大会常务委员会

　　C. 国务院

　　D. 最高人民法院

【答案】C

【解析】行政法规是最高国家行政机关即国务院制定的规范性文件。

2Z201020　建设工程法人制度

2Z201021　法人的法定条件及其在建设工程中的地位和作用

一、本节知识速记

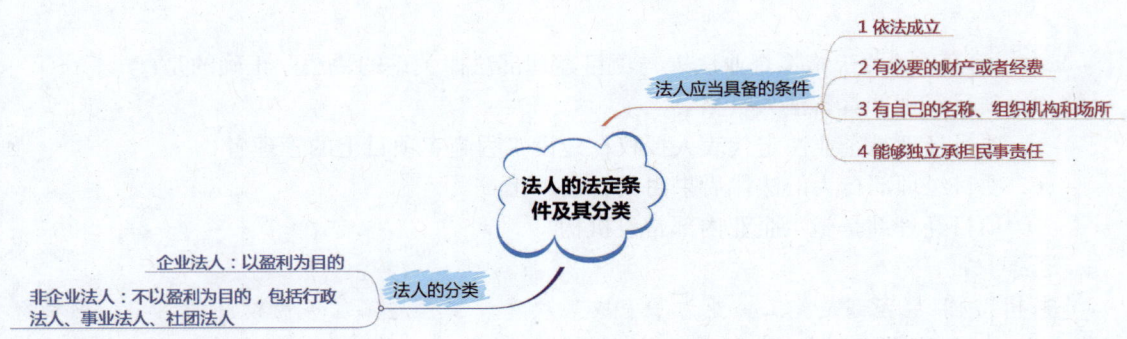

二、本节真题与解析

【2011年多】法人应当具备的条件有( )。

　　A. 依法成立

　　B. 有自己的场所

　　C. 有必要的财产或者经费

　　D. 有自己的名称、组织机构

　　E. 能够独立承担无限民事责任

【答案】ABCD

【解析】法人应具备的条件：(1)依法成立；(2)有必要的财产或者经费；(3)有自己的名称、组织机构和场所；(4)能够独立承担民事责任。

2Z201022　企业法人与项目经理部的法律关系

> 一、本节知识速记

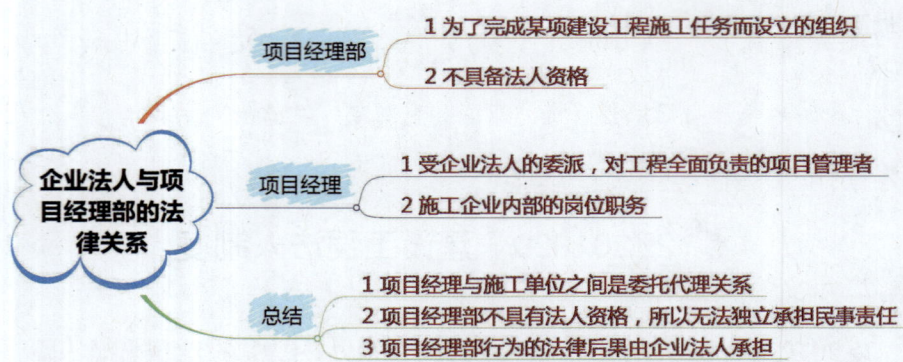

> 二、本节真题与解析

1.【2014年单】关于施工企业法人与项目经理部法律关系的说法，正确的是(　　)。
   A. 项目经理部具备法人资格
   B. 项目经理是企业法定代表人授权在建设工程施工项目上的管理者
   C. 项目经理部行为的法律后果由其自己承担
   D. 项目经理部是施工企业内部常设机构
【答案】B
【解析】项目经理部是施工企业为了完成某项建设工程施工任务而设立的组织。项目经理部是由一个项目经理与技术、生产、材料、成本等管理人员组成的项目管理班子，是一次性的具有弹性的现场生产组织机构。项目经理部不具备法人资格，而是施工企业根据建设工程施工项目而组建的非常设的下属机构。项目经理根据企业法人的授权，组织和领导本项目经理部的全面工作。

2.【2013年多】民事法律关系的主体包括(　　)。
   A. 法人
   B. 财物
   C. 权利义务
   D. 行为
   E. 自然人
【答案】AE
【解析】民事法律关系的主体，是指民事法律关系中享受权利、承担义务的当事人和参与者，包括自然人、法人和其他组织。

2Z201030　建设工程代理制度

2Z201031　代理的法律特征和主要种类

一、本节知识速记

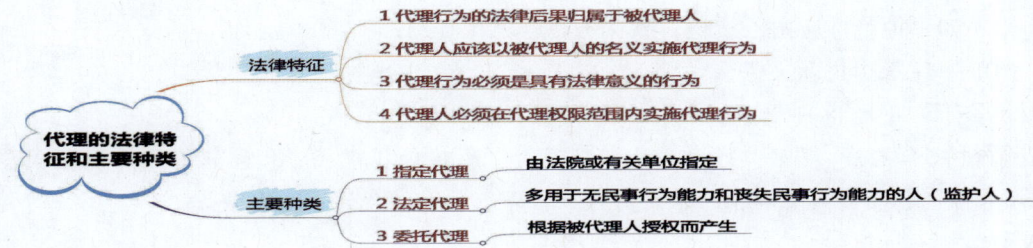

二、本节真题与解析

【2012年多】根据代理权获得的方式不同，代理可分为(　　)。
A. 指定代理　　B. 隐名代理　　C. 委托代理　　D. 居间代理　　E. 法定代理
【答案】ACE
【解析】代理分三种：委托代理、法定代理、指定代理。

2Z201032　建设工程代理行为及其法律关系

一、本节知识速记

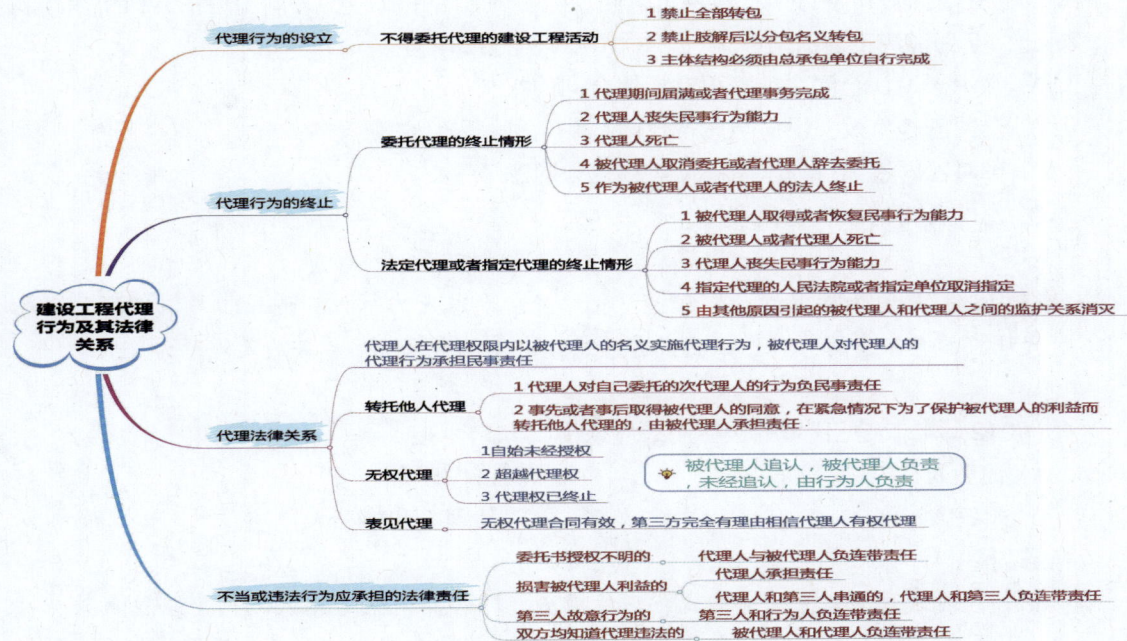

二、本节历年真题与解析

1.【2014年单】单位甲委托自然人乙采购特种水泥，乙持授权委托书向供应商丙采购，丙向乙说明无法供货，乙表示愿意购买普通水泥代替，向丙出示加盖公章的空白合同。经查，丙不知乙授权不足的情况，关于甲、乙行为的说法，正确的是（　　）。

　　A. 乙的行为属于法定代理
　　B. 甲有权拒绝接受这批普通水泥
　　C. 如甲拒绝，应由乙承担付款义务
　　D. 甲应承担付款义务

【答案】D

【解析】《合同法》规定：行为人没有代理权、超越代理权或者代理权终止后以被代理人名义订立合同，相对人有理由相信行为人有代理权的，该代理行为有效。

2.【2013年单】下列情形中，构成委托代理终止的是（　　）。

　　A. 代理人辞去委托
　　B. 被代理人取得民事行为能力
　　C. 被代理人死亡
　　D. 被代理人与代理人之间的监护关系消灭

【答案】A

【解析】：A是委托代理终止的情形；BCD是法定代理、指定代理终止的情形。

3.【2013年单】甲公司总承包了某建设工程施工任务，其将装饰工程分包给了乙公司，乙以甲的名义与丙公司签订了材料供货合同。随后丙催告甲在一个月内予追认，而甲未作表示。对此，下列说法正确的是（　　）。

　　A. 在甲未追认合同之前，丙有撤销合同的权利
　　B. 合同已经生效，甲应当履行合同
　　C. 甲对乙丙签约行为未明确反对，视为同意
　　D. 乙的行为构成表见代理

【答案】D

【解析】表见代理是指行为人虽无代理权，但由于本人的行为，造成了足以使第三人相信其有代理权的表象，而与善意第三人进行的，由本人承担法律后果的代理行为。

4.【2012年单】表见代理的法律后果应该由（　　）承担。

　　A. 代理人　　　　　　　　B. 被代理人
　　C. 第三人　　　　　　　　D. 代理人和第三人

【答案】B

【解析】表见代理对本人产生有权代理的效力，即在相对人与本人之间产生民事法律关系。本人受表见代理人与相对人之间实施的法律行为的约束，享有该行为设定的权利和履行

该行为约定的义务。本人不能以无权代理为抗辩。本人在承担表见代理行为所产生的责任后,可以向无权代理人追偿因代理行为而遭受的损失。

5.【2012年单】甲施工企业委托乙为其购买标号为32.5MPa的水泥,乙没有买到该标号的水泥,但是根据自己的判断购买了标号为42.5MPa的水泥。关于这一行为后果的说法,正确的是(   )。

　　A. 甲应当买下水泥
　　B. 甲有权拒绝收下水泥,并索回预付给乙的水泥款项
　　C. 甲与乙共同拥有水泥的所有权
　　D. 甲与乙共同分摊购买水泥的费用

【答案】B

【解析】该题的考点是无权代理的责任承担。行为人没有代理权、超越代理权或者代理权终止后的行为,只有经过被代理人的追认,被代理人才承担民事责任。未经追认的行为,由行为人承担民事责任。

 2Z201040　建设工程物权制度

2Z201041　物权的主要种类和与土地相关的物权

▶ 一、本节知识速记

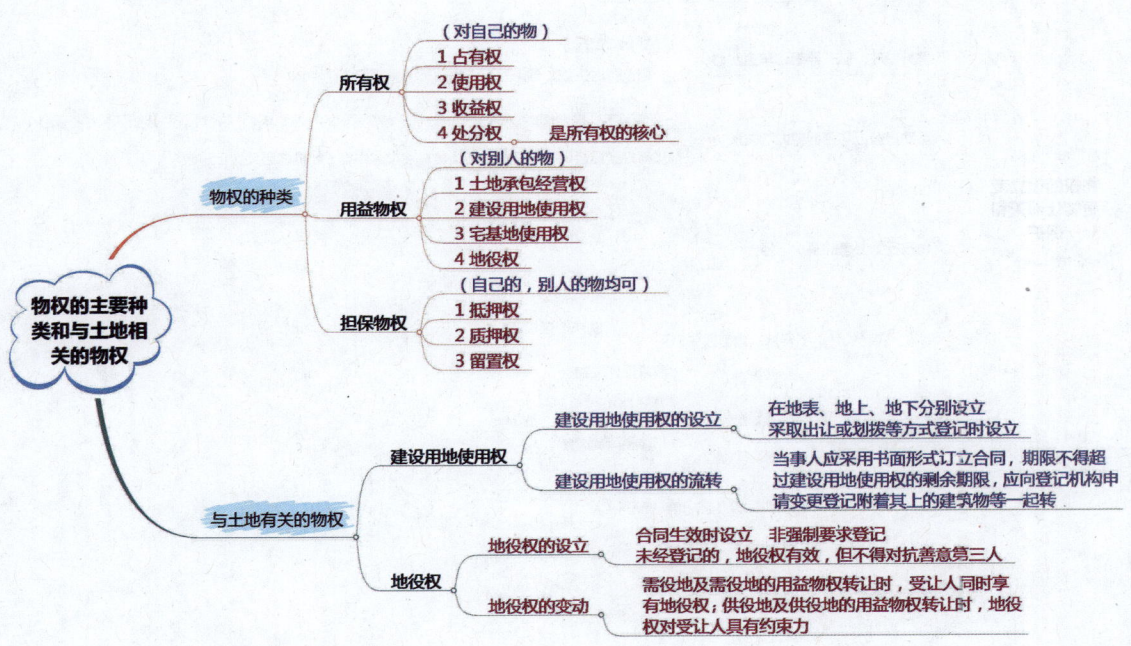

二、本节历年真题与解析

1.【2014年单】根据《物权法》，土地承包经营权属于(   )。
   A. 所有权   B. 用益物权   C. 担保物权   D. 准物权

【答案】B

【解析】用益物权是权利人对他人所有的不动产或者动产，依法享有占有、使用和收益的权利。用益物权包括土地承包经营权、建设用地使用权、宅基地使用权和地役权。

2.【2011年单】下列行为中，不必将建筑物及其占有范围内的建设用地使用权一并处分的是(   )。
   A. 转让   B. 抵押   C. 出资入股   D. 投保火灾险

【答案】D

【解析】建设用地使用权实现抵押、转让或出资入股，应当将该土地上新增的建筑物与建设用地使用权一并处分。故选 D。

2Z201042　物权的设立、变更、转让、消灭和保护

一、本节知识速记

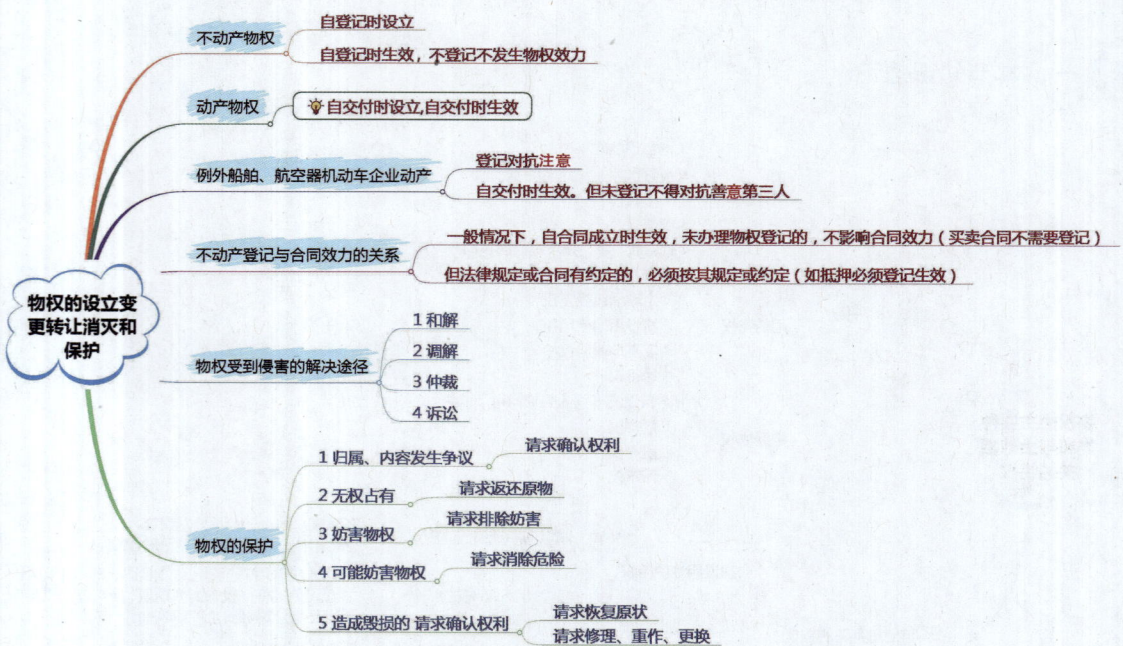

二、本节真题与解析

1.【2014年单】关于不动产物权设立的说法，正确的是(   )。
   A. 经依法登记，发生设立效力

B. 合同签字盖章，发生设立效力
C. 依法属于国家所有的自然资源，所有权必须登记
D. 未经登记，不动产交易合同无效

【答案】A

【解析】不动产物权的设立、变更、转让和消灭，应当依照法律规定登记，自记载于不动产登记簿时发生效力。经依法登记，发生效力；未经登记，不发生效力，但法律另有规定的除外。依法属于国家所有的自然资源，所有权可以不登记。

2.【2013年单】当事人之间订立转让不动产物权的合同，未办理物权登记的，除法律另有规定或者合同另有约定外（　　）

A. 合同不生效　　B. 合同无效　　C. 合同终止　　D. 不影响合同效力

【答案】D

【解析】当事人之间订立有关设立、变更、转让和消灭不动产物权的合同，除法律另有规定或者合同另有约定外，自合同成立时生效；未办理物权登记的，不影响合同效力。

3.【2013年单】未进行不动产登记而使得不动产物权的转让行为不生效，则当事人应由此承担（　　）责任。

A. 侵权　　B. 违约　　C. 不当得利　　D. 无因管理

【答案】B

【解析】本题考查的是物权的设立、变更、转让和消灭。未进行不动产登记而使得不动产物权的转让行为不生效，则当事人由此承担违约责任。

4.【2012年单】根据《物权法》，建设用地使用权自（　　）之日起设立。

A. 取得建设用地使用权证书
B. 建设用地使用权登记
C. 建设用地使用权登记信息公示
D. 建设用地使用权登记信息公示

【答案】B

【解析】不动产物权，登记设立；动产物权，交付设立。

5.【2012年单】根据用地使用权转让的，使用期限由（　　），但不得超过建设用地使用权剩余期限。

A. 法律直接规定　　B. 当事人约定
C. 出让人决定　　D. 受让人决定

【答案】B

【解析】当事人应当采取书面形式订立相应的合同。使用期限由当事人约定，但不得超过建设用地使用权的剩余期限。

2Z201050　建设工程债权制度

> 一、本节知识速记

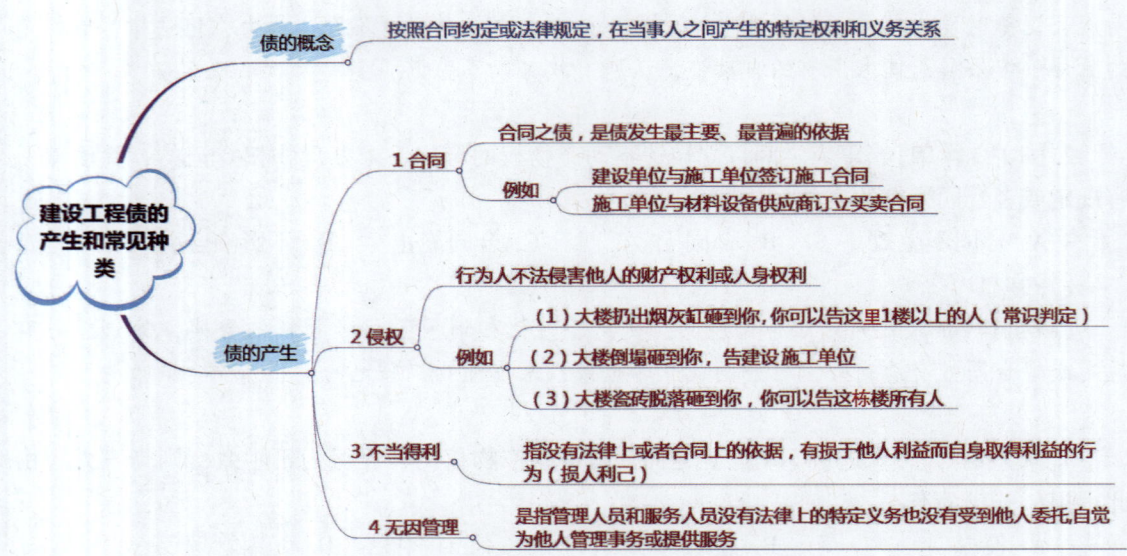

 ## 2Z201060　建设工程知识产权制度

2Z201061　知识产权的法律特征

知识产权的法律特征(无形财产权)：
(1)财产权、人身权的双重属性——如版权收益+署名权；
(2)专有性——绝对排他性；
(3)地域性——空间效力受地域限制；
(4)期限性——超过法定期限，权利自动消灭。

2Z201062　知识产权的常见种类、保护和侵权责任

> 一、本节知识速记

1. 知识产权的常见种类

知识产权的类型	著作权：包括邻接权
	工业产权：包括专利权和商标权
我国知识产权的6种类型	著作权、专利权、商标专用权、发现权、发明权、其他科技成果权

	保护对象	期限	起算点	展期
专利权	发明、实用新型、外观设计	发明 20 年 实用新型、外观设计 10 年	申请日	不予展期
商标权	注册商标	10 年	核准注册日	可以展期
著作权	作品（文字作品、建筑作品、图形作品）	自然人：作者死后 50 年； 单位：发表后 50 年	作品完成日	不予展期

授予发明和实用新型专利权的条件：(1)新颖性；(2)创造性；(3)实用性。

2. 三类作品的著作权

	著作权归属	示例
单位作品	完全归单位	招标、投标文件
职务作品	作者享有（作者所在单位有优先使用权） 特殊职务作品：作者享有署名权，著作权的其他权利由单位享有，单位可以给予作者奖励	主要利用了单位的物质技术条件，由单位承担责任的工程设计图、产品设计图、地图、计算机软件等
委托作品	通过合同约定，无约定的属受托人	勘察设计文件

3. 知识产权侵权赔偿的确定

第一步：按照权利人因被侵权所受到的实际损失确定；
第二步：实际损失难以计算的，按照侵权人的非法获利确定；
第三步：权利人损失或者侵权人所获得利益难以确定的，按该知识产权许可使用费的倍数确定；
第四步：以上方法均不能确定的，法院酌情判决（适用本情形的：著作权和商标权 50 万元以下，专利权案件 100 万元以下）。
赔偿数额还应当包括权利人为制止侵权的合理开支。

二、本节真题与解析

1.【2014 年单】工程建设中使用的计算机软件是(　　)保护的客体，受知识产权保护。
　　A. 专利权　　　B. 商标权　　　C. 著作权　　　D. 发明权
【答案】C
【解析】在建设工程中常见的知识产权主要是专利权、商标权、著作权、发明权和其他科技成果。计算机软件也是工程建设中经常使用的，计算机软件属于著作权保护的客体。

2.【2012 年多】下列作品中，属于著作权保护对象的有(　　)

A. 建筑作品　　　　B. 工程设计图　　　C. 注册商标　　D. 外观设计专利
E. 立体作品

【答案】ABE

【解析】著作权保护的对象是作品。

 ## 2Z201070　建设工程担保制度

2Z201071　担保与担保合同的规定

> 一、本节知识速记

担保合同是主合同的从合同，主合同无效，担保合同无效。

2Z201072　建设工程保证担保的方式和责任

> 一、本节知识速记

1. 担保的方式

担保的方式包括：保证、抵押、质押、留置、定金，其中保证是最为常用的一种担保方式。

2. 保证的基本法律规定

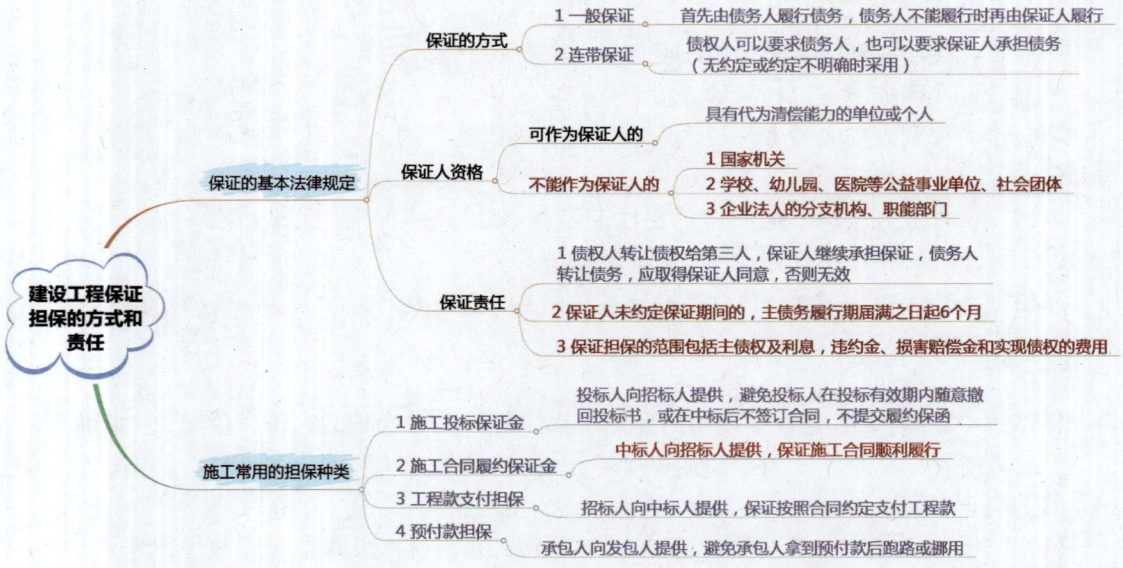

二、本节真题与解析

【2012 年单】一般保证的保证人与债权人未约定保证期间的，保证期间为三债务履行期届满之日起（　）。

A. 3 个月　　　　B. 6 个月　　　　C. 1 年　　　　D. 2 年

【答案】 B

【解析】 一般保证的保证人未约定保证期间的，保证期间为主债务履行期届满之日起 6 个月。

2Z201073　抵押权、质押权、留置权和定金的规定

一、本节知识速记

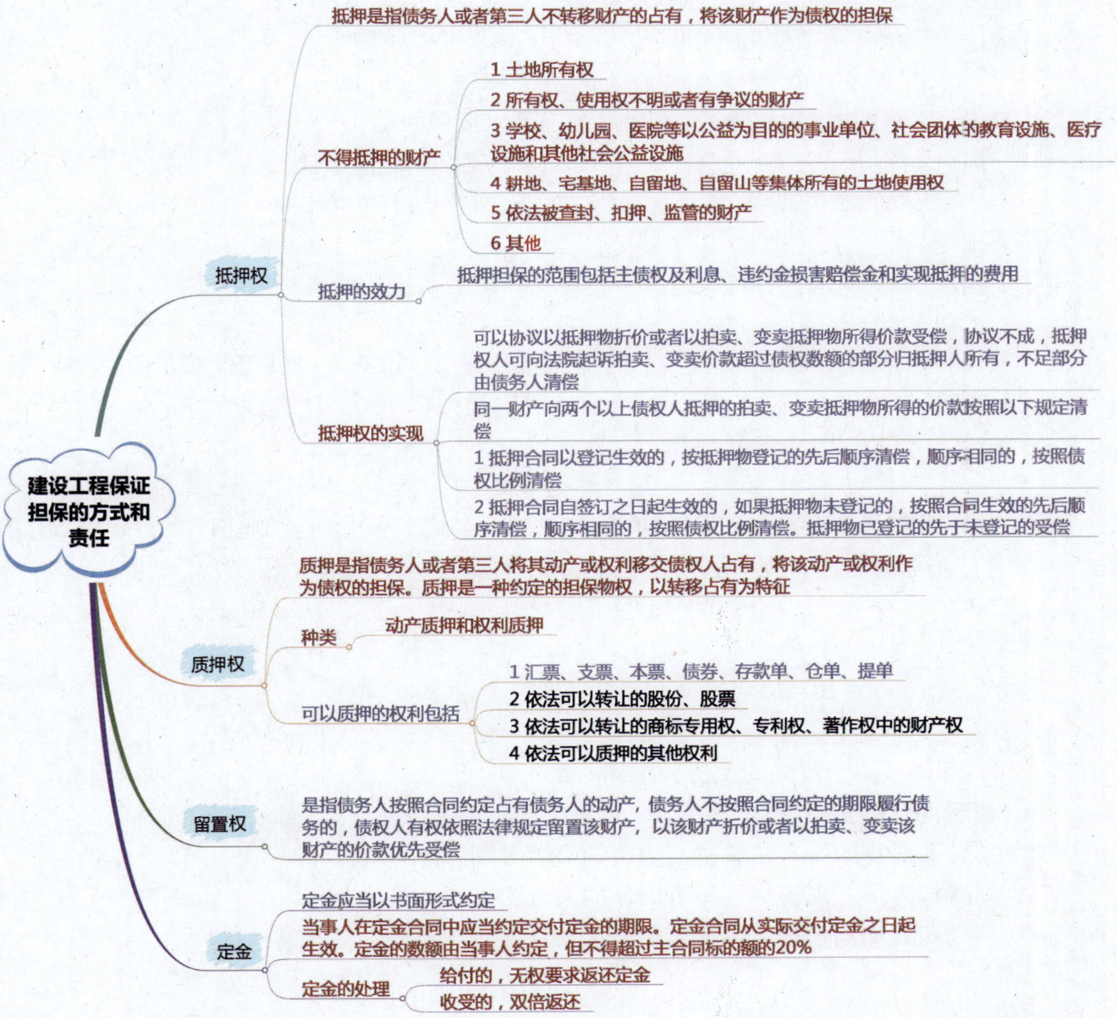

建设工程保证担保的方式和责任

- **抵押权**
  - 抵押是指债务人或者第三人不转移财产的占有，将该财产作为债权的担保
  - 不得抵押的财产
    - 1 土地所有权
    - 2 所有权、使用权不明或者有争议的财产
    - 3 学校、幼儿园、医院等以公益为目的的事业单位、社会团体的教育设施、医疗设施和其他社会公益设施
    - 4 耕地、宅基地、自留地、自留山等集体所有的土地使用权
    - 5 依法被查封、扣押、监管的财产
    - 6 其他
  - 抵押的效力：抵押担保的范围包括主债权及利息、违约金损害赔偿金和实现抵押的费用
  - 抵押权的实现
    - 可以协议以抵押物折价或者以拍卖、变卖抵押物所得价款受偿，协议不成，抵押权人可向法院起诉拍卖、变卖价款超过债权数额的部分归抵押人所有，不足部分由债务人清偿
    - 同一财产向两个以上债权人抵押的拍卖、变卖抵押物所得的价款按照以下规定清偿
      - 1 抵押合同以登记生效的，按抵押物登记的先后顺序清偿，顺序相同的，按照债权比例清偿
      - 2 抵押合同自签订之日起生效的，如果抵押物未登记的，按照合同生效的先后顺序清偿，顺序相同的，按债权比例清偿。抵押物已登记的先于未登记的受偿

- **质押权**
  - 质押是指债务人或者第三人将其动产或权利移交债权人占有，将该动产或权利作为债权的担保。质押是一种约定的担保物权，以转移占有为特征
  - 种类：动产质押和权利质押
  - 可以质押的权利包括
    - 1 汇票、支票、本票、债券、存款单、仓单、提单
    - 2 依法可以转让的股份、股票
    - 3 依法可以转让的商标专用权、专利权、著作权中的财产权
    - 4 依法可以质押的其他权利

- **留置权**：是指债务人按照合同约定占有债务人的动产，债务人不按照合同约定的期限履行债务的，债权人有权依照法律规定留置该财产，以该财产折价或者以拍卖、变卖该财产的价款优先受偿

- **定金**
  - 定金应当以书面形式约定
  - 当事人在定金合同中应当约定交付定金的期限。定金合同从实际交付定金之日起生效。定金的数额由当事人约定，但不得超过主合同标的额的 20%
  - 定金的处理
    - 给付的，无权要求返还定金
    - 收受的，双倍返还

157

二、本节历年真题与解析

1. 【2014年单】根据《担保法》，下列财产不可以抵押的是（　　）。
   A. 厂房　　　　　　　　　　B. 可转让的专利权
   C. 生产原材料　　　　　　　D. 公立幼儿园的教育设施

【答案】D

【解析】下列财产不得抵押：
(1) 土地所有权；
(2) 耕地、宅基地、自留地、自留山等集体所有的土地使用权；
(3) 学校、幼儿园、医院等以公益为目的的事业单位、社会团体的教育设施、医疗卫生设施和其他社会公益设施；
(4) 所有权、使用权不明或者有争议的财产；
(5) 依法被查封、扣押、监管的财产；
(6) 依法不得抵押的其他财产。

2. 【2014年单】根据《物权法》，下列财产不可以抵押的是（　　）
   A. 生产设备　　　　　　　　B. 建设用地使用权
   C. 正在建设的建筑物　　　　D. 集体所有的宅基地

【答案】D

【解析】耕地、宅基地、自留地、自留山等集体所有的土地使用权不能抵押。

3. 【2014年单】在下列担保方式中，只能同债务人而非第三人提供担保的是（　　）。
   A. 抵押　　　B. 保证　　　C. 质押　　　D. 留置

【答案】D

4. 【2013年单】预制件定件合同总价款100万元，施工企业向预制件厂支付定金50万元，预制件厂不履行合同，则应当共计返还（　　）万元。
   A. 50　　　B. 100　　　C. 70　　　D. 150

【答案】C

【解析】应该是50+20=70万元

5. 【2012年单】关于留置的说法，正确的是（　　）。
   A. 留置的标的是不动产
   B. 不转移对物的占有是留置与质押的显著区别
   C. 留置权人负有妥善保管留置财产的义务
   D. 置物留置期间债权人不能与债务人协议处理留置物

【答案】C

【解析】留置是指债权人按照合同约定占有债务人的动产，债务人不按照合同约定的期限履行债务的，债权人有权依照法律规定留置该财产，以该财产折价或者以拍卖、变卖该财产的价款优先受偿，留置权人负有妥善保管留置物的义务。因保管不善致使留置物灭失或者毁损的，留置权人应当承担民事责任。

6.【2012年单】下列财产中，不能作为抵押财产的是(   )。
   A. 正在建造的船舶   B. 在建工程项目
   C. 城市土地使用权   D. 被法院扣押的车辆
【答案】D
【解析】依法被查封、扣押、监管的财产不能抵押。

7.【2012年单】同一动产上已设立抵押权或者质权，该动产又被留置，(   )优先受偿。
   A. 抵押权人   B. 质权人   C. 留置权人   D. 已登记的担保物权人
【答案】C
【解析】留置权人的优先受偿权。

8.【2011年单】根据《物权法》，下列不适合作为质押财产的是(   )。
   A. 汇票   B. 仓单   C. 建设用地   D. 应收账款
【答案】C
【解析】质押是指债务人或者第三人将其动产或权利移交债权人占有，将该动产作为债权的担保。题中建设用地属于不动产，故选C。

9.【2011年单】定金合同以(   )之时生效。
   A. 双方当事人签字   B. 合同备案   C. 定金实际交付   D. 主合同成立
【答案】C
【解析】《担保法》第九十条规定：当事人在定金合同中应当约定交付定金的期限。定金合同从实际交付定金之日起生效。故选C。

10.【2011年多】下列抵押财产中，抵押权自登记时设立的有(   )。
   A. 建筑物   B. 建设用地使用权
   C. 生产设备、原材料   D. 在建工程
   E. 在建的船舶
【答案】ABD
【解析】当事人以下列财产抵押的，应当办理抵押登记，抵押权自登记时设立：(1)建筑物和其他土地附着物；(2)建设用地使用权；(3)以招标、拍卖、公开协商等方式取得的荒地等土地承包经营权；(4)正在建造的建筑物。

11.【2011年单】关于担保的说法，正确的是(   )。
   A. 质押不转移对质押财产的占有
   B. 建筑物占用范围内的建设用地使用权可以单独作为抵押的对象
   C. 企业法人的分支机构、职能部门可以为担保人
   D. 以汇票作为抵押财产的，自凭证交付之日起生效
【答案】D

【解析】抵押与质押最大的区别就是抵押不转移抵押物,而质押必须转移占有质押物。A错误。《担保法》第三十六条规定:以出让方式取得的国有土地使用权抵押的,应当将抵押时该国有土地上的房屋同时抵押。B错误。由于企业法人的分支机构和职能部门没有独立的财产,也不能独立承担民事法律责任,所以不能擅自以自己的名义为他人的债务作保证。C错误。以汇票作为抵押财产的,自凭证交付之日起生效。故选D。

2Z201080 建设工程保险制度

2Z201082 建筑工程保险的主要种类和投保权益

一、本节知识速记

	建筑工程一切险	安装工程一切险
投保人	(1)发包人(建设单位) (2)发包人委托承包人投保的,保险费由发包人承担	
被保险人	(1)业主或工程所有人 (2)承包商或分包商 (3)技术顾问	
保险责任	(1)自然事件 (2)意外事故	
除外责任	(1)设计错误引起的损失 (2)自然磨损 (3)因原材料缺陷或工艺不善引起的损失 (4)非外力引起的机械或电气装置本身损失 (5)维修保养或正常检修费用 (6)文字资料及包装物料 (7)盘亏 (8)领有公共运输执照或已保险的运输设备损失 (9)工地内及周围已有的财产 (10)期限终止前已竣工验收或实际占用的部分	与建设工程一切险不同的地方: (1)因设计错误,铸造或原材料缺陷或工艺不善引起的保险财产本身的损失以及处理费用 (2)由于超负荷、超电压、短路、大气放电、漏电及其他电气原因造成电气设备的本身损失 (3)施工机具、设备、装置失灵造成本身的损失
第三者责任险	意外事故,第三者(不是工程建设有关人员)人身伤亡、财产损失	
赔偿金额	不得超过保险单明细表中列明的累计赔偿限额	
保险期限	起时: (1)保险工程动工 (2)用于保险工程的材料、设备运抵工地之时 止时: (1)工程签发完验收证书或验收合格 (2)工程所有人实际占有或使用或接收之时	起始和终止不得超过保险单明细列明的保险生效日或终止日	(1)试车考核期一般不超过3个月 (2)对旧机器设备不负考核期保险责任,也不承担其维修期的保险责任

工伤保险：**必须买**（法定）

意外伤害保险：**鼓励买**（施工单位买）

▶ 二、本节历年真题与解析

1.【2012年单】根据《建设工程安全生产管理条例》，施工企业为施工现场从事危险作业的人员办理意外伤害保险，意外伤害保险期限（ ）。

　　A. 与合同计划工期一致
　　B. 自施工企业进场之日起至竣工验收合格之日止
　　C. 自施工企业进场之日起至施工企业退场之日止
　　D. 自建设工程开工之日起至竣工验收合格之日止

【答案】D

【解析】该题的考点是意外伤害保险的期限。根据《建设工程安全生产管理条例》的规定，施工单位应当为施工现场从事危险作业的人员办理意外伤害保险。意外伤害保险期限自建设工程开工之日起至竣工验收合格止。

2.【2012年单】根据全国人大常委会关于修改《中华人民共和国建筑法》的决定，为保证施工企业的职工在发生工伤时及时得到医治，建筑施工企业应当（ ）。

　　A. 在投标时为职工办理意外伤害保险
　　B. 为职工参加工伤保险缴纳工伤保险费
　　C. 在中标后为职工办理意外伤害保险
　　D. 为从事危险作业的职工办理意外伤害保险

【答案】B

【解析】建筑法修改为：建筑施工企业应当依法参加工伤保险并缴纳工伤保险费用。鼓励施工企业为现场危险作业人员办理意外伤害险。

险种	性质	是否强制	范围
工伤保险	社会保险	强制（"应当依法"）	单位所有从业人员
意外伤害险	商业保险	非强制（"鼓励"）	施工现场从事危险作业人员

3.【2011年多】根据《建设工程安全生产管理条例》，关于意外伤害保险的说法，正确的有（ ）

　　A. 意外伤害保险为非强制保险　　B. 被保险人为从事危险作业人员
　　C. 受益人可以不是被保险人　　　D. 保险费由分包单位支付
　　E. 保险期限由施工企业根据实际自行确定

【答案】ABC

【解析】《建设工程安全生产管理条例》第38条规定：施工单位应当为施工现场从事危险作业的人员办理意外伤害保险。意外伤害保险期限自建设工程开工之日起至工程竣工验收合格止。注意意外伤害险的生效时间是开工日而不是进场日。但要注意，根据建筑法的最新修改：建筑施工企业应当依法参加工伤保险并缴纳保险费；鼓励建筑施企业为现场从事危险作业人员办理意外伤害险。A 应选。

2Z201090　建设工程法律责任制度

2Z201091　法律责任的基本种类和特征

一、本节知识速记

法律责任的特征(四大特征)：
(1)因违反法律上的义务(包括违约)而形成(法律义务是前提)；
(2)承担不利的后果(不利后果)；
(3)法律责任的认定和追究，由国家专门机关依照法定程序进行(法定机构与程序)；
(4)法律责任的实现由国家强制力作保障(强制保障)。

2Z201092　建设工程民事责任的种类及承担方式

一、本节知识速记

(1)违约责任：指合同当事人违反法律规定或合同约定的义务而应承担的责任。
(2)侵权责任：是指行为人因为过错侵害他人财产、人身而依法应当承担的责任，以及虽没有过错，但在造成损害以后，依法应当承担的责任。
(3)建设工程民事责任的主要承担方式：返还财产(一是参照无效合同中的约定价款；二是按当地市场价、定额定量据实结)、修理、赔偿损失、支付违约金。

二、本节真题与解析

1.【2012 年多】下列责任形式中，属于违约责任承担方式的有(　　)。
　A. 冻结财产　　　B. 继续履行　　　C. 赔偿损失　　D. 定金罚则
　E. 支付违约金
【答案】BC
【解析】该题的考点是违约责任的承担方式。违约责任的承担方式主要有三种，即继续履行、采取补救措施和赔偿损失。但支付违约金和定金罚则也是承担违约责任的形式，所以应选 BCDE。

2.【2011 年单】下列法律责任中，属于民事责任承担方式的是(　　)。
　A. 警告　　　　　B. 罚款　　　　C. 支付违约金　　D. 没收财产
【答案】C
【解析】承担民事责任的方式主要有：(1)停止侵害；(2)排除妨碍；(3)消除危险；(4)返还财产；(5)恢复原状；(6)修理、重作、更换；(7)赔偿损失；(8)支付违约金；(9)消除影响、恢复名誉；(10)赔礼道歉。

2Z201093　建设工程行政责任的种类及承担方式

一、本节知识速记

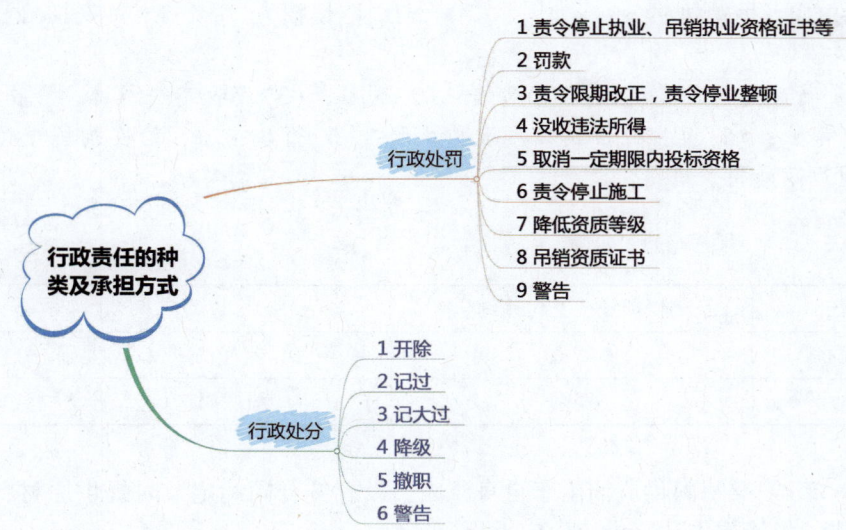

2Z201094　建设工程刑事责任的种类及承担方式

一、本节知识速记

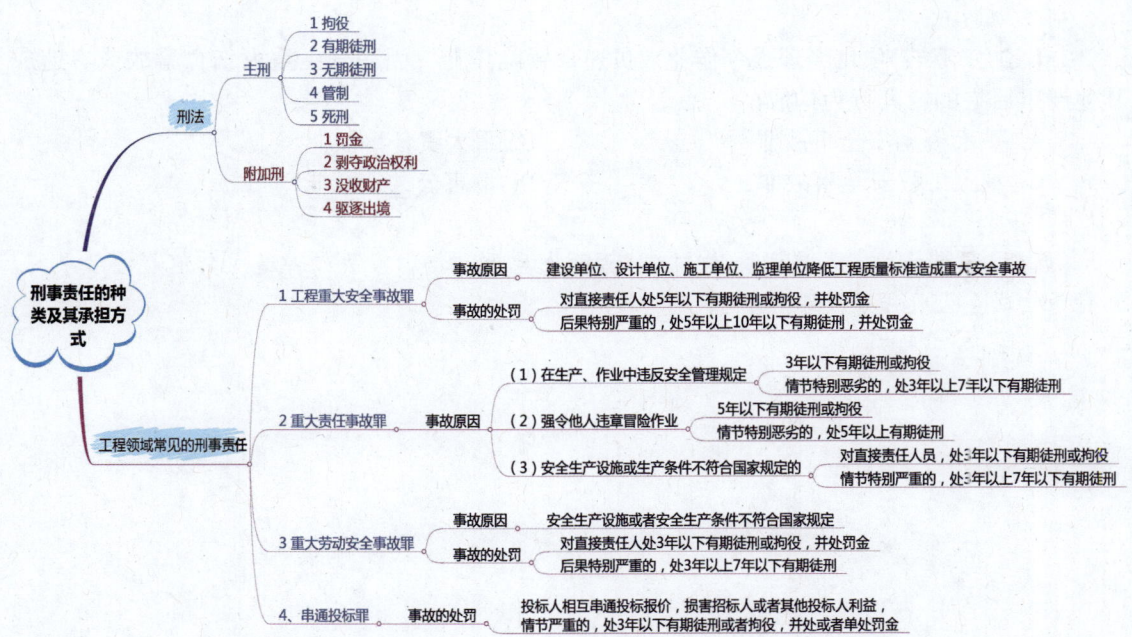

二、本节真题与解析

1.【2013年多】 下列责任中，属于行政处罚的有（   ）。
　　A. 责令停产停业　　　　　　　　B. 罚金
　　C. 暂扣或者吊销执照　　　　　　D. 赔偿损失　　E. 治安拘留
【答案】AC
【解析】：行政处罚种类包括：(1)警告；(2)罚款；(3)没收违法所得、没收非法财物；(4)责令停产停业；(5)暂扣或吊销许可证和执照；(6)行政拘留，治安拘留是行政处罚之一；(7)其他行政处罚。
注意区分：

民事责任	赔偿损失、支付违约金	
行政处罚	罚款	没收违法所得、没收非法财物
刑罚	罚金	没收财产（包括合法财产）

2.【2014年单】 某材料供应商由于自身原因，没有按合同约定及时提供原材料，给工程建设项目造成了经济损失，该供应商应承担（   ）。
　　A. 行政处分　　　B. 违约责任　　　C. 行政处罚　　　D. 交纳罚金
【答案】B
【解析】民事责任可以分为违约责任和侵权责任两类。违约责任是指合同当事人违反法律规定或合同约定的义务而应承担的责任。

3.【2012年单】 项目经理强令作业人员违章冒险作业，因而发生重大伤亡事故或者造成其他严重后果的，其行为构成（   ）。
　　A. 重大劳动安全事故罪　　　　　　B. 重大责任事故罪
　　C. 重大工程安全事故罪　　　　　　D. 危害公共安全罪
【答案】B
【解析】强令作业人员违章冒险作业，因而发生重大伤亡事故或者造成其他严重后果的，其行为构成重大责任事故罪。

第二部分 建设工程法规及相关知识

 施工许可法律制度

 本章知识框架

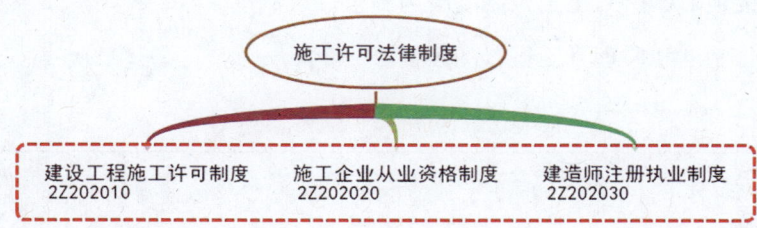

2Z202010 建设工程施工许可制度

2Z202011 施工许可证和开工报告的适用范围

> 一、本节知识速记

我国目前对建设工程开工条件的审批，存在着颁布"施工许可证"和批准"开工报告"两种形式。

1. 需要办理施工许可证的建设工程

办理时间	申请施工许可证的主体	施工许可证的颁发部门
开工前	建设单位	县级以上建设行政主管部门

2. 不需要办理施工许可证的建设工程

	范围	备注
不需要办理施工许可证的建设工程	(1)限额以下的小型工程	工程投资额在30万元以下 建筑面积在300平方米以下
	(2)抢险救灾工程(灾后重建不算)	
	(3)临时性建筑、农民自建低层住宅	军用房屋建设工程是否实行施工许可，由国务院、中央军委另行规定
	(4)军用房屋建筑	
	(5)按照国务院规定的权限和程序批准开工报告的建筑工程	办理开工报告的建设工程，不再领取施工许可证

165

3. 实行开工报告制度的建设工程

(1) 开工报审查的主要内容。

包括
1. 资金到位情况
2. 投资项目市场预测
3. 设计图纸是否满足施工要求
4. 现场条件是否具备"三通一平"等的要求

(2) 公路建设项目已由开工报告制度改为施工许可制度。

(3) 开工报告制度和监理开工报告的区别。

区分	开工报告	监理开工报告
性质	行政许可制度（政府-建设）	施工单位开工准备工作认可（监理-施工）
主体	建设单位向行政部门申请（建设-政府）	施工单位向监理方提出（施工-监理）
内容	建设单位应具备的开工条件	施工单位应具备的开工条件

二、本节真题与解析

【2014年单】根据《建筑法》，开工报告制度是指（　　）。

A. 建设单位对施工企业开工条件的确认
B. 政府主管部门的一种行政审批制度
C. 监理单位对施工企业开工准备工作的确认
D. 政府主管部门对施工企业开工条件的确认

【答案】B

【解析】开工报告制度是我国沿用已久的一种建设项目开发管理制度。由建设单位向行政部门申请，建设单位应具备的开工条件。

2Z202012　申请主体和法定批准条件

一、本节知识速记

	法定批准条件	备注
施工许可证的法定批准条件	(1) 已经办理该建筑工程用地批准手续	取得了土地使用权证
	(2) 在城市规划区的建筑工程，已经取得规划许可证	包括建设用地规划许可证和建设工程规划许可证
	(3) 需要拆迁的，其拆迁进度符合施工要求	
	(4) 已经确定施工企业	
	(5) 有满足施工需要的施工图纸及技术资料	施工图设计文件已经按规定进行了审查
	(6) 有保证工程质量和安全的具体措施	按照规定应该委托监理的工程已委托监理
	(7) 建设资金已经落实（非到位）	建设工期不足一年的，落实工程合同价的 50%，超过一年的为 30%
	(8) 法律、行政法规规定的其他条件	包括必须监理的工程和需要公安机关审核的消防设计 【建设工程质量管理条例规定】建设单位申请领取施工许可证，只有 5 类强制监理的工程需要委托监理。 【消防法规定】只有两类（大型人员密集场所+其他特殊）工程，领取施工许可证前需要先通过公安消防机构审查。

二、本节真题与解析

1.【2013 年单】建设单位在申请领取（　　）时，应当提供建设工程有关安全施工措施的资料。
　　A. 建设用地规划许可证　　　　　B. 建设工程规划许可证
　　C. 房屋销售许可证　　　　　　　D. 建设工程施工许可证
【答案】D
【解析】申请领取施工许可证时，提供建设工程有关安全施工措施的资料。

2.【2013 年多】建筑工程项目申请领取施工许可证应当具备的条件包括（　　）
　　A. 已经办理了用地批准手续
　　B. 施工图设计文件已按规定通过了审查
　　C. 消防设计图纸已经公安消防机构审核
　　D. 按照规定应该委托监理的工程已委托监理

167

E. 已经办理了招标投标核准手续

【答案】ABCD

【解析】本题考查的是申请施工许可证的条件。

2Z202013　延期开工、核验和重新办理批准的规定

▶ 一、本节知识速记

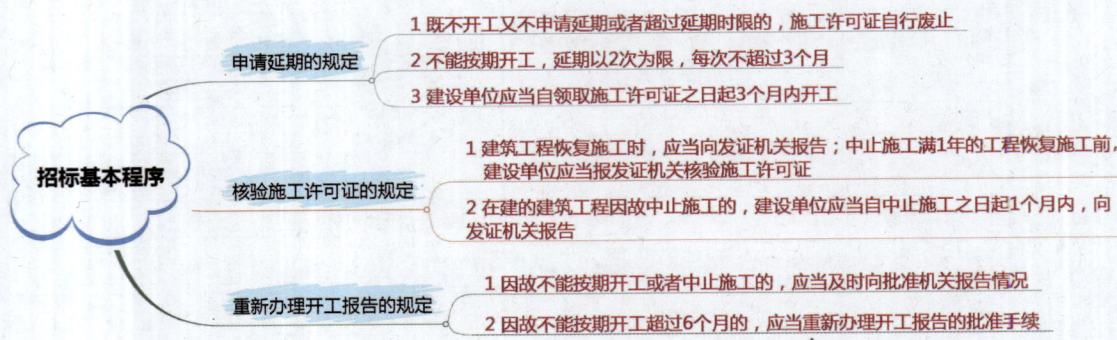

▶ 二、本节历年真题与解析

1.【2014年单】根据《建筑工程施工许可管理办法》：对于未取得施工许可证且不符合开工条件的项目责令停止施工，应对(　　)处以罚款。

　　A. 勘察单位　　　　　　　　　　B. 设计单位
　　C. 建设单位和监理单位　　　　　D. 建设单位和施工企业

【答案】D

【解析】《建筑工程施工许可管理办法》规定：对于未取得施工许可证或者为规避办理施工许可证将工程项目分解后擅自施工的，由有管辖权的发证机关责令改正，对于不符合开工条件的，责令停止施工，并对建设单位和施工单位分别处以罚款。

2.【2013年单】某建设工程因故中止施工已满一年，在恢复施工前，建设单位已领取的施工许可证应当(　　)。

　　A. 申请延期　　　　　　　　　　B. 自行废止
　　C. 报发证机关核验　　　　　　　D. 重新更换

【答案】C

【解析】中止施工满一年的工程恢复，建设单位应当报发证机关核验施工许可证。

3.【2012年单】按照国务院有关规定批准开工报告的建筑工程，因故不能按期开工超过6个月的，建设单位应当(　　)手续。

　　A. 申请办理开工延期　　　　　　B. 申请办理施工许可证注销
　　C. 重新办理开工报告的批准　　　D. 核验开工报告批准

【答案】C

【解析】该题的考点是建设工程施工许可证的管理。《建筑法》规定，按照国务院有关规

定批准开工报告的建筑工程，因故不能按期开工或者中止施工的，应当及时向批准机关报告情况。因故不能按期开工超过6个月的，应当重新办理开工报告的批准手续。

4.【2012年单】建设单位取施工许可证后，若不能按期开工，应当向发证机关申请延期，延期不超过（　　）个月。

  A. 1   B. 2   C. 3   D. 4

【答案】C

【解析】本题考查的是施工许可制度。《建筑法》第9条规定：建设单位应当自领取施工许可证之日起3个月内开工。因故不能按期开工的，应当向发证机关申请延期；延期以2次为限，每次不超过3个月。既不开工又不申请延期或者超过延期时限的，施工许可证自行废止。

2Z202020 施工企业从业资格制度

2Z202021 企业资质的法定条件和等级

> 一、本节知识速记

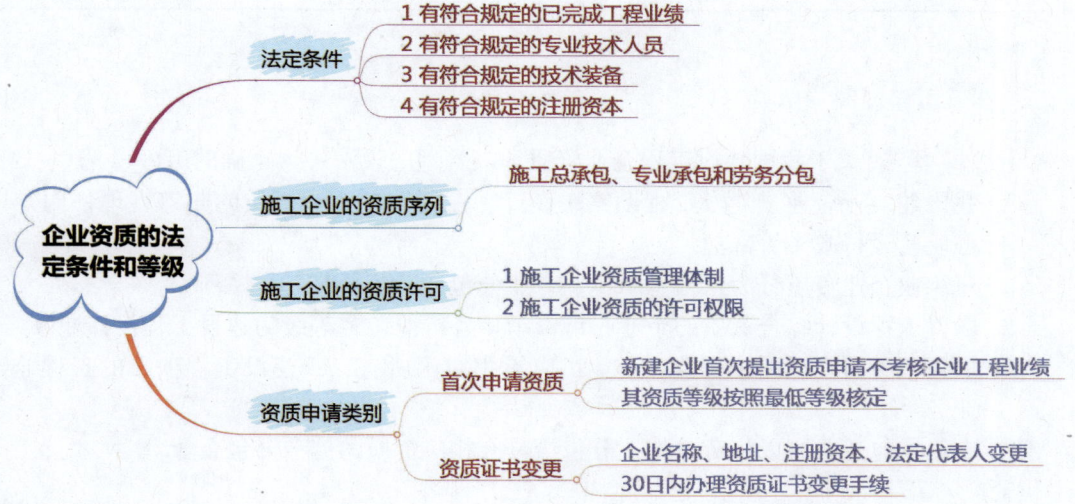

1. 资质延续

	有效期	申请续期	续期条件
安全生产许可证	5年	提前3个月	符合安全生产条件，无死亡事故的，可以不审查
资质证书	3年	提前60日	符合资质条件，无信用不良记录

169

2. 合并、分立、改制的资质办理

1. 合并	可承继合并前各方中较高的资质等级
2. 分立	根据实际达到的资质条件核定
3. 改制	1. 改制后不符合标准的，按实际达到的资质标准重新核定 2. 资质条件不发生变化的，按申请资质证书变更办理

联合体：按较低　　　**合并：按较高**　　　**分立：按实际达到**

3. 企业资质证书的撤回、撤销和注销

撤回 （并重新核定）	合法取得后，不再具备相应资质条件	撤回 （并重新核定）
撤销	原本不具备相应资质条件而非法取得	撤销
吊销	合法取得后，因违法而受到吊销处罚	吊销
注销	被撤销、被吊销、关闭后，为确保证书失效而办理注销手续	注销

二、本节历年真题与解析

1. 【2012年多】关于我国建设工程企业资质等级管理的说法中，正确的有（　　）。
   A. 我国建筑业企业、建设工程勘察、设计、工程监理企业资质的归口管理部门是国务院建设行政主管部门
   B. 建筑业企业资质分为工程总承包、专业分包、劳务分包三个序列
   C. 取得工程设计综合资质的企业，可以承接各行业、各等级的建设工程设计业务
   D. 取得事务所资质的工程监理企业可以承担我国所有三级建设工程项目的工程监理业务
   E. 专业承包企业可以将劳务作业分包给具有相应资质的劳务分包企业
   【答案】ACE
   【解析】该题的考点是建设工程企业资质等级管理。国务院建设行政主管部门负责全国建筑业企业资质、建设工程勘察、设计资质、工程监理企业资质的归口管理工作，国务院铁道、交通、水利、信息产业、民航等有关部门配合国务院建设行政主管部门实施相关资质类别和相应行业企业资质的管理工作。建筑业企业资质分为施工总承包、专业承包和劳务分包三个序列。取得工程设计综合资质的企业，其承接各行业、各等级的建设工程设计业务。工程监理企业事务所资质可以承担三级建设工程项目的工程监理业务。

2. 【2011年单】根据《建筑业企业资质管理规定》，属于建筑业企业资质序列的是（　　）。
   A. 工程总承包　　B. 专业分包　　C. 专业承包　　D. 劳务承包

【答案】C
【解析】《建筑业企业资质管理规定》中规定：建筑业企业资质分为施工总承包、专业承包和劳务分包三个序列。

3.【2011年单】因企业分立而新设立的建筑业企业，其资质等级应按（ ）。
   A. 原企业的资质等级确定　　　　　　B. 降低一级原企业的资质等级确定
   C. 最低资质等级核定　　　　　　　　D. 实际达到的资质条件核定

【答案】D
【解析】企业分立的，分立后企业的资质等级，根据实际达到的资质条件，按照《建筑业企业资质管理规定》规定的审批程序核定。

2Z202022　禁止无资质或越级承揽工程的规定

▶ 一、本节知识速记

1. 禁止无资质承揽工程

《建筑法》规定：承包建筑工程的单位应当持有依法取得的资质证书，并在其资质等级许可的业务范围内承揽工程。

实际施工人以转包人、违法分包人为被告起诉的，人民法院应当依法受理。实际施工人以发包人为被告主张权利的，法院可以追加转包人或者违法分包人为本案当事人，发包人只在欠付工程价款的范围内对实际施工人承担责任。

2. 禁止越级承揽工程

禁止施工单位超越本单位资质等级许可的业务范围承揽工程。
（1）联合承包：同专业应"就低不就高"；
（2）分包：禁止扩大劳务分包。

2Z202023　禁止以他企业或他企业以本企业名义承揽工程

▶ 一、本节知识速记

禁止以他企业或他企业以本企业名义承揽工程

1 禁止建筑施工企业以任何形式允许其他单位或者个人使用本企业的资质证书、营业执照，以本企业的名义承揽工程

2 禁止以他企业或他企业以本企业名义承揽工程

3 分包工程发包人没有将其承包的工程进行分包，在施工现场所设项目管理机构的项目负责人、技术负责人、项目核算负责人、质量管理员、安全管理人员不是工程承包人本单位的，视同允许他人以本企业名义承揽工程

二、本节历年真题与解析

1.【2014年单】 承揽工程不符合规定质量标准造成损失的,施工企业与使用本企业名义施工的单位承担( )

A. 按份责任　　B. 连带责任　　C. 补充责任　　D. 公平责任

【答案】B

【解析】出借或借用其他企业资质的承揽工程,因质量问题出现损失的,施工企业(出借方)和使用本企业名义的施工单位(借用方)承担连带责任。

2.【2014年单】 下列建设工程不良行为中,属于施工企业资质不良行为的是( )

A. 超越本资质等级承揽工程的
B. 以他人名人承揽工程的——承揽业务不良
C. 施工中偷工减料的——工程质量不良
D. 将工程转包的——转包行为

【答案】A

【解析】资质不良行为认定标准:
(1)未取得资质证书承揽工程的,或超越本单位资质等级承揽工程的;
(2)以欺骗手段取得资质证书承揽工程的;
(3)允许其他单位或个人以本单位名义承揽工程的;
(4)未在规定期限内办理资质变更手续的;
(5)涂改、伪造、出借、转让《建筑业企业资质证书》的;
(6)按照国家规定需要持证上岗的技术工种的作业人员未经培训、考核,未取得证书上岗,情节严重的。

3.【2014年单】 建筑施工企业出借资质证书允许他人以本企业的名义承揽工程,情节严重的,其可能受到的最严重的行政处罚是( )。

A. 吊销资质证书
B. 责令改正,没收违法所得
C. 降低资质等级
D. 处以罚款

【答案】A

【解析】《建筑法》规定:建筑施工企业转让、出借资质证书或者以其他方式允许他人以本企业的名义承揽工程的,责令改正,没收违法所得,并处罚款,可以责令停业整顿,降低资质等级;情节严重的,吊销资质证书。对因该项承揽工程不符合规定的质量标准造成的损失,建筑施工企业与使用本企业名义的单位或者个人承担连带赔偿责任。

4.【2014年单】 某建设工程项目公开招标,甲公司借用乙公司资质证书承揽工程,获得中标,但甲承揽工程不符合质量标准给建设单位造成了损失,关于该合同关系的说法,正确的是( )。

A. 甲、乙应承担连带赔偿责任

B. 甲与乙属于联合体投标
C. 实际施工并造成损失的是甲，与乙无关
D. 投标人是乙，只能由乙承担赔偿责任

【答案】A

【解析】出借资质或借用资质的，出借和借用单位承担连带责任。

2Z202030　建造师注册执业制度

2Z202031　建设工程专业人员执业资格的准入管理

> 一、本节知识速记

只有依法取得相应执业资格证书的专业技术人员，方可在其执业资格证书许可的范围内从事建设工程活动。

2Z202032　建造师考试、注册和继续教育的规定

> 一、本节知识速记

1. 一、二级建造师的考试

2. 二级建造师的注册

3. 取得二级建造师

由省、自治区、直辖市人民政府**建设行政主管**部门负责受理和批准，在核发证书后30日内送国务院建设主管部门备案。建造师执业资格有效期一般为3年，延续注册的，有效期为3年。

申请初始注册时应具备的条件	申请延续注册应提交的材料	申请变更注册的，应当提交下列材料
1. 经考试合格取得资格证书	1. 注册建造师延续注册申请表	1. 注册建造师变更注册申请表
2. 受聘于一个相关单位	2. 原注册证书	2. 注册证书和执业印章
3. 达到继续教育要求	3. 申请人与新聘用单位签订的聘用合同复印件或有效证明文件	3. 申请人与新聘用单位签订的聘用合同复印件或有效证明文件
4. 没有规定中不予注册的情形	4. 申请人注册有效期内达到继续教育要求的证明材料	4. 工作调动证明

有下列情形之一的，不予注册	有下列情形之一的，其注册证书和执业印章失效
1. 不具有完全行为民事行为能力的人	1. 聘用单位破产的
2. 申请在两个或者两个以上单位注册的	2. 聘用单位被吊销营业执照的
3. 未达到注册建造师继续教育要求的	3. 聘用单位被吊销或者撤回资质证书的
4. 受到刑事处罚，刑事处罚尚未执行完毕的	4. 已与聘用单位解除聘用合同关系
5. 因执业活动受到刑事处罚，自刑事处罚执行完毕之日起至申请注册之日不止不满5年的	5. 聘用有效期满且未延续注册的
6. 因前项规定以外的原因受到刑事处罚，自处罚决定之日起申请注册之日止不满3年的	6. 年龄超过65周岁的
7. 被吊销注册证书，自处罚决定之日起至申请注册之日止不满2年的	7. 死亡或不具有完全行为民事行为能力的
8. 在申请注册之日前3年内担任项目经理期间，所负责项目发生过重大质量和安全事故的	8. 法律、法规规定应当注销注册的其他情形
9. 申请人的聘用单位不符合注册单位要求的	
10. 年龄超过65周岁的	
11. 法律、法规规定不予注册的其他情形	

二、本节真题与解析

1.【2014年单】关于二级注册建造师执业的说法，正确的是（　　）。
  A. 不得同时担任同一工程相邻分段发包的施工项目负责人
  B. 可以承担二级以下建筑企业物资的建设工程项目施工的项目经理
  C. 可以同时在一个施工企业和一个设计企业执业
  D. 不得在一级建筑业企业执业
【答案】B
【解析】建造师既可以在施工单位担任项目经理，也可以在勘察、设计、监理、招标代理、造价咨询等单位执业。二级建造师担任二及以下，取得建筑企业资质的建设工程施工项目的项目经理，不得同时担任两个及以上建设工程施工项目的负责人，除非：(1)同一工程相邻分段发包或分期施工的；(2)合同约定的工程验收合格的；(3)因非承包原因致使工程项目停工超过120天(含)，经建设单位同意的。

2.【2013年单】建造师初始注册者，自资格证书签发之日起提出注册申请的最长期限为（　　），逾期未申请者，须符合本专业继续教育的要求后方可申请初始注册。
  A. 3年　　　　B. 6个月　　　　C. 1年　　　　D. 2年
【答案】A
【解析】建造师初始注册者，自资格证书签发之日起提出注册申请的最长期限为3年，逾期未申请者，须符合本专业继续教育的要求后方可申请初始注册。

3.【2013年单】施工企业新聘用的项目经理因变更注册申报不及时影响注册建造师执业，导致项目出现损失，对建设单位的民事赔偿责任由(　　)承担。

　　A. 建造师原注册单位　　　　　　　B. 建设主管部门
　　C. 项目经理本人　　　　　　　　　D. 施工企业

【答案】D

【解析】本题考查的是注册管理。因变更注册申报不及时影响注册建造师执业，导致工程项目出现损失的，由注册建造师所在聘用企业承担责任，并作为不良行为记入企业信用档案。

4.【2012年单】关于注册建造师执业管理的说法，正确的是(　　)。

　　A. 施工中形成的施工管理文件，应当由注册建造师签字或加盖执业印章
　　B. 施工单位签署质量合格的文件上，必须有注册建造师的签字盖章
　　C. 所有工程施工项目负责人必须由本专业注册建造师担任
　　D. 大型工程项目施工负责人可以由一级或者二级注册建造师担任

【答案】B

【解析】A，施工管理文件应当由注册建造师签字并加盖执业印章，而不是二者有其一，这可能成为今后一二年命题的热点；B表述正确；C，小型工程项目负责人不要求由注册建造师担任；D，大型工程项目负责人必须由本专业一级注册建造师担任。

5.【2012年单】下列情形符合注册建造师申请条件的是(　　)。

　　A. 甲因执业活动违法受到刑事处罚，2年前刑罚已执行完毕
　　B. 乙患有精神疾病，经鉴定为限制行为能力人
　　C. 丙因犯故意伤害罪被判刑，尚在缓刑期间
　　D. 丁60周岁

【答案】D

【解析】《注册建造师管理规定》中规定，申请人有下列情形之一的，不予注册：(1)不具有完全民事行为能力的；(2)申请在两个或者两个以上单位注册的；(3)未达到注册建造师继续教育要求的；(4)受到刑事处罚，刑事处罚尚未执行完毕的；(5)因执业活动受到刑事处罚，自刑事处罚执行完毕之日起至申请注册之日止不满5年的；(6)因前项规定以外的原因受到刑事处罚，自处罚决定之日起至申请注册之日止不满3年的；(7)被吊销注册证书，自处罚决定之日起至申请注册之日止不满2年的；(8)在申请注册之日前3年内担任项目经理期间，所负责项目发生过重大质量和安全事故的；(9)申请人的聘用单位不符合注册单位要求的；(10)年龄超过65周岁的；(11)法律、法规规定不予注册的其他情形。

6.【2012年多】注册管理机构应当注销建造师注册的情形有(　　)。

　　A. 已与聘用单位解除聘用合同
　　B. 因过错发生工程建设质量事故
　　C. 没有参加继续教育
　　D. 跨省级行政区域执业
　　E. 同时在两个施工企业执业

【答案】AC

【解析】错题，只有一个正确答案。本题中争议较大的是 C、E，应注意 C、E 都并非法定的应吊销或注销注册的情形。根据《注册建造师管理规定》，注册建造师同时在两个或以上单位受聘或执业的，其应承担的法律责任是"由主管部门给予警告，责令改正，没有违法所得的，处以 1 万元以下的罚款；有违法所得的，处以违法所得 3 倍以下且不得超过 3 万元的罚款"。不包括注销注册。

2Z202033　建造师的受聘单位和执业岗位范围

一、本节知识速记

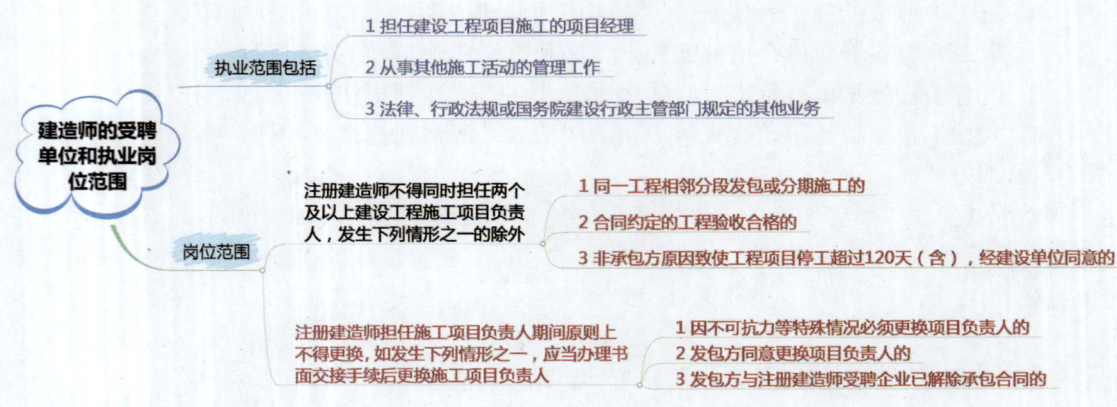

2Z202034　掌握建造师的基本权利和义务

一、本节知识速记

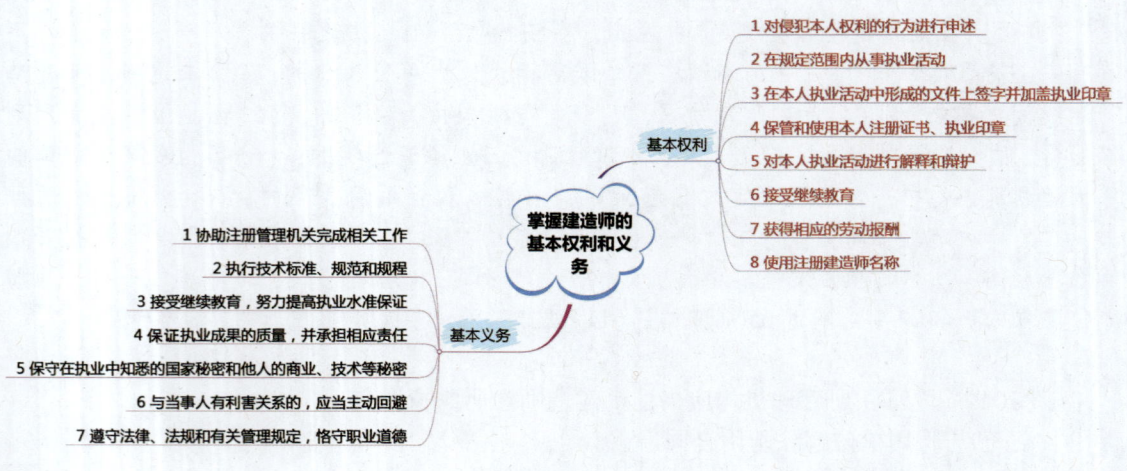

二、本节真题与解析

1.【2014年单】注册建造师采用弄虚作假等手段取得注册建造师继续教育证书的，一经发现( )。
    A. 立即吊销其注册建造师证书
    B. 立即吊销其建造师资格证书
    C. 立即取消其继续教育记录,计入不良信用记录,对社会公布
    D. 处以一万元罚金

【答案】C

【解析】对采用弄虚作假等手段取得《注册建造师继续教育证书》的,一经发现,立即取消其继续教育记录,并计入不良记录,对社会公布。

2.【2013年单】根据《建设工程质量管理条例》,注册建造师因过错造成重大质量事故,情节特别恶劣的,其将受到的行政处罚为( )。
    A. 终身不予注册
    B. 吊销执业资格证书,5年内不予注册
    C. 责令停止执业3年
    D. 责令停止执业1年

【答案】A

【解析】注册执业人员因过错造成质量事故应承担法律责任,《建设工程质量管理条例》规定:注册建筑师、注册结构工程师、监理工程师等注册执业人员因过错造成质量事故的,责令停止执业1年;造成重大质量事故的,吊销执业资格证书,5年以内不予注册;情节特别恶劣的,终身不予注册。

2Z203000 建设工程发承包法律制度

本章知识框架

2Z203010 建设工程招标投标制度

2Z203011 建设工程法定招标的范围、招标方式和交易场所

 一、本节知识速记

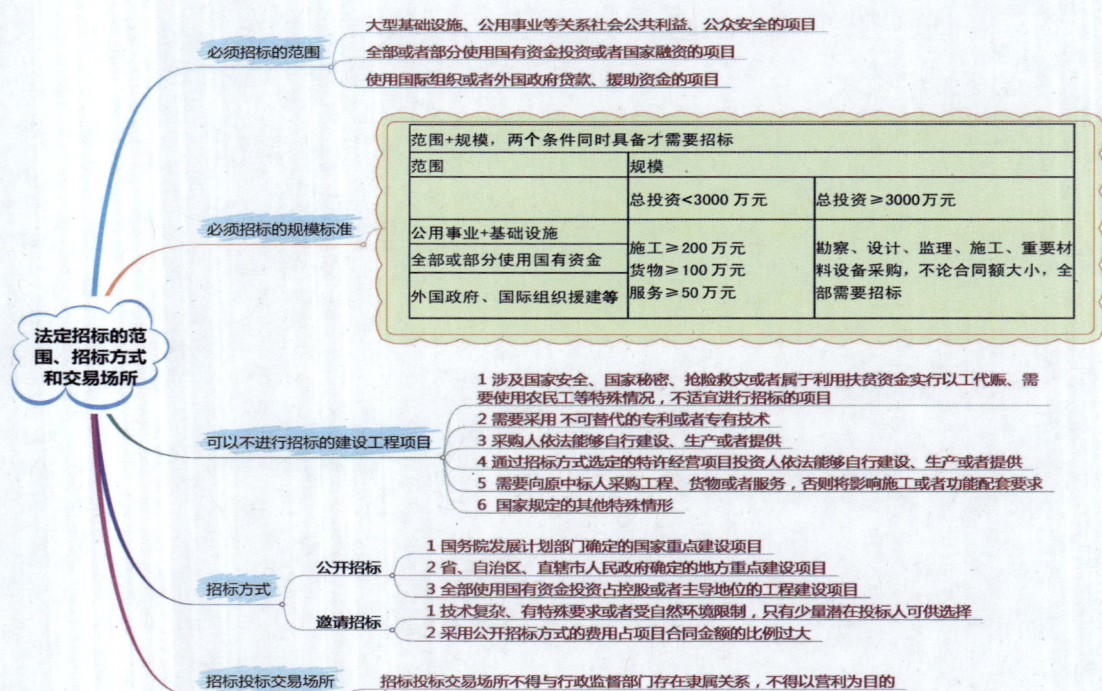

二、本节真题与解析

1.【2014年多】2014 根据《工程建设项目招标范围和规模标准规定》，关系社会公共利益，公众安全的基础设施项目的范围包括(   )。
   A. 防洪，灌溉，排涝，引(共)水，滩涂治理等水利项目
   B. 垃圾处理，地下管道，公共停车场等城市设施项目
   C. 邮政，电信枢纽，通信，信息网络等邮电通讯项目
   D. 供水，供电，供气，供热等市政工程项目
   E. 生态环境保护项目
【答案】ABCE
【解析】关系社会公共利益，公众安全的基础设施项目的范围包括：(1)煤炭、石油、天然气、电力、新能源等资源项目；(2)铁路、公路、管道、水运、航空及其他交通运输业等交通运输项目；(3)邮政、电信枢纽、通信、信息网络等邮电通讯项目；(4)防洪、灌溉、排涝、引(共)水、滩涂治理等水利项目；(5)道路、桥梁、地铁和轻轨交通、垃圾处理、地下管道、公共停车场等城市设施项目；(6)生态环境保护项目；(7)其他基础设施项目。

2.【2012年单】根据《招标投标法》，招标项目属于建设施工的，投标文件应当(   )。
   A. 包括拟用于完成招标项目的机械设备
   B. 由投标人自行编制
   C. 完全响应招标文件各项要求
   D. 包括投标担保
【答案】A
【解析】项目属于建设施工的。投标文件应当包括拟派出的项目负责人与主要技术人员的监理、业绩和拟用于完成招标项目的机械设备。

3.【2012年单】关于建设项目招标的说法，正确的是(   )。
   A. 施工单项合同估算价在50万元人民币以上的项目必须进行招标
   B. 使用国际组织或者外国政府贷款、援助资金的项目可以不进行招标
   C. 采用特定的专利或者专有技术的项目必须进行招标
   D. 大型基础设施、公用事业等关系社会公共利益、公众安全的项目必须进行招标
【答案】D
【解析】

范围+规模，两条件同时具备才需要招标		
范围	规模	
	总投资<3000万元	总投资≥3000万元
公用事业+基础设施	施工≥200万元	勘察、设计、监理、施工、重要材料设备采购，不论合同额大小，全部需要招标
全部或部分使用国有资金	货物≥100万元	
外国政府、国际组织援建等	服务≥50万元	

2Z203012 招标基本程序和禁止肢解发包、限制排斥投标人的规定

一、本节知识速记

1. 招标基本程序

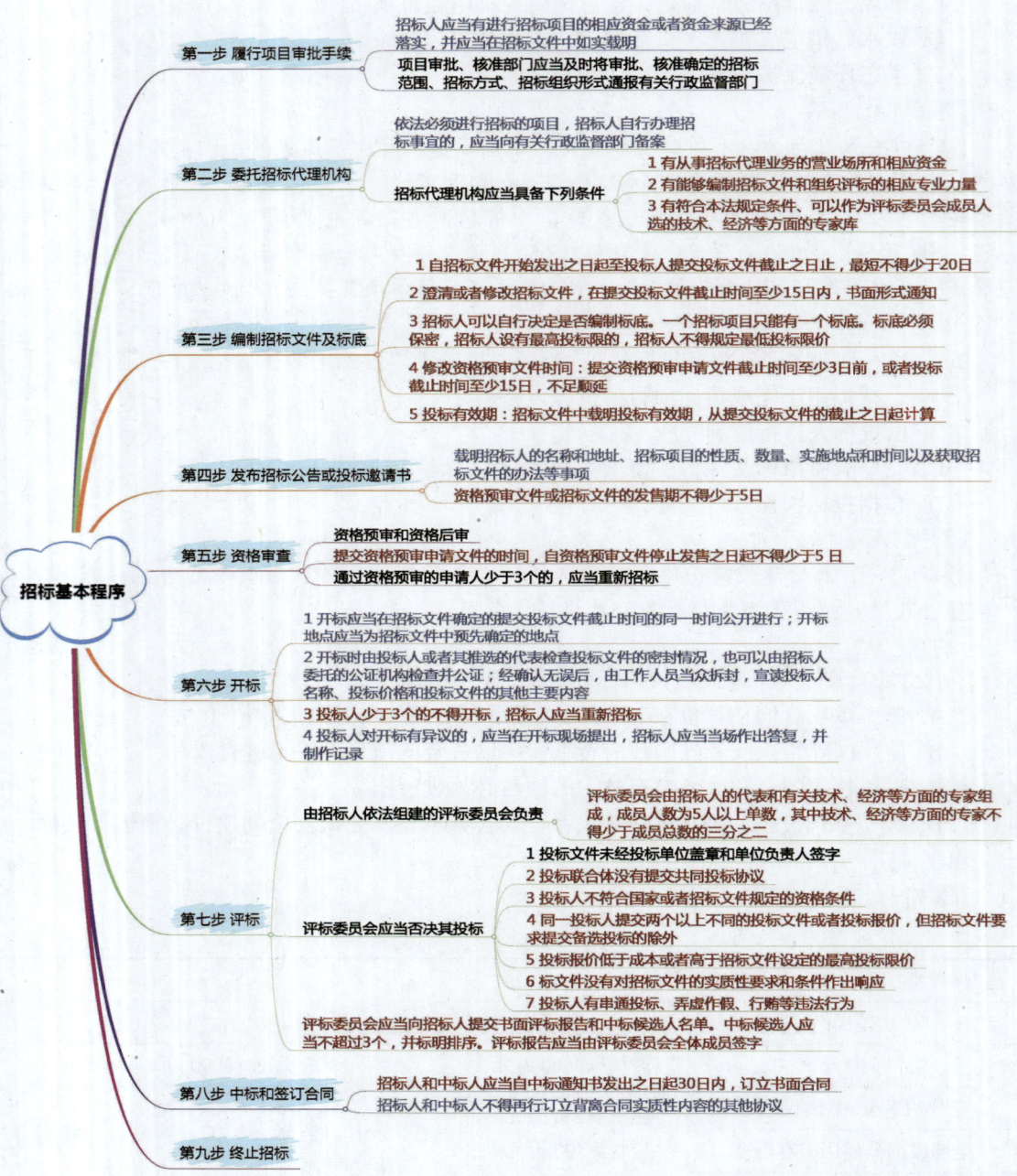

2. 禁止肢解发包的规定

肢解发包：建设单位将本应由一个承包单位完成的建设工程分解成若干部分发包给不同的承包单位的行为。

3. 禁止限制、排斥投标人的规定

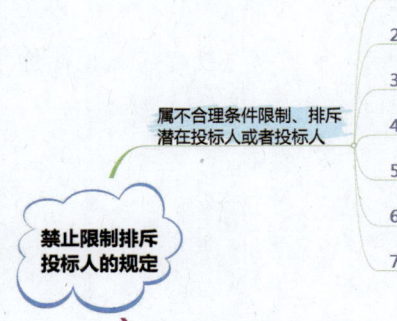

二、本节历年真题与解析

1.【2014年单】建设工程招标的基本程序主要包括：①发售招标文件；②编制招标文件；③委托招标代理机构；④履行项目审批手续；⑤开标、评标；⑥签订合同；⑦发布招标公告或投标邀请书；⑧发出中标通知书。上述程序正确的排列顺序是（　　）。
 A. ①②③④⑤⑥⑦⑧　　　　　　B. ③②④⑦①⑤⑧⑥
 C. ②③①④⑦⑤⑥⑧　　　　　　D. ④③②⑦①⑤⑧⑥
【答案】D
【解析】招标的基本程序：履行项目审批手续、委托招标代理机构、编制招标文件及标底、发布招标公告或投标邀请书（发布之后才会发售招标文件）、自个审查、开标、评标、发中标通知书、签订合同。

2.【2014年多】根据《招投标法实施条例》，按照国家有关规定履行项目审批的依法必须进行招标的项目，其（　　）应当报项目审批核准。
 A. 招标范围　　B. 招标文件　　C. 招标方式　　D. 招标组织形式
 E. 招标代理机构
【答案】ACD
【解析】《招标投标法实施条例》进一步规定：按照国家有关规定需要履行项目审批、核准手续的依法必须进行招标的项目，其招标范围、招标方式、招标组织形式应当报项目审批、核准部门审批、核准。项目审批、核准部门应当及时将审批、核准确定的招标范围、招标方式、招标组织形式通报有关行政监督部门。

3.【2014年多】根据《招标投标法》和招标投标法实施条例》关于招标项目的说法。正确的有(   )。
   A. 招标人不可以授权评委委员会直接确定中标人
   B. 评委委员会成立对其评审意见承担个人责任
   C. 履约保证金不得超过中标合同金额的10%
   D. 国有资金控股的依法必须进行招标的项目，排名第一的中标候选人为中标人
   E. 招标人可以与投标人就投标价格，投标方案等实质性内容进行谈判
【答案】CD
【解析】招标人可以授权评标委员会直接确定中标人；招标人不可以与投标人就投标价格、投标方案等实质性内容进行谈判。

4.【2013年单】投标有效期的起始时间是(   )时。
   A. 发售招标文件
   B. 投标截止
   C. 评标结束
   D. 发出中标通知书
【答案】B
【解析】投标人应当在招标文件要求提交投标文件的截止时间前，将投标文件送到投标地点；在截止时间后送到的投标文件，招标人应当拒收。

5.【2013年单】根据《招标投标法》，依法必须进行招标的项目，自招标文件开始发出之日起至投标人提交投标文件截止之日止，最短为(   )。
   A. 5   B. 20   C. 10   D. 15
【答案】B
【解析】于招标文件开始发出之日起至投标人提交投标文件截止之日止，最短不得少于二十日。

6.【2014年多】关于招标投标活动公开原则的说法，正确的有(   )。
   A. 招标信息公开
   B. 评标标准公开
   C. 开标程序公开
   D. 评标委员会组成人员公开
   E. 中标结果公开
【答案】ABCE
【解析】招投标活动公开原则是指：招标信息公开、评标标准公开、招标投标过程公开、中标结果公开。但这种公开是相对的，评标委员会名单不公开、评标过程不公开。

7.【2012年单】根据《工程建设项目施工招标投标办法》投标有效期从(   )之日开始计算。
   A. 发布招标文件

B. 购买招标文件
C. 提交投标文件截止
D. 发布中标通知

【答案】C

【解析】根据《工程建设项目施工招标投标办法》投标有效期从提交投标文件截止日开始计算。

8.【2012年单】下列关于投标文件提交的说法中，正确的是(　　)。
A. 投标文件一经寄出，即具有法律效力
B. 招标人收到投标文件后，应检查投标文件的组成内容是否符合要求
C. 招标人收到的有效投标文件少于5份的，应当重新招标
D. 投标人不按招标文件要求提交投标担保的，其投标文件应作废标处理

【答案】D

【解析】该题的考点是投标文件的提交。投标人应当在招标文件要求提交投标文件的截止时间前，将投标文件送达投标地点；在截止时间后送达的投标文件，招标人应当拒收。招标人收到投标文件后，应当签收保存，不得开启。投标人少于3个的，招标人应当依法重新招标。投标人在招标文件要求投标文件的截止时间前，可以补充、修改或者撤回已提交的投标文件，并书面通知招标人。投标人不按招标文件要求提交投标保证金的，该投标文件将被拒绝，作废标处理。

9.【2012年多】关于评标委员会组成及其行为的说法中，正确的有(　　)。
A. 投标人的债权人不得担任评标委员会的专家成员
B. 招标人必须确定排名第一的中标候选人为中标人
C. 评标委员会成员可以拒绝在评标报告上签字
D. 为了便于操作，评标委员会可以对评标标准进行细化
E. 评标委员会成员可以全部采取随机抽取的方式确定

【答案】ACE

【解析】该题的考点是评标委员会。《招标投标法》规定：与投标人有利害关系的人不得进入相关项目的评标委员会。依法必须招标的项目，招标人应当确定排名第一的中标候选人为中标人，但是排名第一的中标候选人放弃中标、因不可抗力提出不能履行合同，或者招标文件规定应当提交履约保证金而在规定的期限内未能提交的，招标人可以确定排名第二的中标候选人为中标人，依此类推。评标报告由评标委员会全体成员签字，对评标结论持有异议的评标委员会成员可以书面方式阐述其不同意见和理由。评标委员会成员拒绝在评标报告上签字且不陈述其不同意见和理由的，视为同意评标结论。评标委员会应当对此作出书面说明并记录在案。根据《招标投标法》和《评标委员会和评标方法暂行规定》的有关规定，一般招标项目的技术、经济等方面的评标专家可以采取随机抽取方式，技术特别复杂、专业性要求特别高或者国家有特殊要求的招标项目，采取随机抽取方式确定的专家难以胜任的，可以由招标人直接确定。但E项不严谨，不看做正确项为宜。

2Z203013　投标人、投标文件和投标保证金

一、本节知识速记

投标人、投标文件和投标保证金

投标人
1. 投标人响应招标、参与投标竞争的法人或其他组织，一般不能是个人
2. 投标人应当具备承担招标项目的能力　　国家有关规定对投标人资格条件或者招标文件对投标人资格条件有规定的，投标人应当具备规定的资格条件
3. 与招标人存在利害关系可能影响招标公正性的法人、其他组织或者个人，不得参加投标
4. 单位负责人为同一人或者存在控股、管理关系的不同单位，不得参与同一标段投标或者未划分标段的同一招标项目投标，否则投标无效
5. 投标人不再具备资格预审文件、招标文件规定的资格条件或者其投标影响招标公正性的，其投标无效

联合体投标
1. 招标人不得强制投标人组成联合体共同投标
2. 两个以上法人或者其他组织可以组成一个联合体，以一个投标人的身份共同投标　　招标人与中标后的联合体只签订一个承包合同，而不是与各成员单位签订合同
3. 由同一专业单位组成的联合体，按照资质等级较低的单位确定资质等级
4. 联合体各方应当签订共同投标协议，明确约定各方拟承担的工作和责任，并将共同投标协议连同投标文件一并提交招标人
5. 联合体各方签订共同投标协议后，不得再以自己名义单独投标，也不得组成新的联合体或参加其他联合体在同一项目投标
6. 《条例》第37条规定：资格预审后联合体增减、更换成员的，其投标无效
7. 联合体各方在同一招标项目中以自己名义单独投标或者参加其他联合体投标的，相关投标均无效
8. 联合体中标的，联合体各方应当共同与招标人签订合同，就中标项目向招标人承担连带责任

投标文件

内容要求
1. 投标函及投标函附录
2. 法定代表人身份证明或附有法定代表人身份
3. 联合体协议书
4. 投标保证金
5. 已标价工程量清单
6. 施工组织设计
7. 项目管理机构
8. 拟分包项目情况表
9. 资格审查资料
10. 投标人须知前附表规定的其他材料

　　投标人应当按照招标文件的要求编制投标文件。
　　投标文件应当对招标文件的实质性要求做出响应

修改与撤回
投标人在招标文件要求提交投标文件的截止时间前，可以补充、修改或者撤回已提交的投标文件，并书面通知招标人。补充、修改的内容为投标文件的组成部分
投标人撤回已提交的投标文件，应当在投标截止时间前书面通知招标人

送达与签收
投标人应当在招标文件要求提交投标文件的截止时间前，将投标文件送达投标地点
招标人收到投标文件后，应当签收保存，不得开启
投标人少于3个的，招标人应当依法重新招标
在招标文件要求提交投标文件的截止时间后送达的投标文件，招标人应当拒收

投标保证金
1. 投标保证金的额度　　投标保证金一般不得超过招标项目估算价的2%
2. 投标保证金有效期应当与投标有效期一致
3. 依法必须招标项目的境内投标单位，以现金或支票形式提交的投标保证金应当从其基本账户转出
　　招标人不得挪用投标保证金
4. 实行两阶段招标的，招标人应当在第二阶段提出
5. 投标保证金的没收情形　　投标人在投标有效期内撤销其投标文件，中标未能在规定期限内提交履约保证金或签署合同协议

　　投标保证金的退还：与中标人签订合同后5个工作日内（注：应同时退还存款利息）

二、本节真题与解析

1. 【2014年多】根据国家发展和改革委员会等九部门联合颁布的《标准施工招标文件》，投标文件应该包括( )。

    A. 招标管理机构
    B. 已标价工程量清单
    C. 拟转包项目情况表
    D. 资格审查资料
    E. 施工组织设计

    【答案】BDE

    【解析】投标文件应当包括：(1)投标函及投标函附录；(2)法定代表人身份证明或有法定代表人身份证明的授权委托书；(3)联合体协议书；(4)投标保证金；(5)已标价工程量清单；(6)施工组织设计；(7)项目管理机构；(8)拟分包项目情况表；(9)资格审查资料，(10)投标人须知前附表规定的其他材料。

2. 【2012年单】甲、乙、丙、丁四家施工企业组成联合体进行投标。联合体协议约定：因联合体的责任造成招标人损失时，甲、乙分别承担损失赔偿额的30%，丙、丁分别承担损失赔偿额的20%。若因该联合体的责任造成招标人损失100万元人民币。下列关于该损失赔偿的说法，正确的是( )。

    A. 招标人可以向甲主张50万元人民币的赔偿
    B. 招标人向丙主张100万元人民币的赔偿，丙仅应赔偿20万元人民币
    C. 招标人必须按照联合体协议中约定的比例分别向各成员主张赔偿额
    D. 乙向招标人赔偿100万元人民币后，可以向丁追偿70万元人民币

    【答案】A

    【解析】该题的考点是联合体投标中各方的责任。共同投标协议中约定了联合体中各方应该承担的责任，各成员单位必须要按照该协议的约定认真履行自己的义务，否则将对对方承担违约责任。同时，如果联合体中的一个成员单位没能按照合同约定履行义务，招标人可以要求联合体中任何一个成员单位承担不超过总债务的任何比例的债务，而该单位不得拒绝。该成员单位承担了被要求的责任后，有权向其他成员单位追偿其按照共同投标协议不应当承担的债务。

2Z203014　禁止串通投标和其他不正当竞争行为的规定

一、本节知识速记

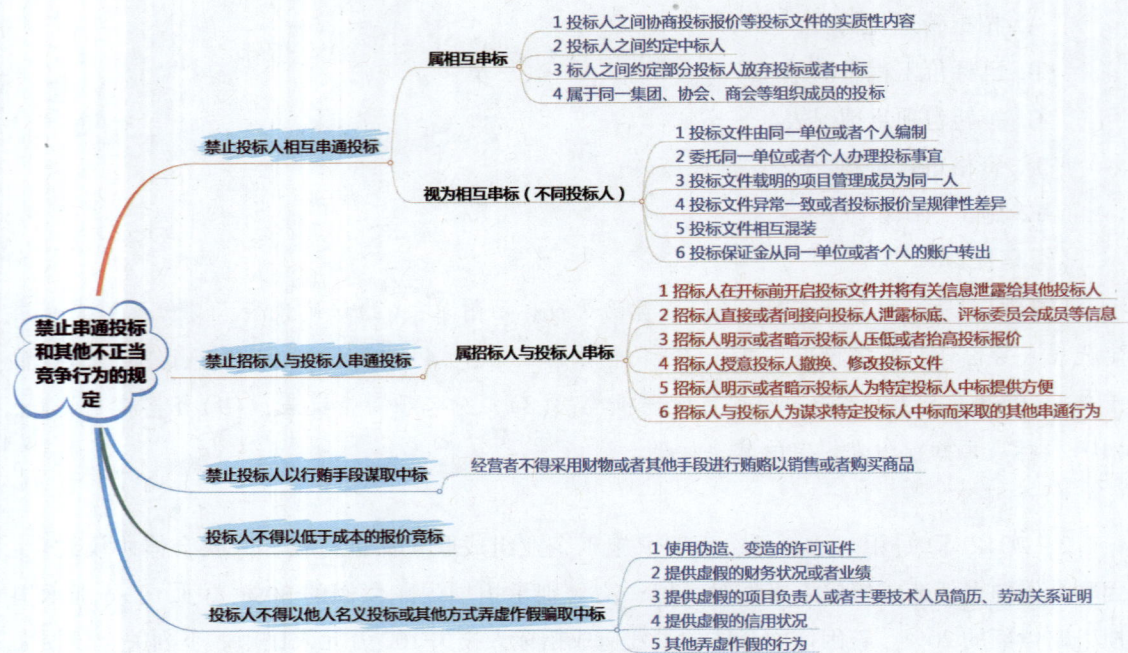

二、本节真题与解析

1.【2014年单】某建设工程项目施工招标，甲公司与乙公司均参与投标，并都委托了丙单位办理投标事宜，甲、乙的行为属于（　　）。
　　A. 联合投标　　　　　　　　B. 合法投标
　　C. 串通投标　　　　　　　　D. 独立投标
【答案】C
【解析】不同投标人委托同一单位或者个人办理投标事宜，视为串通投标。

2.【2012年多】下列行为中，属于投标人与招标人串通投标的有（　　）。
　　A. 开标前招标人对投标文件比较后通知某投标人修改报价
　　B. 投标人决定向招标人行贿
　　C. 投标时以企业定额成本作为报价基础
　　D. 招标人与某投标人商定，投标时压低报价，中标后再给补偿
　　E. 招标人预先内定了中标人
【答案】ADE
【解析】该题的考点是投标人与招标人串通投标的情形。《工程建设项目施工招标投标办法》规定，下列行为均属于招标人与投标人串通投标：（1）招标人在开标前开启投标文件，并将投标情况告知其他投标人，或者协助投标人撤换投标文件，更改报价。（2）招标人向投

标人泄露标底。(3)招标人与投标人商定，投标时压低或抬高标价，中标后再给投标人或招标人额外补偿。(4)招标人预先内定中标人。(5)其他串通投标行为。

3.【2012 年多】下列行为中，属于投标人串通投标的有(　　)。
   A. 投标人之间先行内部竞价确定中标人
   B. 投标人之间互相约定抬高或者压低投标报价
   C. 招标人向投标人泄露标底
   D. 投标人借用其他企业名义投标
   E. 招标人预先内定中标人
【答案】AB
【解析】CE 属于招标人与投标人串标，D 属于骗标。

4.【2012 年单】下列行为中，属于投标人与招标人串通投标行为的是(　　)。
   A. 投标人为了争取中标而降低报价
   B. 投标人之间通过竞价内定中标人，再参加投标
   C. 某投标人为其他投标人陪标
   D. 开标前招标人将其他投标人投标信息告知某投标人
【答案】D
【解析】《工程建设项目施工招标投标办法》规定，下列行为均属于招标人与投标人串通投标：(1)招标人在开标前开启投标文件，并将投标情况告知其他投标人，或者协助投标人撤换投标文件，更改报价。(2)招标人向投标人泄露标底。(3)招标人与投标人商定，投标时压低或抬高标价，中标后再给投标人或招标人额外补偿。(4)招标人预先内定中标人。(5)其他串通投标行为。

5.【2014 年多】下列投标行为中，属于弄虚作假骗取中标的有(　　)。
   A. 使用伪造、变造的许可证件
   B. 提供虚假的财务状况或者业绩
   C. 提供虚假的信用状况
   D. 提供虚假的项目负责人或者主要技术人员简历、劳动关系证明
   E. 不同投标人的投标文件相互混装
【答案】ABCD
【解析】《招标投标法》规定，投标人"不得以他人名义投标或者以其他方式弄虚作假，骗取中标"。《招标投标法实施条例》进一步规定，使用通过受让或者租借等方式获取的资格、资质证书投标的，属于招标投标法第33条规定的以他人名义投标。投标人有下列情形之一的，属于招标投标法第33条规定的以其他方式弄虚作假的行为：
   (1)使用伪造、变造的许可证件；
   (2)提供虚假的财务状况或者业绩；
   (3)提供虚假的项目负责人或者主要技术人员简历、劳动关系证明；
   (4)提供虚假的信用状况；
   (5)其他弄虚作假的行为。

E 属于投标人相互串通的情形。

6.【2013年单】禁止投标人低于成本竞价，其中"成本"是指（   ）。
   A. 直接费
   B. 项目施工成本
   C. 企业个别成本
   D. 社会平均成本

【答案】C

【解析】投标人不得以低于成本的报价竞争，这里的"成本"应指投标人的个别成本。

7.【2014年单】投标人以行贿手段谋取中标的法律责任不包括（   ）。
   A. 由工商行政管理机关吊销营业执照
   B. 取消其1年至2年参加依法必须进行招标的项目的投标资格
   C. 构成犯罪的，有关责任人和单位要承担相应的刑事责任
   D. 由招标行政主管部门责令改正并处罚金

【答案】D

【解析】《招标投标法实施条例》第67条进一步规定：投标人有下列行为之一的，属于招标投标法第53条规定的情节严重行为，由有关行政监督部门取消其1年至2年内参加依法必须进行招标的项目的投标资格。

(1) 以行贿谋取中标；
(2) 3年内2次以上串通投标；
(3) 串通投标行为损害招标人、其他投标人或者国家、集体、公民的合法利益，造成直接经济损失30万元以上；
(4) 其他串通投标情节严重的行为。投标人自本条第2款规定的处罚执行期限届满之日起3年内又有该款所列违法行为之一的，或者串通投标、以行贿谋取中标情节特别严重的，由工商行政管理机关吊销营业执照。

8.【2014年多】下列建设工程招标投标行为中，属于投标人不正当竞争行为的有（   ）。
   A. 投标人相互串通投标
   B. 投标人与招标人串通投标
   C. 招标人操纵中标
   D. 投标人以他人名义投标
   E. 投标人以高于市场价的报价竞标

【答案】ABD

【解析】不正当竞争行为包括：(1)投标人相互串通投标；(2)招标人与投标人串通投标；(3)投标人以行贿手段谋取中标；(4)投标人以低于成本的报价竞标；(5)投标人以他人名义或其他方式弄虚作假骗取中标。

2Z203015 中标的法定要求和招标投标投诉处理

一、本节知识速记

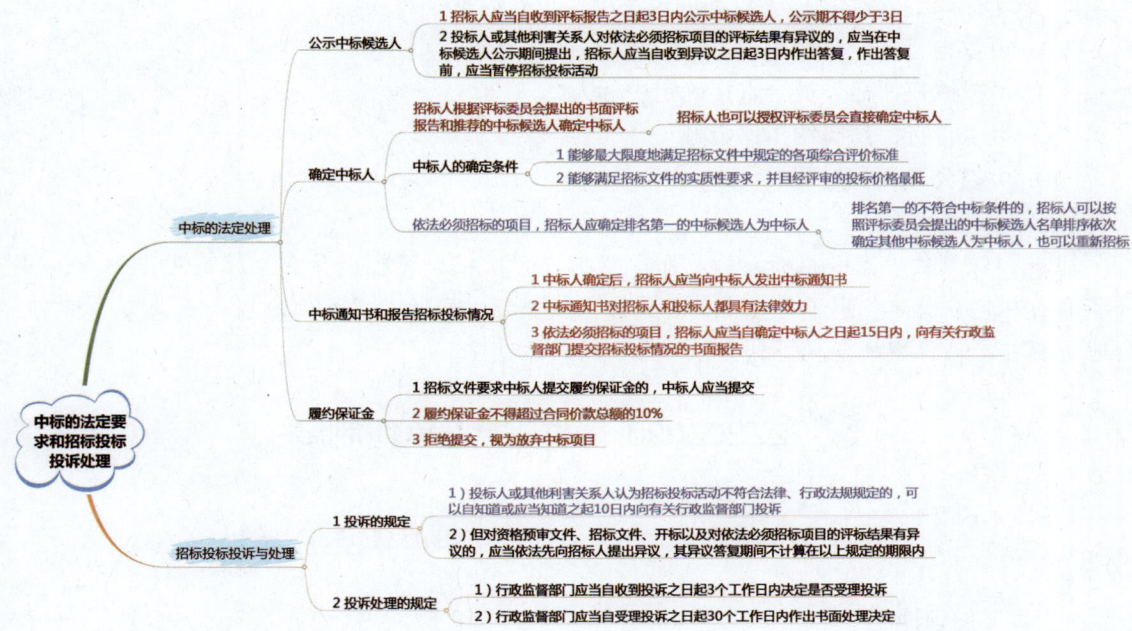

二、本节真题与解析

1.【2014年单】投标人或者其他利害关系人对依法必须进行招标的项目的评标结果有异议的，应当在（　　）提出。

A. 中标候选人公示期间　　　　B. 中标通知书发出之后

C. 合同人判决期间　　　　　　D. 评标报告提交之前

【答案】A

【解析】《招标投标法实施条例》规定：投标人或者其他利害关系人对依法必须进行招标的项目的评标结果有异议的，应当在中标候选人公示期间提出。

2.【2014年多】依法必须进行招标的项目活动违反法律规定，对中标造成实质性影响，且不能采取补救措施予以纠正的，应（　　）。

A. 认定招标、投标、中标无效

B. 依法重新招标

C. 依法重新评标

D. 由行政监督部门接管剩余招标投标工作

E. 依法禁止就该项目再次招标

【答案】ABC

【解析】依法必须进行招标的项目的招标活动违反招标法和本条例的规定，对中标结果造成实质性影响，且不能采取补救措施予以纠正的，招标，投标，中标无效，应当依法重新招标或者评标。

3.【2012年单】关于招标人权利的说法中，正确的是（ ）。
　　A. 可以自行指定分包单位
　　B. 可以授权评标委员会直接确定中标人
　　C. 可以自行提高履约担保金额
　　D. 可以公开评标过程
【答案】B
【解析】该题的考点是招标人的权利。招标人可以授权评标委员会直接确定中标人，但不得自行指定分包单位也不得自行提高履约担保金额。同时，招标人应当采取必要的措施，保证评标在严格保密的情况下进行，不得公开评标过程。

2Z203020　建设工程承包制度

2Z203021　建设工程总承包的规定

> 一、本节知识速记

总承包分为：工程总承包和施工总承包。

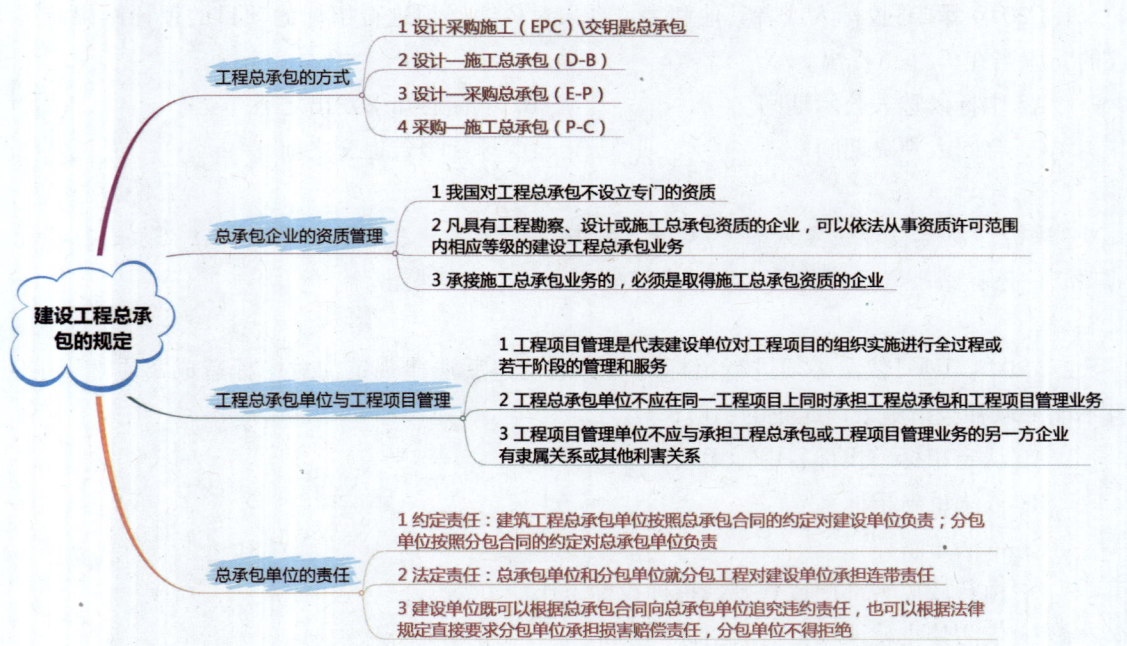

二、本节真题与解析

1.【2013年多】关于总承包模式下各单位质量责任的说法，正确的有(　　)。
   A. 施工总承包单位对其采购的材料质量负责
   B. 施工总承包单位对施工质量负责
   C. 分包单位就分包工程质量向施工总承包单位负责
   D. 分包单位与施工总承包单位就分包工程质量向建设单位承担连带责任
   E. 施工总承包单位应当对施工的设计文件质量负责

【答案】ABCD

【解析】本题考查的是总承包单位与分包单位的连带责任，对于材料的采购，谁采购谁负责，所以 A 正确，建筑法第十五条规定：建筑工程实行总承包的，工程质量由于工程总承包单位负责，总承包单位将建筑工程分包给其他单位的，应当对分包工程的质量与分包单位承担连带责任，分包单位应当接受总承包单位的质量管理。

2.【2011年单】当分包工程发生安全事故给建设单位造成损失时，关于责任承担的说法，正确的是(　　)。
   A. 建设单位可以要求分包单位和总承包单位承担无限连带责任
   B. 建设单位与分包单位无合同关系，无权向分包单位主张权利
   C. 总承包单位承担责任超过其应承担份额的，有权向有责任的分包单位追偿
   D. 分包单位只对总承包单位承担责任

【答案】C

【解析】建筑工程总承包单位按照总承包合同的约定对建设单位负责；分包单位按照分包合同的约定对总承包单位负责。总承包单位和分包单位就分包工程对建设单位承担连带责任。

2Z203022　建设工程共同承包的规定

一、本节知识速记

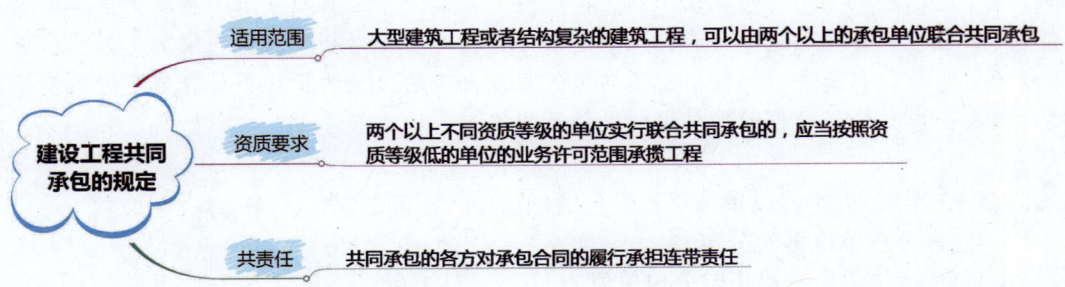

2Z203023 建设工程分包的规定

> 一、本节知识速记

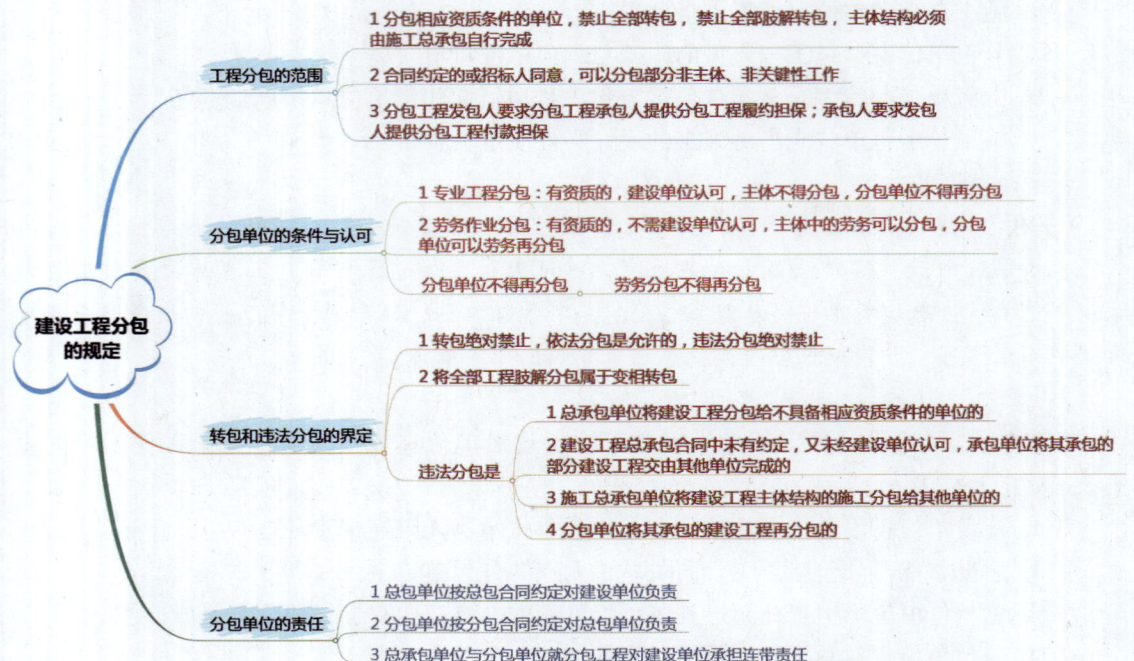

> 二、本节真题与解析

1.【2012年单】甲施工企业将承包的工程全部委托乙施工企业施工，因此出现的工程质量缺陷应当由（　　）。
   A. 甲按照收取的管理费比例承担责任　　B. 甲、乙承担连带责任
   C. 乙承担部分责任　　D. 乙承担全部责任
【答案】B
【解析】该题的考点是违法分包的法律责任。依据《建筑法》《建设工程质量管理条例》的规定：施工总承包单位不得将建设工程主体结构的施工分包给其他单位。本题中甲施工企业将承包的工程全部委托乙施工企业，属于违法分包行为。根据相关法律的规定，工程质量的法律责任承包单位有违法行为的，对因转包工程或者违法分包的工程不符合规定的质量标准造成的损失，应与接受转包或者分包的单位承担连带赔偿责任。

2.【2012年单】关于建设单位工程发包的做法中，正确的是（　　）。
   A. 允许分包单位再次分包
   B. 向总承包单位直接指定分包单位
   C. 将工程勘察、设计、施工、设备采购一并发包给一家总承包单位
   D. 将合同中约定由施工企业自行购买的装饰材料进行指定购买
【答案】C

【解析】该题的考点是建设工程发包制度。《建筑法》规定：建筑工程的发包单位可以将建筑工程的勘察、设计、施工、设备采购一并发包给一个工程总承包单位，也可以将建筑工程勘察、设计、施工、设备采购的一项或者多项发包给一个工程总承包单位。

3.【2012年单】关于确定分包单位的说法，正确的是（　　）。
　　A. 招标人可以在招标文件中指定某项专业工程的分包人
　　B. 除总承包合同约定的分包人外，建设单位可直接指定分包人
　　C. 建设单位可确定资质等级低于工程要求的分包人承揽工程
　　D. 所有的分包人应经建设单位认可
【答案】D
【解析】该题的考点是建设工程分包制度。分包，是指总承包单位将其所承包的工程中的专业工程或者劳务作业发包给其他承包单位完成的活动。《建筑法》第29条规定："建筑工程总承包单位可以将承包工程中的部分工程发包给具有相应资质条件的分包单位。"《建筑法》第29条进一步规定："除总承包合同中约定的分包外，必须经建设单位认可。"这条规定实际上赋予了建设单位对分包商的否决权。即没有经过建设单位认可的分包商是违法的分包商。尽管《建筑法》将认可的范围局限于"总承包合同中约定的分包单位"以外的分包商。但是，由于总承包合同中的分包单位已经在合同中得到了建设单位的认可，所以，实质上需要建设单位认可的分包单位的范围包含了所有的分包单位。

4.【2012年单】专业工程分包单位可以将（　　）分包给符合资质条件的分包单位。
　　A. 全部专业工程
　　B. 部分专业工程
　　C. 专业工程施工管理
　　D. 劳务作业
【答案】D
【解析】分包与劳务分包的区别。
(1) 工程分包需建设单位认可，而劳务分包不需要认可；
(2) 主体结构不允许分包，但主体结构施工中的劳务作业可以全部分包；
(3) 分包单位不得再分包，但分包单位可以将劳务作业全部分包。

5.【2013年单】建设单位不得（　　）具有相应资质等级的分包单位。
　　A. 拒绝　　　　B. 指定　　　　C. 认可　　　　D. 考察
【答案】B

6.【2013年多】下列情形中，符合工程发包.分包管理相关规定的有（　　）。
　　A. 施工企业将其承包的全部建筑工程分解后以分包的名义分别交由他人施工
　　B. 建设单位将建筑工程项目分解成若干标段分别进行招标
　　C. 施工企业按照承包合同约定，直接将部分专业工程进行分包
　　D. 施工企业将包含人、机、料在内的工程以扩大劳务分包形式进行劳务分包
　　E. 分包单位将其承包的建筑工程劳务作业进行分包

【答案】CE
【解析】建筑法严禁肢解发包，也不可以分解为若干标段进行招标。

7.【2014年单】关于建筑工程施工分包行为的说法，正确的是( )。
  A. 个人可以承揽分包工程业务
  B. 建设单位有权直接指定分包工程承包人
  C. 建设单位推荐的分包单位，承包单位无权拒绝
  D. 承包人并未对该工程的施工活动进行组织管理的，视同转包
【答案】D
【解析】严禁个人承揽分包工程业务。建设单位不得直接指定分包工程承包人。对于建设单位推荐的分包单位，总承包单位有权作出拒绝或者采用的选择。

2Z203024 违法行为的法律责任

一、本节知识速记

法律规范	具体规定	
	违法行为	法律责任
《建筑法》	超越资质承揽工程	责令停止违法行为，处以罚款，停业整顿，降低资质等级；情节严重的，吊销资质证书；有违法所得的予以没收；骗取资质证书的，吊销并罚款；构成犯罪的追究刑事责任
	转让、出借资质证书	责令改正，没收非法所得并处罚款，可以责令停业整顿，降低资质，情节严重的吊销资质(行政)；对工程不合格造成损失与借用本单位名义的企业或个人承担连带责任(民事)
	转包或违法分包	责令改正，没收违法所得，并罚款，可以责令停业、降级；情况严重的吊销资质证书。造成损失，承担连带赔偿责任

二、本节历年真题与解析

【2014年单】某建设工程项目公开招标，甲公司借用乙公司资质证书承揽工程，获得中标，但甲公司承揽工程不符合质量标准，给建设单位造成了损失。关于该合同关系的说法，正确的是( )。
  A. 甲、乙应承担连带责任
  B. 甲与乙属于联合投标
  C. 实际施工并非造成损失的是甲，与乙无关
  D. 投标人是乙，只能由乙承担赔偿责任
【答案】A
【解析】对因该承揽工程不符合规定的质量标准造成的损失，建筑施工企业与使用本企业名义的单位或者个人承担连带赔偿责任。

2Z203030 建筑市场信用体系建设

2Z203031 建筑市场诚信行为信息的分类

一、本节知识速记

不良行为记录由县级以上行政主管部门或者委托的执法监督机构查实和行政处罚形成的记录。

二、本节历年真题与解析

【2013年单】不良行为记录是指建筑市场各方主体在工程建设工程中，违反有关工程建设的法律、法规、规章或强制性标准和执业行业规范，经（　　）级以上建设行政主管部门或者其委托的执法监督机构查实和行政处罚所形成的记录。

A. 乡（镇）　　B. 县　　C. 市　　D. 省

【答案】B

【解析】不良行为记录是指建筑市场各方主体在工程建设工程中，违反有关工程建设的法律、法规、规章或强制性标准和执业行业规范，经县级以上建设行政主管部门或者其委托的执法监督机构查实和行政处罚所形成的记录。

2Z203032 建筑市场施工主体不良行为记录的认定标准

一、本节知识速记

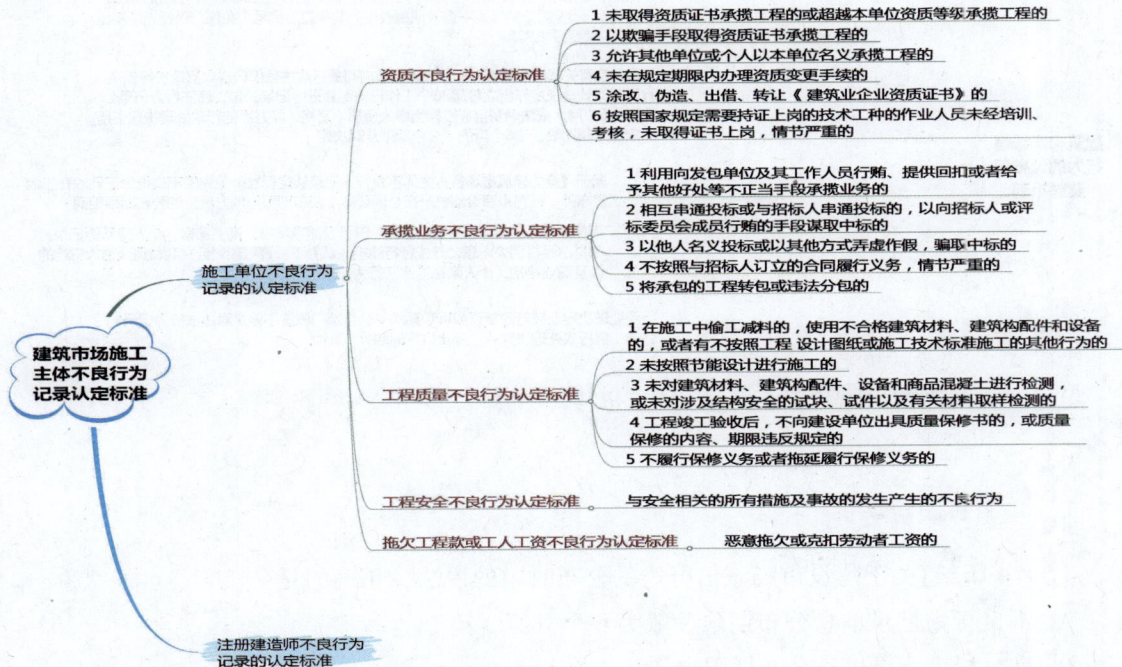

二、本节历年真题与解析

【2012 年多】施工企业承揽业务不良行为的认定标准有（　　）。

A. 以他人名义投标或以其他方式弄虚作假，骗取中标的

B. 以欺骗手段取得资质证书的

C. 将承包的工程转包或违法分包的

D. 以向评标委员会成员行贿的手段谋取中标的

E. 工程竣工验收后，不向建设单位出具质量保修书的

【答案】ACD

【解析】承揽业务不良行为认定标准：

（1）利用向发包单位及其工作人员行贿、提供回扣或者给予其他好处等不正当手段承揽业务的；（2）相互串通投标或与招标人串通投标的，以向招标人或评标委员会成员行贿的手段谋取中标的；（3）以他人名义投标或以其他方式弄虚作假，骗取中标的；（4）不按照与招标人订立的合同履行义务，情节严重的；（5）将承包的工程转包或违法分包的。

2Z203033　建筑市场诚信行为的公布和奖惩机制

一、本节知识速记

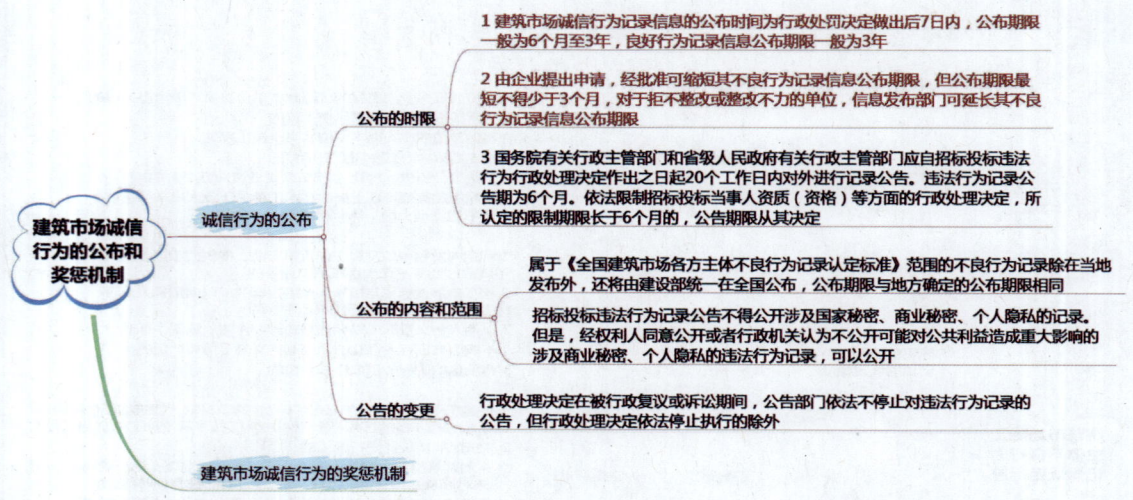

二、本节真题与解析

【2014 年单】关于建设市场诚信行为的公布时限的说法，正确的是（　　）。

A. 不良行为记录信息公布期限一般为 6 个月至 3 年

B. 良好行为记录信息公布期限一般为 6 个月

C. 招标投标违法行为记录公告期限为 1 年
D. 依法限制招标投标当事人资质公告期限为 3 个月

【答案】A

【解析】建筑市场诚信行为记录信息的公布时间为行政处罚决定做出后 7 日内，公布期限一般为 6 个月至 3 年；良好行为记录信息公布期限一般为 3 年。

建设工程合同和劳动合同法律制度

2Z204000

本章知识框架

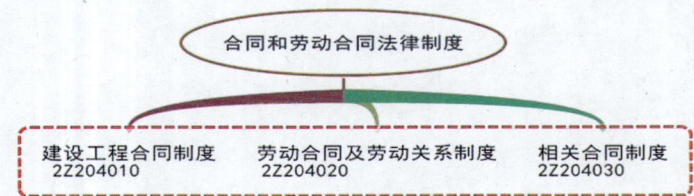

2Z204010 建设工程合同制度

2Z204011 建设工程·施工合同的法定形式和内容

▶ 一、本节知识速记

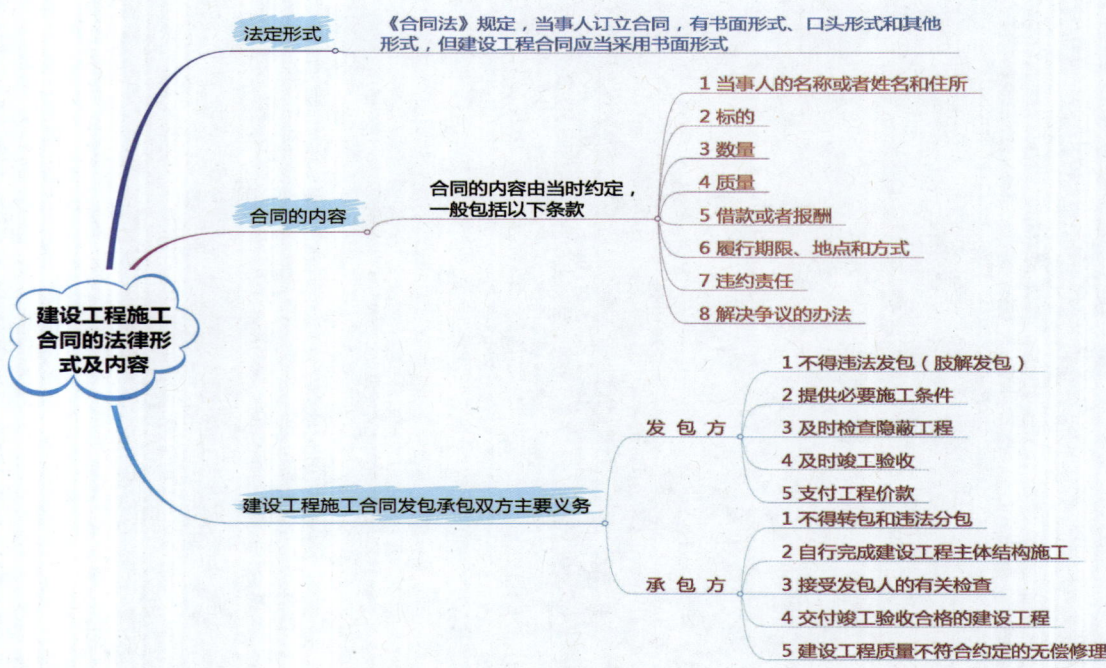

二、本节真题与解析

1.【2012 年单】要式合同是指(　　)的合同。

A. 法律上已经确定了一定的名称和规则

B. 当事人双方互相承担义务

C. 根据法律规定必须采用特定形式

D. 当事人双方意思表示一致即告成立

【答案】C

【解析】考核合同的分类：

(1)法律上已经确定了一定的名称和规则的，是有名合同；否则为无名合同。

(2)当事人双方互负义务的，为双务合同；否则为单务合同。

(3)根据法律规定必须采用特定形式的，为要式合同；否则为不要式合同。

(4)当事人双方意思表示一致即告成立的合同，为诺成合同；否则为实践合同。

2.【2014 年单】根据《合同法》，应当采用书面形式的合同是(　　)。

A. 设备租赁合同

B. 建设工程合同

C. 承揽合同

D. 货物买卖合同

【答案】B

【解析】《合同法》明确规定，当事人订立合同，有书面形式、口头形式和其他形式。法律、行政法规规定采用署名形式的，应当采用书面形式。当事人约定采用书面形式的，应当采用书面形式。建设工程合同应当采用书面形式。对于合同标的数额巨大或隐藏而特别容易损害到他人的合同，书面形式更能保护相关人利益。银行贷款合同和不动产合同往往价值巨大，法律规定应采用书面形式以尽量减少交易纠纷；担保合同非常隐蔽且往往关乎第三人，也需要以书面形式订立。租赁合同，6个月内可以口头订立；6个月以上应以书面形式订立，否则视为不定期租赁。

3.【2014 年单】下列变更中，属于应当经合同当事人双方协商一致情形的是(　　)。

A. 采购数量变更

B. 公司名称变更

C. 合同签约人员变更

D. 公司法定代表人变更

【答案】A

【解析】合同的内容，即合同当事人的权利、义务，除法律规定的以外，主要由合同的条款确定。合同的内容由当事人约定，一般包括以下条款：

(1)当事人的名称或者姓名和住所；

(2)标的，如有形财产、无形财产、劳务、工作成果等；

(3)数量，应选择使用共同接受的计量单位、计量方法和计量工具；

(4)质量，国家有强制性标准的，必须按照强制性标准执行，并可约定质量检验方法、质量责任期限与条件、对质量提出异议的条件与期限等；

(5)价款或者报酬，应规定清楚计算价款或者报酬的方法；

(6)履行期限、地点和方式；

(7)违约责任，可在合同中约定定金、违约金、赔偿金额以及赔偿金的计算方法等。

如果双方当事人就变更事项达成一致意见，则变更后的内容取代原合同的内容，当事人应当按照变更后的内容履行合同。如果一方当事人未经对方同意就改变合同的内容，不仅变更的内容对另一方没有约束力，其做法还是一种违约行为，应当承担违约责任。

4.【2012年单】下列不属于发包人义务的情形是( )。

　　A. 提供必要施工条件

　　B. 及时组织工程竣工验收

　　C. 向有关部门移交建设项目档案

　　D. 就审查合格的施工图设计文件向施工企业进行详细说明

【答案】D

【解析】发包人的主要义务：(1)不得违反发包；(2)提供必要施工条件；(3)及时检验隐蔽工程；(4)及时验收工程；(5)支付工程价款。

5.【2014年单】关于施工合同特征的说法，错误的是( )。

　　A. 施工合同是双务合同

　　B. 施工合同是要式合同

　　C. 施工合同客体是工程

　　D. 施工合同是有偿合同

【答案】C

【解析】施工合同是建设工程合同，属于承揽合同。承揽合同的特征：

(1)承揽合同以完成一定的工作并交付工作成果为标的。

(2)承揽人须以自己的设备、技术和劳力完成所承揽的工作。

(3)承揽人工作具有独立性。施工合同的客体是施工的行为，不是工程。

2Z204012 建设工程工期和支付价款的规定

> 一、本节知识速记

1. 建设工程工期

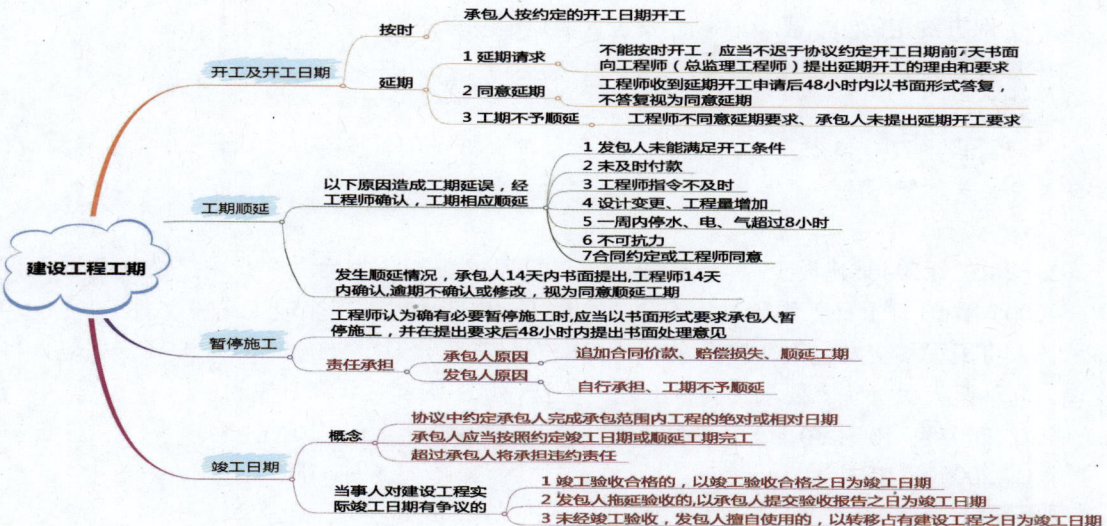

2. 工程价款的支付

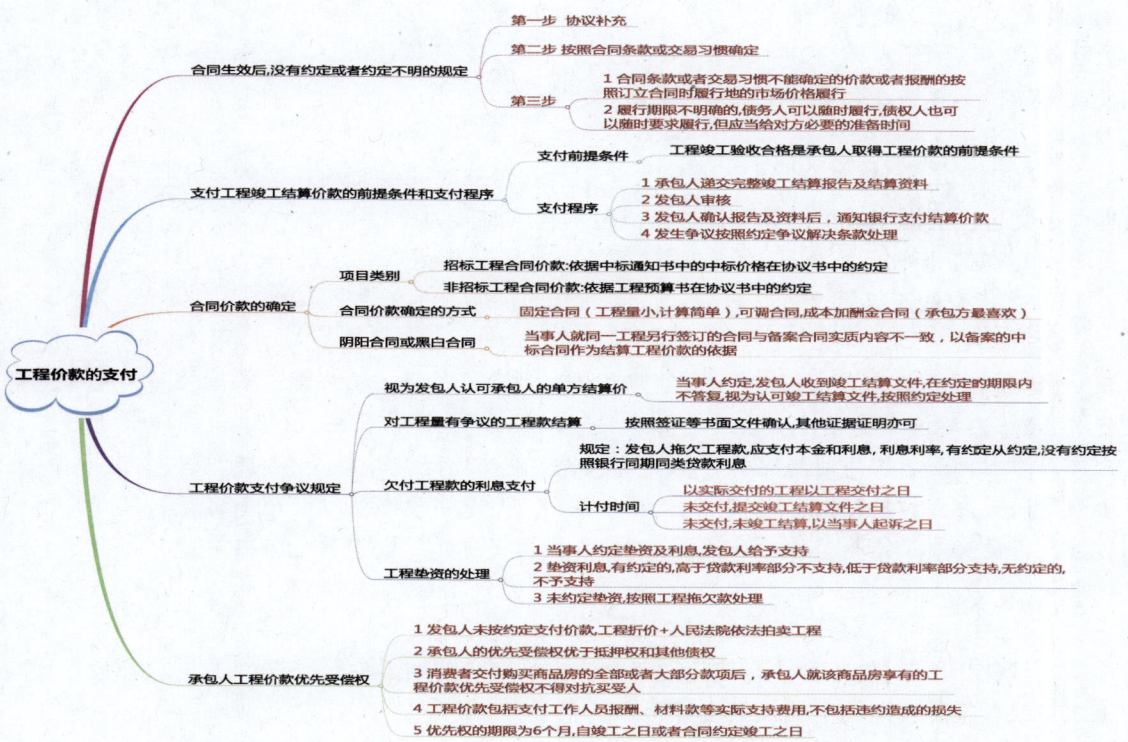

二、本节真题与解析

1. 【2012年单】发包人和承包人在合同中约定垫资但没有约定垫资利息,后双方因垫资返还发生纠纷诉至法院。关于该垫资的说法,正确的是(　　)。

　　A. 法律规定禁止垫资,双方约定的垫资条款无效
　　B. 发包人应返还承包人垫资,但可以不支付利息
　　C. 双方约定的垫资条款有效,发包人应返还承包人垫资并支付利息
　　D. 垫资违反相关规定,应予以没收

【答案】B

【解析】当事人对垫资没有约定的,按照工程欠款处理。当事人对垫资利息没有约定,承包人请求支付利息的,不予支持。

2. 【2007年单】某建设工程合同约定,"工程通过竣工验收后2个月内,结清全部工程款"。2005年10月1日工程通过竣工验收,10月10日承包人提交竣工结算文件,10月20日承包人将工程移交发包人,但发包人一直未支付工程余款。2006年5月1日,承包人将发包人起诉至人民法院,要求其支付工程欠款及利息。则利息起算日应为(　　)。

　　A. 2005年10月10日　　　　　　B. 2005年10月20日
　　C. 2005年12月1日　　　　　　　D. 2006年5月1日

【答案】C

【解析】《最高人民法院关于审理建设工程施工合同纠纷案件适用法律问题的解释》规定,当事人对建设工程实际竣工日期有争议的,按照以下情形分别处理:(1)建设工程经竣工验收合格的,以竣工验收合格之日为竣工日期;(2)承包人已经提交竣工验收报告,发包人拖延验收的,以承包人提交验收报告之日为竣工日期;(3)建设工程未经竣工验收,发包人擅自使用的,以转移占有建设工程之日为竣工日期。

3. 【2012年单】施工合同诉讼当事人对工程款付款时间没有约定或约定不明确,建设工程尚未交付,已提交竣工结算文件,则应付工程款时间为(　　)。

　　A. 竣工验收合格之日　　　　　B. 当事人起诉之日
　　C. 提交竣工结算文件之日　　　D. 判决生效之日

【答案】C

【解析】该题的考点是《最高人民法院关于审理建设工程施工合同纠纷案件适用法律问题的解释》中对建设工程应付工程款时间的规定。根据《最高人民法院关于审理建设工程施工合同纠纷案件适用法律问题的解释》的规定,当事人对付款时间没有约定或者约定不明的,下列时间视为应付款时间:(1)建设工程已实际交付的,为交付之日;(2)建设工程没有交付的,为提交竣工结算文件之日;(3)建设工程未交付,工程价款也未结算的,为当事人起诉之日。

4. 【2012年单】施工企业行使建设工程优先受偿权的期限为(　　)个月,自建设工程竣工之日或者施工合同约定的竣工之日起算。

　　A. 1　　　　　B. 3　　　　　C. 6　　　　　D. 12

【答案】C

【解析】该题的考点是建设工程承包人行使优先权的期限。建设工程承包人行使优先权的期限为6个月，自建设工程竣工之日或者建设工程合同约定的竣工之日起计算。

5.【2014年单】发包人发生以下情形，且催告的合理期限内仍未履行相应义务，承包人请求接触建设工程施工合同，人民法院应予支持的是(　　)。

A. 未按约定支付工程价款致使承包人无法施工
B. 拖欠垫资利息
C. 施工现场安装摄像设备全程监控
D. 迟延交付施工场地发生停窝工损失拒绝赔付

【答案】A

【解析】发包人具有下列情形之一，致使承包人无法施工，且在催告的合理期限内仍未履行相应义务，承包人请求解除建设工程施工合同的，应予支持：(1)未按约定支付工程价款的；(2)提供的主要建筑材料、建筑构配件和设备不符合强制性标准的；(3)不履行合同约定的协助义务的。

2Z204013　建设工程赔偿损失的规定

一、本节知识速记

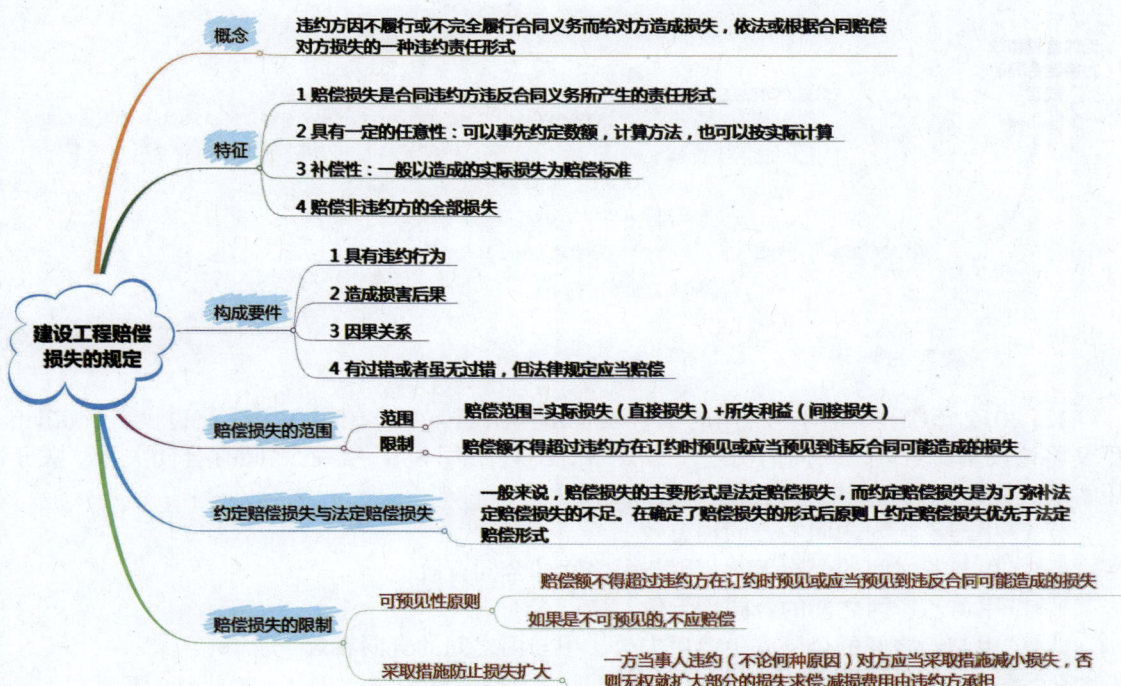

二、本节真题与解析

【2012年单】承包商向水泥厂购买袋装水泥并按合同约定支付全部货款。因运输公司原因导致水泥交货延误2天，承包商收货后要求水泥厂支付违约金，水泥厂予以拒绝。承包商认为水泥厂违约，因而未对堆放水泥采取任何保护措施，次日大雨，水泥受潮全部硬化。此损失应由（　　）承担。

　　A. 三方共同　　　B. 水泥厂　　　C. 承包商　　　D. 运输公司

【答案】C

【解析】一方违约后，被违约方应依照诚实信用原则，采取适当措施防止损失扩大；不采取减损措施致使损失扩大的，不得就扩大的损失要求赔偿。本题很难，因为大多数考生对合同履行中的诚实信用原则和被违约方的减损义务毫无概念。

2Z204014　无效合同和效力待定合同

一、本节知识速记

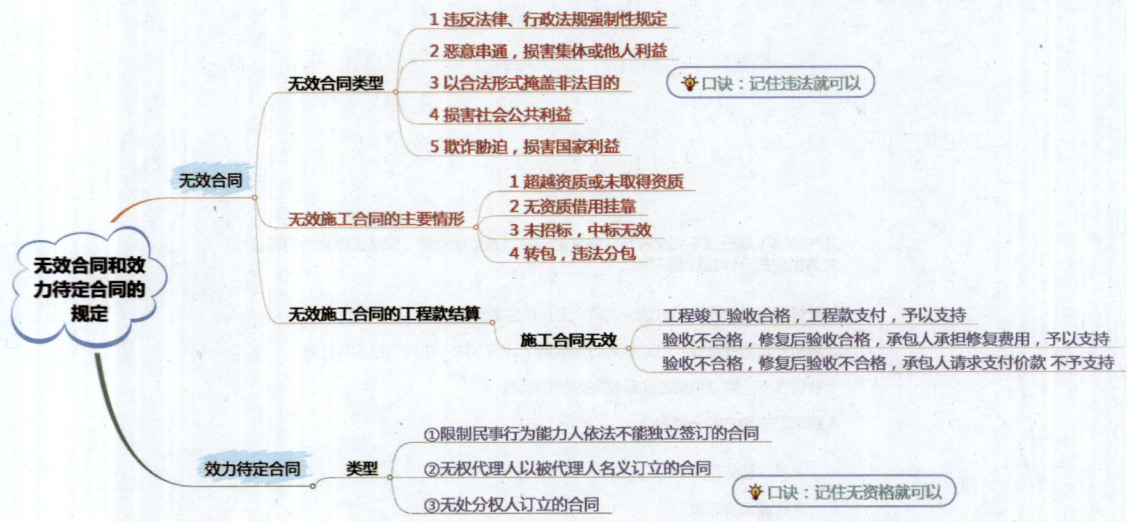

二、本节真题与解析

1.【2012年单】甲将闲置不用的工程设备出售给乙，双方约定3天后交付设备，次日，甲又将该设备卖给丙，并向丙交付了该设备。经查，丙不知甲与乙之间有合同关系。关于甲、乙、丙之间的合同效力的说法，正确的是（　　）。

　　A. 甲与乙、丙之间的合同均有效
　　B. 甲与乙之间的合同无效，甲与丙之间的合同有效
　　C. 甲与乙、丙之间的合同均无效
　　D. 甲与乙之间的合同先生效后失效，甲与丙之间的合同有效

【答案】A

【解析】第二个合同是否无效，关键看订立合同时相对人是否知情。如知情，则属于恶意串通损害他人利益，为无效合同；如不知情，则法律应当保护善意相对人的合法权益，不能因此认定第二个合同无效。

2. 【2010年单】甲乙两公司为减少应纳税款，以低于实际成交的价格签订合同。根据《合同法》，该合同为( )合同。
   A. 有效　　　　　B. 无效　　　　　C. 效力待定　　　D. 可变更、可撤销
【答案】B
【解析】违法合同无效，无任何条件。

3. 【2013年单】建设工程施工合同无效，将不会产生( )的法律后果。
   A. 返还财产　　　B. 折价补偿　　　C. 赔偿损失　　　D. 支付违约金
【答案】D
【解析】合同无效，无约可违。

4. 【2012年多】关于建设工程施工合同无效的处理，说法正确有( )。
   A. 建设工程竣工验收合格，承包人请求参照合同的约定支付工程款的，应予支持
   B. 建设工程竣工验收不合格，但是修复后的建设工程经竣工验收合格，发包人请求承包人承担修复费用的，不予支持
   C. 建设工程竣工验收不合格，修复后的建设工程经竣工验收仍不合格，承包人请求支付工程价款的，不予支持
   D. 建设工程经竣工验收不合格，发包人可以不承担相应的民事责任
   E. 承包人超越资质等级许可的业务范围签订施工合同，在建设工程竣工前取得相应资质等级，当事人请求按照无效合同处理的，不予支持
【答案】ACE
【解析】《最高人民法院关于审理建设工程施工合同纠纷案件适用法律问题的解释》规定，建设工程施工合同无效，但建设工程经竣工验收合格，承包人请求参照合同约定支付工程价款的，应予支持。建设工程施工合同无效，且建设工程经竣工验收不合格的，按照以下情形分别处理：
(1) 修复后的建设工程经竣工验收合格，发包人请求承包人承担修复费用的，应予支持；
(2) 修复后的建设工程经竣工验收不合格，承包人请求支付工程价款的，不予支持。

5. 【2012年单】因欺诈、胁迫订立的合同，( )的应认定为无效合同。
   A. 当事人产生重大误解　　　　　　B. 损害合同相对人利益
   C. 当事人意思表示不真实　　　　　D. 损害国家利益
【答案】D
【解析】因欺诈、胁迫订立的合同，损害国家利益的应认定为无效合同。

6. 【2012年多】下列情形导致施工合同无效的有( )。
   A. 施工企业以欺诈手段承揽政府投资工程
   B. 某投标人与招标人串通并中标，损害其他投标人利益
   C. 施工企业不具有相应资质等级
   D. 违反工程建设强制性标准订立施工合同
   E. 以欺诈手段订立施工合同，损害合同对方当事人利益
【答案】ABCD
【解析】该题的考点是无效合同。无效合同的原因包括：(1)一方以欺诈手段订立合同，损害国家利益；(2)一方以胁迫手段订立合同，损害国家利益；(3)恶意串通，损害国家、

集体或第三人利益的合同；（4）以合法形式掩盖非法目的；（5）损害社会公共利益；（6）违反法律、行政法规的强制性规定。本题中，A选项属于以欺诈手段订立的损害国家利益的合同；B选项属于恶意串通，损害国家、集体或第三人利益的合同；C、D选项属于违反法律、行政法规强制性规定的合同，均属于无效合同的类型。

7.【2012年多】下列合同属于可变更可撤销的合同的是（　　）。
　　A. 项目经理越权订立的合同　　　　B. 材料员失职购进废旧钢材
　　C. 因重大误解订立的合同　　　　　D. 在订立合同时显失公平
【答案】CD
【解析】违心合同可撤销。

8.【2010年单】某施工单位从租赁公司租赁了一批工程模板。施工完毕，施工单位以自己的名义将该批模板卖给其他公司。后租赁公司同意将该批模板卖给施工单位。此时施工单位出卖模板的合同为（　　）合同。
　　A. 可变更、可撤销　B. 有效　　　　C. 无效　　　　D. 效力待定
【答案】B
【解析】无处分权人处分他人财产的合同属效力待定，但两种情况下尘埃落定为有效：(1)权利人事后追认；(2)无权处分人事后取得处分权。

9.【2013年多】合同无效的原因有（　　）。
　　A. 恶意串通，损害他人利益　　　　B. 以合法形式掩盖非法目的
　　C. 一方以胁迫手段订立合同，损害集体利益
　　D. 重大误解或显失公平　　　　　　E. 损害社会公共利益
【答案】ABE
【解析】无效合同的原因：
(1) 一方欺诈，并损害国家利益的；
(2) 一方采用胁迫手段订立合同，并损害国家利益的；
(3) 恶意串通，损害国家、集体或第三人利益损害的合同；
(4) 以合法形式掩盖非法目的；
(5) 损害社会公共利益；
(6) 违反法律法规强制性规定的。

10.【2013年多】下列合同中，属于可变更，可撤销合同的有（　　）。
　　A. 建设单位因对工程内容存在重大误解而订立的合同
　　B. 施工企业采取欺诈手段订立的损害国家利益的合同
　　C. 总承包单位将施工图深化设计风险转移给分包单位的合同
　　D. 建设单位为偷税而订立的施工合同
　　E. 村民胁迫施工企业订立的供货合同
【答案】AE
【解析】(1)因重大误解订立的合同；
(2) 显失公平的合同；
(3) 因欺诈胁迫而订立的合同；
(4) 乘人之危而订立的合同。

第二部分 建设工程法规及相关知识

2Z204015 合同的履行、变更、转让、撤销和终止

一、本节知识速记

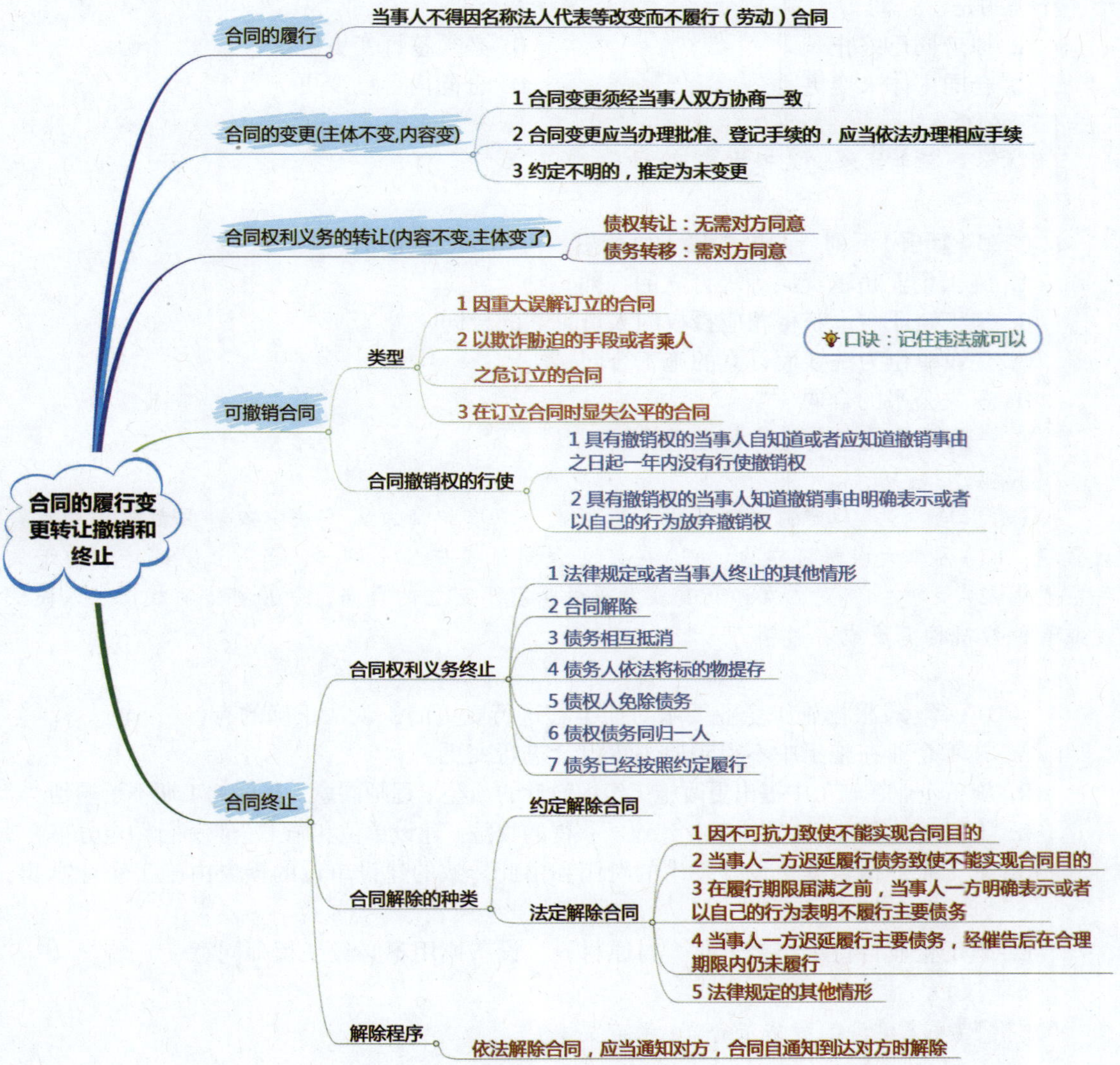

合同的履行变更转让撤销和终止
- 合同的履行：当事人不得因名称法人代表等改变而不履行（劳动）合同
- 合同的变更（主体不变，内容变）：
  1. 合同变更须经当事人双方协商一致
  2. 合同变更应当办理批准、登记手续的，应当依法办理相应手续
  3. 约定不明的，推定为未变更
- 合同权利义务的转让（内容不变，主体变了）：
  - 债权转让：无需对方同意
  - 债务转移：需对方同意
- 可撤销合同
  - 类型：
    1. 因重大误解订立的合同
    2. 以欺诈胁迫的手段或者乘人之危订立的合同
    3. 在订立合同时显失公平的合同
  - 口诀：记住违法就可以
  - 合同撤销权的行使：
    1. 具有撤销权的当事人自知道或者应当知道撤销事由之日起一年内没有行使撤销权
    2. 具有撤销权的当事人知道撤销事由明确表示或者以自己的行为放弃撤销权
- 合同终止
  - 合同权利义务终止：
    1. 法律规定或者当事人终止的其他情形
    2. 合同解除
    3. 债务相互抵消
    4. 债务人依法将标的物提存
    5. 债权人免除债务
    6. 债权债务同归一人
    7. 债务已经按照约定履行
  - 合同解除的种类：
    - 约定解除合同
    - 法定解除合同：
      1. 因不可抗力致使不能实现合同目的
      2. 当事人一方迟延履行债务致使不能实现合同目的
      3. 在履行期限届满之前，当事人一方明确表示或者以自己的行为表明不履行主要债务
      4. 当事人一方迟延履行主要债务，经催告后在合理期限内仍未履行
      5. 法律规定的其他情形
  - 解除程序：依法解除合同，应当通知对方，合同自通知到达对方时解除

二、本节真题与解析

1.【2012年单】甲公司向乙公司购买50吨水泥，后甲通知乙需要更改购买数量，但一直未明确具体数量。交货期届至，乙将50吨水泥交付给甲，甲拒绝接受，理由是已告知要变更合同。关于双方合同关系的说法，正确的是（　　）。

　　A. 乙承担损失　　　　　　　　　B. 甲可根据实际情况部分接收

　　C. 双方合同已变更，乙送货构成违约　　D. 甲拒绝接收，应承担违约责任

【答案】D

【解析】合同变更需当事人双方：（1）协商一致；（2）内容明确。合同变更内容约定不

明，推定为未变更。

2.【2013年单】甲乙双方签订了购货合同。在合同履行过程中，甲方得知乙方公司名称及其法定代表人均发生了变更，于是要求签订合同变更协议，遭到乙方的拒绝。针对该情形，正确的是( )。
　　A. 原合同已终止　　　　　　　　B. 必须签订变更协议
　　C. 合同主体未变更　　　　　　　D. 合同内容已变更
【答案】C
【解析】合同主体签订人没有变更。

3.【2014年多】下列合同中，属于可变更、可撤销合同的有( )。
　　A. 施工企业超越资质等级订立的合同
　　B. 施工企业中未获得相应授权的人员订立的合同
　　C. 建设单位为洗钱而订立的施工合同
　　D. 显失公平的合同
　　E. 一方乘人之危与他人订立的合同
【答案】DE
【解析】《合同法》规定，下列合同，当事人一方有权请求人民法院或者仲裁机构变更或者撤销：(1)因重大误解订立的。(2)在订立合同时显失公平的。(3)一方以欺诈、胁迫的手段或者乘人之危，使对方在违背真实意思的情况下订立的合同，受损害方有权请求人民法院或者仲裁机构变更或者撤销。

4.【2011年多】根据施工企业要求对原工程进行变更的，说法正确的有( )。
　　A. 施工企业在施工中不得对原工程设计进行变更
　　B. 施工企业在施工中提出更改施工组织设计的须经工程师同意，延误的工期不予顺延
　　C. 工程师采用施工企业合理化建议所获得的收益，建设单位和施工企业另行约定分享
　　D. 施工企业擅自变更设计发生的费用和由此导致的建设单位的损失由施工企业承担，延误的工期不予顺延
　　E. 施工企业自行承担差价时，对原材料、设备换用不必经工程师同意
【答案】CD
【解析】考核《建设工程施工合同(示范文本)》。

5.【2012年单】根据《合同法》，债务人转让合同债务应当( )。
　　A. 通知债权人　　　　　　　　　B. 与债权人协商
　　C. 经过债权人的同意　　　　　　D. 重新签订合同
【答案】C
【解析】《合同法》规定，债务人将合同的义务全部或者部分转移给第三人的，应当经债权人同意。

6.【2012年单】根据《合同法》，法律、行政法规规定解除合同应当办理批准、登记手续的，合同解除的时间是( )。

A. 解除方发表解除声明时 B. 批准、登记手续办理完毕时
C. 解除通知到达对方时 D. 递交解除批准、登记申请时

【答案】B

【解析】该题的考点是合同解除。合同解除，是指当具备解除条件时，因合同当事人一方或双方意思表示，使有效成立的合同效力消灭的行为。以成立合同的方式解除原有合同的，即通过要约、承诺的方式产生新的合同，以新的合同来解除原合同的，依照合同订立程序进行。法律、行政法规规定解除合同应当办理批准、登记等手续的，依照其规定。

7.【2012年多】根据《合同法》，施工企业可单方解除合同的情形有（　　）。
A. 建设单位交付的施工图设计文件深度不足
B. 建设单位违约致使合同目的不能实现
C. 地震导致合同无法履行
D. 建设单位迟延 3 日给付预付款
E. 建设单位提供的地质资料不准确

【答案】BC

【解析】该题的考点是单方解除合同的条件。单方解除的条件是当事人在订立合同时可以预先设定，解除合同的条件成就时，解除权人可以通知对方解除合同。单方解除的条件主要包括：(1) 因不可抗力致使不能实现合同目的；(2) 在履行期限届满之前，当事人一方明确表示或者以自己的行为表明不履行主要债务，这种行为称为预期违约；(3) 当事人一方迟延履行主要债务，经催告后在合理期限内仍未履行；(4) 当事人一方迟延履行债务或者有其他违约行为致使不能实现合同目的。

8.【2012年多】下列合同中，属于可变更、可撤销合同的有（　　）。
A. 项目经理越权订立的合同 B. 材料员私自出售废旧钢材
C. 因重大误解订立的合同
D. 以欺诈手段订立的损害了国家利益的合同
E. 在订立合同时显失公平

【答案】CE

【解析】该题的考点是可变更、可撤销合同。合同的变更、撤销，是指因意思表示不真实，法律允许撤销权人通过行使撤销权，使已经生效的合同效力归于消灭或使合同内容变更。导致合同变更与撤销的原因有：(1) 重大误解；(2) 显失公平；(3) 因欺诈、胁迫而订立的合同；(4) 乘人之危而订立的合同未损害国家利益。

9.【2013年单】合同工期届满之前，施工企业明确表示不再施工的行为是（　　）。
A. 侵权　　B. 预期违约　　C. 合法行为　　D. 单方解除合同

【答案】B

【解析】本题考查的是违约责任承担方式，预期违约。

10.【2013年单】下列变更中，属于完全狭义的合同变更的是（　　）。
A. 客体、内容均变更 B. 主体、客体均变更
C. 主体、内容均变更 D. 形式、主体均变更

【答案】A

【解析】狭义的合同变更不包括主体变更。

11.【2013年单】当事人可以请求人民法院或仲裁机构变更或撤销合同的情形是（　　）。
　　A. 代理人超越代理权订立的合同
　　B. 因重大误解而订立的合同
　　C. 造成对方人身伤害、财产损失可以免责的合同
　　D. 以合法形式掩盖非法目的的合同

【答案】B

【解析】由重大误解而订立的或者显失公平订立的合同，可以请求人民法院或仲裁机构变更或撤销合同。

12.【2011年单】甲乙签订了建筑材料买卖合同，经当事人双方协商一致才能变更的情形是（　　）。
　　A. 甲公司名称变更　　　　B. 乙公司的法人代表变更
　　C. 合同签约人变更　　　　D. 买卖数量变更

【答案】D

【解析】合同生效后，当事人不得因其主体名称的变更或者法定代表人、负责人、承办人的变动而主张和请求合同变更。故选D。

2Z204016　违约责任及违约责任的免除

一、本节知识速记

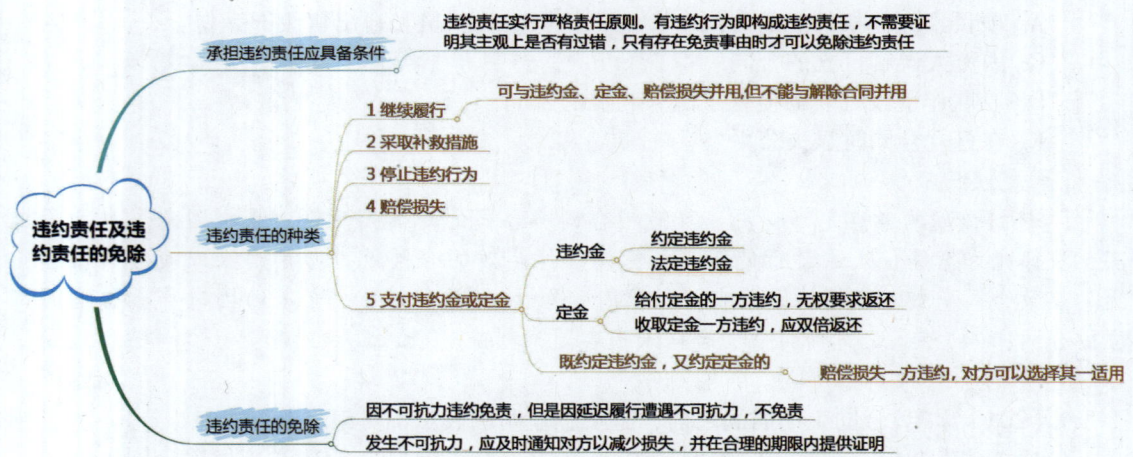

二、本节真题与解析

1.【2014年多】下列责任中，属于违约责任的承担方式的有（　　）。
　　A. 定金　　B. 罚金　　C. 违约金　　D. 罚款　　E. 消除危险

【答案】AC

【解析】合同当事人违反合同义务，承担违约责任的种类主要有：继续履行、采取补救

措施、停止违约行为、赔偿损失、支付违约金或定金等。

2.【2014年多】合同未约定违约责任,当事人一方不履行合同义务的,违约方应当承担的违约责任有( )。
　　A. 赔礼道歉　　　　　　　　　B. 继续履行
　　C. 赔偿损失　　　　　　　　　D. 采取补救措施
　　E. 支付违约金
【答案】BCDE
【解析】违约金有约定违约金和法定违约金。合同当事人违反合同义务,承担违约责任的种类主要有:继续履行、采取补救措施、停止违约行为、赔偿损失、支付违约金或定金等。

3.【2014年单】关于《建设工程施工合同(示范文本)》(GF—2013—0201)的是( )。
　　A. 当事人必须采用示范文本　　　B. 采用示范文本是强制性的
　　C. 供当事人订立合同时参考　　　D. 不采用示范文本
【答案】C
【解析】合同示范文本对当事人订立合同起参考作用,但不要求当事人必须采用合同示范文本,即合同的成立与生效同当事人是否采用合同示范文本无直接关系。合同示范文本具有引导性、参考性,但无法律强制性,为非强制性使用文本。

4.【2012年多】下列属于民事违约责任承担方式的有( )。
　　A. 赔偿损失　　　B. 继续履行　　　C. 支付违约金
　　D. 定金罚则　　　E. 赔礼道歉
【答案】ABD
【解析】合同当事人违反合同义务,承担违约责任的种类主要有:继续履行、采取补救措施、停止违约行为、赔偿损失、支付违约金或定金等。

5.【2010年多】在合同没有具体约定违约责任的情况下,被违约方可依法要求违约方( )。
　　A. 继续履行　　　B. 采取补救措施　　　C. 赔偿损失
　　D. 支付违约金　　E. 定金
【答案】ABC
【解析】违约责任共5种,ABC三种为法律直接规定,DE二种需要当事人约定。

6.【2012年单】甲乙合同约定违约金1万元,合同履行中甲违约造成乙5万元损失。乙起诉后,法院最多支持赔偿( )元。
　　A. 1万　　　B. 5万　　　C. 6万　　　D. 7万
【答案】B
【解析】约定的违约金低于造成的损失的,当事人可以选损失。

7.【2012年单】甲乙材料采购合同约定,违约金4万元,定金3万元,由于甲方不履行,给乙造成损失5万元,则乙最多可以向甲主张返还( )元。

A. 8万　　　B. 6万　　　C. 11万　　　D. 7万

【答案】A

【解析】违约金(同时返还定金)，双倍返还定金，二种制裁方式中只能主张一个。

8.【2013年单】因施工企业原因，工程未能如期竣工，建设单位听取监理单位建议后，在建设行政主管部门协调下同意不追究施工企业之前的违约责任，之后发生地震致使工期再次拖延，则因此产生的工期责任由(　　)承担。

A. 建设单位　　B. 施工企业　　C. 监理单位　　D. 建设行政主管部门

【答案】A

【解析】因为地震是在建设单位同意不追究施工企业原因的基础上顺延的。所以期间的风险由建设单位承担。

9.【2013年单】违约责任承担的方式包括(　　)。

A. 继续履行　　B. 提供担保　　C. 解除合同　　D. 代位赔偿

【答案】A

【解析】违约责任的承担方式主要有三种，即继续履行、采取补救措施和赔偿损失。

2Z204020　劳动合同及劳动关系制度

2Z204021　劳动合同订立的规定

> 一、本节知识速记

纲领性原则：劳动法法律最大限度倾向保护劳动者权益，限制单位

1. 订立劳动合同应当遵守的原则

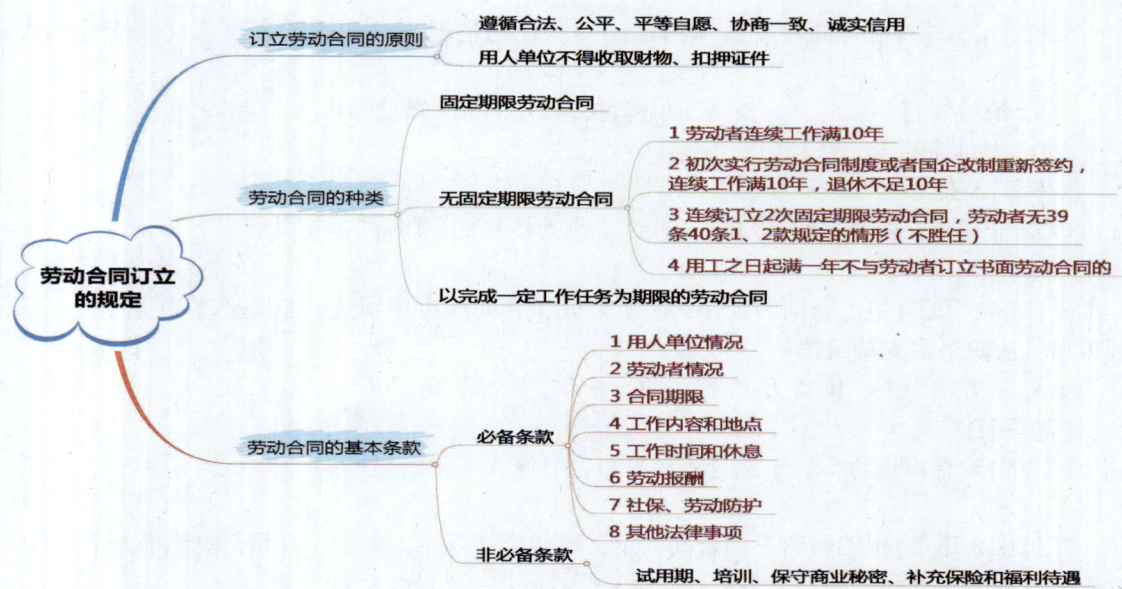

2. 劳动报酬和试用期

及时订立	用人单位自用工之日起即与劳动者建立劳动关系。及时签订：用工之日起一个月内签订书面合同；劳动关系自用工之日建立 用工日　　1个月　　双倍工资　　1年　　视为无固定	
合同形式	书面；非全日制用工可以签订口头协议	
劳动报酬	劳动报酬、劳动条件约定不明引发争议：按照重新协商、集体合同、同工同酬、国家规定顺序依次优先适用	
试用期	期限	合同期限3个月以上1年以下；试用期不超过1个月 合同期限1年以上3年以下；试用期不超过2个月 合同期限3年以上或无固定期合同；试用期不超过6个月
劳动合同生效	双方协商一致，签字盖章后生效	
劳动合同无效或部分无效	情形	1. 欺诈、胁迫、乘人之危违背其真实意思签订 2. 用人单位免除自己法定责任、排除劳动者权利的 3. 违反法律、行政法规强制性规定
	后果	1. 部分无效，不影响其他部分 2. 劳动者已经付出劳动，参照单位相近岗位付酬

二、本节真题与解析

1. 【2014年多】根据《劳动合同法》，用人单位在与劳动者签订合同时采取的正当行为有（　　）。
   A. 约定专业技术培训服务违约金
   B. 扣押居民身份证
   C. 签订竞业限制协议书
   D. 扣押职业资格证
   E. 要求提供担保

   【答案】AC

   【解析】《劳动合同法》规定：订立劳动合同，应当遵循合法、公平、平等自愿、协商一致、诚实信用的原则。用人单位招用劳动者，不得要求劳动者提供担保或者以其他名义向劳动者收取财物；不得扣押劳动者的居民身份证或者其他证件。

2. 【2014年单】根据《劳动合同法》，劳动者在试用期内的工资最低为劳动合同工资的（　　），并不得低于用人单位所在地的最低工资标准。
   A. 60%　　B. 75%　　C. 80%　　D. 90%

   【答案】C

【解析】劳动者在试用期的工资不得低于本单位相同岗位最低档工资或者劳动合同约定工资的80%，并不得低于用人单位所在地的最低工资标准。在试用期中，除劳动者有《劳动合同法》第39条和第40条第1项、第2项规定的情形外，用人单位不得解除劳动合同。用人单位在试用期解除劳动合同的，应当向劳动者说明理由。

3.【2014年单】根据《劳动合同法》用人单位自用工之日起超过1个月不满1年未与劳动者订立书面劳动合同的，应当向劳动者每月支付(　　)倍的工资。
　　A. 1.5　　　B. 2　　　C. 3　　　D. 4
【答案】B
【解析】《劳动合同法》规定：用人单位自用工之日起超过1个月不满1年未与劳动者订立书面劳动合同的，应当向劳动者每月支付2倍的工资。用人单位自用工之日起满1年不与劳动者订立书面劳动合同的，视为用人单位与劳动者已订立无固定期限劳动合同。

4.【2014年多】根据《劳动合同法》，用人单位在招用劳动者时可采取的行为有(　　)。
　　A. 扣押居民身份证
　　B. 扣押职业资格证
　　C. 要求提供担保
　　D. 签订专业技术培训服务违约条款
　　E. 签订竞业限制保证书
【答案】DE
【解析】用人单位与劳动者可以约定试用期、培训、保守秘密、补充保险和福利待遇等其他事项。

5.【2013年单】用人单位与劳动者在用工前订立劳动合同的，劳动关系自(　　)之日起建立。
　　A. 订立劳动合同　　　　B. 实际用工日
　　C. 劳动合同备案　　　　D. 实际支付工资
【答案】B
【解析】用人单位与劳动者在用工前订立劳动合同的，劳动关系自用工之日起建立。

6.【2012年单】施工企业与劳动者签订了一份期限为2年半的劳动合同，施工企业和劳动者的试用期依法最长不得超过(　　)个月
　　A. 1　　　B. 2　　　C. 3　　　D. 6
【答案】B
【解析】劳动合同期限3个月以上不满1年的，试用期不得超过1个月；劳动合同期限1年以上不满3年的，试用期不得超过2个月；3年以上固定期限和无固定期限的劳动合同，试用期不得超过6个月。

7.【2012年单】劳动合同期限一年以上不满三年的，试用期最长不得超过(　　)个月。
　　A. 1　　　B. 2　　　C. 3　　　D. 6

【答案】B

【解析】劳动合同期限3个月以上不满1年的，试用期不得超过1个月；劳动合同期限1年以上不满3年的，试用期不得超过2个月；3年以上固定期限和无固定期限的劳动合同，试用期不得超过6个月。同一用人单位与同一劳动者只能约定1次试用期。以完成一定工作任务为期限的劳动合同或者劳动合同期限不满3个月的，不得约定试用期。试用期包含在劳动合同期限内。劳动合同仅约定试用期的，试用期不成立，该期限为劳动合同期限。

8.【2013年多】关于劳动合同试用期的说法，正确的有（　　）。

　　A. 试用期次数最多为2次
　　B. 试用期不包含在劳动合同期限内
　　C. 试用期最长为6个月
　　D. 试用期内，用人单位可无理由解除劳动合同
　　E. 以完成一定工作任务为期限的劳动合同不得约定试用期

【答案】CE

【解析】同一用人单位与同一劳动者只能约定一次试用期，所以A错误，试用期包含在劳动合同期限内，所以B错误，用人单位在试用期解除劳动合同的，应当向劳动者说明理由，所以D错误。

9.【2013年单】用人单位与劳动者在用工前订立劳动合同的，劳动关系自（　　）之日起建立。

　　A. 订立劳动合同　　　　　B. 实际用工
　　C. 劳动合同备案　　　　　D. 实际支付工资

【答案】B

【解析】用人单位与劳动者在用工前订立劳动合同的，劳动关系自用工之日起建立。

2Z204022　劳动合同的履行、变更、解除和终止

> 一、本节知识速记

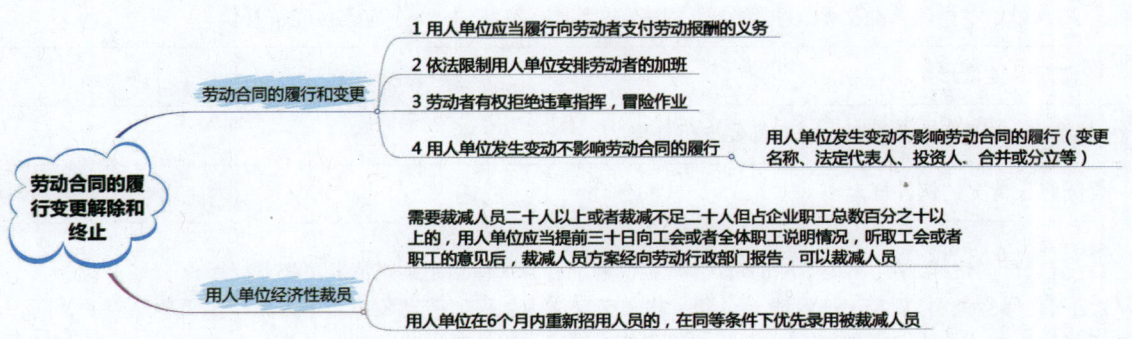

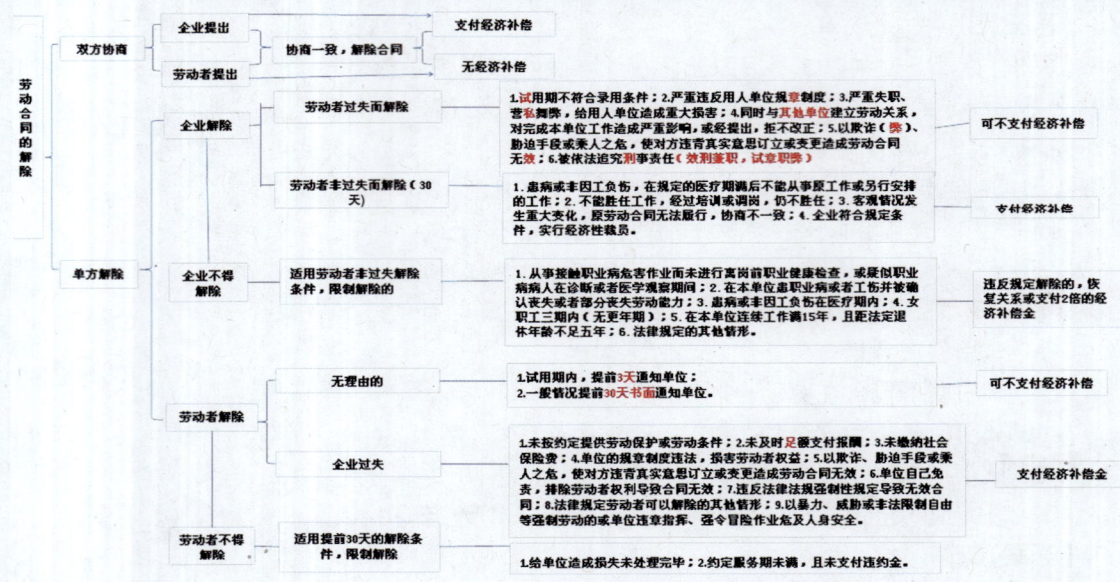

1. 劳动合同的终止与例外

合同终止的法定情形	经济补偿
1. 劳动者到达退休年龄	
2. (固定或者完成一定任务)合同期满	除劳动者不愿续签外，支付经济补偿
3. 劳动者开始享受基本养老保险待遇	
4. 劳动者死亡或者被宣告死亡或失踪	
5. 被宣告破产	应支付经济补偿
6. 用人单位被吊销营业执照、责令关闭、撤销或者自行解散	应支付经济补偿
7. 法定其他情形	
总结	非因劳动者原因，一般都要支付补偿

合同终止情况的例外规定

1.《劳动合同法》42条(不得解除的情况)规定的情况，合同应当延续至情况消失才能终止
2.《工伤保险条例》规定工伤致残1~4级，丧失劳动能力，保留劳动关系，用人单位不得解除劳动合同；工伤致残5、6级，工伤职工提出解除或终止劳动合同，用人单位不得提出；工伤致残7~10级的，合同期满终止

2. 经济补偿

经济补偿的适用	1. 劳动者依据38条法定解除 2. 用人单位提出解除并协商一致 3. 用人单位依据40条解除 4. 用人单位依据41条经济裁员 5. 劳动合同终止（上表）2、5、6的情形 6. 法律、行政法规规定的其他情形
经济补偿的标准	劳动合同法47条规定的经济补偿计算标准： 1. 补偿月数：满一年支付一个月；六个月以上不满一年算一年；不满六个月支付半个月；补偿年限最长不超过12年（也就是最多补12个月） 2. 月工资标准：劳动者最后12个月（不足按实）的平均工资；当地平均工资3倍封顶，当地最低工资标准保底

二、本节真题与解析

1.【2014年多】用人单位可以解除劳动合同，但是应当提前30日以书面形式通知劳动者本人或者额外支付劳动者一个月工资的有（　　）。
    A. 严重违反用人单位规章制度的
    B. 劳动者患病或者非因工负伤，在规定的医疗期满后不能从事原工作，也不能从事由用人单位另行安排工作的
    C. 严重失职，营私舞弊，对用人单位造成重大损失的
    D. 劳动者不能胜任工作，经过培训或者调整工作岗位，仍不能胜任工作的
    E. 劳动合同订立时所依据的客观情况发生重大变化，致使劳动合同无法履行，经当事人协商不能就变更劳动合同内容达成协议的

【答案】BDE

【解析】《劳动合同法》第40条规定，有下列情形之一的，用人单位提前30日以书面形式通知劳动者本人或者额外支付劳动者1个月工资后，可以解除劳动合同：
（1）劳动者患病或者非因工负伤，在规定的医疗期满后不能从事原工作，也不能从事由用人单位另行安排的工作的；
（2）劳动者不能胜任工作，经过培训或者调整工作岗位，仍不能胜任工作的；
（3）劳动合同订立时所依据的客观情况发生重大变化，致使劳动合同无法履行，经用人单位与劳动者协商，未能就变更劳动合同内容达成协议的。

2.【2012年单】用人单位发生合并或者分立等情况，原劳动合同（　　）。
    A. 终止   B. 失效
    C. 由用人单位解除劳动合同
    D. 继续有效，劳动合同由承继其权利义务的用人单位继续履行

【答案】D

【解析】用人单位发生合并或者分立等情况，原劳动合同继续有效，劳动合同由承继其

权利和义务的用人单位继续履行。

3.【2012年单】关于甲施工企业与其乙员工解除劳动合同的说法，正确的是(　　)。
　　A. 甲要求乙加班，乙可以随时通知甲解除劳动合同
　　B. 在试用期内，乙可以随时通知甲解除劳动合同
　　C. 甲按照约定提供劳动条件，乙可以提前7日书面通知甲解除劳动合同
　　D. 甲未按劳动合同约定支付给乙工资，乙可以随时通知甲解除劳动合同
【答案】D
【解析】用人单位有下列情形之一的，劳动者可以解除劳动合同：
(1) 未按照劳动合同约定提供劳动保护或者劳动条件的。
(2) 未及时足额支付劳动报酬的；未依法为劳动者缴纳社会保险费的。
(3) 用人单位的规章制度违反法律、法规的规定，损害劳动者权益的。
(4) 因《劳动合同法》第26条第1款规定的情形致使劳动合同无效的。
(5) 法律、行政法规规定劳动者可以解除劳动合同的其他情形。

4.【2013年多】根据《劳动合同法》，劳动者解除劳动合同，用人单位应当向劳动者支付经济补偿的有(　　)。
　　A. 用人单位未及时足额支付劳动报酬的
　　B. 用人单位未按照劳动合同约定提供劳动保护或者劳动条件的
　　C. 用人单位未依法为劳动者缴纳社会保险费的
　　D. 用人单位违章指挥、强令冒险作业危及劳动者人身安全的
　　E. 用人单位为劳动者提供专项技术培训，双方约定的服务期未到期，但劳动合同期满的
【答案】ABCD
【解析】本题考查的是劳动者可以解除劳动合同的情形，见上题解析。

5.【2012年单】下列情形中，用人单位可以解除劳动合同的是(　　)。
　　A. 职工患病，在规定的医疗期内　　　　B. 女职工在孕期内
　　C. 女职工在哺乳期内
　　D. 在试用期间被证明不符合录用条件
【答案】D
【解析】劳动者有下列情形之一的，用人单位可以解除劳动合同：
(1) 在试用期间被证明不符合录用条件的；
(2) 严重违反用人单位的规章制度的；
(3) 严重失职，营私舞弊，给用人单位造成重大损害的；
(4) 劳动者同时与其他用人单位建立劳动关系，对完成本单位的工作任务造成严重影响，或者经用人单位提出，拒不改正的；
(5) 因《劳动合同法》第26条第1款第1项规定的情形致使劳动合同无效的；

(6)被依法追究刑事责任的。

6.【2012年单】劳动合同补偿标准中的月工资是指劳动者在劳动合同解除或终止前( )个月的平均工资。

  A. 3   B. 6   C. 10   D. 12

【答案】D

【解析】劳动合同补偿标准中的月工资是指劳动者在劳动合同解除或终止前12个月的平均工资。

7.【2012年多】在员工出现下列情形时,施工企业可随时解除劳动合同的有( )。

  A. 在试用期间被证明不符合录用条件
  B. 严重失职给本单位造成重大损失
  C. 严重违反施工企业规章制度
  D. 被依法追究民事责任
  E. 被依法追究刑事责任

【答案】ACE

【解析】这里争议较大的为B:只有在劳动者"①严重失职,②营私舞弊,③给用人单位造成重大损害"时,用人单位得行使随时解除权。特别注意,这里需要三个要件同时具备,因为①②中间是逗号而不是"或"。实践中,几乎没有人因为这一款被辞退,就是因为对用人单位一方来说,举证劳动者营私舞弊太难了。

8.【2012年多】发生下列情形,施工企业解除劳动合同必须采取预告解除方式的有( )

  A. 员工违反施工企业规章造成其患职业病
  B. 员工严重失职,给施工企业造成重大损害
  C. 员工不能胜任工作,经培训或调整工作岗位后仍不能胜任
  D. 员工被依法追究刑事责任
  E. 员工非因公负伤在规定医疗期满后不能从事原工作,也不能从事施工企业其他工作安排

【答案】CE

【解析】该题的考点是劳动合同的预告解除。有下列情形之一的,用人单位提前30日以书面形式通知劳动者本人或者额外支付劳动者1个月工资后,可以解除劳动合同,用人单位应当向劳动者支付经济补偿:(1)劳动者患病或者非因工负伤,在规定的医疗期满后不能从事原工作,也不能从事由用人单位另行安排的工作的;(2)劳动者不能胜任工作,经过培训或者调整工作岗位,仍不能胜任工作的;(3)劳动合同订立时所依据的客观情况发生重大变化,致使劳动合同无法履行,经用人单位与劳动者协商,未能就变更劳动合同内容达成协议的。

2Z204023　合法用工方式与违法用工模式的规定

一、本节知识速记

1. "包工头"用工模式（禁止承揽分包业务）

2. 劳务派遣（三方当事人，两个协议）

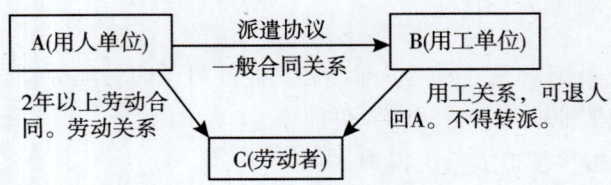

当事人	劳务派遣单位、劳动者和用工单位；如保安公司，将保安派往物业公司任职
劳动合同	劳务派遣单位（用人单位）与劳动者签订；合同中应当载明派遣期限、工作岗位等信息 应当订立 2 年以上的固定期限合同，按月支付报酬；无工作期间应当按照最低工资标准支付
派遣协议	劳务派遣单位与用工单位签订；约定派遣人员数量、期限、报酬、社保费用的数额及支付等

各方权利义务	派遣单位	权利：根据《劳动合同法》的规定随时解除或预告解除劳动合同 义务： 1. 告知义务 2. 不得克扣劳务报酬 3. 无偿派遣（不向劳动者收费）
	用工单位	权利：在符合解除劳动合同的情形下，将劳动者退回劳务派遣单位 义务： 1. 按照规定提供劳防劳保 2. 告知要求与报酬 3. 支付加班、绩效等福利待遇 4. 培训 5. 连续用工的正常调薪 6. 不得转派
	劳动者	权利： 1. 最低劳动报酬和劳动条件，在用工单位同工同酬 2. 在劳务派遣单位或者用工单位，参加或组织工会的权利 3. 依法解除劳动合同 义务：对应于派遣单位权利

3. 劳务分包企业

政策措施	1. 明确建筑劳务分包制度的法律地位，建立预防和惩戒拖欠工资的长效机制 2. 简化建筑劳务分包企业资质审批程序，多渠道建立和发展劳务分包企业 3. 允许砌筑等相关专业劳务企业承担农房施工 4. 施工总承包、专业承包企业直接用工，必须办理相关手续：合同+保险 5. 建立农村富余劳动力有序、有效向建筑市场转化 6. 加强对承包企业"职工教育经费"的使用监管 7. 研究对农民工的多种管理方式
监督管理	1. 对施工总承包、专业承包企业，直接雇用农民工，不签合同，或不办理保险，或只与"包工头"签订劳务合同等行为，均视为违法分包进行处理；拖欠工资的责令改正、限制资格、相应处罚 2. 无论承包企业在工程建设投标时是否压减"职工教育经费"，均视为已计提 3. 加强监督，严格执法

二、本节真题与解析

【2011年单】根据《劳动合同法》，在劳务派遣用工方式中，订立劳务派遣协议的主体是（ ）

A. 派遣单位与用工单位　　B. 用工单位与劳动者
C. 用工单位与当地人民政府　　D. 派遣单位与劳动者

【答案】A

【解析】考核劳务派遣协议的主体，不是考核劳动合同的主体。

2Z204024　劳动保护的规定

一、本节知识速记

1. 劳动者的工作时间和休息休假

工作时间	法定工作时间	每天≤8小时，每周≤44小时，每周休息≥1天
	特殊工作时间	经劳动行政部门批准缩短工作日、不定时工作日、综合计算工作日、计件工资时间
休息休假	法定休假节日	目前的法定休假节日 全体放假：元旦、春节、劳动节、国庆节+清明、端午、中秋 部分公民放假：妇女、青年、儿童、建军
	其他休假	连续工作1年以上，享受带薪年假，另外按规定另有的休假如婚丧假、生育假等
	加班规定	每日不超过1小时/天；特殊原因，不超3小时/天，36小时/月；抢险抢修除外
	支付报酬	加班150%；休息日工作不补休200%；法定节假日安排工作300%

2. 劳动者的工资

按月支付，货币形式，国家实行最低工资保障制度，人民政府规定，报国务院备案。

3. 劳动安全卫生制度

（1）用人单位必须建立、健全劳动安全卫生制度、执行规程、标准，进行教育，防止劳动事故，减少职业危害；

（2）劳动安全卫生设施要达标且三同时（新建、改建、扩建工程的劳动安全卫生设施必须与主体工程同时设计、施工、投入生产和使用）；

（3）提供达标的劳动条件和劳保用品，从事有职业危害作业的劳动者定期体检；

（4）特种作业的劳动者应专门培训，取得资格；

（5）劳动者有拒绝权、紧急避险权以及有权批评、检举、控告。

4. 对女职工和未成年工的特殊保护

女职工	未成年工
1. 禁止安排矿山井下、四级强度体力劳动 2. 禁止安排经期从事高处、低温、冷水、三级体力劳动 3. 怀孕期间：不得安排三级劳动 　怀孕7个月以上：不得加班、夜班 4. 产假：不少于90天 5. 哺乳期：1岁以下婴儿；不得安排三级、加班、夜班	未成年工：年满16周岁不足18周岁的劳动者 16周岁以下是童工，除非特批（如演员、运动员等经过批准可以用），否则用就违法， 1. 不得安排矿山井下、有毒有害、四级强度劳动 2. 定期体检

5. 劳动者的社会保险与福利（五险一金）

五险一金包括：养老、医疗、工伤、失业、生育及住房公积金。

二、本节真题与解析

1.【2013年单】关于女职工特殊劳动保护的规定，正确的是（　　）。
　A. 不得安排女职工从事国家规定的第三级体力劳动强度的劳动
　B. 禁止安排未育女职工从事有毒有害的劳动
　C. 用人单位应当对女职工定期进行健康检查
　D. 女职工生育享受不少于90天的产假

【答案】D

【解析】《劳动法》规定，禁止安排女职工从事矿山井下、国家规定的第四级体力劳动强度的劳动和其他禁忌从事的劳动。不得安排女职工在经期从事高处、低温、冷水作业和国家规定的第三极体力劳动强度的劳动。不得安排女职工在孕期从事国家第三级体力劳动强度的劳动和孕期禁忌从事的活动。对怀孕7个月以上的女职工，不得安排其延长工作时间和夜班劳动。女职工生育享受不少于 90 天的产假。不得安排女职工在哺乳未满一周岁的婴儿期间从事国家规定的第三级体力劳动强度的劳动和哺乳期禁忌从事的其他劳动，不得安排其延长工作时间和夜班劳动。

2.【2012 年单】王某的日工资为 80 元。政府规定 2010 年 10 月 1 日至 7 日放假 7 天，其中 3 天属于法定休假日，4 天属于前后两周的周末休息日。公司安排王某在这 7 天加班不能安排补休。公司应当向王某支付加班费合计（　　）元。

  A. 560　　　　B. 1360　　　　C. 800　　　　D. 1120

【答案】B

【解析】3 天法定节假日 3 倍工资 80×3×3＝720 元，4 天休息日 2 倍工资 80×2×4＝640 元。合计 720+640＝1360 元。

3.【2014 年单】某矿山企业的如下工作安排中，不违反《劳动法》中关于劳动保护规定的是（　　）。

  A. 安排怀孕 4 个月的李某夜班看护仪表
  B. 未对未成年工进行定期健康检查
  C. 安排女职工龚某从事井下工作
  D. 安排未成年工进行井下工作

【答案】A

【解析】参考 1. 题。

2Z204025　劳动争议的解决

一、本节知识速记

1. 劳动争议的解决方式

调解	用人单位劳动争议调委会	组成：（三方）由职工代表和用人单位代表及工会代表组成；主任由工会代表担任；达成调解协议的，应当履行
仲裁（必经程序）	劳动争议仲裁委员会	组成：（三方）三方组成：劳动行政部门代表、工会代表、用人单位代表
		申请仲裁时效：1 年；审限：60 天
诉讼	人民法院	对仲裁裁决不服的，15 日内提起诉讼

2. 集体合同争议的解决

劳动行政部门组织各方协调处理；申请劳动争议仲裁；对仲裁裁决不服，可以在 15 日内提起诉讼。

3. 工伤保险待遇

职工因工作遭受事故伤害或者患职业病进行治疗,享受工伤医疗待遇。

工伤治疗	符合规定(治疗项目、药品目录、住院标准)的治疗工伤所需费用由工伤保险基金支付 住院伙食补助费;统筹区外就诊交通、食宿费用;康复费用由工伤基金支付(基金负责) 非工伤治疗,费用按照基本医疗保险办法处理		
工伤医疗停工留薪期	工伤治疗期间,为停工留薪期间,原工资、福利不变;一般不超过12个月;(单位负责) 评定伤残等级后(即劳动能力鉴定),停发原待遇,享受伤残待遇		
工伤职工护理	所在单位负责;按生活完全不能自理、大部分不能自理、部分不能自理;按照上年社会平均工资的50%、40%、30%支付		
伤残待遇	伤残等级	工伤基金负责	单位负责
	1~4级	一次性伤残补助金;按月支付伤残津贴;养老金不足由工伤基金补足	保留劳动关系、退出工作岗位;以伤残津贴为基数单位和个人缴纳基本医疗保险
	5、6级	一次性伤残补助金; 工伤职工提出终止或解除劳动合同的支付一次性工伤医疗补助金	保留劳动关系、另行安排;难以安排,发给伤残津贴;缴纳各项社会保险费用;工伤职工提出终止或解除劳动合同的,支付一次性伤残就业补助金
	7~10级	一次性伤残补助金; 终止或解除劳动关系,支付一次性工伤医疗补助金	终止和解除劳动关系,支付一次性伤残就业补助金
其他规定	下落不明	照发工资3个月;第4个月起由工伤基金支付供养亲属抚恤金;生活困难的,可以预支工亡补助金的50%	
	派遣出境	当地规定当地保险、国内停保;不能在当地保险的,国内继续保	
	再次工伤	再次工伤、再次认定	
	因工死亡	工伤基金支付:丧葬补助金、供养亲属抚恤金、一次性工亡补助金	

二、本节真题与解析

【2014年单】职工认为是工伤,用人单位不认为是工伤的,由( )承担举证责任。
  A. 职工 B. 鉴定机构 C. 劳动部门 D. 用人单位
【答案】D

【解析】对依法取得职业病诊断证明书或者职业病诊断鉴定书的，社会保险行政部门不再进行调查核实。职工或者其近亲属认为是工伤，用人单位不认为是工伤的，由用人单位承担举证责任。

2Z204026　违法行为应承担的法律责任

劳动合同履行、变更、解除和终止中违法行为应承担的法律责任：
(1)用人单位应承担的法律责任；
(2)劳动者违法行为应承担的法律责任；
(3)劳务派遣单位违法行为应承担的法律责任。

2Z204030　相关合同制度

2Z204031　承揽合同的法律规定

一、本节知识速记

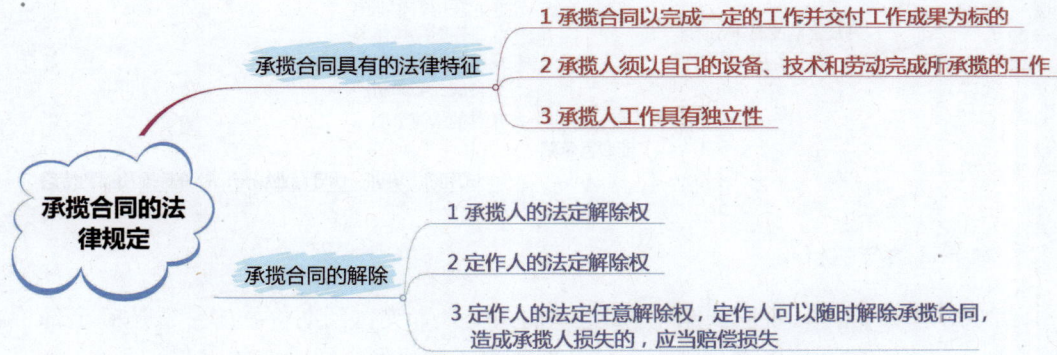

二、本节真题与解析

【2014年单】下列行为中不符合承揽合同特征的是(　　)。
A. 承揽人应当以自己的设备、技术和劳力完成所承揽的工作
B. 承揽合同以完成一定的工作并交付工作成果为标的
C. 承揽人独立完成合同义务，不受定作人的指挥管理
D. 承揽人不得将承揽的主要工作交由第三人完成
【答案】D
【解析】承揽合同的特征：
(1)承揽合同以完成一定的工作并交付工作成果为标的。
(2)承揽人须以自己的设备、技术和劳力完成所承揽的工作。承揽人有权将其承揽的辅助工作交由第三人完成。
(3)承揽人工作具有独立性。

2Z204032 买卖合同的法律规定

> 一、本节知识速记

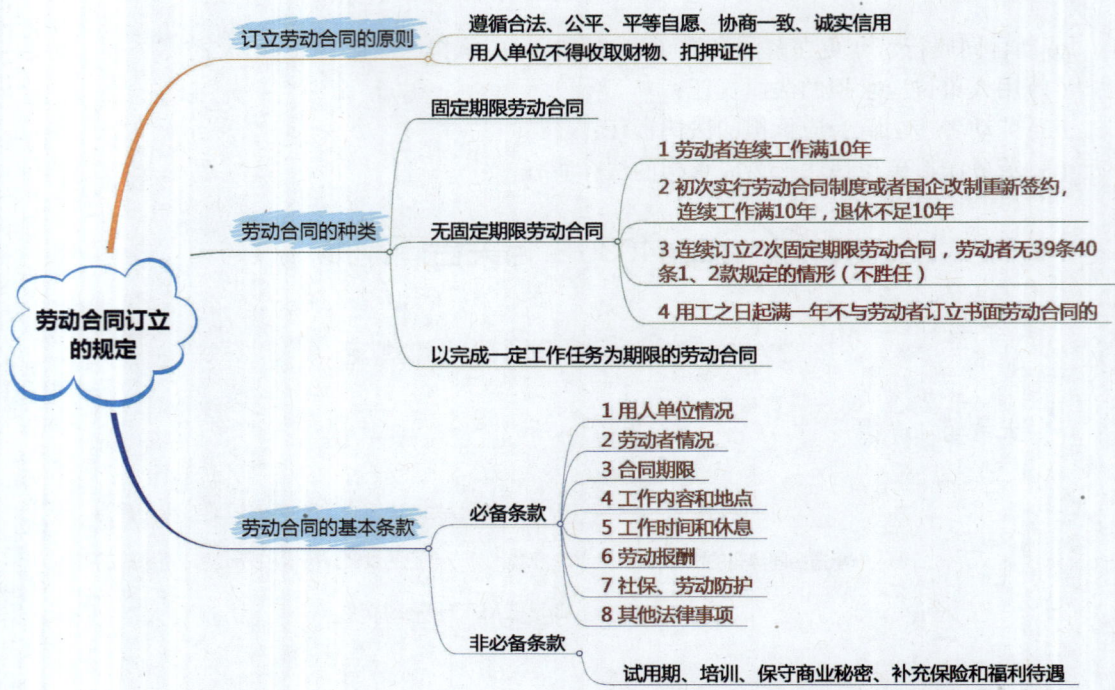

> 二、本节真题与解析

1.【2013年单】根据《合同法》,分期付款的买受人未支付到期价款的金额达到全部价款的( ),出卖人即有权要求买受人支付全部价款或者解除合同。
　　A. 1/3　　　　B. 1/2　　　　C. 1/5　　　　D. 2/3
【答案】C
【解析】分期付款的买受人未支付到期价款的金额达到全部价款的五分之一的,出卖人有权要求买受人支付全部价款或者解除合同。

2.【2013年单】出卖人将标的物的权利凭证交给买受人,以替代标的物的现实交付,该种交付方式称为( )。
　　A. 简易交付
　　B. 占有改定
　　C. 指示交付
　　D. 拟制交付
【答案】D
【解析】拟制交付。出卖人将标的物的权利凭证(如仓单、提单)交给买受人,以代替标的物的现实交付。

2Z204033　借款合同的法律规定

> 一、本节知识速记

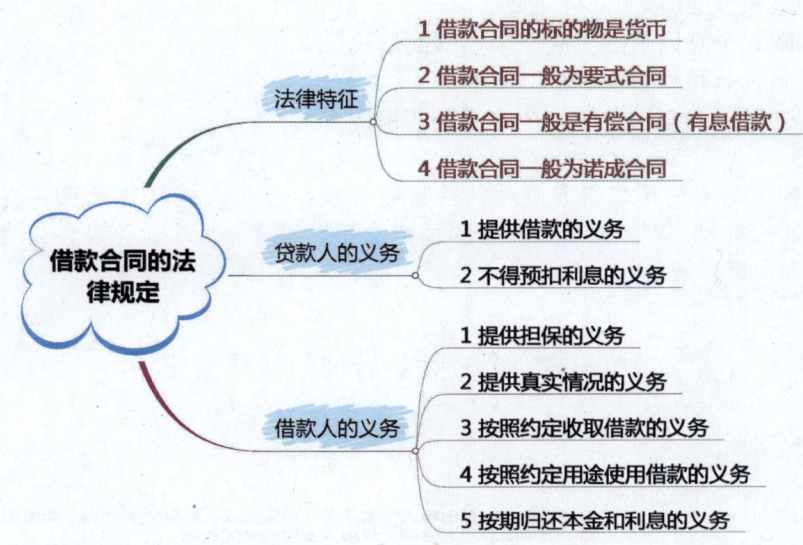

2Z204034　租赁合同的法律规定

> 一、本节知识速记

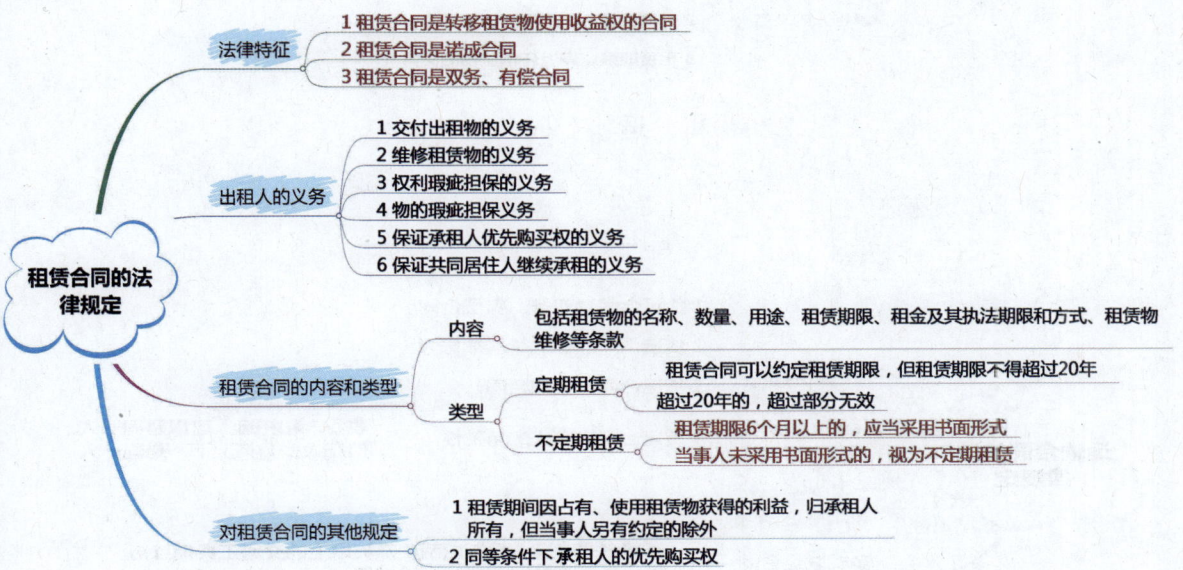

二、本节真题与解析

【2011年多】关于租赁合同的说法,不正确的有(　　)。
A. 租赁必须转让所有权
B. 租赁期限超过20年的部分无效
C. 租赁期限6个月以上的,应当采用书面形式
D. 交付租赁物是租赁合同的成立要件
E. 当事人未采用书面形式的,视为不定期租赁

【答案】AD

【解析】承租人的目的是取得租赁物的使用收益权,出租人也只转让租赁物的使用收益权,而不转让其所有权。A不对。租赁合同的成立不以租赁物的交付为要件,当事人只要依法达成协议,合同即告成。

2Z204035　融资租赁合同的法律规定

一、本节知识速记

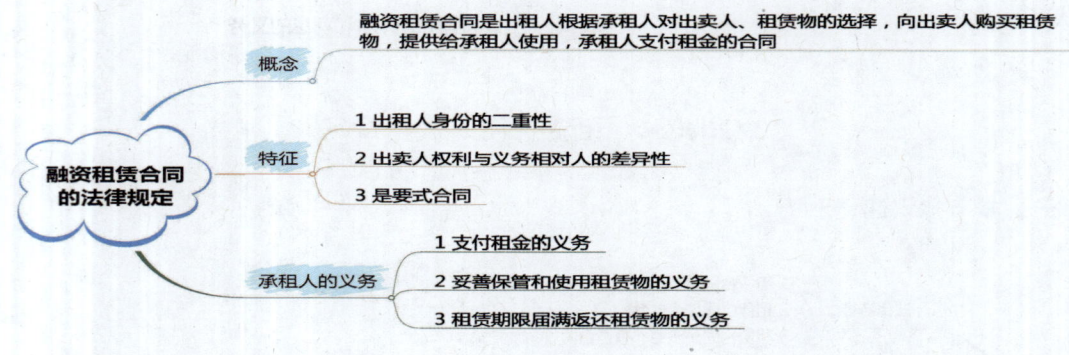

2Z204036　运输合同的法律规定

一、本节知识速记

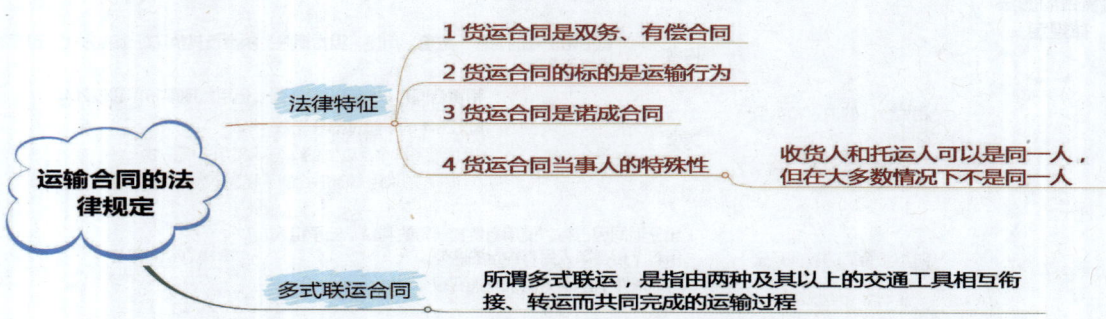

2Z204037 委托合同的法律规定

一、本节知识速记

委托合同的法律规定
- 特征
  1. 委托合同的目的是为他人处理或管理事务，委托合同的订立以双方相互信任为前提，但委托合同未必是有偿合同
  2. 委托合同的订立以双方相互信任为前提
- 终止
  - 委托人或者受托人可以随时解除委托合同。因解除合同给对方造成损失的，除不可归责于该当事人的事由以外，应当赔偿损失
  - 委托人或者受托人死亡、丧失民事行为能力或者破产的，委托合同终止，但当事人另有约定或者根据委托事务的性质不宜终止的除外
  - 因委托人死亡、丧失民事行为能力或者破产，致使委托合同终止将损害委托人利益的，在委托人的继承人、法定代理人或者清算组织承受委托事务之前，受托人应当继续处理委托事务
  - 因受托人死亡、丧失民事行为能力或者破产，致使委托合同终止的，受托人的继承人、法定代理人或者清算组织应当及时通知委托人。因委托合同终止将损害委托人利益的，在委托人作出善后处理之前，受托人的继承人、法定代理人或者清算组织应当采取必要措施

2Z205000 建设工程施工环境保护、节约能源和文物保护法律制度

本章知识框架

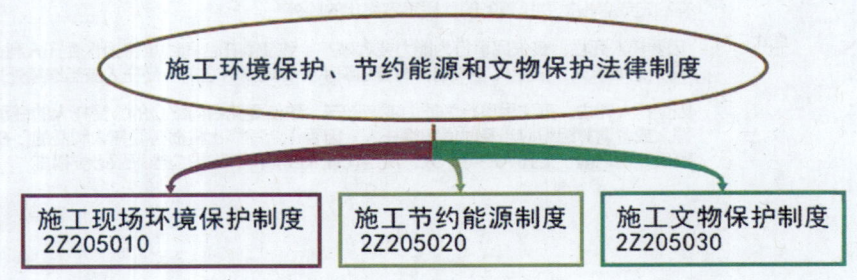

2Z205010 施工现场环境保护制度

一、本节知识速记

1. 环境噪声污染的防治主要包括的内容

在工程建设领域，环境噪声污染的防治主要包括：（1）建设项目环境噪声污染的防治；（2）施工现场环境噪声污染的防治。

2. 建设项目环境噪声污染的防治

建设项目配套建设的环境保护设施，必须与主体工程同时设计、同时施工、同时投产使用。

2Z205011 施工现场噪声污染防治的规定

一、施工现场环境噪声污染的防治

1. 排放建筑施工噪声应当符合建筑施工场界环境噪声排放标准

噪声排放限值如下表所示。

昼间	夜间
(6:00 至 22:00)	(22:00 至次日 6:00)
70dB(A)	55dB(A) 最大声级超过限制的幅度≤15dB(A)

2. 使用机械设备可能产生环境噪声污染的申报

时间	申报部门
工程开工 15 日以前	工程所在地县级以上环保部门

未经批准，擅自拆除、闲置环境噪声污染防治设施，致使环境噪声超标，由县级以上环保部门责令改正，并处罚款。

3. 禁止夜间进行产生环境噪声污染施工作业的规定

（1）在城市市区噪声敏感建筑物集中区域内，禁止夜间进行产生环境噪声污染的建筑施工作业。

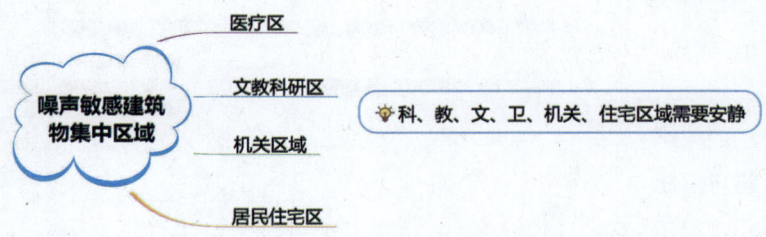

（2）除外情况。

抢修、抢险作业	无需证明	公告附近居民
因生产工艺上要求		
特殊需要必须连续作业	有县级以上人民政府或者其有关主管部门的证明	

二、本节真题与解析

【2014 年单】按照《建筑施工场界环境噪声排放标准》，建筑施工场界环境噪声排放限值为（　　）。
　　A. 昼间 60dB(A)，夜间 50dB(A)
　　B. 昼间 65dB(A)，夜间 50dB(A)
　　C. 昼间 70dB(A)，夜间 55dB(A)

D. 昼间75dB(A)，夜间60dB(A)

【答案】C

【解析】建筑施工场界环境噪声排放限值，昼间70分贝，夜间55分贝。

2Z205012 施工现场废气、废水污染防治的规定

一、本节知识速记

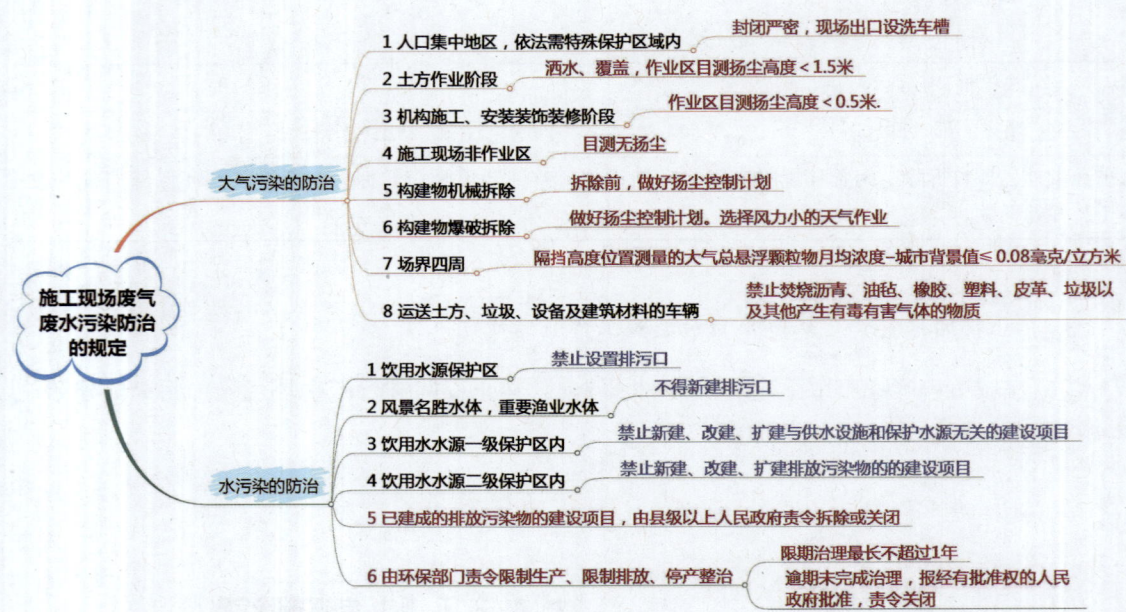

二、本节真题与解析

【2014年单】某施工企业在混凝土搅拌厂私设排污口，将废水直接排入水沟，致使村里的十几亩水稻受损严重，有权做出行政罚款的主管部门是（　　）

A. 该村的村民委员会
B. 建设行政主管部门
C. 环保行政主管部门
D. 规划行政主管部门

【答案】C

【解析】对于水污染，县级以上地方人民政府或环保行政主管部门有权做出行政罚款。

2Z205013 施工现场固体废物污染防治的规定

一、本节知识速记

施工现场生活区设置密封式垃圾容器，施工现场垃圾实行袋装化，及时清运。对建筑垃圾及时分类，并收集到现场封闭式垃圾站，集中运出。

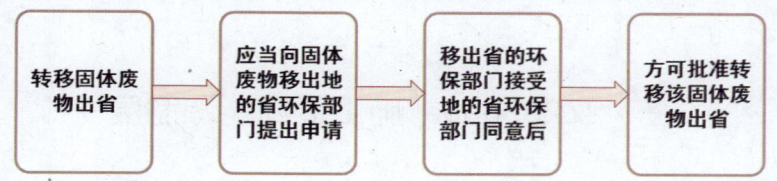

二、本节真题与解析

1.【2012年单】位于甲省的某项目产生的建筑垃圾,欲移至乙省某地填埋,途经丙省,下列说法正确的是( )。

A. 向甲省环保部门申请,经乙省环保部门同意
B. 向甲省环保部门申请,经甲省环保部门同意
C. 向乙省环保部门申请,经甲省环保部门同意
D. 向乙省环保部门申请,经丙省环保部门同意

【答案】A

【解析】该题的考点是固体废物污染防治。转移固体废物出省、自治区、直辖市行政区域贮存、处置的,应当向固体废物移出地的省级人民政府环境保护行政主管部门报告,并经固体废物接受地的省级人民政府环境保护行政主管部门许可。

2.【2013年单】根据《环境影响评价法》,在项目建设运行过程中产生不符合经审批的环境影响评价文件的情形时,应由( )组织环境影响的后评价。

A. 建设项目审批部门
B. 原环评文件审批部门
C. 建设单位
D. 建设行政主管部门

【答案】C

【解析】项目的建设与运作过程中,产生与审批的环境影响评价文件不符的情况,应由建设单位组织环境影响后评价,并报原环境影响评价文件审批部门和建设项目审批部门备案。

3.【2012年单】某建设项目可能造成重大环境影响时,建设单位应当在计划部门批准建设项目设计任务书之前组织编制环境影响( )。

A. 报告书   B. 报告表   C. 公告书   D. 登记表

【答案】A

【解析】可能造成重大环境影响时,建设单位应当在计划部门批准建设项目设计任务书之前组织编制环境影响报告书。

2Z205020　施工节约能源制度

2Z205021　施工合理使用与节约能源的规定

> 一、本节知识速记

(1)节能的产业政策；(2)用能单位的法定义务；(3)循环经济的法律要求。

节能分类：建筑节能和施工节能。

节能一般规定：

①合理用能(鼓励节能，如新型墙体材料太阳能，限制高耗能、高污染、淘汰耗能过高工艺)，循环经济(如减量化、再利用)。

②四节一环保：节能、节地、节水、节材和环境保护。

> 二、本节真题与解析

1.【2012 年单】根据建筑节能制度，国家对集中供热的建筑，实行分户计量、按(　　)收费。

　　A. 面积　　　　　　B. 空间　　　　　　C. 用热量　　　　　　D. 时间

【答案】C

【解析】该题的考点是建筑节能制度。建筑节能制度主要包括：(1)室内温度控制制度；(2)分户计量、按照用热量收费的制度；(3)发展节能产品制度。

2.【2012 年单】下列施工中，属于既有建筑节能改造主要内容的是既有建筑(　　)。

　　A. 承重结构改造　　　　　　B. 围护结构改造
　　C. 屋面防水层修复　　　　　D. 外墙裂缝修补

【答案】B

【解析】该题的考点是既有建筑节能改造。实施既有建筑节能改造，应当符合民用建筑节能强制性标准，优先采用遮阳、改善通风等低成本改造措施。既有建筑围护结构的改造和供热系统的改造应当同步进行。

3.【2012 年单】施工图设计文件审查机构在进行节能设计审查时，应当审查(　　)。

　　A. 建设单位的节能设计要求
　　B. 施工单位落实节能设计的水平
　　C. 节能设计是否符合节能强制性标准
　　D. 空调制冷系统生产厂家节能技术的应用状况

【答案】C

【解析】《民用建筑节能规定》第十三条，施工图设计文件审查机构应当按照民用建筑节能强制性标准对施工图设计文件进行审查；经审查不符合民用建筑节能强制性标准的，县级以上地方人民政府建设主管部门不得颁发施工许可证。

4.【2013年单】既有居住建筑的建筑节能改造费用,由(　　)负担。
　　A. 政府全部　　　　　　　　B. 房屋公共维修基金
　　C. 建筑所有权人自行　　　　D. 政府与建筑所有权人共同
【答案】D
【解析】本题考查的是建筑节能。既有居住建筑的建筑节能改造费用,由政府与建筑所有权人共同负担。

5.【2014年单】关于我国节约能源法律、法规及相关规定,说法错误的是(　　)。
　　A. 任何单位不得对能源消费实行包费制
　　B. 施工图纸经审查符合民用建筑节能强制性标准的,才能颁发施工许可证
　　C. 建筑工程保温材料的安装采取监理工程师事后签字确认制
　　D. 建筑工程不符合民用建筑节能强制性标准,不得出现竣工验收合格报告
【答案】C
【解析】未经监理工程师签字,墙体材料、保温材料、门窗采暖制冷系统和照明设备不得在建筑上使用或者安装,施工单位不得进行下一道工序的施工。

2Z205022　施工节能技术进步和激励措施的规定

一、本节知识速记

1. 节能技术进步	政府政策引导；政府资金支持
2. 节能激励措施	财政安排节能专项资金；税收优惠；信贷支持；价格政策；表彰奖励

2Z205023　违法行为应承担的法律责任

一、本节知识速记

注册执业人员未执行民用建筑节能强制性标准的,由县级以上人民政府建设主管部门责令停止执业3个月以上1年以下；情节严重的,由颁发资格证书的部门吊销执业资格证书,5年内不予注册。

二、本节真题与解析

【2014年单】根据《民用建筑节能条例》,注册执业人员未执行民用建筑节能强制性标准的,由县级以上人民政府建设主管部门责令停止执业(　　),情节严重的,颁发资格证书的部门吊销执业资格证书,5年内不得注册。
　　A. 3个月以上6个月以下
　　B. 3个月以上1年以下
　　C. 6个月以上2年以下

D. 1 年以上 3 年以下

【答案】B

【解析】见本节知识速记。

 2Z205030　施工文物保护制度

2Z205032　在文物保护单位保护范围和建设控制地带施工的规定

一、本节知识速记

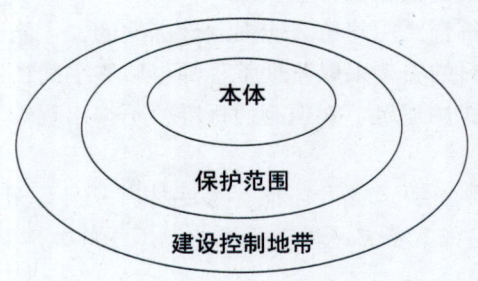

1. 文物保护单位的保护范围

级　　别	公布一年内，划定、设立标志、建保护档案
国家重点文物保护单位的保护范围	省、自治区、直辖市人民政府划定
省级文物保护单位的保护范围	
设区的市、自治州级和县级文物保护单位	由核定该文物保护单位的人民政府划定

2. 文物保护单位的建设控制地带

级　　别	划定、公布	批准
国家重点文物保护单位的建设控制地带	省文物保护部门会同规划部门	省、自治区、直辖市人民政府划定
省级文物保护单位的建设控制地带		
设区的市、自治州级和县级文物保护单位的建设控制地带	由核定该文物保护单位的人民政府文物保护部门会同规划部门	

3. 历史文化名城、名镇、名村的保护

名城由国务院核定；其余的由省级政府核定，报国务院备案。

4. 在文物保护单位保护范围和建设控制地带施工的规定

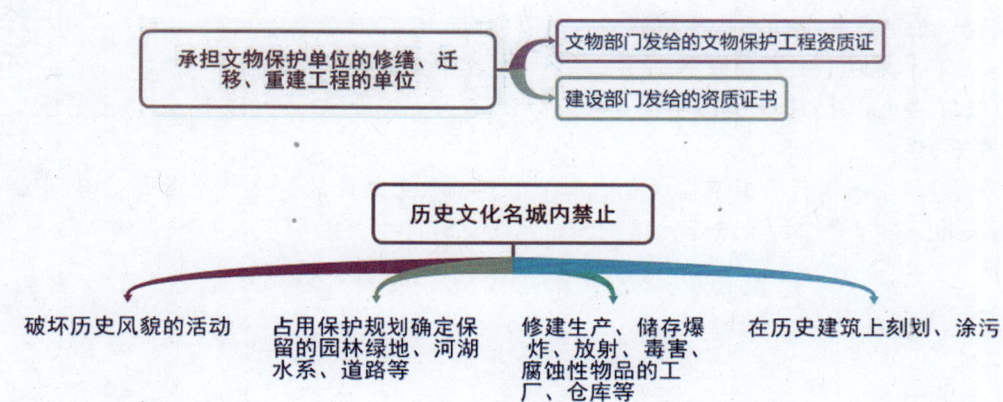

保护范围：不得建设或爆破、钻探、挖掘；特殊情况下，经核定文物保护单位的人民政府批准，事前还须报该政府上级政府文物部门同意。

二、本节真题与解析

【2014年多】关于在文物保护单位控制地带内进行建设的说法，错误的有（   ）。
A. 全国重点文物保护单位周围的建设控制地带的划定，应报国务院批准
B. 不得建设污染文物保护单位及其环境的设施
C. 不得破坏文物保护单位的历史风貌
D. 进行爆破作业，需经国务院文物行政部门批准
E. 全国重点文物保护单位不得拆除
【答案】AD
【解析】考核《文物保护法》第十七条~二十条规定。A，文物保护单位控制地带的划定，经省级政府批准。D曾考过，文物保护单位控制地带内的爆破作业，哪级政府核定公布，哪级政府批准，但注意有例外：全国文物保护单位控制地带内的爆破作业，不由国务院批准，而是由省级政府批准。

2Z205033　施工发现文物报告和保护的规定

一、本节知识速记

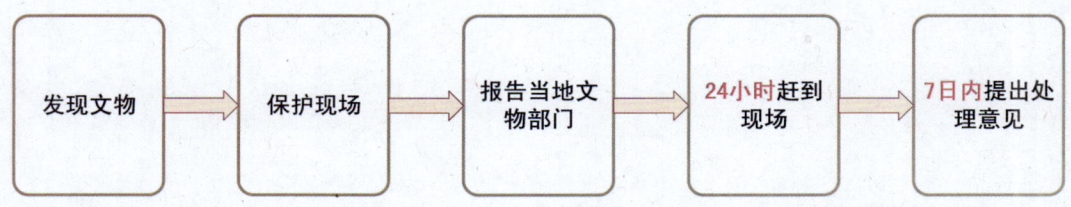

二、本节真题与解析

【2014年单】施工人员在施工中发现文物隐匿不报或者拒不上交,或者未按照规定移交拣选文物,情节严重但尚不构成犯罪的,可以处以(　　)罚款。

A. 1千元以上1万元以下　　　　B. 5千元以上5万元以下
C. 1万元以上10万元以下　　　D. 5万元以上50万元以下

【答案】B

【解析】题中所述行为尚不构成犯罪的,由县级以上人民政府文物主管部门会同公安机关追缴文物,情节严重的处5千元以上5万元以下的罚款。

2Z206000 建设工程安全生产法律制度

> 一、本节知识速记

2Z206010 施工安全生产许可证制度

> 一、本节知识速记

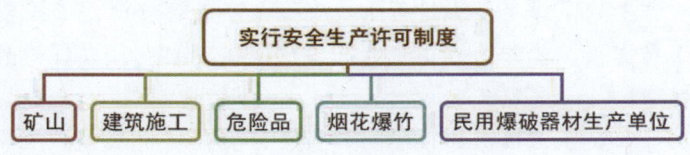

塌爆危险需办证

2Z206011 领证条件

> 一、本节知识速记

1. 建立健全安全责任制，完备规章制度、规程	7. 参加工伤保险、现场危险作业人员办理意外伤害险
2. 保证资金投入	8. 施工现场各区域以及安防用具、设备符合规定
3. 设置安管机构、配备专职安管人员	9. 有职业危害防治措施
4. 主要负责人、项目负责人、专职安全生产管理人员经建设部门或有关行政部门考核合格	10. 对高危作业有预防、监控和应急预案
5. 特种作业人员经业务主管部门考核，取得资格证书	11. 对安全事故有应急救援预案，有人员、装备
6. 管理人员、作业人员每年至少一次培训和考核	12. 其他
未取得安全生产许可证，不得从事建筑施工活动	
制度保障、资金保障、人的保障、措施保障	

二、本节真题与解析

【2011年多】企业取得安全生产许可证，应当具备的安全生产条件有（　　）。
A. 管理人员和作业人员每年至少进行1次安全生产教育培训并考核合格
B. 依法为施工现场从事危险作业人员办理意外伤害保险，为从业人员缴纳保险费
C. 保证本单位安全生产条件所需资金的投入
D. 有职业危害防治措施，并为作业人员配备符合国家标准或行业标准的安全防护用具和安全防护服装
E. 依法办理了建筑工程一切险及第三者责任险

【答案】BC

【解析】建筑施工企业取得安全生产许可证，应当具备下列安全生产条件：
（1）建立、健全安全生产责任制，制定完备的安全生产规章制度和操作规程；
（2）保证本单位安全生产条件所需资金的投入；
（3）设置安全生产管理机构，按照国家有关规定配备专职安全生产管理人员；
（4）主要负责人、项目负责人、专职安全生产管理人员经建设主管部门或者其他有关部门考核合格；
（5）特种作业人员经有关业务主管部门考核合格，取得特种作业操作资格证书；
（6）管理人员和作业人员每年至少进行1次安全生产教育培训并考核合格；
（7）依法参加工伤保险，依法为施工现场从事危险作业的人员办理意外伤害保险，为从业人员交纳保险费；
（8）施工现场的办公、生活区及作业场所和安全防护用具、机械设备、施工机具及配件符合有关安全生产法律、法规、标准和规程的要求；
（9）有职业危害防治措施，并为作业人员配备符合国家标准或者行业标准的安全防护用具和安全防护服装；
（10）有对危险性较大的分部分项工程及施工现场易发生重大事故的部位、环节的预防、监控措施和应急预案；
（11）有生产安全事故应急救援预案、应急救援组织或者应急救援人员，配备必要的应急救援器材、设备；
（12）法律、法规规定的其他条件。

2Z206012　安全生产许可证的有效期和政府监管的规定

一、本节知识速记

1. 安全生产许可证的申请

建筑施工企业申请安全生产许可证时，应当向主管部门提供下列材料：
（1）建筑施工企业安全生产许可申请表；

(2) 企业法人营业执照；

(3) 与申请安全生产许可证应当具备安全生产条件相关的文件、材料。建设施工企业申请安全生产许可证，应当对申请材料实质内容的真实性负责，不得隐瞒有关情况或者提供虚假材料。

2. 安全生产许可证的有效期

3. 政府监管

建设主管部门在审核发放施工许可证时，应当对已经确定的施工企业是否有安全生产许可证进行审查，对没有取得安全生产许可证的，不得颁发施工许可证。

安全生产许可证颁发管理机关或者其上级行政机关发现有下列情形之一的，可以撤销已经颁发的安全生产许可证：

(1) 安全生产许可证颁发管理机关工作人员滥用职权、玩忽职守颁发安全生产许可证的；

(2) 超越法定职权颁发安全生产许可证的；

(3) 违反法定程序颁发安全生产许可证的；

(4) 对不具备安全生产条件的建筑施工企业颁发安全生产许可证的。

二、本节真题与解析

1.【2012年单】关于安全生产许可证的说法，错误的是（　　）。
　　A. 没有取得施工许可证的不得颁发安全生产许可证
　　B. 未取得安全生产许可证的企业，不得从事建筑施工活动
　　C. 建设主管部门颁发施工许可证时审查安全生产许可证
　　D. 在取得安全生产许可证后，不得降低安全生产条件

【答案】A

【解析】《建筑工程施工许可证管理办法》第四条，建设单位申请领取施工许可证，应当具备下列条件，并提交相应的证明文件：（六）有保证工程质量和安全的具体措施。施工企业编制的施工组织设计中有根据建筑工程特点制定的相应质量、安全技术措施，专业性较强的工程项目编制了专项质量、安全施工组织设计，并按照规定办理了工程质量、安全监督手续。

《建筑施工企业安全生产许可证管理规定》第二条第二款，建筑施工企业未取得安全生产许可证的，不得从事建筑施工活动。

2.【2013年单】《安全生产许可证条例》规定，除中央管理的建筑施工企业外，建筑施工企业安全许可证由（　　）颁发和管理。

A. 县级以上人民政府
B. 县级以上人民政府建设主管部门
C. 省、自治区、直辖市人民政府
D. 省、自治区、直辖市人民政府建设主管部门

【答案】D

【解析】本题考查的是安全生产许可证管理规定。按照最新规定安全许可证一律由省、自治区、直辖市人民政府建设主管部门颁发和管理。

2Z206013　违法行为应承担的法律责任

▶ 一、本节知识速记

违法行为	法律后果
隐瞒情况、提供虚假材料	不予受理或不发证，并警告，1年内限制申请
欺骗、贿赂手段	撤销，限制申请3年；构成犯罪追究刑事责任（没骗成一年，骗成三年）
发生重大安全事故	暂扣安全生产许可证并限期整改
不再具备安全生产条件	暂扣安全生产许可证并限期整改；情况严重的，吊销安全生产许可证

2Z206020　施工安全生产责任和安全生产教育培训制度

2Z206021　施工单位的安全生产责任

▶ 一、本节知识速记

1. 施工安全生产管理的基本方针

自觉坚持"安全第一、预防为主、综合治理"方针。
安全生产管理机构与专职安全员的配置如下表所示。

建筑施工企业	安全生产管理机构	专职安全员	应急救援组织	兼职应急救援人员
规模较大	应当配备	应当配备	应当建立	
规模较小			可以不建立	应当指定

2. 施工单位的安全生产责任制度

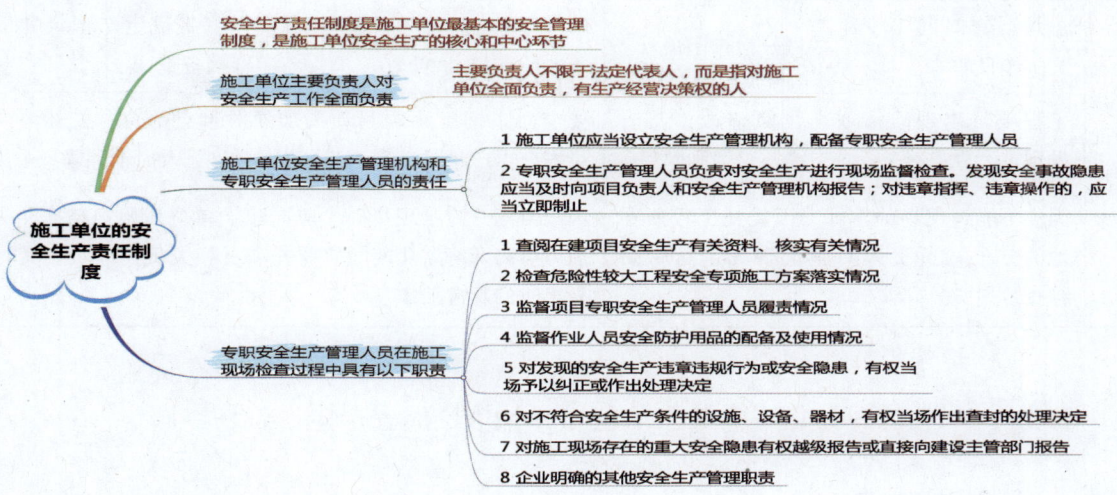

施工企业专职安全员配置如下表所示。

	总承包企业	专业承包企业	劳务分包企业	分公司，区域公司
特级	≥6人			
一级	≥4人	≥4人		
二级及以下	≥3人	≥2人	≥2人	≥2人

2Z206022 施工项目负责人的安全生产责任

一、本节知识速记

	主要负责人、实际控制人	项目负责人
职责	对安全生产全面负责	1. 对建设工程项目的安全施工负责 2. 落实安全生产责任制度、安全生产规章制度和操作规程 3. 确保安全生产费用的有效使用 4. 根据工程的特点组织制订安全施工措施，消除安全事故隐患 5. 及时、如实报告安全生产事故情况

续表

	主要负责人、实际控制人		项目负责人	
带班制度	每月检查时间不少于其工作日的 25%	做好检查记录	每月带班生产时间不得少于本月施工时间的 80%	认真做好带班生产记录并签字存档备查
	工程项目出现险情或发现重大隐患时	督促整改，及时消除险情和隐患	要全面掌握工程项目质量安全生产状况	加强对重点部位、关键环节的控制，及时消除隐患
	因故不能到现场的，可书面委托工程所在地的分公司负责人对施工现场进行带班检查。		因故需离开施工现场时，应向建设单位请假，经批准后方可离开。离开期间应委托项目相关负责人负责其外出时的日常工作	

2Z206023 施工总承包和分包单位的安全生产责任

一、本节知识速记

施工现场安全由总承包单位负责，分包单位应服从总承包单位施工现场安全管理。

总承包单位	分包单位
1. 分包合同应当明确总分包双方的安全生产责任 2. 统一组织编制建设工程安全生产应急救援预案 3. 负责向有关部门上报生产安全事故 4. 自行完成建设工程主体结构的施工 5. 承担连带责任(加强责任感、保护受害方)	分包单位应服从总承包单位施工现场安全管理，分包单位不服从总承包单位现场安全生产管理，导致事故，承担主要责任

二、本节真题与解析

1.【2012 年单】某总承包单位将工程主体结构施工分包给具有相应资质的分包单位。该工程施工过程中，分包单位发生了安全生产事故。关于双方责任的说法，**错误的**是(　　)。

　　A. 分包单位只承担民事赔偿责任
　　B. 总承包单位应对本工程施工现场的安全生产负总责
　　C. 总承包与分包单位就该安全事故承担连带责任
　　D. 如果发生的安全事故情节特别严重，构成犯罪的，应当追究总承包单位主要责任人责任

【答案】A

【解析】总承包单位和分包单位对分包工程的安全生产负连带责任。分包合同中应明确双方的安全生产方面的权利与义务。分包单位应当服从总承包单位管理，不服管理导致安全事故的，由分包单位承担主要责任。

2.【2012年单】建设工程施工总承包单位依法将建设工程分包给其他单位的，关于安全生产责任的说法，正确的是( )。

　　A. 分包合同中就应当明确总、分包单位各自的安全生产方面的权利和义务
　　B. 分包单位的安全生产责任由分包单位独立承担
　　C. 总承包单位对分包单位的安全生产承担全部责任
　　D. 总承包单位和分包单位对施工现场安全生产承担同等责任

【答案】A

【解析】《建设工程安全生产管理条例》第二十四条第三款，总承包单位依法将建设工程分包给其他单位的，分包合同中应当明确各自的安全生产方面的权利、义务。总承包单位和分包单位对分包工程的安全生产承担连带责任。

2Z206024　施工作业人员安全生产的权利和义务

▶ 一、本节知识速记

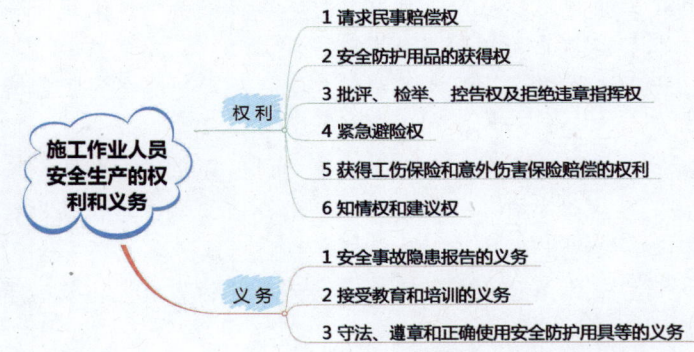

▶ 二、本节真题与解析

1.【2014年多】施工作业人员享有的主要安全生产权利有( )。
　　A. 建设权　　　B. 检举权　　　C. 收益权　　　D. 获得工伤保险赔偿权
　　E. 紧急避险权

【答案】ABDE

【解析】施工作业人员应当享有的安全生产权利：(1)知情权和建议权；(2)安全防护用品获得权；(3)批评、检举、控告及拒绝违章指挥权；(4)紧急避险权；(5)获得工伤保险和意外伤害保险赔偿权利；(6)请求民事赔偿权。

2.【2013年单】《安全生产法》规定，生产经营单位不得以任何形式与从业人员订立协议，免除或者减轻其对从业人员因生产安全事故伤亡依法应承担的责任。该规定为了保护从业人员( )的权利。

　　A. 拒绝违章指挥和强令冒险作业　　　B. 紧急避险
　　C. 请求赔偿　　　　　　　　　　　　D. 批评、检举和告

【答案】C

【解析】本题考查的是从业人员安全生产的权利和义务。生产经营单位不得以任何形式与从业人员订立协议，免除或者减轻其对从业人员因生产安全事故伤亡依法应承担的责任。该规定是为了保护从业人员请求赔偿权的权利。

3.【2012年多】下列属于安全生产从业人员权利的有（　　）。
A. 知情权
B. 对违章指挥和强令冒险作业的拒绝权
C. 请求赔偿权
D. 危险报告权
E. 紧急避险权

【答案】ABCE

【解析】《安全生产法》第四十五条规定：生产经营单位的从业人员有权了解其作业场所和工作岗位存在的危险因素、防范措施及事故应急措施，有权对本单位的安全生产工作提出建议。

A项正确。第四十六条规定：从业人员有权对本单位安全生产工作中存在的问题提出批评、检举、控告；有权拒绝违章指挥和强令冒险作业。

B项正确。第四十七条规定：从业人员发现直接危及人身安全的紧急情况时，有权停止作业或者在采取可能的应急措施后撤离作业场所。

E项正确。第四十八条规定：因生产安全事故受到损害的从业人员，除依法享有工伤社会保险外，依照有关民事法律尚有获得赔偿的权利的，有权向本单位提出赔偿要求。

C项正确。第五十一条规定：从业人员发现事故隐患或者其他不安全因素，应当立即向现场安全生产管理人员或者本单位负责人报告；接到报告的人员应当及时予以处理。

D项为从业人员的义务，因此为错误选项。

2Z206025　施工单位安全生产教育培训的规定

一、本节知识速记

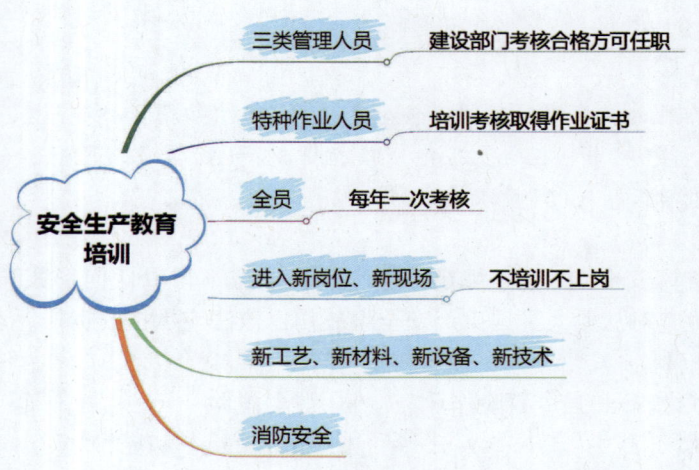

(1) 三类管理人员：主要负责人、项目负责人、专职安全生产管理人员。
(2) 特种作业人员：建筑电工、架子工、起重信号司索工、起重机械司机、安装拆卸工、高处作业吊篮安装拆卸工等。

二、本节真题与解析

1.【2012年单】根据安全生产许可证的取得条件，必须持操作证书上岗的人员是（　　）。
　　A. 脚手架作业人员　　B. 项目经理　　C. 专职安全员　　D. BIM系统操作员
【答案】A
【解析】该题的考点是特种作业人员的安全生产教育培训。垂直运输机械作业人员、安装拆卸工、爆破作业人员、起重信号工、登高架设作业人员等特种作业人员，必须按照国家有关规定经过专门的安全作业培训，并取得特种作业操作资格证书后，方可上岗作业。

2.【2012年多】根据《建设工程安全生产管理条例》，施工单位的（　　）应当经建设行政主管部门或者其他有关部门考核合格后方可任职。
　　A. 项目技术人员　　B. 消防安全责任人　　C. 主要负责人　　D. 项目负责人
　　E. 专职安全生产管理人员
【答案】CDE
【解析】该题的考点是施工单位管理人员的考核。施工单位的主要负责人、项目负责人、专职安全生产管理人员应当经建设行政主管部门或者其他有关部门考核合格后方可任职。

3.【2012年单】生产经营单位的主要负责人因违反安全生产管理职责受到刑事处罚的，自刑罚执行完毕之日起最长（　　）年内不得担任任何生产经营单位的主要负责人。
　　A. 1　　　　B. 3　　　　C. 5　　　　D. 7
【答案】C
【解析】自刑罚执行完毕或者受处分之日起，5年内不得担任任何施工单位的主要负责人、项目负责人。

2Z206030　施工现场安全防护制度

2Z206031　编制安全技术措施、专项施工方案和安全技术交底的规定

一、本节知识速记

1. 编制安全技术措施

施工单位应在施工组织设计中编制安全技术措施和施工现场临时用电方案。
(1) 安全技术措施分为：防止事故发生的安全技术措施和减少事故损失的安全技术措施。
(2) 施工现场临时用电方案：
用电组织设计≥临时用电设备在5台或总功率在50kW>安全用电和电气防火措施：

用电组织设计	临时用电设备在 5 台以上或总功率在 50kW 以上
安全用电和电气防火措施	临时用电设备在 5 台以下或总功率在 50kW 以下

2. 编制安全专项施工方案

<table>
<tr><td rowspan="5">编制专项施工方案</td><td>对象</td><td>对一定规模的危险性较大的分部分项工程编制专项施工方案；包括：基坑支护与降水、土方开挖、模板、起重吊装、脚手架、拆除爆破、国务院建设行政主管部门或者其他有关部门规定的其他危险性较大的工程</td></tr>
<tr><td>要求</td><td>经施工单位技术负责人、总监理工程师签字后实施，由专职安全生产管理人员进行现场监督</td></tr>
<tr><td>特殊</td><td>对深基坑、地下暗挖、高大模板，施工单位还应组织专家论证、审查</td></tr>
<tr><td>编制</td><td>实行施工总承包，由总承包单位编制；专业工程实行分包的，专项方案可由专业承包单位组织编制</td></tr>
<tr><td>审核</td><td>(需专家论证的)专项方案由施工单位(总承包单位)组织专家论证，根据论证报告修改完善专项方案；经施工单位技术负责人(及专业承包单位技术负责人)、总监理工程师、建设单位项目负责人签字后，方可组织实施；重大修改，重新论证</td></tr>
</table>

注意：要求总监理师签字的情况：(1)专项方案；(2)建设单位拨款；(3)竣工验收；(4)同意施工单位延期开工、复工、工期顺延等以及要求施工单位暂停施工。

3. 安全技术交底

责任人	目的及内容	交底对象	要求
项目经理部技术人员	1. 目的：对有关安全施工的技术要求做出详细说明 2. 包括：工种、分部分项、大型特殊工程单项、设备安装、使用新工艺技术材料施工的安全技术交底	施工作业班组作业人员	1. 双方签字确认 2. 经理部保存记录

二、本节真题与解析

【2011年单】对于土方开挖工程，施工企业编制专项施工方案后，经(　　)签字后实施。
 A. 施工企业项目经理、现场监理工程师
 B. 施工企业技术负责人、建设单位负责人
 C. 施工企业技术负责人、总监理工程师

D. 建设单位负责人、总监理工程师

【答案】C

【解析】根据《建设工程安全生产管理条例》第二十六条规定：施工单位应当在施工组织设计中编制安全技术措施和施工现场临时用电方案，对下列达到一定规模的危险性较大的分部分项工程编制专项施工方案，并附具安全验算结果，经施工单位技术负责人、总监理工程师签字后实施，由专职安全生产管理人员进行现场监督：

（一）基坑支护与降水工程；（二）土方开挖工程；（三）模板工程；（四）起重吊装工程；（五）脚手架工程；（六）拆除、爆破工程；（七）国务院建设行政主管部门或者其他有关部门规定的其他危险性较大的工程。对前款所列工程中涉及（1）深基坑；（2）地下暗挖工程；（3）高大模板工程的专项施工方案；④施工单位还应当组织专家进行论证、审查。

2Z206032 施工现场安全防护和安全费用的规定

一、本节知识速记

《建筑法》要求建筑施工企业应在施工现场采取维护安全、防范危险、预防火灾等措施；有条件的，应当封闭管理。对毗邻可能有损害的，应采取相应防护措施。

1. 安全警示标志	符合国家规定。危险部位、明显警示；要易于看到、文字易于读懂、图形易于理解、灯光明亮显眼
2. 根据不同施工阶段采取相应的安全施工措施	如果暂停施工的，施工单位做好现场防护；责任方（未必是直接责任单位）承担费用，监理责任由建设单位对施工单位先行承担，之后按照约定向监理单位追偿。
3. 施工现场临时设施的安全卫生要求	办公区、生活区、作业区分开并保持安全距离，不得在未竣工建筑物内设置员工宿舍。临时搭建建筑应当符合安全要求、活动房屋有合格证。涉及人员安全+卫生
4. 对周边环境采取防护措施	施工单位应采取措施尽可能减少对周边环境的影响。(1)有损相邻建筑的，专项防护；(2)防止减少粉尘、三废、声光振动；(3)市区建设，封闭围挡
5. 危险作业的施工现场安全管理	生产经营单位进行爆破、吊装等危险作业，应当安排专人进行现场管理
6. 安全防护设备、机械设备等的安全生产管理	安防用具、设备、机具应有生产（制造）许可证、产品合格证（2证），进场查验（1证）。施工现场的安全防护用具、机械设备、施工机具及配件必须由专人管理，定期进行检查、维修和保养，建立相应的资料档案，并按照国家有关规定及时报废
7. 施工起重机械设备等的安全使用管理	起重机械、自升式架设设备等使用前先组织有关单位或委托有相应资质的检验检查机构验收；使用承租的机械设备和施工机具及配件的，由施工总承包、分包、出租、安装单位共同验收，合格后方可使用。《特种设备安全监察条例》规定的特种设备，使用单位应定期检验，在安检合格有效期届满前1个月，向检验检测机构提出定期检验要求

249

> 二、本节真题与解析

1.【2012 年单】施工现场所使用的安全警示标志(　　)。
   A. 可根据建筑行业特点自行制作
   B. 应依据设置的便利性选择设置地点和位置
   C. 必须符合国家标准
   D. 必须以图形表示

【答案】C

2.【2012 年单】在施工现场使用的装配式临时活动房屋，应当具有(　　)。
   A. 安全许可证　　B. 销售许可证　　C. 产品合格证　　D. 安装许可证

【答案】C

【解析】《建设工程安全生产管理条例》规定：施工单位应当将施工现场的办公、生活区与作业区分开设置，并保持安全距离；办公、生活区的选址应当符合安全性要求。职工的膳食、饮水、休息场所等应当符合卫生标准。施工单位不得在尚未竣工的建筑物内设置员工集体宿舍。施工现场临时搭建的建筑物应当符合安全使用要求。施工现场使用的装配式活动房屋应当具有产品合格证。

2Z206033　施工现场消防安全职责和应采取的消防安全措施

> 一、本节知识速记

(1)施工单位应当履行的消防安全职责；
(2)在施工现场应当建立消防安全责任制，确定消防安全责任人；
(3)制定各项消防安全管理制度和操作规程；
(4)设置消防通道、消防水源配备消防设施和灭火器材；
(5)在施工现场入口处设置明显标志。

施工单位的主要负责人是本单位的消防安全责任人
项目负责人是本项目施工现场的消防安全责任人

重点工程的施工现场多定为消防安全重点单位	确定消防管理人，组织实施本单位的消防安全管理工作； 建立消防档案、确定重点部位、设置防火标志、实行严格管理； 每日防火巡查，做好记录； 对职工进行岗前消防安全培训，每半年组织一次消防演练； 建立消防安全自我评估机制，消防安全重点单位每季度、其他单位每半年自行或委托有资质的机构对本单位进行一次消防安全检查评估

2Z206034 工伤保险和意外伤害保险的规定

一、本节知识速记

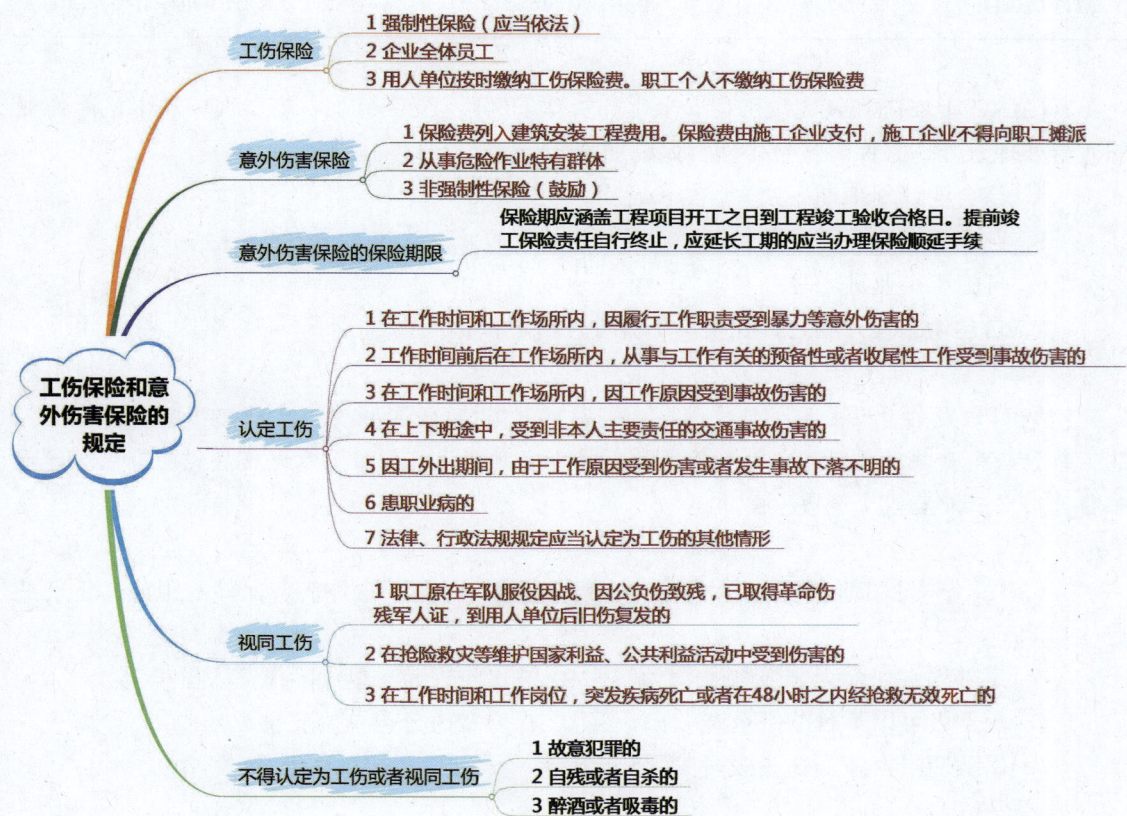

二、本节真题与解析

1.【2012 年单】根据全国人大常委会关于修改《中华人民共和国建筑法》的决定，为保证施工企业的职工在发生工伤时及时得到医治，建筑施工企业应当（　　）。

　　A. 在投标时为职工办理意外伤害保险

　　B. 为职工参加工伤保险缴纳工伤保险费

　　C. 在中标后为职工办理意外伤害保险

　　D. 为从事危险作业的职工办理意外伤害保险

【答案】B

【解析】建筑法修改为：建筑施工企业应当依法参加工伤保险并缴纳工伤保险费用。鼓励施工企业为现场危险作业人员办理意外伤害险。

险种	性质	是否强制	范围
工伤保险	社会保险	强制("应当依法")	单位所有从业人员
意外伤害险	商业保险	非强制("鼓励")	施工现场从事危险作业人员

2.【2012年单】根据《建设工程安全生产管理条例》，施工企业为施工现场从事危险作业的人员办理意外伤害保险，意外伤害保险期限(　　)。

　　A. 与合同计划工期一致
　　B. 自施工企业进场之日起至竣工验收合格之日止
　　C. 自施工企业进场之日起至施工企业退场之日止
　　D. 自建设工程开工之日起至竣工验收合格之日止

【答案】D

【解析】该题的考点是意外伤害保险的期限。根据《建设工程安全生产管理条例》的规定：施工单位应当为施工现场从事危险作业的人员办理意外伤害保险。意外伤害保险期限自建设工程开工之日起至竣工验收合格止。

3.【2011年多】根据《建设工程安全生产管理条例》，关于意外伤害保险的说法，正确的有(　　)。

　　A. 意外伤害保险为非强制保险　　B. 被保险人为从事危险作业人员
　　C. 受益人可以不是被保险人　　　D. 保险费由分包单位支付
　　E. 保险期限由施工企业根据实际自行确定

【答案】ABC

【解析】《建设工程安全生产管理条例》第38条规定：施工单位应当为施工现场从事危险作业的人员办理意外伤害保险。意外伤害保险期限自建设工程开工之日起至工程竣工验收合格止。注意意外伤害险的生效时间是开工日而不是进场日。

但要注意，根据建筑法的最新修改：建筑施工企业应当依法参加工伤保险并缴纳保险费；鼓励建筑施工企业为现场从事危险作业人员办理意外伤害险。A应选。

2Z206040　施工安全事故的应急救援与调查处理

▶ 一、本节知识速记

发生安全事故，立即抢救人员，防止伤亡事故进一步扩大。立即向本单位负责人报告事故，本单位负责1小时内报告监督部门(情况紧急时，现场人员可直接报告有关部门)。及时准确地查清事故经过、原因和损失，总结教训，进行整改，并对事故责任者依法追究责任。

2Z206041 生产安全事故的等级划分标准

1. 事故等级划分标准

根据人员伤亡或直接经济损失划分的事故等级如下表所示。

事故类别	死亡人数	重伤人数	财产损失
1. 一般事故	3人以下	10人以下	1000万元以下
2. 较大事故	3人以上10人以下	10人以上50人以下	1000万以上5000万元以下
3. 重大事故	10人以上30人以下	50人以上100人以下	5000万以上1亿元以下
4. 特别重大事故	30人以上	100人以上	1亿元以上
	3~10~30	10~50~100	1000万~5000万~1亿元
特别规定	没有造成人员伤亡，但是社会影响恶劣的事故，国务院或有关地方政府认为需要查处的，依照本条例的规定执行		

注意：重伤包括急性工业中毒；以上包含本数，以下不含本数。

2. 事故等级划分的要素

（1）人员伤亡的数量（人员要素）；（2）直接经济损失的数额；（3）社会影响。

> 二、本节真题与解析

1.【2012年单】某道路施工过程中发生滑坡事故，25人被埋，经抢救20人生还，5人死亡。该事故属于（　　）。
　　A. 特别重大事故　　B. 重大事故　　C. 较大事故　　D. 一般事故
【答案】C
【解析】较大事故，是指造成3人以上10人以下的死亡，或者10人以上50人以下重伤，或者1000万元以上5000万元以下直接经济损失，以上包括本数，以下不包括。

2.【2013年多】下列生产安全事故情形中，属于《安全生产事故报告和调查处理条例》规定的重大事故的有（　　）。
　　A. 重伤80人
　　B. 直接经济损失5000万元
　　C. 死亡20人
　　D. 直接经济损失8000万元
　　E. 死亡30人
【答案】ABCD
【解析】重大事故，是指造成10人以上30人以下的死亡，或者50人以上100人以下重伤，或者5000万元以上1亿元以下直接经济损失，以上包括本数，以下不包括。

3. 【2014年多】生产安全事故等级划分的主要因素有（   ）。
   A. 政治 B. 心理
   C. 人身 D. 主观恶意
   E. 经济

【答案】CE
【解析】事故等级的划分包括了人身、经济和社会三个要素。

2Z206042 施工生产安全事故应急救援预案的规定

一、本节知识速记

1. 应急预案分类

（1）综合应急预案；（2）专项应急预案；（3）现场处置方案。

2. 生产安全事故应急救援预案的编制、评审

应急预案编制		由总承包单位编制
		总、分包单位各自建立救援组织，人员
		配备相关的救援设备
评审	评审	建筑施工单位应急预案组织专家评审
	公布	评审后，由施工单位负责人签署公布
备案	备案效力	申请安全生产许可证时，可以不再提供应急预案，仅提供备案登记表
培训		
演练		每年至少一次综合或专项预案演练；每半年至少组织一次现场处置方案演练
修订	常规修订	至少每3年修订一次，记录归档

二、本节真题与解析

【2012年单】某建设项目实行施工总承包，则该建设工程的安全生产事故应急救援预案应由（   ）编制。
   A. 总承包单位和分包单位各自
   B. 建设单位统一组织
   C. 总承包单位统一组织
   D. 监理单位统一组织

【答案】C
【解析】建设工程的安全生产事故应急救援预案由总承包单位编制。

2Z206043　施工生产安全事故报告及采取相应措施的规定

一、本节知识速记

事故报告的基本要求：

生产安全事故报告	生产安全事故调查报告
事故单位概况	事故单位概况
事故发生的时间、地点、现场情况	事故经过和救援情况
事故的简要经过	人员伤亡和经济损失
人员伤亡和经济损失	事故原因和事故性质
采取措施	事故责任认定和对责任者处理意见
其他，如影响等	事故防范和整改措施
事故补报：事故发生30日内（道路交通、火灾7日内）伤亡变化，应当及时补报	调查时限：事故发生60日内；经批准可以延长最多60日

事故调查的管辖如下表所示。

	特别重大事故	重大事故	较大事故	一般事故
事故报告部门	国务院安监部门	国务院安监部门	省级部门	市级部门
事故调查的管辖	国务院安监部门	省级部门	市级部门	县级部门

事故调查组组成：
由政府、安全生产监督管理部门、负有安全生产监督管理职责的有关部门、监察机关、公安机关以及工会派人组成，并应当邀请人民检察院派人参加。事故调查组可以聘请有关专家参与调查。

2Z206050　建设单位和相关单位的建设工程安全责任制度

2Z206051　建设单位相关的安全责任

一、本节知识速记

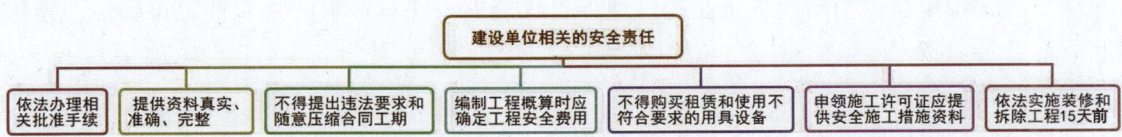

二、本节真题与解析

1.【2012年单】关于建设单位安全责任的说法，错误的是（   ）。
   A. 应当向施工单位提供资料，并对资料的真实性、正确性、完整性负责
   B. 应当依法履行合同，不得压缩合同约定的工期
   C. 应当进行安全施工技术交底
   D. 应当拆除工程进行备案

【答案】C

【解析】《建设工程安全生产管理条例》第六条规定：建设单位应当向施工单位提供施工现场及毗邻区域内供水、排水、供电、供气、供热、通信、广播电视等地下管线资料，气象和水文观测资料，相邻建筑物和构筑物、地下工程的有关资料，并保证资料的真实、准确、完整。第七条规定：建设单位不得对勘察、设计、施工、工程监理等单位提出不符合建设工程安全生产法律、法规和强制性标准规定的要求，不得压缩合同约定的工期。第十一条第二款规定：建设单位应当在拆除工程施工15日前，将下列资料报送建设工程所在地的县级以上地方人民政府建设行政主管部门或者其他有关部门备案。

2.【2011年单】根据《建设工程安全生产管理条例》，建设单位不得压缩（   ）工期。
   A. 定额   B. 标准   C. 法定   D. 合同

【答案】D

【解析】建设单位不得对勘察、设计、施工、工程监理等单位提出不符合建设工程安全生产法律、法规和强制性标准规定的要求，不得压缩合同约定的工期。

3.【2012年单】依法批准开工报告的建设工程，建设单位应当自开工报告批准之日起（   ）日内，将保证安全施工的措施报送建设工程所在地的县级以上人民政府建设行政主管部门或者其他有关部门备案。
   A. 20   B. 30   C. 60   D. 15

【答案】D

【解析】《建设工程安全生产管理条例》进一步规定：建设单位在领取施工许可证时，应当提供建设工程有关安全施工措施的资料。依法批准开工报告的建设工程，建设单位应当自开工报告批准之日起15日内，将保证安全施工的措施报送建设工程所在地县级以上地方人民政府建设行政主管部门或者其他有关部门备案。

4.【2012年单】根据《建设工程安全生产管理条例》，下列关于建设单位安全责任的说法中，错误的是（   ）。
   A. 建设单位应当向施工企业提供地下管线资料，并对资料的真实性、正确性、完整性负责
   B. 建设单位应当依法履行合同，不得压缩合同约定的工期
   C. 建设单位应当进行安全施工技术交底

D. 建设单位应当对拆除工程进行备案

【答案】C

【解析】该题的考点是建设单位的安全责任。建设单位的安全责任主要表现在：(1)向施工单位提供资料的责任；(2)依法履行合同的责任；(3)提供安全生产费用的责任；(4)不得推销劣质材料设备的责任；(5)提供安全施工措施资料的责任；(6)对拆除工程进行备案的责任。

5.【2012年多】根据《建设工程安全生产管理条例》，建设单位应当在拆除工程施工15日前，将(　　)报送工程所在地的县级以上建设行政主管部门备案。

A. 施工单位资质等级证明

B. 拟拆除建筑物、构筑物及地下工程的有关资料

C. 相邻建筑物、构筑物及地下工程的有关资料

D. 拆除施工组织方案

E. 堆放、清除废弃物的措施

【答案】ABDE

【解析】《建设工程安全生产管理条例》第十一条第二款规定：建设单位应当在拆除工程施工15日前，将下列资料报送建设工程所在地的县级以上地方人民政府建设行政主管部门或者其他有关部门备案：（一）施工单位资质等级证明；（二）拟拆除建筑物、构筑物及可能危及毗邻建筑的说明；（三）拆除施工组织方案；（四）堆放、清除废弃物的措施。

6.【2012年多】建设单位的下列行为中，不符合《建设工程质量管理条例》规定的有(　　)。

A. 任意压缩合理工期的

B. 迫使承包方以高于成本的价格竞标的

C. 建设项目必须实行工程监理而未实行工程监理的

D. 未按照国家规定办理工程质量监督手续的

E. 施工图设计文件未经审查或者审查不合格，擅自施工的

【答案】ACDE

2Z206052　勘察、设计单位相关的安全责任

一、本节知识速记

勘察单位的安全责任	设计单位的安全责任
依法律、法规、强制性标准勘察	依法律、法规、强制标准设计责任
确保勘察文件质量，保障后续工作的安全	对施工安全提出意见，采用"四新"的，提出保障安全的措施建议
科学勘察，保证周边建筑物的安全	设计单位和设计人员对设计负责(单位、个人双负责)

2Z206053 工程监理、检验检测单位相关的安全责任

> 一、本节知识速记

1. 工程监理单位的安全责任

安全责任	主要内容
1. 对安全技术措施或专项施工方案审查	1. 审查对象：施工组织设计中的安全技术措施及专项施工方案 2. 审查标准：建设强制性标准或者合同约定标准
2. 依法对施工安全事故隐患进行处理	1. 发现隐患：要求施工单位整改 2. 情况严重：要求施工单位暂停施工并及时报告建设单位 3. 施工单位拒不执行：及时向有关主管部门报告
3. 对工程安全生产承担监理责任	1. 依据：法律、法规、强制标准 2. 责任：民事（损失赔偿）、行政（罚款停业、降级吊照）、刑事责任（责重）

2. 检验检测单位相关的安全责任

检测检验机构——特种设备——监督检验、定期检验、型式试验、无损检测。
检测检验单位发现特种设备隐患——报告使用单位+报告安全监督管理部门。

> 二、本节真题与解析

1.【2014年多】工程监理单位的主要安全责任有（   ）。
　　A. 采取措施保护施工现场毗邻区域内地下管线
　　B. 组织抢救生产安全事故
　　C. 审查专项施工方案
　　D. 对施工安全事故隐患要求整改
　　E. 及时报告生产安全事故
【答案】CD
【解析】该题的考点是工程监理单位的安全责任。工程监理单位应当审查施工组织设计中的安全技术措施或者专项施工方案是否符合工程建设强制性标准。工程监理单位在实施监理过程中，发现存在安全事故隐患的，应当要求施工单位整改；情况严重的，应当要求施工单位暂时停止施工，并及时报告建设单位。施工单位拒不整改或者停止施工的，工程监理单位应当及时向有关主管部门报告。工程监理单位和监理工程师应当按照法律、法规和工程建设强制性标准实施监理，并对建设工程安全生产承担监理责任。

2.【2010年单】工程监理单位在实施监理过程中，发现存在安全事故隐患，情况严重的，应当要求施工单位（   ）。
　　A. 暂时停止施工，并及时报告建设单位
　　B. 整改，并及时报告建设单位

C. 暂时停止施工，并及时报告有关主管部门
D. 整改，并及时报告有关主管部门

【答案】B

【解析】《建设工程安全生产管理条例》规定：工程监理单位在实施监理过程中，发现存在安全事故隐患的，应当要求施工单位整改；情况严重的，应当要求施工单位暂时停止施工，并及时报告建设单位。

施工单位拒不整改或者不停止施工的，工程监理单位应当及时向有关主管部门报告。

安全事故隐患	要求施工单位整改	拒不整改	报告主管部门
严重事故隐患	要求暂时停工+报告建设单位	拒不停工	

3.【2011年单】工程监理单位应当审查施工组织设计中的安全技术措施或专项施工方案是否符合工程建设的(　　)标准。
A. 推荐性　　B. 国家　　C. 强制性　　D. 行业

【答案】C

【解析】《建设工程安全生产管理条例》第14条规定：工程监理单位应当审查施工组织设计中的安全技术措施或者专项施工方案是否符合工程建设强制性标准。可见，监理单位审查安全技术措施或专项施工方案的唯一法定依据是"强制性标准"。

4.【2012年单】下列选项中，属于监理单位安全责任的事项有(　　)。
A. 编制安全施工大纲　　　　B. 制订安全技术措施
C. 确定建设工程安全费用　　D. 监督施工企业对安全事故隐患进行整改

【答案】D

【解析】参见第1题。

2Z206054　机械设备等单位相关的安全责任

一、本节知识速记

责任单位	主要责任
设备供应单位	配备齐全有效的保险、限位等安全设施和装置
设备出租单位	"三证齐全"(生产许可证、产品合格证、检测合格证)否则承担法律责任
起重机械和自升式架设设施安装拆卸单位	1. 必须具备相应资质：起重设备安装拆卸(三级)、整体提升脚手架专业承包资质 2. 编制拆卸方案、制定安全措施和现场监督后，自检合格交施工单位验收签字 3. 出具自检合格证明、进行安全使用说明、办理验收手续的责任 4. 依法对施工起重机械和自升式架设设施进行检测 5. 检验合格30日内，向建设行政主管部门登记。登记标识置于该设备的显著位置(先检验，后验收，再登记)

二、本节真题与解析

1. 【2014年单】根据《建筑起重机安全监督管理规定》,应当报废的起重机是( )。
   A. 须大修才能达到安全技术
   B. 超过制造厂规定的使用年限
   C. 无安全技术档案的
   D. 无齐全有效的安全保护措施的

   【答案】B
   【解析】超过安全技术标准或者制造厂家规定的使用年限的应当予以报废。

2. 【2010年多】某机械设备租赁公司拟在施工现场安装施工起重机械。根据《建设工程安全生产管理条例》,该公司应( )。
   A. 编制安装方案
   B. 出具自检合格证明
   C. 具有起重设备安装工程专业承包资质
   D. 派出本单位专业技术人员现场监督
   E. 自行验收

   【答案】ABCD
   【解析】起重机械验收,应由总包、分包、出租、安装四家单位共同验收。

3. 【2011年多】施工企业采购、租赁的安全防护用具、机械设备、施工机具及配件,应当具有( ),并在进入施工现场前进行检查。
   A. 生产(制造)许可证
   B. 施工资质证书
   C. 产品销售许可证
   D. 施工许可证
   E. 产品合格证

   【答案】AE
   【解析】出租的机械设备和施工工具及配件,应当具备:(1)生产许可证;(2)产品合格证。出租单位应当对出租的机械设备和施工工具及配件的安全性能进行测试,在签订租赁协议时,应当出具;(3)检测合格证明。

4. 【2012年单】根据《建设工程安全生产管理条例》,安装、拆卸施工起重机械作业前,安装单位应当编制( )。
   A. 技术规范
   B. 拆装方案
   C. 设备运至现场的运输方案
   D. 进度控制横道图

   【答案】B

2Z206055 政府部门安全监督管理的相关规定

一、本节知识速记

1. 建设工程安全生产的监督管理体制

国务院负责安全生产监督管理的部门对全国安全生产工作实施综合监督管理。县级以上地方各级人民政府负责安全生产监督管理的部门对本行政区域内安全生产工作实施综合监督管理。

注意：建设行政主管部门可以将施工现场的监督委托给建设工程安全监督机构具体实施。

2. 审核发放施工许可证应当对安全施工措施进行审查

建设行政主管部门在审核发放施工许可证时应当对安全措施进行审查，不得违规颁发施工许可证。

3. 履行安全监督检查职责时有权采取的措施

县级以上人民政府负有建设工程安全生产监督管理职责的部门在各自的职责范围内履行安全监督检查职责时，有权采取下列措施：(1)要求被检查单位提供有关建设工程安全生产的文件和资料；(2)进入被检查单位施工现场进行检查；(3)纠正施工中违反安全生产的行为；(4)对检查中发现的安全事故隐患，责令立即排除，重大安全事故隐患排除前或者排除过程中无法保证安全的，责令从危险区域内撤出作业人员或者暂时停止施工。

二、本节真题与解析

【2012年单】《建设工程安全生产管理条例》规定的行政处罚，由(　　)或者其他有关部门依照法定职权决定。

A. 投资建设部门 B. 项目监理部门
C. 建设行政主管部门 D. 项目经理部门

【答案】C

【解析】《建设工程安全生产管理条例》规定的行政处罚，由建设行政主管部门或者其他有关部门依照法定职权决定。

2Z207000 建设工程质量法律制度

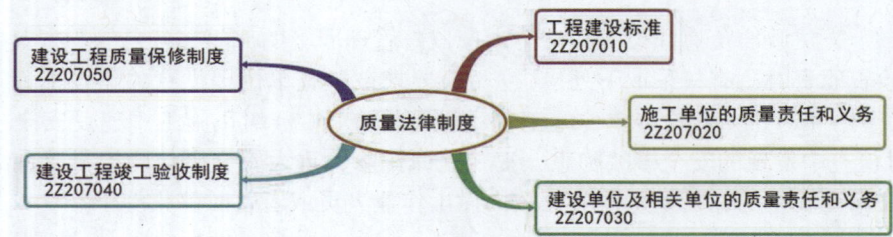

2Z207010 工程建设标准

2Z207011 工程建设标准的分类

> 一、本节知识速记

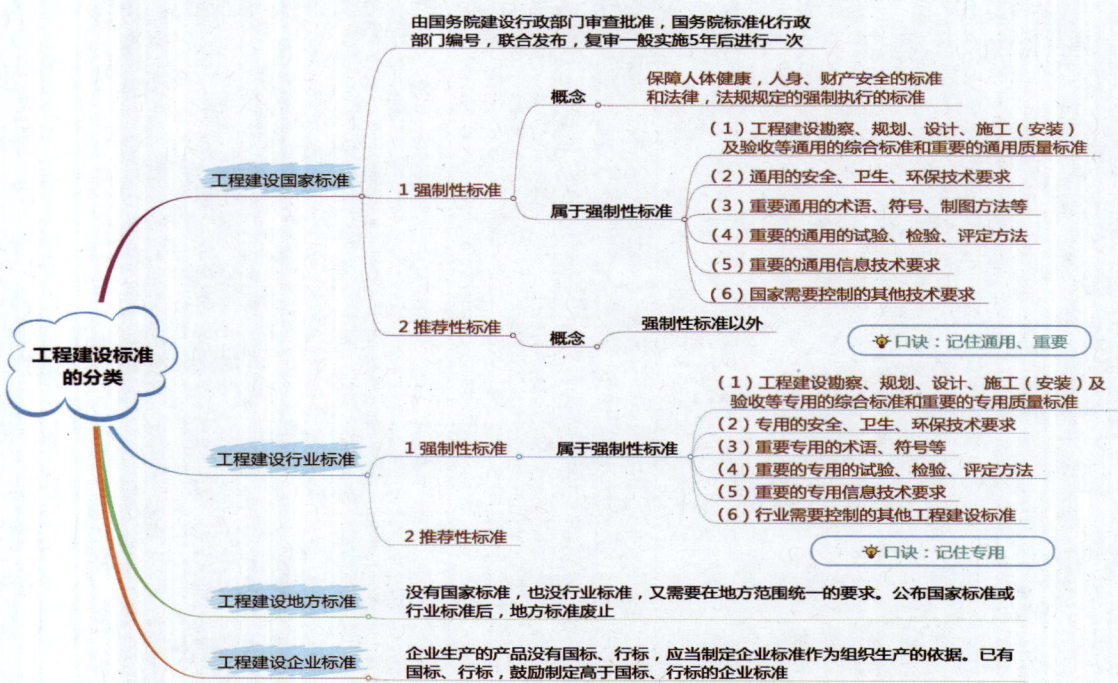

二、本节真题与解析

1. 【2012年单】工程建设国家标准、行业标准均可分为( )和推荐性标准。

    A. 一般性标准

    B. 特殊性标准

    C. 建议性标准

    D. 强制性标准

【答案】D

【解析】按照《标准化法》规定，我国的标准分为：国家标准、行业标准、地方标准和企业标准。国家标准、行业标准分为强制性标准和推荐性标准。

2. 【2010年多】根据《工程建设行业标准管理办法》，下列标准中，属于强制性标准的有( )。

    A. 工程建设行业专用的有关安全、卫生和环境保护的标准

    B. 工程建设重要的行业专用的信息技术标准

    C. 工程建设勘察、规划、设计、施工等行业定额标准

    D. 工程建设重要的行业专用的试验、检验和评定方法等标准

    E. 工程建设重要的行业专用的术语、符号和制图方法等标准

【答案】ABDE

3. 【2011年多】下列工程建设地方标准条文中，经国务院行政主管部门确定后，可作为强制性条文的有( )。

    A. 直接涉及国家主权的条文

    B. 直接涉及人民生命财产安全的条文

    C. 直接涉及人体健康的条文

    D. 直接涉及环境保护的条文

    E. 直接涉及公共利益的条文

【答案】BCDE

【解析】工程建设强制性标准是指直接涉及工程质量、安全、卫生及环境保护等方面的工程建设标准强制性条文。国家工程建设标准强制性条文由国务院建设行政主管部门会同国务院有关行政主管部门确定。

2Z207012　工程建设强制性标准实施的规定

一、本节知识速记

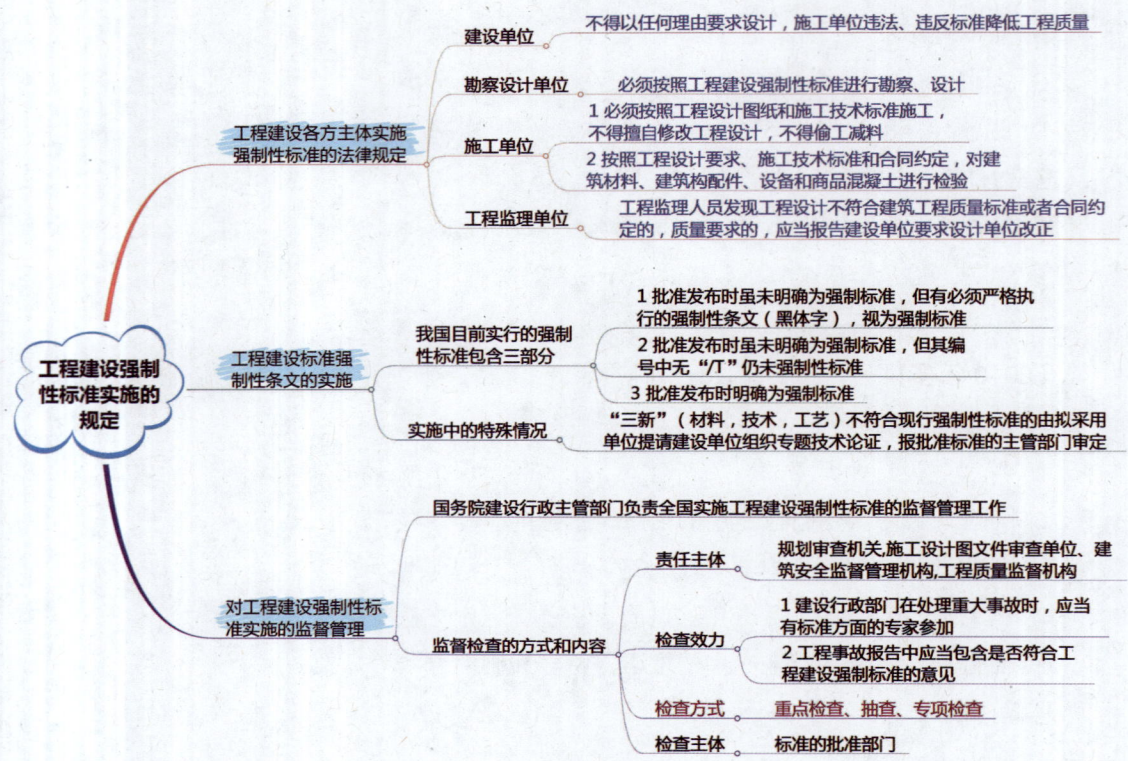

二、本节真题与解析

1.【2013年单】工程建设中拟采用的新技术、新工艺、新材料，不符合现行（　　）规定的，应当由拟采用单位提请建设单位组织专题技术论证，报批准标准的建设行政主管部门或者国务院有关主管部门审定。

　　A. 国家技术标准　　B. 强制性标准　　C. 行业质量标准　　D. 地方质量标准

【答案】B

【解析】本题考查的是工程建设强制性标准的实施，工程建设中拟采用的新技术、新工艺、新材料，不符合现行强制性标准规定的，应当由拟采用单位提请建设单位组织专题技术论证，报建设行政主管部门或国务院有关主管部门审定。

2.【2013年多】根据《工程建设国家标准管理办法》，工程建设强制性标准是指直接涉及工程（　　）等方面的工程建设标准强制性条文。

　　A. 市容市貌　　　　B. 质量　　　　C. 安全

　　D. 卫生　　　　　　E. 环境保护

【答案】BCDE

【解析】工程建设强制性标准是指直接涉及工程质量、安全、卫生及环境保护等方面的工程建设标准强制性条文。

3.【2014年单】下列单位中，属于建设工程竣工验收主体的是（   ）。
  A. 质量监测站　　B. 项目咨询单位　　C. 监理单位　　D. 建设行政主管部门

【答案】C

【解析】建设单位收到竣工报告后，应组织设计、施工、监理等有关单位进行竣工验收。

2Z207020　施工单位的质量责任和义务

2Z207021　对施工质量负责和总分包单位的质量责任

▶ 一、本节知识速记

1. 施工单位对施工质量负责

（1）施工单位应当建立质量责任制，确定工程项目的项目经理、技术负责人和施工管理负责人；

（2）质量责任制是质量保证体系中的重要组成部分；

（3）施工单位不是唯一的责任主体。

2. 总包分包单位的质量责任

（1）《建筑法》规定：工程总承包的，总包单位对全部建设工程质量负责；总包单位和分包单位，对分包工程质量承担连带责任；分包单位应当接受总包单位的质量管理。

（2）当分包工程发生质量问题时，建设单位或其他受害人既可以向分包单位请求赔偿，也可以向总承包单位请求赔偿；进行赔偿的一方，有权依据分包合同的约定，对不属于自己责任的那部分赔偿向对方追偿。

▶ 二、本节真题与解析

1.【2012年多】根据《建设工程质量管理条例》，关于总承包单位依法将建设工程分包给其他单位的法律责任的说法，正确的有（   ）。
  A. 分包单位应当按照分包合同约定对其分包工程的质量向总承包单位负责
  B. 总承包单位有权按照合同约定要求分包单位对分包工程质量承担全部责任
  C. 总承包单位与分包单位对分包工程的质量承担连带责任
  D. 分包单位对全部工程的质量向总承包单位负责
  E. 总承包单位与分包单位对全部工程质量承担连带责任

【答案】ABC

【解析】总分包的质量连带责任和安全连带责任,每年都考。连带责任分内部效应和外部效应。在内部:总承包单位可以依照约定要求分包单位承担责任;但这种内部约定对外不得对抗建设单位。

2.【2012年单】根据《建筑法》,建筑工程分包企业应当接受(　　)的质量管理。
　　A. 咨询单位　　　B. 总承包单位　　　C. 监理单位　　　D. 建设单位
【答案】B
【解析】《建筑法》规定,建筑工程实行总承包的,工程质量由工程总承包单位负责,总承包单位将建筑工程分包给其他单位,应当对分包工程的质量与分包单位承担连带责任。分包单位应当接受总承包单位的质量管理。

2Z207022　按照工程设计图纸和施工技术标准施工的规定

一、本节知识速记

施工单位必须按照工程设计图纸和施工技术标准施工,不得擅自修改工程设计,不得偷工减料。施工单位在施工过程中发现设计文件和图纸有差错的,应当及时提出意见和建议。
"按图施工"应分三个层次来理解:
(1)施工的依据只有两个: 图纸和标准;
(2)如果图纸不符合标准, 则提出修改图纸意见和建议;
(3)谁设计谁修改。

二、本节真题与解析

1.【2012年多】施工企业保证工程质量的最基本要求包括(　　)。
　　A. 不得压缩合同工期　　　　　　　B. 按设计图纸施工
　　C. 与监理单位建立友好的沟通关系　D. 严格履行企业质量管理认证体系
　　E. 不擅自修改设计文件
【答案】BE
【解析】施工单位应当按照工程设计图纸和施工技术标准施工,不得偷工减料,不得擅自修改工程设计。

2.【2012,2009年多】在施工过程中,施工人员发现设计图纸不符合技术标准,施工单位技术负责人采取的正确做法是(　　)。
　　A. 继续按照工程设计图纸施工　　　B. 按照技术标准修改工程设计
　　C. 及时向设计单位索赔　　　　　　D. 及时提出意见和建议
　　E. 通过建设单位要求设计单位予以变更
【答案】DE
【解析】如果施工单位在施工过程中发现设计文件和图纸中确实存在差错,有义务及时向设计单位提出,避免造成不必要的损失和质量问题。

2Z207023 对建筑材料、设备等进行检验检测的规定

一、本节知识速记

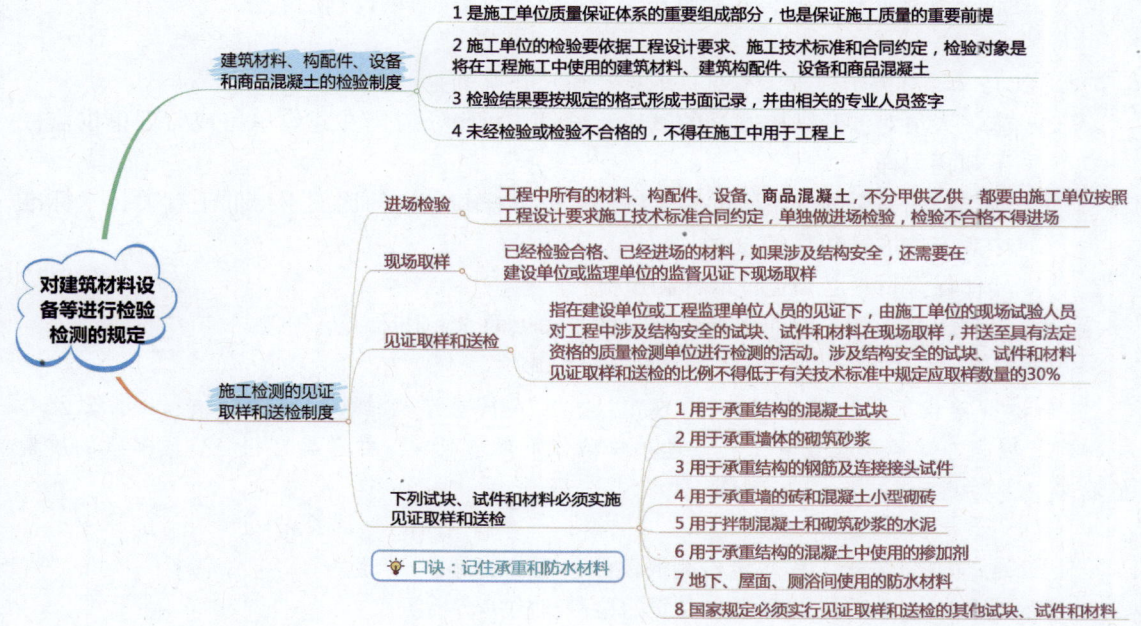

二、本节真题与解析

1.【2014 年单】涉及结构安全的材料，见证取样和送检的最低比例是有关标准规定的应取样数量的(   )。
   A. 30%　　　　　B. 50%　　　　　C. 75%　　　　　D. 80%

【答案】A

【解析】《房屋建筑工程和市政基础设施工程实行见证取样和送检的规定》口规定，涉及结构安全的试块、试件和材料见证取样和送检的比例不得低于有关技术标准中规定应取样数量的 30%。

2.【2011 年多】施工企业被建筑材料、建筑构配件和设备进行检验，通常应当按照(   )进行，不合格的不得使用。
   A. 工程设计要求　　B. 企业标准　　C. 施工技术标准
   D. 通行惯例　　　　E. 合同约定

【答案】ACE

【解析】施工单位必须按照工程设计要求、施工技术标准和合同约定，对建筑材料、建筑构配件、设备和商品混凝土进行检验，未经检验或检验不合格的，不得使用。

3.【2011，2009 年单】施工人员对涉及结构安全的试块、试件以及有关材料，应当在(   )的监督下现场取样，并送具有相应资质等级的质量检测单位进行检测。

267

A. 建设单位或工程监理单位 B. 施工项目技术负责人
C. 施工企业质量管理人员 D. 质量监督部门

【答案】A

【解析】"施工单位"对涉及结构安全的试块、试件、有关材料，应当在"建设单位或者监理单位"监督下现场取样，并送具有相应资质等级的检测单位检测。

4.【2012年单】关于建设工程见证取样，说法正确的是(　　)。
A. 施工人员对涉及结构安全的试块、试件、材料，应当在建设单位或监理单位监督下现场取样
B. 涉及结构安全的试块、试件、材料见证取样和送检的比例不得低于有关技术标准中规定应取样数量的50%
C. 墙体保温材料必须见证取样和送检
D. 见证人员由施工企业中具备施工试验知识的专业技术人员担任

【答案】A

【解析】《建设工程质量管理条例》规定：施工人员对涉及结构安全的试块、试件以及有关材料，应当在建设单位或者工程监理单位监督下现场取样，并送具有相应资质等级的质量检测单位进行测验。

5.【2012年单】关于工程质量检测的说法，正确的是(　　)。
A. 由施工企业委托具有相应资质的检测机构进行检测
B. 检测机构有义务监制材料、构配件和设备
C. 质量检测报告经建设单位或工程监理单位确认后，由建设单位负责归档
D. 检测机构应建立档案管理制度，并单独建立检测不合格项目台账

【答案】D

【解析】检测机构应当将检测过程中发现的建设单位、监理单位、施工单位违反有关法律、法规和工程建设强制性标准的情况，以及涉及结构安全检测结果的不合格情况，及时报告工程所在地建设主管部门。检测机构应当建立档案管理制度，并应当单独建立检测结果不合格项目台账。

6.【2011年多】关于工程质量检测的说法，正确的有(　　)。
A. 检测人员、检测机构法定代表人或其授权签字人都必须在检测报告上签字
B. 工程质量检测机构是具有独立法人资格的非营利性中介机构
C. 检测机构不得与建设单位有隶属关系
D. 检测人员不得同时受聘于两个或两个以上的检测机构
E. 检测机构应当对其检测数据和检测报告的真实性和准确性负责

【答案】ADE

【解析】检测人员不得同时受聘于两个或者两个以上的检测机构。检测机构和检测人员不得推荐或者监制建筑材料、构配件和设备。检测机构不得与行政机关，法律、法规授权的具有管理公共事务职能的组织以及所检测工程项目相关的设计单位、施工单位、监理单位有隶属关系或者其他利害关系。

2Z207024 施工质量检验和返修的规定

> 一、本节知识速记

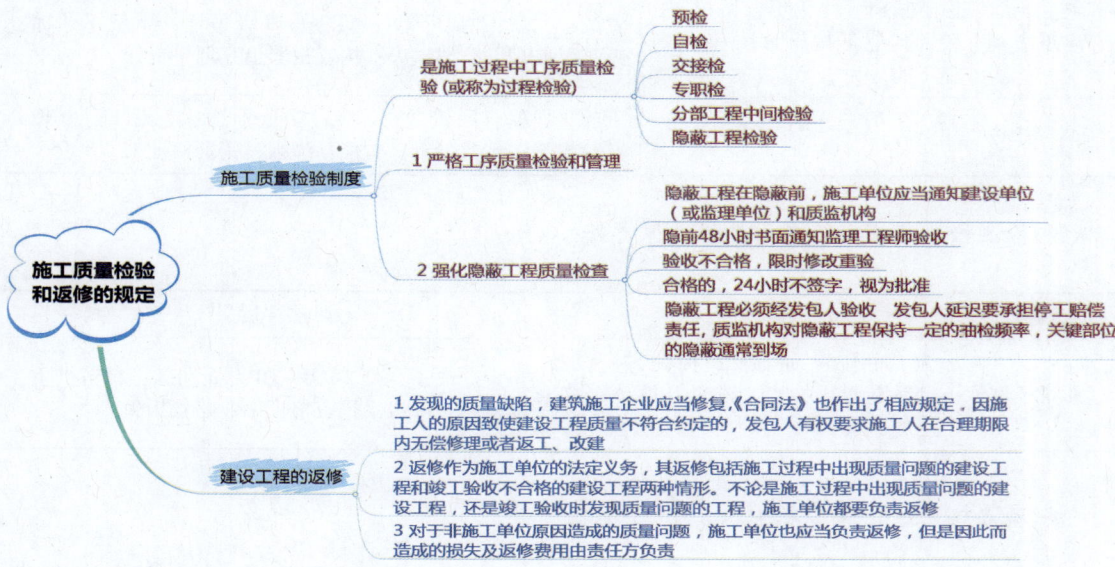

> 二、本节真题与解析

【2012年单】施工单位承担保修责任的前提条件之一是( )。
A. 非施工单位原因产生的质量问题
B. 工程未按期交工
C. 属于保修书中约定的保修范围
D. 工程价款结算完毕
【答案】C
【解析】施工单位承担保修责任的前提：(1)在保修期内；(2)在保修范围内。

2Z207026 违法行为应承担的法律责任

> 一、本节知识速记

1. 违法资质管理规定转包、违法分包造成质量问题

规范文件	违法行为	法律后果
《建筑法》	转让、借用或出借资质；转包或违法分包	工程质量不达标，双方承担连带赔偿责任

2. 偷工减料等违法行为应承担的法律责任

规范文件	违法行为	法律后果
《建筑法》	偷工减料，使用不合格材料，或者其他不按设计图和标准施工的行为	责改，罚款；情节严重，责停，降级吊证；质量不达标，返工、修理、赔偿损失；构成犯罪追究刑事责任
《质量条例》	同上	责改，罚款合同价 2%～4%；质量不达标，返工、修理，赔偿损失；情节严重，责停，降级吊销资格证书

3. 检测检验违法行为应承担的法律责任

规范文件	违法行为	法律后果
《质量条例》	施工单位未对建材、构配件、设备、商品混凝土检验，或未对设计结构安全的试块、试件及材料取样检测	责令改正，处 10 万～20 万元罚款；情节严重，责停，降级吊销资格证书；赔偿损失

4. 构成犯罪追究刑事责任

违法行为：《质量条例》建设单位、设计单位、施工单位、工程监理单位违反国家规定，降低工程质量标准，造成重大安全事故，构成犯罪，对直接责任人依法追究刑事责任。

2Z207030　建设单位及相关单位的质量责任和义务

2Z207031　建设单位相关的质量责任和义务

一、本节知识速记

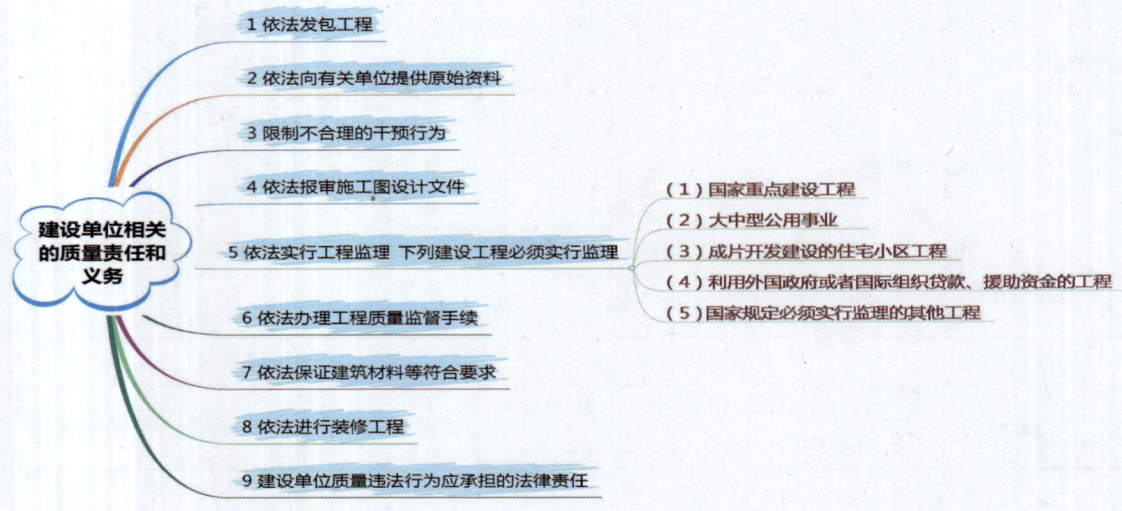

二、本节真题与解析

1.【2012 年单】关于建设单位质量责任和义务的说法，错误的是(   )。
   A. 不得明示或暗示设计单位或者施工企业违反工程建设强制性标准，降低建设工程质量
   B. 应当依法报审施工图设计文件
   C. 不得将建设工程肢解发包
   D. 在领取施工许可证或开工报告后，按照国家有关规定的办理工程质量监督手续
   【答案】D
   【解析】先报质监后领施工许可证。

2.【2010 年单】某施工单位为避免破坏施工现场区域内原有地下管线，欲查明相关情况，应由(   )负责向其提供施工现场区域内地下管线资料。
   A. 城建档案管理部门   B. 相关管线产权部门
   C. 市政管理部门   D. 建设单位
   【答案】D
   【解析】建设单位必须依法向勘察、设计、施工单位提供与工程建设有关的原始资料。原始资料必须真实、准确、齐全。

3.【2012 年单】涉及建筑主体和承重结构变动的装修工程，应当在施工前委托原设计单位或者(   )提出设计方案。
   A. 其他设计单位   B. 具有相应资质等级的设计单位
   C. 监理单位   D. 装修施工单位
   【答案】B
   【解析】《建设工程质量管理条例》规定：涉及建筑主体和承重结构变动的装修工程，建设单位应当在施工前委托原设计单位或者具有相应资质等级的设计单位提出设计方案；没有设计方案的，不得施工。

2Z207032 勘察设计单位相关的质量责任和义务

一、本节知识速记

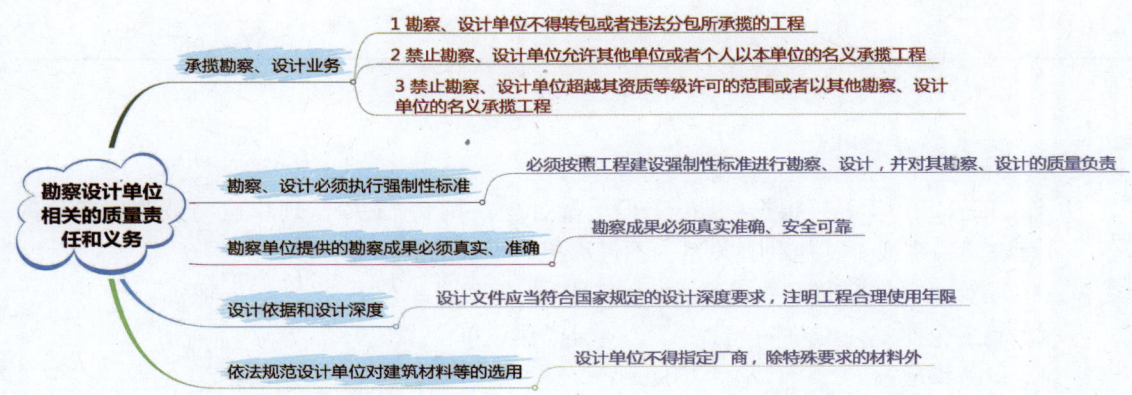

二、本节真题与解析

【2011年单】关于设计单位的权利的说法，正确的是（　　）。
A. 为节约投资成本，设计单位可不依据勘察成果文件进行设计
B. 有特殊要求的专用设备，设计单位可以指定生产厂商或供应商
C. 设计单位有权将所承揽的工程交由资质等级更高的设计单位完成
D. 设计深度由设计单位酌定

【答案】B

【解析】《建筑工程质量管理条例》规定：设计单位在设计文件中选用的建筑材料、建筑构配件，应当注明规格、型号、性能等技术指标，其质量要求必须符合国家规定的标准。除有特殊要求的建筑材料、专业设备、工艺生产线等外，设计单位不得指定生产厂、供应商。

2Z207033　工程监理单位相关的质量责任和义务

一、本节知识速记

具体责任如下。

1. 依法承揽工程	在资质等级内承揽业务 不得越级、借用和出借资质等级证书，不得转让业务
2. 依法回避	不得与被监理单位、建材、构配件、设备供应单位有隶属或利害关系
3. 依法监理	监理依据：依法律、法规、强制标准、设计文件、承包合同 监理责任：不履行监理职责，可能承担违约责任、违法责任
4. 监理职责权限	选派合格的监理工程师、总监理工程师进驻施工现场 未经监理工程师签字：建材、构配件、设备不得使用安装；不得进入下一工序施工
	未经总监理工程师签字：建设单位不拨付工程款、不进行竣工验收
5. 监理形式	旁站：对有关地基和结构安全的关键工序和关键施工过程，连续不断地监理 巡视：除了关键点以外，对施工现场面上的巡查监理 平行检验：对施工单位已经检测的工程及时进行检测，分段后平行检验

二、本节真题及解析

1.【2012，2011年单】根据《建设工程质量管理条例》，工程监理单位与被监理工程的（　　）有隶属关系或者其他利害关系，不得承担该工程的监理业务。
A. 建筑材料供应商　　　　　B. 勘察设计单位
C. 施工企业　　　　　　　　D. 建设单位
E. 设备供应商

【答案】ACE

【解析】工程监理单位与被监理工程的承包单位以及建筑材料、建筑构配件和设备供应单位不得有隶属关系或者其他利害关系。

2.【2010,2009年单】根据《建设工程质量管理条例》,下列文件中,不属于工程监理单位对施工质量实施监理依据的是( )。

A. 监理合同　　　　　　　　　　　　B. 法律、法规
C. 施工合同中约定采用的推荐性标准　　D. 工程施工图纸

【答案】A

【解析】工程监理的依据是:(1)法律、法规,如《建筑法》、《合同法》、《建设工程质量管理条例》等;(2)有关技术标准,如《工程建设标准强制性条文》以及建设工程承包合同中确认采用的推荐性标准等;(3)设计文件,施工图设计等设计文件既是施工的依据,也是监理单位对施工活动进行监督管理的依据;(4)建设工程承包合同,监理单位据此监督施工单位是否全面履行合同约定义务。

2Z207034　政府部门质量监督的相关规定

一、本节知识速记

1. 政府监督检查的内容和有权采取的措施

内容	法律、法规、强制标准
采取措施	1. 要求被检查单位提供有关工程质量的文件和资料 2. 进入施工现场检查 3. 发现有影响工程质量的问题,责令改正

2. 禁止滥用权力的行为

《建设工程质量管理条例》规定:供水、供电、供气、公安消防等部门或者单位不得明示或者暗示建设单位、施工单位购买其指定的生产供应单位的建筑材料,建筑构配件和设备。

在实践中,一些部门或单位利用其管理职能或者垄断地位指定生产厂家或产品的现象较多,如果建设单位或者施工单位不采用,就在竣工验收时故意刁难或者不予验收,不准投入使用。这种滥用职权的行为是法律所禁止的。

3. 建设工程质量事故报告制度

(1)发生质量事故,相关单位24小时向建设行政主管部门报告;
(2)重大事故,建设行政主管部门根据规定向人民政府和上级主管部门报告;
(3)如有人员伤亡,则要按照《生产安全事故报告和调查处理条例》的规定上报。

二、本节真题与解析

【2012年单】根据《实施工程建设强制性标准监督规定》,对工程建设施工、监理、验收

等阶段执行强制性标准的情况实施监督的机构是(   )。

A. 建设项目规划审查部门
B. 建筑安全监督管理机构
C. 工程质量监督机构
D. 工程建设标准批准部门

【答案】D

【解析】根据《实施工程建设强制性标准监督规定》，工程建设标准批准部门对工程建设施工、监理、验收等阶段执行强制性标准的情况实施监督。

2Z207040　建设工程竣工验收制度

2Z207041　竞工验收的主体和法定条件

▶ 一、本节知识速记

验收主体	建设单位收到建设工程竣工报告后，应当组织设计、施工、工程监理等有关单位进行竣工验收
法定条件	《建设法》必须符合质量标准，有完整资料和经签署的保修书，以及国家规定的其他竣工条件。建筑经竣工经验收合格后，方可交付使用；未经验收或验收不合格，不得交付使用
	1. 完成建设工程设计和合同约定的各项内容 2. 完整的技术档案和施工管理资料 3. 主要建筑材料、构配件、设备进场试验报告 4. 有勘察、设计、施工、工程监理单位分别签署的质量合格文件 5. 施工单位签署的工程保修书

▶ 二、本节真题与解析

1.【2012年单】根据《建设工程质量管理条例》，组织有关单位参加建设工程竣工验收的义务主体是(   )。

A. 施工企业
B. 建设单位
C. 建设行政主管部门
D. 建设工程质量监督机构

【答案】B

【解析】建设单位收到建设工程竣工报告后，应当组织设计、施工、工程监理等有关单位进行竣工验收。

2.【2011年单】根据《建设工程质量管理条例》，建设工程竣工验收应当具备的条件不包括（　　）。
　　A. 完成建设工程设计和合同约定的各项内容
　　B. 有完整的技术档案和施工管理资料
　　C. 建设单位和施工企业已签署工程结算文件
　　D. 勘察、设计、施工、工程监理等单位已分别签署质量合格文件
【答案】C
【解析】(1)完成建设工程设计和合同约定的各项内容；
(2)完整的技术档案和施工管理资料；
(3)主要建筑材料、构配件、设备进场试验报告；
(4)有勘察、设计、施工、工程监理单位分别签署的质量合格文件；
(5)施工单位签署的工程保修书。

2Z207042　施工单位应提交的档案资料

一、本节知识速记

责任主体	具体规定
建设单位	《质量条例》按照有关档案管理的规定：及时收集、整理项目各环节的文件资料，建立项目档案，在竣工验收后，及时向建设行政主管部门或其他有关部门移交项目档案
	《城建档案管理规定》规定：建设单位在竣工验收后3个月内，向城档案馆报送一套符合规定的工程档案
施工单位	按照归档要求指定统一目录，有专业分包工程的，分包单位做好资料整理工作，由总包单位审核汇总；施工单位提交的档案一般包括：(1)技术档案资料；(2)质量保证资料；(3)检验评定资料；(4)竣工图等

二、本节真题与解析

【2012年单】某建设工程实行施工总承包，关于其工程文件移交的说法，正确的是（　　）。
　　A. 监理单位负责收集、汇总所有的工程档案并移交建设单位
　　B. 总承包单位负责整理各分包单位的工程文件，立卷后移交建设单位
　　C. 总承包单位负责收集、汇总各分包单位的工程档案并移交建设单位
　　D. 总承包单位、各分包单位将其工程文件整理、立卷后分别移交建设单位
【答案】C
【解析】该题的考点是建设工程档案的移交。根据《建设工程文件归档整理规范》的规定，建设工程项目实行总承包的，总包单位负责收集、汇总各分包单位形成的工程档案，并应及

时向建设单位移交；各分包单位应将本单位形成的工程文件整理、立卷后及时移交总包单位。建设工程项目由几个单位承包的，各承包单位负责收集、整理立卷其承包项目的工程文件，并应及时向建设单位移交。

2Z207043 规划、消防、节能、环保等验收的规定

一、本节知识速记

1.《质量条例》规定

建设单位自竣工验收合格之日起 15 日内，将建设工程竣工验收报告和规划、公安消防、环保等部门出具的认可或准许使用文件报建设行政主管部门或其他有关部门备案。

2.《消防法》规定

建设单位消防设计文件和建设工程消防验收的相关规定：
(1)消防设计文件的审核与备案。

	工程范围	主管部门	法律后果
审核	大型人员密集场所和特殊建设工程	公安机关消防机构	对审核结果负责；未通过审核，不得给予施工许可、不得施工；取得许可后抽查不合格停工
备案	需要消防设计的，除要审核的外		取得施工许可证后 7 日内将消防设计文件备案，公安机关消防机构应抽查

(2)工程竣工的消防验收与备案。

	工程范围	主管部门	法律后果
验收	大型人员密集场所和特殊建设工程	公安机关消防机构，自接到申请 20 日内组织消防验收，出具验收意见	未经消防验收或验收不合格，禁止投入使用
备案	除要审核的外		建设单位验收后，报备案，应当抽查；抽查不合格停用

公安部《建设工程消防监督管理规定》规定建设单位申请消防验收应当提供的资料：消防验收申请；工程竣工验收报告；消防产品质量合格证明；有防火性能要求的材料、构配件、室内装修材料等合格证明；消防设施、电气防火技术测试合格证明；施工、监理、检测单位资质及身份证明。

3.建设工程竣工环保验收

《建设项目环保条例》规定：项目竣工后，建设单位向审批该项目的环保行政主管部门

申请该项目的配套的环保设施的竣工验收。

环保设施的验收与主体竣工验收同时进行，需要试生产的，在试生产 3 个月内，申请环保设施的验收。环保部门收到申请 30 日内，完成验收；验收合格，项目方可投产或使用。

规范文件	违法行为	法律后果
《建设项目环保条例》	试生产超过 3 个月，未申请环保设施验收	环保部门责令限期办理；逾期责停，可罚款 5 万元以下
	配套环保实施为通过验收，主体投产	环保部门责令停产或停用，可以罚款 10 万元以下

4. 总结

规划验收	规划局		
环保验收	环保局		
消防验收	两类工程：消防局验收 其他工程：建设单位验收	竣工验收	建设单位组织
节能验收	总监理工程师主持		

二、本节真题与解析

1.【2012 年单】建筑节能分部工程验收会议由(　　)主持。
   A. 节能工程分包人
   B. 总监理工程师
   C. 总承包人
   D. 建设单位代表
【答案】B

2.【2011 年单】建设单位应自建设项目投入试生产之日起(　　)个月内，向有关部门申请该建设项目需要配套建设的环境保护设施竣工验收。
   A. 3　　　　　B. 1　　　　　C. 2　　　　　D. 5
【答案】A
【解析】建设单位应当自建设项目投入试生产之日起 3 个月内，向审批该建设项目环境影响报告书、环境影响报告表或者环境影响登记表的环境保护行政主管部门，申请该建设项目需要配套建设的环境保护设施竣工验收。分期建设、分期投入生产或者使用的建设项目，其相应的环境保护设施应当分期验收。

2Z207044 竣工结算、质量争议的规定

> 一、本节知识速记

1. 工程竣工结算

结算条件	验收合格；发包方按约定支付价款，并接收该工程
结算方式	单位工程竣工结算、单项工程竣工结算、建设项目竣工总结算
审查期限	单项工程竣工：承包人在提交竣工验收报告的同时，向发包人递交竣工结算报告和结算资料 发包人在以下规定时限进行核对（审查）并提出审核意见：20 天（500 万元以下）30 天（500 万~2000 万元以下）45 天（2000 万~5000 万元以下）60 天（5000 万元以上）
	建设项目竣工总结算在最后一个单项竣工结算审查确认后 15 天内汇总 送发包人后 30 天内审毕
价款结算	反馈：发包人应在规定期限内审毕，确认或者提出修改意见
	支付：发包人根据确认的结算报告向承包人支付结算价款，可以保留 5% 质保金；待交付使用 1 年的质保期满后清算，合同另有约定从约定
	奖惩：竣工结算以合同工期为准，实际工期的增减，双方按照约定的奖惩办法执行
违约索赔	索赔：违约要按照合同约定，向对方承担违约责任；一般由受损方索赔
零星增加	承包人应在接收发包人要求的 7 天内就用工数量和单价、机械台班数量及单价、使用材料及金额等向发包人提出施工签证，发包人签证后施工，没有签证，责任由承包人自负
违反时限	发包人：接到竣工结算报告及完成的结算资料后，在规定或约定的期限内，没有提出意见视为认可
	承包人：未提交完成的竣工结算资料，经发包人催促，在 14 天内没有提供或明确答复的，发包人有权根据已有资料审查，责任由承包人自负
	付款：承包人根据确认的结算报告，请求支付工程竣工结算款，发包人要在 15 天内支付；逾期承担违约责任
	催付：达成延期支付协议，发包人应拖欠工程款，应支付银行同期贷款利息；如不能达成延期支付协议，承包人可与发包人协商将工程折价、申请法院拍卖该工程，承包人就折价、拍卖款项，优先受偿
结算争议	对工程结算价格有异议：向有关部门申请咨询后协商处理，不能达成一致，按照合同约定的争议或纠纷解决程序办理
	因对工程质量有异议，导致结算争议：(1) 通过验收或未验收但交付的，质量争议按照保修合同办理；(2) 未验收及停工、停建项目发生质量争议，争议部分，暂缓结算，委托有资质的鉴定机构检测，或按照质监机构的处理决定执行，其余部分依照约定办理
	结算争议的解决：(1) 双方协商；(2) 按照合同约定提请调解；(3) 申请仲裁或诉讼
结算管理	不办清工程竣工结算：工程不得交付使用；有关部门不予办理权属登记

2. 竣工工程质量争议的处理

（1）因施工人的原因致使建设工程质量不符合约定的，发包人有权要求施工人在合理期限内无偿修理或者返还、改建。

（2）因承包人的过错造成建设工程质量不符合约定，承包人拒绝修理、返工或者改建，发包人请求减少支付工程价款的，应予支付。

（3）建设工程未经竣工验收，发包人擅自使用后，又以使用部分质量不符合约定为由主张权利的，不予支持；但是承包人应当在建设工程的合理使用寿命内对地基基础工程和主体结构质量承担民事责任。

▶ 二、本节真题与解析

1.【2011年单】某施工合同约定以《建设工程价款结算暂行办法》作为结算依据，该工程结算价约4000万元，发包人应从接到承包人竣工结算报告和完整的竣工结算资料之日起（　　）天内核对(审查)完毕并提出审查意见。

　　A. 20　　　　　B. 30　　　　　C. 60　　　　　D. 45

【答案】D

【解析】
```
        20天      30天      45天      60天
        500万元   2000万元  5000万元
```

2.【2012年单】根据有关司法解释，采取固定总价方式订立的施工合同，因设计变更导致工程量或质量标准发生变化，当事人对该部分工程价款不能协商一致并提起诉讼的，人民法院（　　）。

　　A. 可以不予调整
　　B. 按承包人实际发生的费用予以调整
　　C. 按承包人提交的竣工结算文件进行调整
　　D. 可以参照当地建设行政主管部门发布的计价方式进行调整

【答案】D

【解析】《高等人民法院关于审理建设工程施工合同纠纷案件适用法律问题的解释》第16条规定：当事人对建设工程的计价标准或者计价方法有约定的，按照约定结算工程价款。因设计变更导致建设工程的工程量或者质量标准发生变化，当事人对该部分工程价款不能协商一致的，可以参照签订建设工程施工合同时当地建设行政主管部门发布的计价方法或者计价标准结算工程价款。

3.【2011年多】下列情形中，发包人应当承担过错责任的有（　　）。
　　A. 发包人提供的设计图纸有缺陷，造成工程质量缺陷
　　B. 发包人提供的设备不符合强制标准，引发工程质量缺陷
　　C. 发包人直接指定分包人分包专业工程，分包工程发生质量缺陷
　　D. 发包人未组织竣工验收擅自使用工程，主体结构出现质量缺陷
　　E. 发包人指定购买的材料、建筑构配件不符合强制性标准，造成工程质量缺陷

【答案】ABDE

【解析】《解释》第12条规定：发包人具有下列情形之一，造成建设工程质量缺陷，应当承担过错责任：(1)提供的设计有缺陷；(2)提供或者指定购买的建筑材料、建筑构配件、设备不符合强制性标准；(3)直接指定分包人分包专业工程。

2Z207045　竣工验收报告备案的规定

▶ 一、本节知识速记

竣工备案时间	《房屋和市政工程竣工验收备案管理暂行办法》建设单位自竣工验收合格之日起15日内，向县级以上政府建设部门(备案机关)备案
竣工备案文件	需要提交：(1)备案表；(2)工程竣工验收报告；(3)规划、环保部门认可或许可使用证明；(4)(大型人员密集场所和其他特殊建设工程)消防部门验收合格证明；(5)施工单位质保书；(6)其他。住宅还必须有《住宅质量保证书》和《住宅使用说明书》
备案文件签收	备案机关验证文件齐全后，应在工程竣工验收备案表上签署文件收讫，一式两份，分别由建设单位和备案机关留存
质监部门报告	工程质监机构应当在工程竣工验收之日起5日内，向备案机关提交工程质量监督报告
备案后的处理	如果备案机关发现建设单位在竣工验收过程中有违法行为，在15日内，责令停业，重新组织竣工验收

竣工验收备案违法行为及法律责任如下表所示。

规范文件	违法行为	法律后果
《房屋和市政工程竣工验收备案管理暂行办法》	竣工验收合格起15日内，未办理备案	责令限期整改，罚款20万~50万元
	备案机关决定重新验收，擅自使用	责令停止使用，罚款合同价款2%~4%
	虚假证明办理备案	竣工验收无效，责令停止使用，重新验收，罚款20万~50万元；构成犯罪追究刑事责任
	备案机关决定重新组织竣工验收并责令停止使用的，备案前或继续擅自使用	造成使用人损失，由建设单位承担赔偿责任

▶ 二、本节真题与解析

1.【2011年单】根据《建设工程质量管理条例》，建设单位应当自建设工程竣工验收合格之日起(　)日内，将建设工程验收报告和规划、公安消防、环保等部门出具的认可文件或者准许使用文件报建设行政主管部门或者其他有关部门备案。

  A. 5   B. 15   C. 10   D. 30

【答案】B

【解析】《建设工程质量管理条例》规定：建设单位应当自建设工程竣工验收合格之日起15日内，将建设工程竣工验收报告和规划、公安消防、环保等部门出具的认可文件或者准许使用文件报建设行政主管部门或者其他有关部门备案。

2.【2014年多】根据《建设工程质量管理条例》竣工验收应当具备的条件有(　　)。

  A. 有完整的技术档案

  B. 完成工程结算备案

  C. 由主要建筑材料的进场试验报告

  D. 有设计单位签署的质量合格文件

  E. 有施工企业签署的质量保修书

【答案】ACDE

【解析】建设工程竣工验收应当具备下列条件：(1)完成建设工程设计和合同约定的各项内容；(2)有完整的技术档案和施工管理资料；(3)有工程使用的主要建筑材料、建筑构件和设施的进场实验报告；(4)有勘察、设计、施工、工程监理等单位分别签署的质量合格文件；(5)有施工单位签署的工程保修书。

3.【2014年单】下列单位中，属于建设工程竣工验收主体的是(　　)。

  A. 质量监测站   B. 项目咨询单位

  C. 监理单位   D. 建设行政主管部门

【答案】C

【解析】建设单位收到竣工报告后，应组织设计、施工、监理等有关单位进行竣工验收。

4.【2012，2004年单】建设单位办理工程竣工验收备案应提交的材料不包括(　　)。

  A. 规划、招投标、公安消防、环保部门的完整备案文件

  B. 工程竣工验收报告

  C. 施工企业签署的工程质量保修书

  D. 住宅工程的《住宅质量保证书》、《住宅使用说明书》

【答案】A

【解析】建设单位办理工程竣工验收备案应当提交下列文件：(1)工程竣工验收备案表；(2)工程竣工验收报告。竣工验收报告应当包括工程报建日期，施工许可证号，施工图设计文件审查意见，勘察、设计、施工、工程监理等单位分别签署的质量合格文件及验收人员签署的竣工验收原始文件；(3)市政基础设施的有关质量检测和功能性试验资料以及备案机关认为需要提供的有关资料；(4)法律、行政法规规定应当由规划、环保等部门出具的认可文件或者准许使用文件；(5)法律定应当由公安消防部门出具的对大型的人员密集场和其他特殊建设工程验收合格的证明文件；(6)施工单位签署的工程质量保修书。

2Z207050 建设工程质量保修制度

2Z207051 质量保修书和最低保修期限的规定

> 一、本节知识速记

1. 工程质量保修书	工程承包单位向建设单位提交工程竣工验收报告时出具； 明确保修范围、期限（参见下栏）和保修责任 工程质量保修书包括如下主要内容：（1）质量保修范围；（2）质量保修期限；（3）承诺质量保修责任 保修责任：应提示建设单位因使用不当、擅自改变结构、设备位置或不当装修造成质量问题的，施工单位不承担保修责任，由责任人承担
2. 保修范围和最低保修期限	（1）地基基础、主体结构：设计文件规定的合理使用年限（终身保修） （2）屋面、卫生间、房间和外墙面防渗漏，5年 （3）供热与供冷系统，为2个采暖、供冷期 （4）电气管线、给排水管道、设备安装、装修工程，2年 （5）其他项目的保修期由双方约定。
	超过合理使用年限后继续使用的规定：产权人委托具备资质的勘察、设计单位鉴定，根据鉴定结果采取加固、维修等措施，重新界定使用期 如果违法超期使用，产权人承担责任

> 二、本节真题与解析

1.【2014年多】根据《建设工程质量管理条例》，法定质量保修范围有（　　）。
　　A. 土石方工程　　　　　　　　B. 地基基础工程
　　C. 电气管线工程　　　　　　　D. 景观绿化工程
　　E. 屋面防水工程
【答案】BCE
【解析】建筑工程的保修范围应当包括地基基础工程、主体结构工程、屋面防水工程和其他土建工程，以及电气管线、上下水管线的安装工程，供热、供冷系统工程等项目。

2.【2011年单】根据相关法律规定，建设工程总承包单位完工后向建设单位出具质量保修书的时间为（　　）。
　　A. 竣工验收合格后　　　　　　B. 提交竣工验收报告时
　　C. 竣工验收时　　　　　　　　D. 交付使用时
【答案】B
【解析】定建设工程成本单位在向建设单位提交工程竣工验收报告时，应当向建设单位出具质量保修书。质量保修书中应当明确建设工程的保修范围、保修期限和保修责任等。

工程质量保修书包括如下主要内容：(1)质量保修范围；(2)质量保修期限；(3)承诺质量保修责任。

3.【2012年单】施工单位所承建的某办公楼，没有经过验收建设单位就提前使用。3年后，办公楼主体结构出现质量问题，下面说法正确的是(　　)。
　　A. 主体结构的最低保修期限应是50年，施工单位需要承担保修责任
　　B. 主体结构的最低保修期限是设计的合理使用年限，施工单位应当承担保修责任
　　C. 施工单位是否承担保修责任，取决于建设单位是否已经足额支付工程款
　　D. 由于建设单位提前使用，施工单位不需要承担保修责任
【答案】B
【解析】建设工程的最低保修期限为：(1)基础设施工程、房屋建筑的地基基础工程和主体结构工程，为设计文件规定的该工程的合理使用年限；(2)屋面防水工程、有防水要求的卫生间、房屋和外墙面的防渗漏，为5年；(3)供热与供冷系统，为2个采暖期、供冷期；(4)电气管线、给排水管道、设备安装和装修工程，为2年。其他项目的保修期限由发包方与承包方约定。

4.【2012年多】房屋建筑工程质量保修书中的内容一般包括(　　)。
　　A. 工程概况、房屋使用管理要求　　B. 保修范围和内容
　　C. 超过合理使用年限继续使用的条件　D. 保修期限和责任
　　E. 保修单位名称、详细地址
【答案】BD
【解析】建设工程承包单位在向建设单位提交工程竣工验收报告时，应当向建设单位出具质量保修书。质量保修书中应当明确建设工程的保修范围、保修期限和保修责任等。
工程质量保修书包括如下主要内容：(1)质量保修范围；(2)质量保修期限；(3)承诺质量保修责任。

5.【2011年多】根据《建设工程质量管理条例》，具有法定最低保修期限的有(　　)。
　　A. 基础设施工程　　　　　　　B. 设备安装、装修工程
　　C. 门禁监控系统　　　　　　　D. 电气管线、给排水管道工程
　　E. 供热与供冷系统
【答案】ADE
【解析】《建设工程质量管理条例》规定：在正常使用提交下，建设工程的最低保修期限为：(1)基础设施工程、房屋建筑的地基基础工程和主体结构工程，为设计文件规定的该工程的合理使用年限；(2)屋面防水工程、有防水要求的卫生间、房屋和外墙面的防渗漏，为5年；(3)供热与供冷系统，为2个采暖期、供冷期；(4)电气管线、给排水管道、设备安装和装修工程，为2年。其他项目的保修期限由发包方与承包方约定。

6.【2012年单】在正常使用条件下，工程的地基基础、主体结构的最低保修期限为(　　)。
　　A. 设计文件规定的该工程的合理使用年限

B. 不需要进行大修即可继续使用的年限
C. 安全使用不低于 50 年
D. 工程竣工验收合格之日起 5 年

【答案】A

2Z207052　质量责任的损失赔偿

> 一、本节知识速记

1. 保修义务的责任落实与损失赔偿责任的承担——处理原则

质量缺陷产生原因	责任承担
1. 未按照有关标准和设计要求施工	施工单位负责返修并承担经济责任
2. 设计问题造成质量缺陷	施工单位先行维修；经济责任通过建设单位向设计单位索赔
3. 因建筑材料、构配件、设备质量不合格	施工单位先行维修，施工单位采购或经其验收同意的，由施工单位承担经济责任，由建设单位采购的，由建设单位承担经济责任
4. 因建设单位(监理单位)错误管理造成	施工单位先行维修；建设单位承担经济责任；监理单位的责任，由建设单位向其索赔
5. 使用单位使用不当造成损坏	施工单位先行维修；经济责任由使用单位承担
6. 自然灾害，不可抗力造成损坏	施工单位先行维修；各方按照国家政策分担

2. 建设工程质量保证金

依据《建设工程质量保证金管理暂行办法》建设工程质量保证金有如下规定。

1. 质量保证金	发包人与承包人在合同中约定，从应付的工程款中预留，用以保证承包人在责任期内对工程缺陷进行维修的保证金
2. 缺陷责任期	从实际竣(交)工验收之日起计；因发包人原因导致无法如期验收的，自承包人提交验收报告 90 天后，自动进入缺陷责任期。缺陷责任期一般为 6/12/24 个月，可以在合同中约定
3. 质量保证金数额	应当在招标文件，合同中加以具体约定；政府(部分)投资项目，按照工程价款结算总额的 5%左右
4. 质量保证金返还	缺陷责任期满返还；发包人接到返还申请 14 日内答复，不答复视为同意；逾期按照同期银行贷款支付利息

第二部分 建设工程法规及相关知识

2Z208010 建设工程纠纷主要种类和法制解决途径

2Z208011 建设工程纠纷的主要种类

 一、本节知识速记

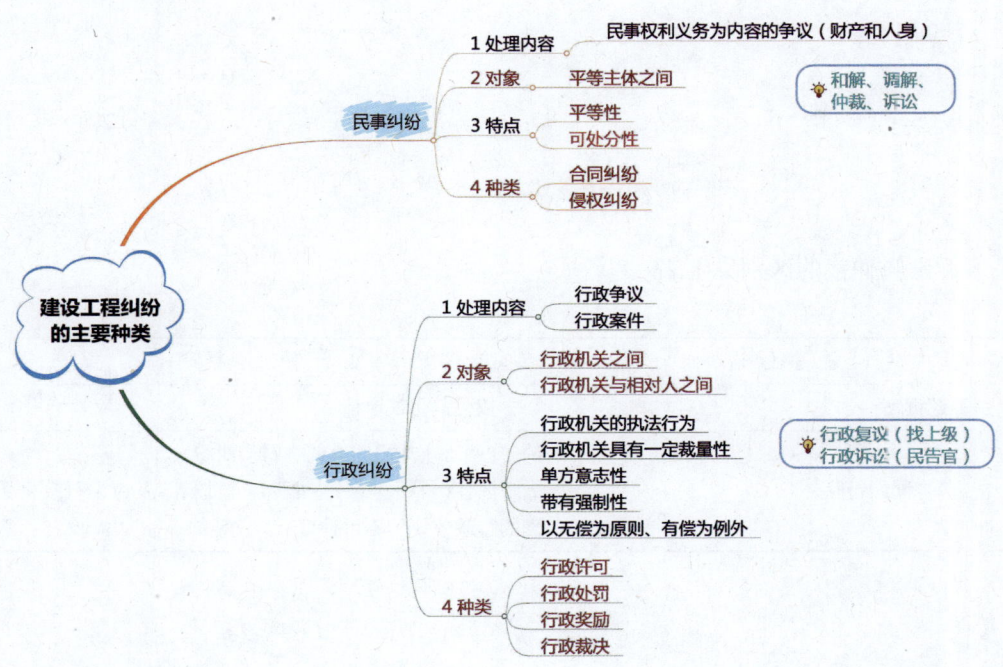

285

二、本节真题与解析

【2012年单】施工企业拒不执行公安消防机构作出的禁止施工处罚决定的,将由(　　)负责强制执行。

A. 作出决定的公安消防机构　　B. 公安机关
C. 人民法院　　D. 建设行政主管部门

【答案】A

【解析】考核行政行为的强制。

2Z208012　民事纠纷的法律解决途径

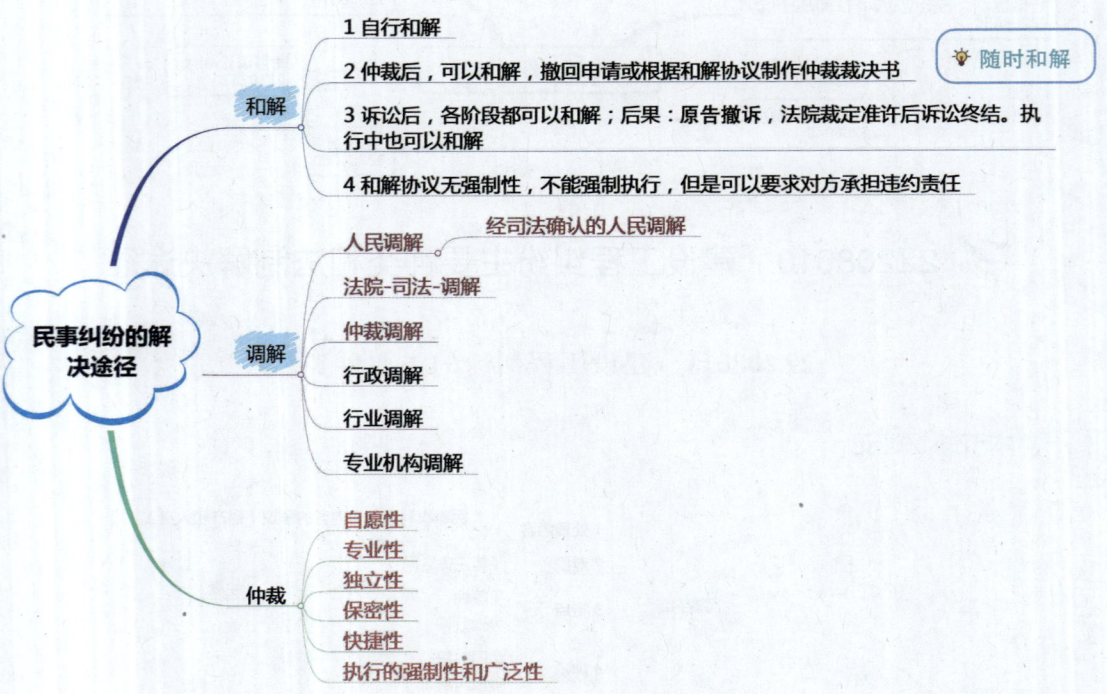

民事诉讼与仲裁的区别见下表。

	民事诉讼	仲裁
发动	一方起诉	一方依仲裁协议申请
管辖	法定(合同纠纷除外)	约定(平等主体之间合同、财产纠纷) 人身属性(婚姻、继承、收养、监护等)及应由行政机关处理的行政争议,不可仲裁)

续表

	民事诉讼	仲裁
关系主体	法院、合议庭、独任庭 当事人：原告、被告、第三人（诉讼参与人） 其他诉讼参与人：证人、鉴定人、勘验人等	仲裁委、仲裁庭、独任庭 当事人：申请人、被申请人 其他参与人：证人、鉴定人、勘验人等
程序	《民事诉讼法》	《仲裁法》；劳动、农业承包合同除外

基本特征	**公权性**：国家司法机关
	强制性：受理与执行
	程序性：极为严格；时间长、费用大、成本较高
	程序性：
	   判决书——15日内上诉
	 两审终审
	   判决书——10日内上诉
	再审——对生效判决——6个月内提出
	执行——2年内申请——法律文书规定履行期
	    最后日或生效日计算
		自愿性：自主决定是否、由谁、适用规则
		专业性：选择仲裁员
		独立性：仲裁委、仲裁庭都是独立的
		保密性：不公开为原则（要开庭，除非申请）
		快捷性：一裁终局、裁决作出即生效
		国际上认可和执行：《纽约公约》145个国家和地区

基本制度	合议制度：合议庭一般3人，也有独任庭 回避制度：利害关系回避 公开审判：公开为原则，国家、商业秘密、隐私外 两审终审：一审不服可上诉，二审终审生效	协议仲裁：双方一定要达成仲裁协议 或裁或审：只能择一，有仲裁协议诉讼不理 一裁终局：裁后诉讼不理，可请法院强制执行 和议——3人——按照多数仲裁员意见裁决——不能达成一致意见的——按首席意见裁决 一人选一名，共同或主任指定第三名首席仲裁员

选择方式	无协议可以诉讼	仲裁前提——有效仲裁协议——{请求仲裁的意见表示／仲裁事项／选定1个仲裁委员会}
		约定了2个仲裁委的处理——事后协商选1个——协议有效
		        事后不能选择——协议无效
		有协议—起诉时未声明有协议的——法院受理
		        首次开庭前提交协议
		   起诉时声明有协议的——法院不受理

审理	公开审理	保密性-不公开审理
缺席	同仲裁	申请人——无正当理由不出庭或中途退庭——撤回申请 被申请人————————————————————缺席判决

续表

	民事诉讼	仲 裁
保全	证据财产保全	仲裁证据财产保全——由仲裁委将保全申请转交法院 直接向法院提出 管辖法院——被申请人住所地、财产所在地、证据所在地法院裁定
执行	强制执行	向法院申请强制执行——被执行人住所地或财产所在地中级人民法院——2年时效
时效	时效	裁决不予执行——无协议、不属于范围、程序违法、证据不足、受贿、适用法律错误 不予执行的后果——重新达成仲裁协议、仲裁或起诉
		牢记：劳动争议必须先仲裁再诉，且一裁终局
终局	二审终审	一裁终局
翻案	再审	撤销

二、本节真题与解析

1.【2010 年单】以下不属于民事纠纷处理方式的是（　　）。
　A. 当事人自行和解　B. 行政复议　C. 行政机关调解　D. 商事仲裁
【答案】B
【解析】本题考核的是民事纠纷处理的方式。民事纠纷处理的方式主要有和解和调解这2大类，其中A、C、D为民事纠纷的处理方式，B为行政纠纷的处理方式。

2.【2010 年单】下列纠纷、争议中，适用于《仲裁法》调整的是（　　）。
　A. 财产继承纠纷　B. 劳动争议　C. 婚姻纠纷　D. 工程款纠纷
【答案】D
【解析】本题考核的是民事纠纷处理方式仲裁的规定。根据《仲裁法》的规定：该法的调整范围仅限于民商事仲裁，即"平等主体的公民、法人和其他组织之间发生的合同纠纷和其他财产权纠纷"；对于婚姻、收养、监护、抚养、继承纠纷以及依法应当由行政机关处理的行政争议等不能仲裁。另外，劳动争议仲裁不受《仲裁法》的调整。

3.【2012 年单】仲裁机构制作的调解书（　　）发生法律效力。
　A. 在调解书作出时
　B. 在当事人达成调解协议时
　C. 在调解书送达双方时
　D. 经双方当事人签收时
【答案】D
【解析】依据《仲裁法》第五十二条，调解书经双方当事人签收后，即发生法律效力。

4.【2012年单】根据《仲裁法》，可以进行仲裁的是( )。
　　A. 行政不作为纠纷　　　　　B. 工程质量纠纷
　　C. 涉外婚姻纠纷　　　　　　D. 施工企业工资纠纷
【答案】B
【解析】该题的考点是《仲裁法》的调整范围。在我国，《仲裁法》是调整和规范仲裁制度的基本法律，但《仲裁法》的调整范围仅限于民商事仲裁，即"平等主体的公民、法人和其他组织之间发生的合同纠纷和其他财产权纠纷"仲裁，劳动争议仲裁和农业承包合同纠纷仲裁不受《仲裁法》的调整。此外，根据《仲裁法》的规定，下列纠纷不能仲裁：(1)婚姻、收养、监护、扶养、继承纠纷；(2)依法应当由行政机关处理的行政争议。

2Z208013　行政纠纷的法律解决途径

一、本节知识速记

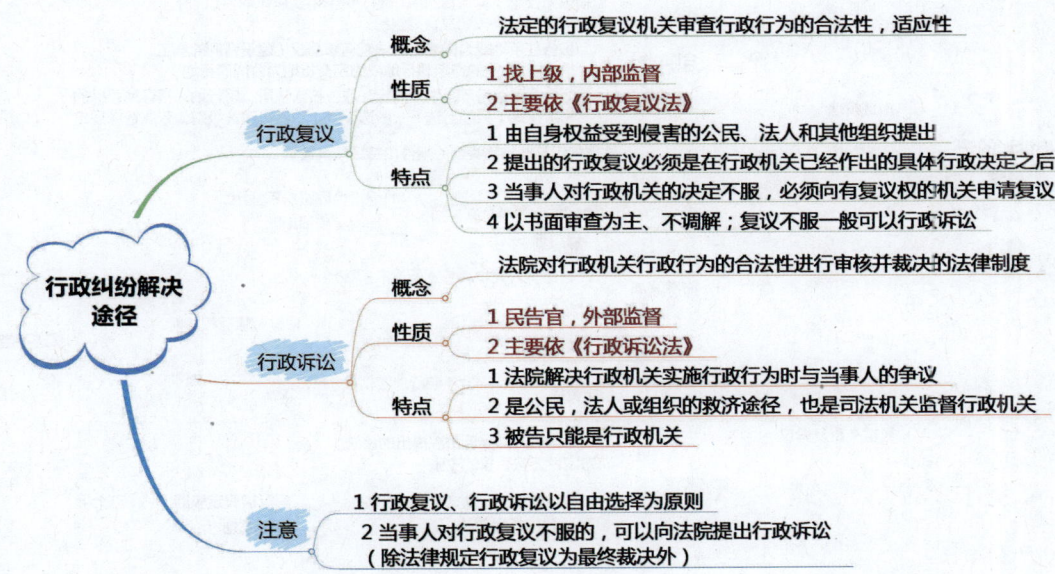

二、本节真题与解析

【2014年单】某工地施工扬尘严重，市环保局接到群众举报并进行查实后，依法判其做出停工整改并处以3万元罚款的行政处罚，施工企业认为处罚过高，向( )申请行政复议。
　　A. 市环保局　　B. 省建设厅　　C. 市人民政府　　D. 省人民政府
【答案】C
【解析】本题考核的是行政复议考点。对于行政复议，应当按照《行政复议法》的规定向有权受理的行政机关申请，如"对县级以上地方各级人民政府工作部门的具体行政行为不服的，由申请人选择，可以向该部门的本级人民政府申请行政复议，也可以向上一级主管部门申请行政复议"。

2Z208020 民事诉讼制度

2Z208021 民事诉讼的法院管辖

> 一、本节知识速记

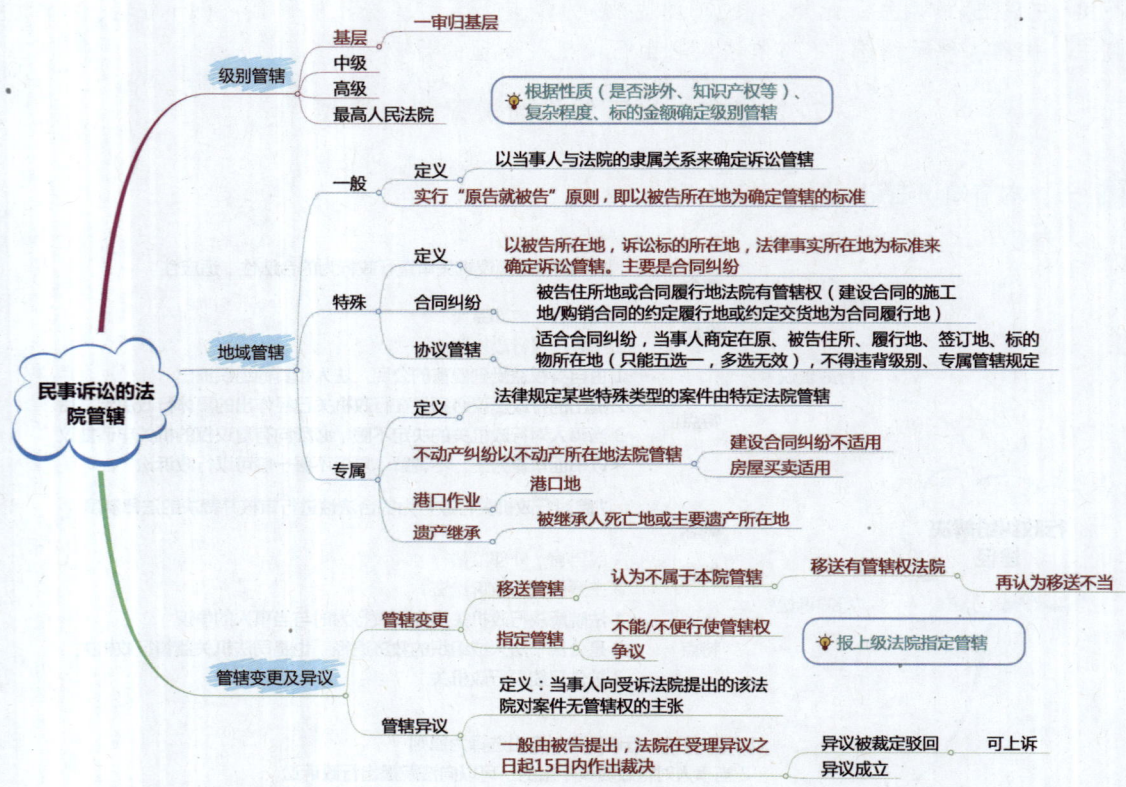

> 二、本节真题与解析

【2014年单】根据《最高人民法院关于适用〈中华人民共和国仲裁法〉若干问题的解释》，当事人申请只想仲裁裁决的案件，由（　　）管辖。

A. 仲裁机构所在地中级人民法院
B. 仲裁机构所在地高级人民法院
C. 被执行人住所地或者被执行财产所在地中级人民法院
D. 被执行人住所地或者被执行财产所在地高级人民法院

【答案】C
【解析】当事人申请执行仲裁裁决案件，由被执行人住所地或者被执行的财产所在地的中级人民法院管辖。此题略有超纲。

2Z208022　民事诉讼的当事人和代理人

一、本节知识速记

1. 当事人

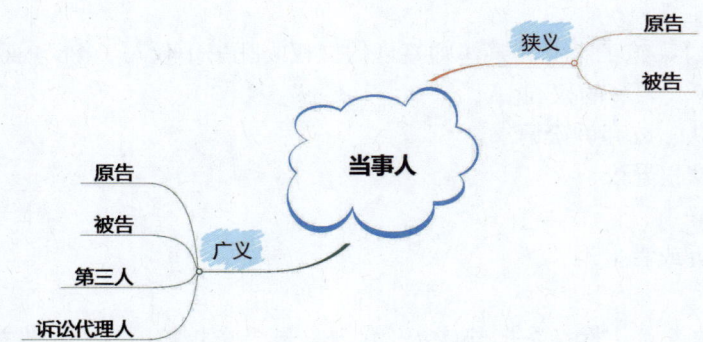

2. 诉讼代理人

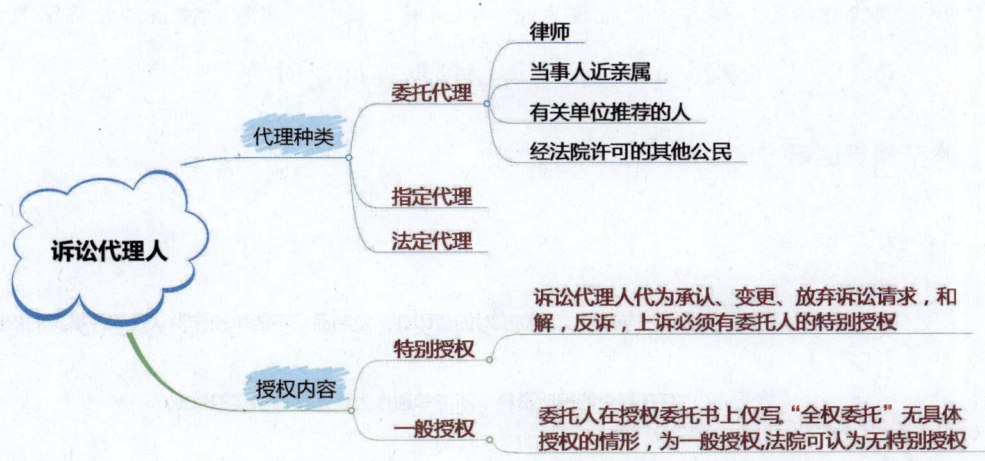

二、本节真题与解析

1.【2014年多】根据《民事诉讼法》，属于广义民事诉讼当事人的有（　　）。
　　A. 第三人　　　　　　　　　B. 刑事附带民事案件自诉人
　　C. 辩护人　　　　　　　　　D. 原告与被告
　　E. 共同诉讼人
【答案】ADE
【解析】本题考核的是广义民事诉讼代理人。主要有原告、被告、第三人、诉讼代理人。

2.【2011年单】在民事诉讼中，"一般授权"所行使的诉讼权利为（　　）。
　　A. 代为承认对方的诉讼请求

B. 进行和解
C. 变更诉讼请求
D. 法庭辩论

【答案】D

【解析】本题考核的是一般授权，委托权限分为一般授权与特别授权。特别授权即代为承认、放弃、变更诉讼请求，进行和解，提起反诉或者上诉。故选 D。

3.【2012 年单】某施工企业和某律师签订的授权委托书中仅写"全权代理"而无具体授权事项，则该律师有（　）的权利。
A. 代为承认、放弃诉讼请求
B. 提出管辖权异议
C. 进行和解
D. 提起反诉或者上诉

【答案】B

【解析】该题的考点是授权委托书与委托代理权限。委托权限分为一般授权与特别授权。一般授权，委托代理人仅有程序性的诉讼权利。特别授权可以行使实体性的诉讼权利，即代为承认、放弃、变更诉讼请求，进行和解，提起反诉或者上诉。若授权委托书仅写"全权代理"而无具体授权的情形，视为诉讼代理人没有获得特别授权，无权行使实体性诉讼权利。

2Z208023 民事诉讼证据和诉讼时效

一、本节知识速记

1. 证据的种类

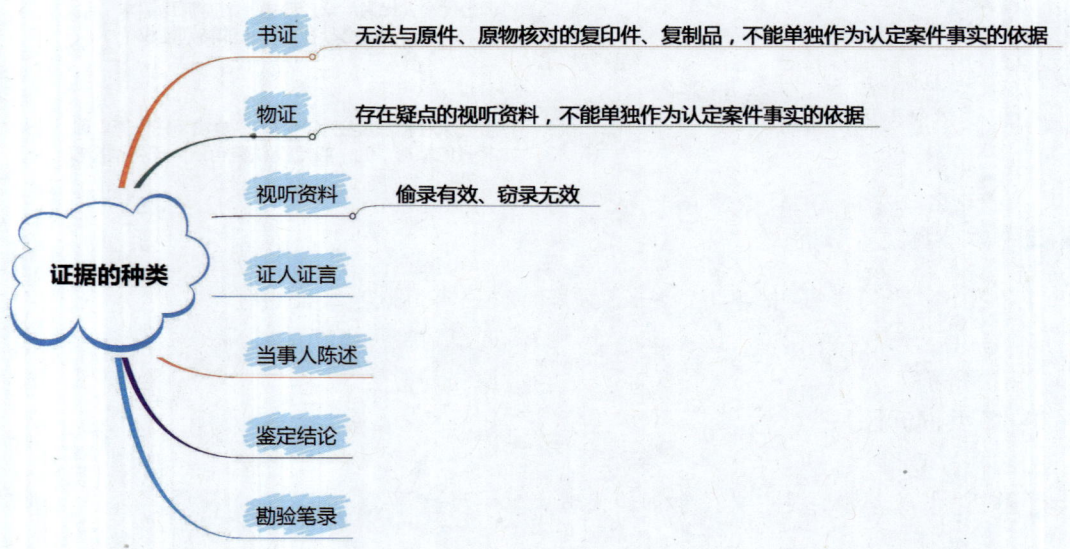

2. 证据的保全

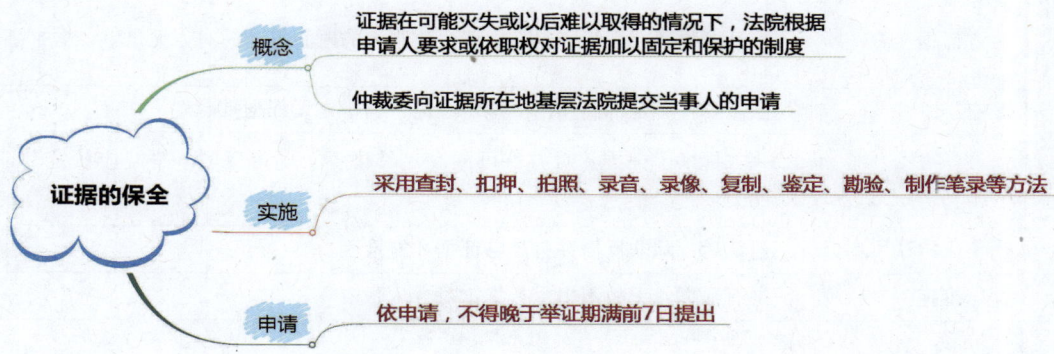

3. 证据的应用

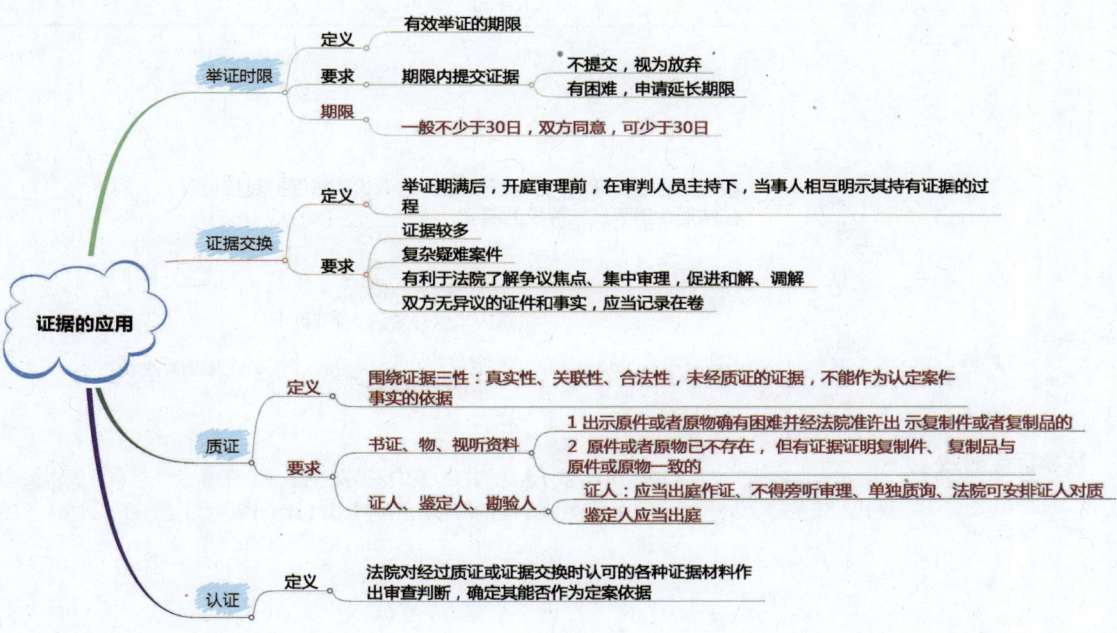

认证的要求见下表。

	单一证据认定规则	真实、关联、合法三性、复印复制材料一致性、利害关系
消极规定	不能作为定案依据	(1)和解、调解中对事实和证据的认可；(2)非法证据排除；(3)不能单独定案的证据；(4)仅有当事人陈述(对方认可除外)
	不能作为单独定案依据	(1)未成年人与年龄、智力不相符的证明；(2)利害关系证人证言；(3)存疑视听资料；(4)不能核对复印件、复制品；(5)无故不出庭证人的证言
	无证据的诉讼请求	不支持，除非对方认可

续表

	单一证据认定规则	真实、关联、合法三性、复印复制材料一致性、利害关系
积极规定	一方证据	书证、物证、视听资料、申请法院制作的勘验笔录，对方无足够证据推翻
	鉴定结论	法院委托鉴定部门作出的鉴定结论，当事人无证据推翻
	对方无法反驳	一方提供了证据，对方认可或没足够证据、理由反驳，法院应认定其证明力
	当事人自认	自认后，除非反悔并有足够证据才能推翻
	证据推定	握有证据，无故不出示，推定对方主张成立
证据强度	1. 机关、团体公文书证证明力一般大于其他书证	
	2. 物证、档案、鉴定结论、勘验笔录、经过公证、登记的书证，证明力大于其他书证、视听、证言	
	3. 证人提供的对其亲属或者关系密切人（关系人）有利的证言，证明力小于其他证言	

4. 民事诉讼时效

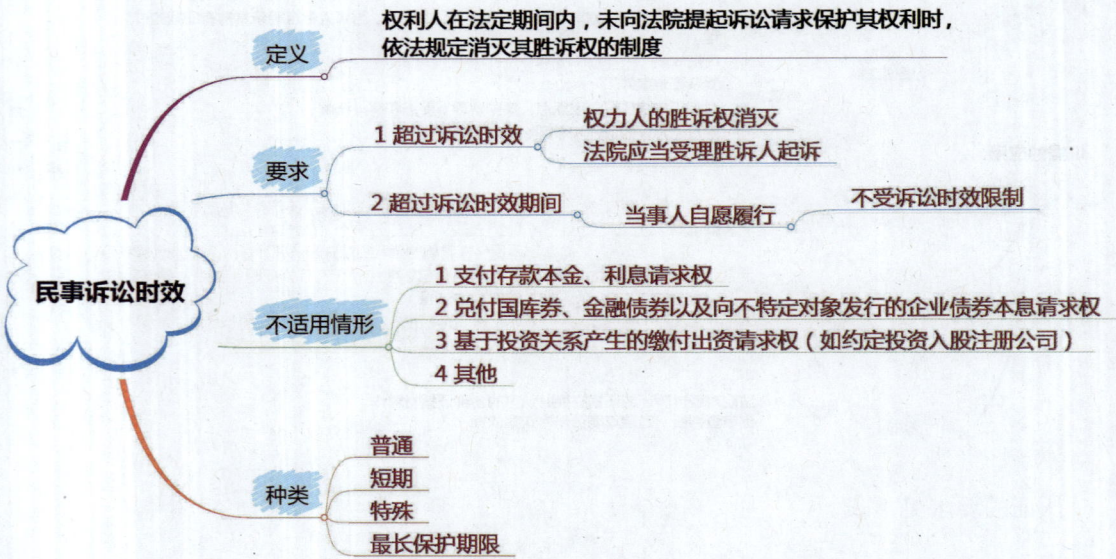

诉讼时效期间及内容见下表。

种类	期间	主要包括
1. 普通诉讼时效	2年	通常都是，没有特别规定的都是2年。
2. 短期诉讼时效	1年	人身损害赔偿（产品缺陷导致的除外）、延付拒付租金、寄存财物丢失毁损、出售不合格的商品未声明的；《海商法》货主向承运人索赔时效

续表

种类	期间	主要包括
3. 特殊诉讼时效	3年	环境污染侵权
	4年	进出口货物合同、技术进出口合同争议
4. 最长保护期限	20年	诉讼时效从知道或者应当知道权利被侵害时起计算；但从权利被侵害之日起超过20年的，人民法院不予保护

5. 诉讼时效的起算

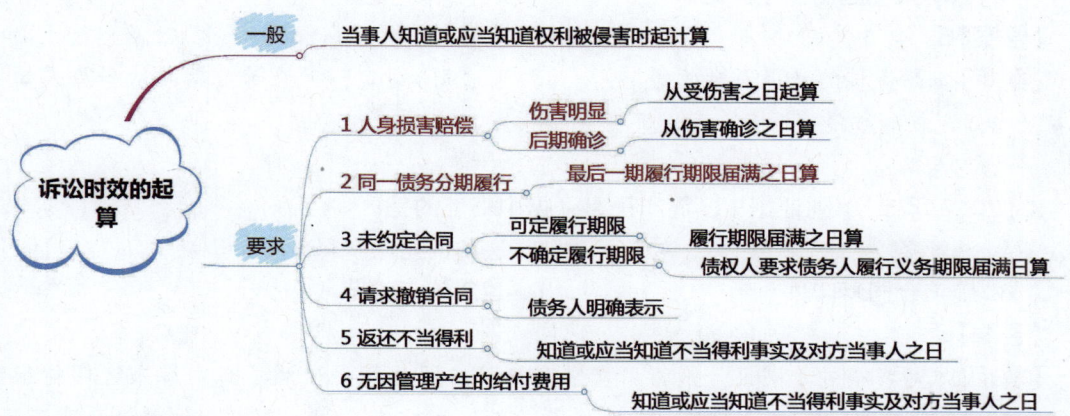

6. 诉讼的中止与中断

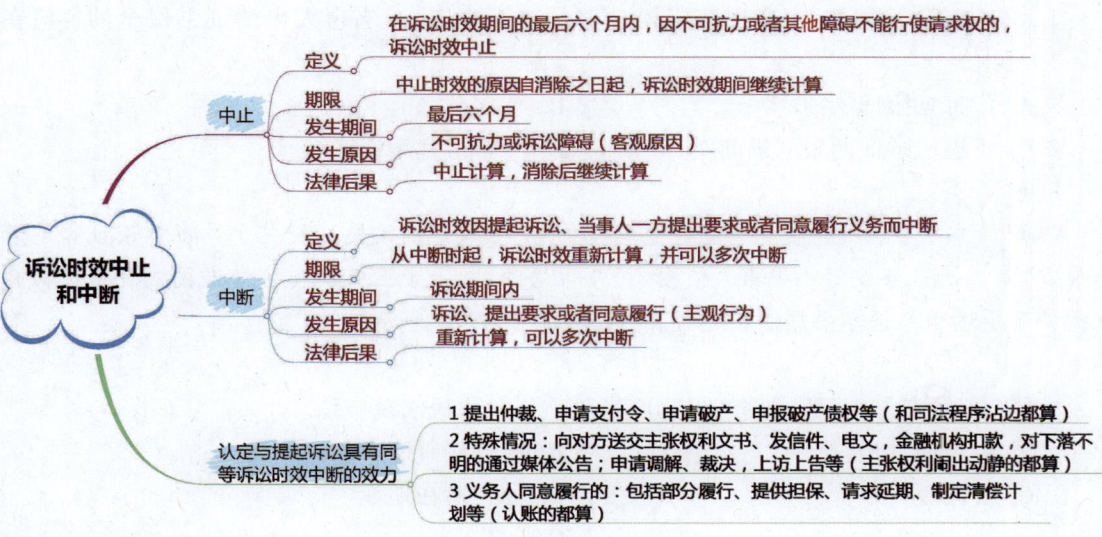

二、本节真题与解析

1.【2014年单】民事诉讼的证据不包括(　　)

A. 书证　　　　　B. 物证　　　　　C. 视听资料　　　　D. 科学实验

【答案】D

【解析】本题考核的是证据的种类。有书证、物证、视听资料、证人证言、当事人陈述、鉴定笔录、勘验笔录等。由此看D科学实验不算民事诉讼的证据，答案为D。

2.【2014年单】诉讼时效期间应当从(　　)起计算。
  A. 侵害行为停止时
  B. 当事人知道或应当知道权利被侵害时
  C. 当事人权利被侵害并产生损害后果时
  D. 当事人提起赔偿主张之日

【答案】B

【解析】本题考核的是诉讼时效的期间。《民法通则》规定，诉讼时效期间从当事人知道或者应当知道权利被侵害时起计算。

3.【2012年单】下列证据中，属于民事证据中书证的是(　　)。
  A. 法律条文　　　　　　　　B. 法院的司法解释
  C. 施工合同复印件　　　　　D. 建筑施工规范

【答案】C

【解析】本题考核的是书证。是指用文字、符号或图画所表达的思想内容来证明待证事实的证据。常见的书证包括合同书、各种各样的公、私文书、租赁契约、结婚证、房产证、商标、信件、电报、牌号、车船票、各种运输单据、交通事故责任认定书等。

4.【2012年单】根据《关于民事诉讼证据的若干规定》，当事人申请证书保全的，应在(　　)提出。
  A. 举证期限届满前　　　　　B. 首次开庭前15日
  C. 不迟于举证期限届满前7日　　D. 一审法庭辩论终结前

【答案】C

【解析】本题考核的是民事诉讼证据保全的考点。《最高人民法院关于民事诉讼证据的若干规定》第二十三条规定：当事人依据《民事诉讼法》第七十四条的规定向人民法院申请保全证据，不得迟于举证期限届满前七日。

5.【2012年单】申请诉前财产保全应当向(　　)人民法院申请。
  A. 财产所在地　　　　　　　B. 被告住所地
  C. 合同履行地　　　　　　　D. 原告所在地

【答案】A

【解析】本题考核的是诉前财产保全，《最高人民法院关于适用〈中华人民共和国民事诉讼法〉若干问题的意见》第31条，诉前财产保全，由当事人向财产所在地的人民法院申请。在人民法院采取诉前财产保全后，申请人起诉的，可以向采取诉前财产保全的人民法院或者其他有管辖权的人民法院提起。

6.【2012年单】关于民事诉讼普通程序举证期限的说法，正确的是( )。
   A. 当事人在举证期限内不提交证据的，承担举证不能的后果
   B. 举证期限只能由法院指定
   C. 举证期限可以由当事人协商确定，不需要法院认可
   D. 当事人在举证期限内提交证据确有困难的，可以在举证期限届满后申请延长

【答案】A

【解析】该题的考点是举证期限。举证时限，是指法律规定或法院、仲裁机构指定的当事人能够有效举证的期限。当事人应当在举证期限内向人民法院提交证据材料，当事人在举证期限内不提交的，视为放弃举证权利。对于当事人逾期提交的证据材料，人民法院审理时不组织质证。当事人增加、变更诉讼请求或者提起反诉的，也应当在举证期限届满前提出。当事人在举证期限内提交证据材料确有困难的，应在举证期限内申请延期举证，经人民法院批准，可以适当延长举证期限。D项"举证期限届满后"错。

7.【2012年单】建设单位拖欠施工企业工程款，施工企业多次催要未果，欲对建设单位一处房产进行诉前财产保全，则说法正确的是( )。
   A. 人民法院接受申请后必须在36小时内作出裁定
   B. 若建设单位不服人民法院裁定，可申请复议一次，复议期间应停止裁定的执行
   C. 若施工企业在人民法院采取保全措施后15日内不起诉建设单位，人民法院应解除财产保全
   D. 施工企业申请财产保全无需提供担保

【答案】C

【解析】该题的考点是诉前财产保全。诉前财产保全，是指在起诉前，人民法院根据利害关系人的申请，对被申请人的有关财产采取的强制措施。采取诉前保全，须符合下列条件：(1)必须是紧急情况，不立即采取财产保全将会使申请人的合法权益受到难以弥补的损害。(2)必须由利害关系人向财产所在地的人民法院提出申请，法院不依职权主动采取财产保全措施。(3)申请人必须提供担保，否则，法院驳回申请。人民法院接受申请后，必须在48小时内作出裁定。裁定采取诉前财产保全措施的，应当立即开始执行。当事人不服人民法院财产保全裁定的，可以申请复议一次，复议期间不停止裁定的执行。申请人在人民法院采取保全措施后15天内不起诉的，人民法院应当解除财产保全。

8.【2014年单】根据《民事诉讼法》，人民法院接受当事人的财产保全申请后，对情况紧急的，最迟在( )小时内作出裁定。
   A. 6   B. 48   C. 12   D. 24

【答案】B

【解析】根据《民事诉讼法》，人民法院接受当事人的财产保全申请后，对情况紧急的，必须在48小时内作出裁定。

9.【2013年单】超过诉讼时效期间，当事人（　　）的，不受诉讼时效的限制。
　　A. 提起诉讼　　　B. 提出请求　　　C. 主张权利　　　D. 自愿履行
【答案】D
【解析】超过诉讼时效期间，当事人自愿履行的，不受诉讼时效的限制。

10.【2014年单】某有独立请求权的第三人，因不能归责于本人的事由未参加诉讼，担忧证据证明生效判决的部分内容错误，损害其民事效益，则该第三人行使撤销诉讼的法定期间是（　　）个月。
　　A. 24　　　　　B. 18　　　　　C. 12　　　　　D. 6
【答案】D
【解析】因不能归责于本人的事由未参加诉讼，担忧证据证明发生法律效力的判决、裁定、调解书的部分或者全部内容错误，损害其民事权益的，可以自知道或者应当知道其民事权益受到损害之日起6个月内，向作出该裁判、裁定、调解书的人民法院提起诉讼。

11.【2012年单】债务人向债权人表示同意支付欠款，该行为引起诉讼时效的（　　）。
　　A. 中止　　　　B. 中断　　　　C. 延长　　　　D. 消灭
【答案】B
【解析】中止的原因是客观的、外界的；而中断的原因是主观的、当事人之间造成的。

12.【2012年单】建设单位向施工企业表示同意支付拖欠的工程款，这将在法律上引起（　　）后果。
　　A. 诉讼时效的中止　　　　　　B. 诉讼时效的中断
　　C. 诉讼时效的延长　　　　　　D. 改变法定的诉讼时效期间
【答案】B
【解析】该题的考点是诉讼时效的中断。《民法通则》规定，诉讼时效因提起诉讼、当事人一方提出要求或者同意履行义务而中断。从中断时起，诉讼时效期间重新计算。

13.【2012年多】因下列情形导致的法律纠纷，适用诉讼时效期间为1年的有（　　）。
　　A. 身体受到伤害要求赔偿的　　　B. 延迟交付租金的
　　C. 拖欠建筑工程款项的　　　　　D. 出售质量不合格商品未声明的
　　E. 寄存财物被丢失或损毁的
【答案】ABDE
【解析】该题的考点是诉讼时效期间。下列诉讼时效期间为1年：身体受到伤害要求赔偿的；延付或拒付租金的；出售质量不合格的商品未声明的；寄存财物被丢失或损毁的。

2Z208024 民事诉讼的审判和执行程序

一、本节知识速记

1. 一审程序

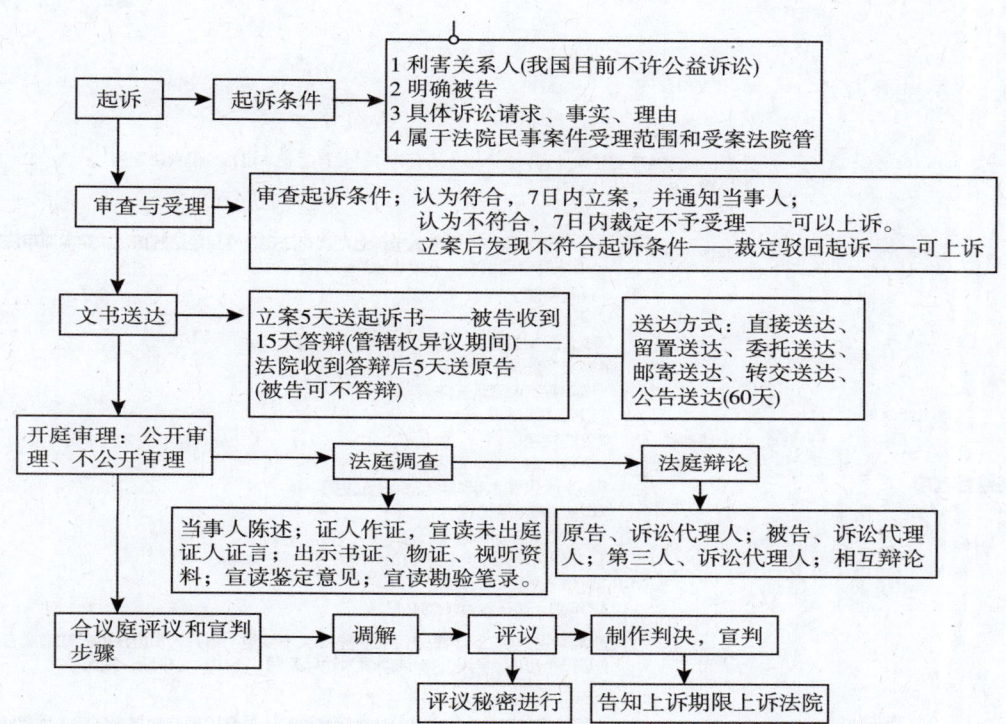

2. 二审程序

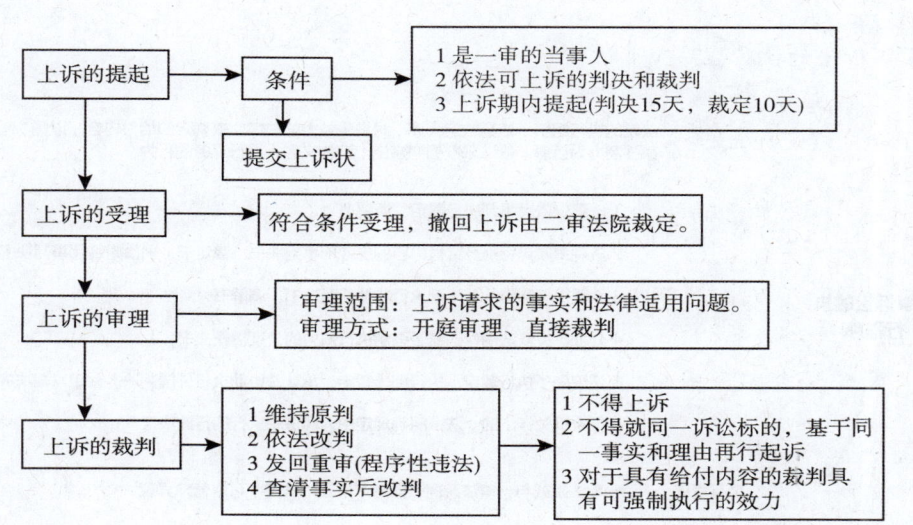

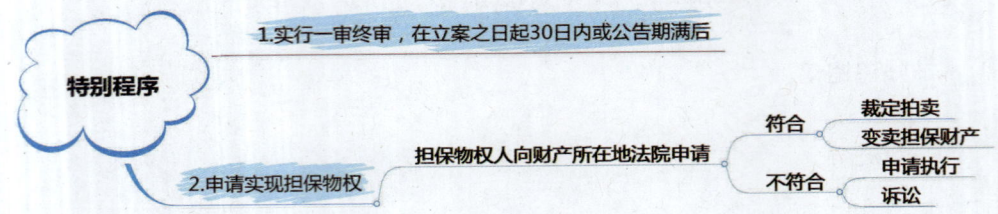

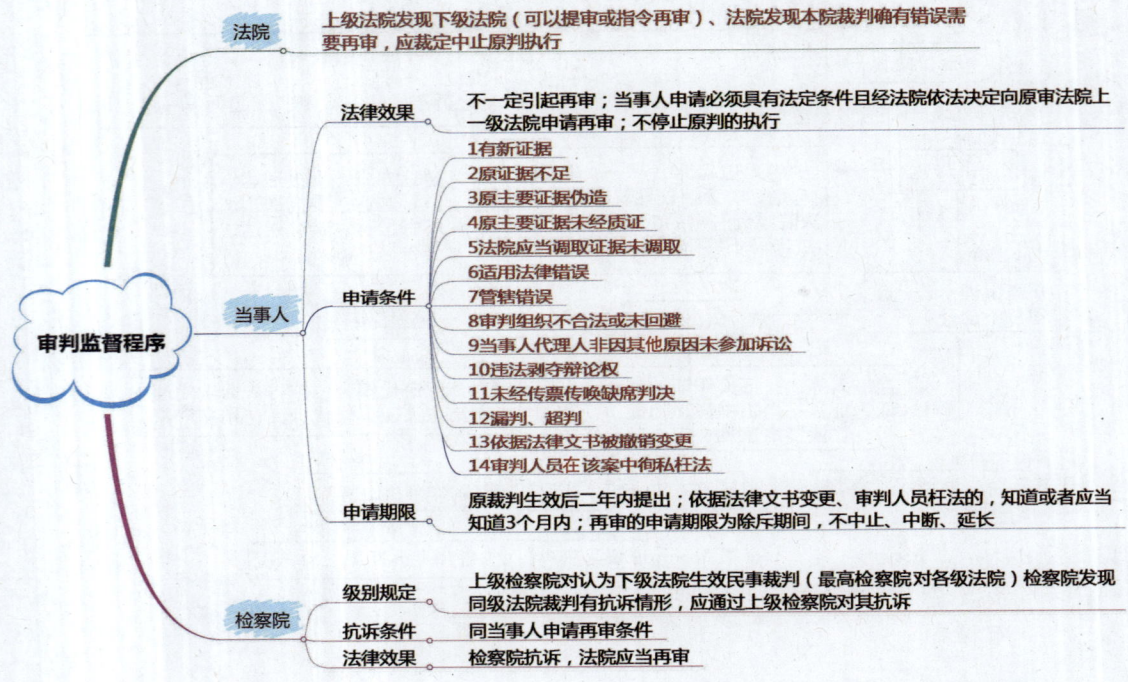

4. 民事诉讼的执行程序

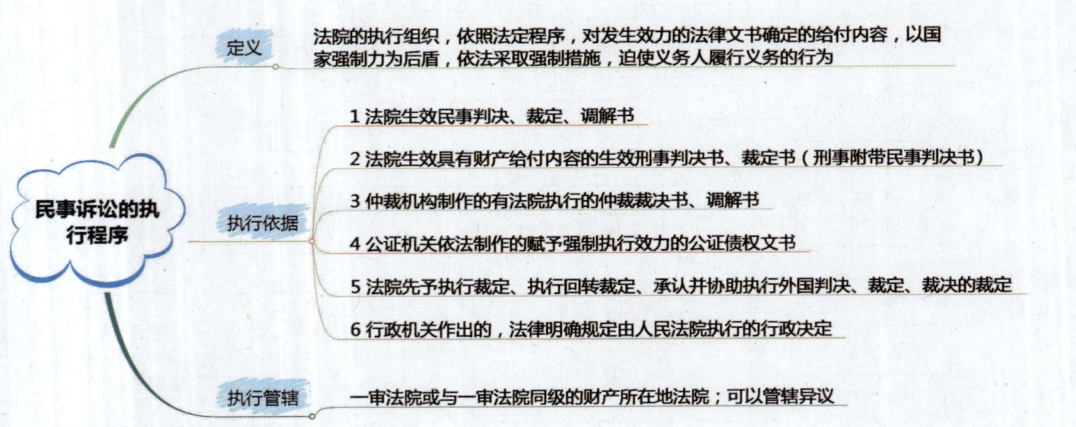

执行程序见下表。

申请执行	两年，适用诉讼时效关于中断、中止的规定；自规定履行期间的最后一日起算；分期履行的，从规定的每次履行期限的最后一日起算；未规定履行期限的，从文书生效之日起算
交付执行	文书生效后，即审判人员直接交执行人员，随即开始执行；主要有以下情况：(1)三费案件(赡、抚、医)；(2)有给付内容的刑事裁判；(3)涉及国家、集体、公民重大利益
向上一级人民法院申请执行	条件：收到执行申请之日起，超过六个月未执行；向执行法院的上级法院再申请 处理：上级法院可以(1)限期执行；(2)本院执行(提级执行)；(3)指定其他法院执行

5. 执行中的特殊问题

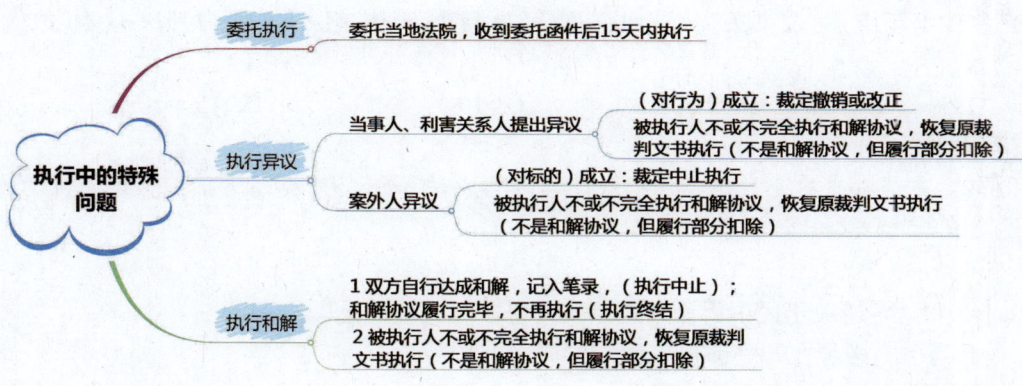

6. 执行的措施

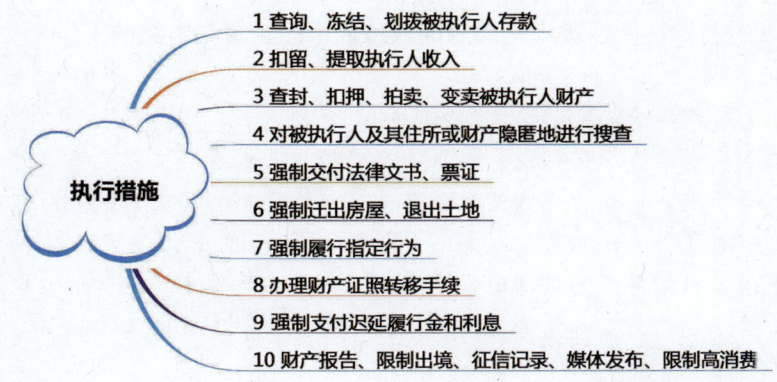

7. 执行中止和终结

	执行中止	执行终结
概念	执行中发生特殊情况，需要暂停执行	执行中出现特定情况，无法或没有必要继续执行，结束执行程序
适用情形	1. 申请人表示可以延期 2. 案外人对执行标的异议成立 3. 一方当事人死亡法人终止，未定义务承受人 4. 确无财产可供执行	1. 申请人撤销申请 2. 法律文书被撤销 3. 被执行人死亡，无财产，无义务承受人 4. 三费案件权利人死亡 5. 生活困难无力还款、无收入、丧失劳动能力 6. 其他
法律后果	情形消失后，恢复执行	不再恢复执行

二、本节真题与解析

1.【2011年单】对人民法院做出的一审民事判决不满，上诉期限为判决书送达之日起（　　）日。

　　A. 5　　　　　　B. 7　　　　　　C. 10　　　　　　D. 15

【答案】D

【解析】本题考核的是一审上诉期限。对一审判决不服，可提起上诉，上诉期限为判决书送达之日起 15 日。故选 D。

2.【2011年多】关于民事诉讼回避制度的说法，正确的是（　　）。

　　A. 当事人必须在开庭前提出回避申请

　　B. 当事人提出回避申请，可以在法庭宣判前提出

　　C. 案件诉讼代理人的近亲属仅担当翻译人的，无须回避

　　D. 人民法院的回避决定，可以口头或书面形式提出

　　E. 申请回避复议期间，被申请回避的人可以不停止参与本案的工作

【答案】BDE

【解析】根据《民事诉讼法》第四十五条规定：审判人员、书记员、翻译人员、鉴定人、勘验人有下列情形之一的，必须回避，当事人有权用口头或者书面方式申请他们回避：①是本案当事人或者当事人、诉讼代理人的近亲属；②与本案有利害关系；③与本案当事人有其他关系，可能影响对案件公正审理的。根据《民事诉讼法》的有关规定，当事人提出回避申请，应当说明理由，在案件开始审理时提出。回避事由在案件审理后知道，也可以在法庭辩论终结前提出。复议期间，被申请回避的人员，不停止参与本案的工作。

3.【2012年单】根据《民事诉讼法》，人民法院自收到强制执行申请书之日起超过（　　）未执行，申请人可以向上一级人民法院申请强制执行。

A. 3个月　　　　B. 6个月　　　　C. 1年　　　　D. 2年

【答案】B

【解析】本题考核的是民事诉讼的执行。《民事诉讼法》第二百零三条规定:"人民法院自收到申请执行书之日起超过六个月未执行的,申请执行人可以向上一级人民法院申请执行。上一级人民法院经审查,可以责令原人民法院在一定期限内执行,也可以决定由本院执行或者指令其他人民法院执行。

4.【2013年单】人民法院2月1日作出第一审民事裁决,判决书2月5日送达原告,2月10日送达被告,当事人双方均未提出上诉,该判决书生效之日是2月(　　)日。

A. 1　　　　B. 26　　　　C. 5　　　　D. 10

【答案】B

【解析】如果当事人在案件一审过程中达成调解协议或者在上诉期内未提起上诉,一审法院的裁决就发生法律效力。对判决不服的,提起上诉的时间为15天。

5.【2013年单】关于执行申请期间的说法,正确的是(　　)。

A. 申请执行的期间为6个月
B. 规定分期履行的,自最后一次履行期间的最后一日起计算
C. 法律文书未规定的,从法律文书作出之日起计算
D. 自法律文书规定的履行期间最后一日起计算

【答案】D

【解析】申请执行的期间为2年。申请的期限起算:从文书规定履行期间的最后一日起计算,分期履行的,从规定的每次履行期间的最后一日起计算;法律文书未规定履行期间的,从法律文书生效之日起计算。

6.【2012年单】根据《民事诉讼法》,人民法院自收到强制执行申请书之日起超过(　　)未执行的,申请人可以向上一级人民法院申请强制执行。

A. 3个月　　　　B. 6个月　　　　C. 1年　　　　D. 2年

【答案】B

【解析】根据《民事诉讼法》,人民法院自收到强制执行申请书之日起超过6个月未执行的,申请人可以向上一级人民法院申请强制执行。

7.【2012年单】住所地为A区的甲公司与住所地为B区的乙公司因合同纠纷诉至法院,A区人民法院判决乙向甲赔偿损失100万元人民币。甲向A区法院申请执行,A区法院委托B区法院代为执行。B区法院发现乙暂无财产可供执行。关于该案件执行程序的说法,正确的是(　　)。

A. 由B区法院裁定中止执行,并及时告知A区法院
B. B区法院及时函告A区法院,由A区法院裁定中止执行
C. 由B区法院裁定终结执行,并及时告知A区法院
D. B区法院及时函告A区法院,由A区法院裁定终结执行

【答案】B

【解析】该题的考点是民事诉讼执行过程中的执行中止。执行中止即在执行过程中，因发生特殊情况，需要暂时停止执行程序。有下列情况之一的，人民法院应裁定中止执行：(1)申请人表示可以延期执行的；(2)案外人对执行标的提出确有理由异议的；(3)作为一方当事人的公民死亡，需要等待继承人继承权利或承担义务的；(4)作为一方当事人的法人或其他组织终止，尚未确定权利义务承受人的；(5)人民法院认为应当中止执行的其他情形如被执行人确无财产可供执行等。中止的情形消失后，恢复执行。根据《民事诉讼法》的规定，被执行人或被执行的财产在外地的，负责执行的人民法院可以委托当地人民法院代为执行，也可以直接到当地执行。

2Z208030　仲裁制度

2Z208031　仲裁协议的规定和受理

▶ 一、本节知识速记

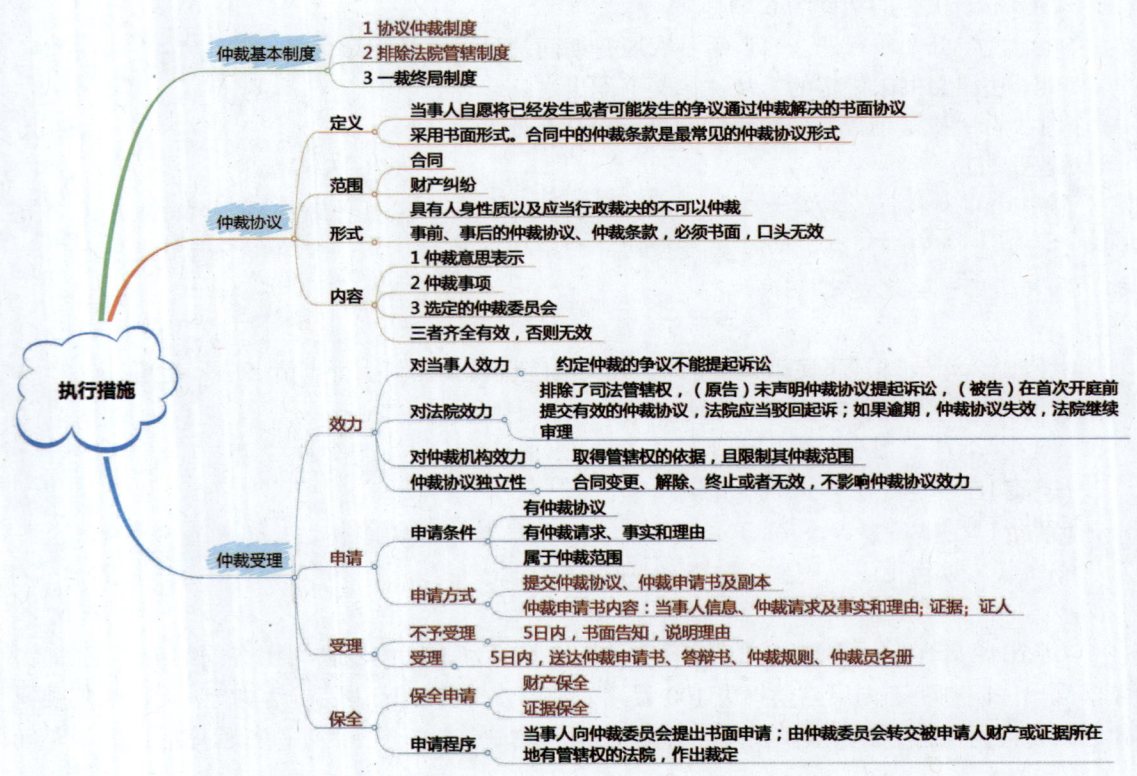

▶ 二、本节真题与解析

1.【2011年单】一裁定终局体现了仲裁的(　　)特点。
　　A. 专业性　　　　B. 自愿性　　　　C. 独立性　　　　D. 快捷性
【答案】D

【解析】本节主要考核的是仲裁的基本制度。仲裁实行一裁终局制,仲裁裁决一经仲裁庭作出即发生法律效力。这使当事人之间的纠纷能够迅速得以解决。体现了仲裁的快捷性。故选 D。

2.【2011 年单】仲裁机构做出的仲裁书生效后,一方不执行的,另一方可向( )申请强制执行。
　　A. 人民法院　　　B. 司法行政机关　　C. 仲裁机构　　　D. 公安机关
【答案】A
【解析】本题考核的是仲裁的效力。仲裁裁决能否得到执行事关当事人实体权利的实现。在裁决履行期限内,若义务方不履行仲裁裁决,权利方可申请人民法院强制执行。故选 A。

3.【2011 年多】关于仲裁协议的说法,正确的有( )。
　　A. 仲裁协议应当是书面形式
　　B. 仲裁协议可以是口头订立的,但需双方认可
　　C. 仲裁协议必须在争议发生前达成
　　D. 没有仲裁协议,也就无法进行仲裁
　　E. 仲裁协议排除了人民法院对合同争议的管辖权
【答案】ADE
【解析】本题考核的是仲裁协议考点。仲裁协议必须以书面方式订立,以口头方式订立的仲裁协议不受法律保护。在民商事仲裁中,仲裁协议是仲裁的前提,没有仲裁协议,就不存在有效的仲裁。有效的仲裁协议可以排除法院对订立于仲裁协议中的争议事项的司法管辖权。故选 ADE。

4.【2011 年单】仲裁的保密性特点体现在以( )为原则。
　　A. 不开庭审理　　　　　　　B. 不允许代理人参加
　　C. 不公开审理　　　　　　　D. 不允许证人参加
【答案】C
【解析】本题考核的是仲裁以不公开审理为原则。有关的仲裁法律和仲裁规则也同时规定了仲裁员及仲裁秘书人员的保密义务。仲裁的保密性较强。故选 C。

5.【2012 年单】合同当事人订立仲裁协议,约定了仲裁机构,发生纠纷后一方当事人请求人民法院确认该仲裁协议的效力,应由( )人民法院管辖。
　　A. 仲裁机构所在地中级　　　B. 仲裁协议签订地基层
　　C. 被告住所地中级　　　　　D. 原告住所地基层
【答案】A
【解析】该题的考点是仲裁协议效力的确认方式。当事人协议选择国内的仲裁机构仲裁后,一方对仲裁协议的效力有异议请求人民法院裁定的,由该仲裁委员会所在地的中级人民法院管辖。当事人对仲裁委员会没有约定或者约定不明的,由被告所在地的中级人民法院管辖。

6.【2012 年单】某施工合同约定关于工程质量的一切争议由北京仲裁委员会仲裁。合同履行中，施工企业与建设单位在工程质量和工程价款结算数额上均发生争议。关于争议管辖的说法中，正确的是（　　）。
  A. 质量纠纷由北京仲裁委员会仲裁，结算纠纷由法院审理
  B. 质量和结算纠纷均由北京仲裁委员会仲裁
  C. 仲裁条款约定无效
  D. 双方只能修改或补充仲裁约定

【答案】A

【解析】该题的考点是仲裁协议的效力。仲裁协议是仲裁委员会受理仲裁案件的依据。没有仲裁协议就没有仲裁机构对案件的管辖权。同时，仲裁机构的管辖权又受到仲裁协议的严格限制。仲裁庭只能对当事人在仲裁协议中约定的争议事项进行仲裁，而对仲裁协议约定范围之外的其他争议无权仲裁。所以，施工合同双方当事人只能就质量纠纷向北京仲裁委员会提起仲裁而结算纠纷由法院审理。

7.【2012 年单】建设工程施工合同发承包双方协议选择国内某仲裁机构后，承包人请求人民法院确认该仲裁协议效力的，应由（　　）中级人民法院管辖。
  A. 仲裁协议签订地　　　　B. 该仲裁机构所在地
  C. 建设工程所在地　　　　D. 承包人住所地

【答案】B

【解析】当事人向人民法院申请确认仲裁协议效力的案件，由仲裁协议约定的仲裁机构所在地的中级人民法院管辖。

8.【2012 年单】某施工合同仅约定工程质量产生争议时由甲仲裁委员会仲裁。合同履行中，发包人与承包人在工程质量和工程价款上产生纠纷。承包人向甲仲裁委员会申请仲裁，发包人提出管辖异议，关于该案件仲裁受理的说法中，正确的是（　　）。
  A. 质量与结算争议均应由甲仲裁委员会受理
  B. 合同仲裁条款约定无效
  C. 双方必须签订补充仲裁协议
  D. 双方协商不成，质量纠纷由甲仲裁委员会受理

【答案】D

【解析】双方协商不成，以协议约定范围仲裁。

9.【2013 年单】在民事诉讼中，当事人一方以合同中有仲裁条款为由，对人民法院受理本案提出异议的，应当在（　　）提出。
  A. 首次开庭前　　　　B. 收到传票之日起 7 日内
  C. 举证期满前　　　　D. 庭审结束前

【答案】A

【解析】《仲裁法》规定：当事人达成仲裁协议，一方向人民法院起诉未声明有仲裁协议，人民法院受理后，另一方在首次开庭前提交仲裁协议的，人民法院应当驳回起诉，但仲裁协议无效的除外。

2Z208032 仲裁审理的法定程序

> 一、本节知识速记

仲裁审理的法定程序

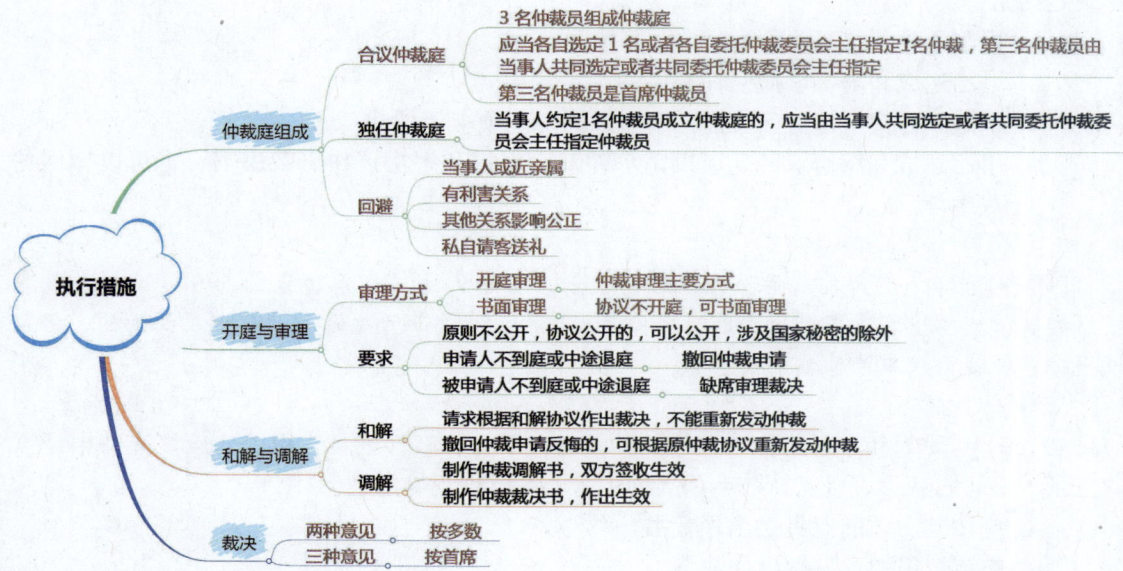

申请撤销裁决见下表。

管辖法院	仲裁委所在地中院
申请理由	(1)没有仲裁协议；(2)不属于仲裁范围或者无权仲裁；(3)仲裁庭组成或者仲裁程序违法；(4)证据伪造；(5)对方隐瞒重要证据；(6)仲裁员行为不法
申请期限	收到裁决之日起6个月
撤销后果	可以重新达成仲裁协议申请仲裁或者提起诉讼(实际上同时撤销了原仲裁协议) 实际上法院发现确有法定撤销情形，一般通知仲裁庭限期重新裁决；拒绝的才撤销裁决

> 二、本节真题与解析

1.【2011年单】关于仲裁调解的说法，正确的是( )。
　A. 仲裁庭必须先进行调解
　B. 调解不成不能做出裁决书
　C. 仲裁调解书与仲裁书具有同等法律效力
　D. 经仲裁庭调解双方当事人达成调解协议的，仲裁庭不能制作裁决书
【答案】C

【解析】本题考核的是仲裁的调解。调解成功的，仲裁庭依据已达成的调解协议书制作调解书，当事人可以要求仲裁庭根据调解协议制作裁决书。调解不成的，则由仲裁庭及时作出裁决。但调解并不是仲裁的必经程序。只要有一方当事人不同意调解，就不进行调解。仲裁协议必须以书面方式订立，以口头方式订立的仲裁协议不受法律保护。故选 C。

2.【2011年单】在仲裁过程中，申请人甲与被申请人乙双方自行和解，下列符合我国法律规定的是( )。

  A. 甲与乙不能自行进行和解
  B. 甲乙达成和解不能撤回仲裁申请
  C. 甲撤回仲裁申请后又反悔，不得以同一事项申请仲裁
  D. 甲乙达成和解协议的，可以请求仲裁庭根据和解协议作出裁决书，也可以撤回仲裁申请

【答案】D
【解析】当事人申请仲裁后，可以自行和解。当事人达成和解协议的，可以请求仲裁庭根据和解协议作出裁决书，也可以撤回仲裁申请。如果当事人撤回仲裁申请后反悔的，仍可以根据原仲裁协议申请仲裁。故选 D。

3.【2011年单】甲、乙、丙三人组成仲裁庭，甲为首席仲裁员，甲认为应该支持申请人的主张，乙、丙认为应该支持被申请人的主张，则下列正确的是( )。

  A. 应按乙、丙的意见做出仲裁书
  B. 应该按甲的意见做出仲裁书
  C. 甲、乙、丙各自的意见全部列出交由仲裁委员会做出决定
  D. 按照甲的意见做出仲裁书，仲裁书中如实记录乙、丙的意见

【答案】A
【解析】本题考核的是仲裁的裁决。当仲裁庭成员不能形成一致意见时，按多数仲裁员的意见作出仲裁裁决。故选 A

4.【2012年单】仲裁当事人达成仲裁和解协议的，一方当事人撤回仲裁申请后反悔的，另一方当事人( )。

  A. 可申请仲裁机构强制执行 B. 可申请法院判决
  C. 可申请仲裁庭恢复审理 D. 不得再就同一事项申请仲裁

【答案】C
【解析】仲裁当事人达成仲裁和解协议。撤回仲裁申请后反悔的，仍可以根据原仲裁协议另行申请仲裁。

5.【2012年多】关于仲裁审理制度的说法中，正确的有( )。

  A. 仲裁案件的审理以开庭审理为原则，以书面审理为补充
  B. 是否开庭审理可由双方当事人协商确定
  C. 仲裁案件的审理以公开审理为原则，以不公开审理为补充
  D. 涉及国家秘密的案件不应当开庭审理

E. 当事人有充分的自由选择商定审理是否公开,不受限制

【答案】AB

【解析】该题的考点是仲裁审理的方式。仲裁审理的方式可以分为开庭审理和书面审理两种。所谓开庭审理,是指在仲裁庭的主持下,在双方当事人和其他仲裁参与人的参加下,按照法定程序,对案件进行审理并作出裁决的方式。开庭审理是仲裁审理的主要方式。开庭审理不公开进行,当事人协议公开的,可以公开进行,但涉及国家秘密的除外。书面审理是指在双方当事人及其他仲裁参与人不到庭参加审理的情况下,仲裁庭根据当事人提供的仲裁申请书、答辩书以及其他书面材料作出裁决的过程。书面审理是开庭审理的必要补充。

2Z208033　仲裁裁决的执行

一、本节知识速记

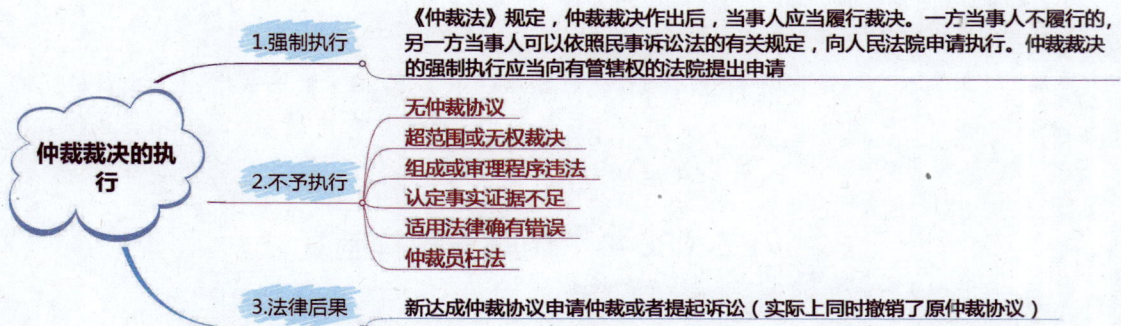

2Z208034　涉外仲裁的特别规定

涉外仲裁基本类型	涉外仲裁:含有涉外因素的仲裁;就主体而言,涉外仲裁包括 (1)一方当事人为中方另一方为外方 (2)双方当事人都是外方 (3)涉及港澳台的仲裁案件,适用涉外规定
涉外仲裁机构	中国国际经济贸易仲裁委员会(贸仲)以及中国海事仲裁委员会
涉外仲裁的证据财产保全	均由有管辖权的中级人民法院裁定和执行
涉外仲裁执行	与法院判决相比,得到广泛承认和执行
裁决撤销	双轨制审查:国内裁决既审查实体也审查程序;对涉外裁决仅审查程序

二、本节真题与解析

1.【2012年单】下列有关仲裁的事项中,不属于《仲裁法》规定仲裁协议应当具有的内容是(　　)。

A. 仲裁事项

B. 选定的仲裁委员会

C. 请求仲裁的意思表示
D. 仲裁裁决的效力

【答案】D

【解析】本题考核的是仲裁协议的内容。合法有效的仲裁协议应当具有下列法定内容：
(1) 请求仲裁的意思表示。
(2) 仲裁事项。
(3) 选定的仲裁委员会。

2.【2013年单】仲裁裁决人民法院裁定不予执行的，当事人可以（　　）。
A. 向人民法院上诉
B. 向人民法院申请再审
C. 向人民法院执行庭申请复议
D. 根据双方达成的书面仲裁协议重新申请仲裁

【答案】D

【解析】本题考查的是仲裁裁决的执行，仲裁裁决被人民法院依法裁定不予执行的，当事人不能申请人民法院再审。就该纠纷双方当事人可以重新达成仲裁协议，并依据该仲裁协议申请仲裁，也可向人民法院提起诉讼。

2Z208040　调解与和解制度

一、本节知识速记

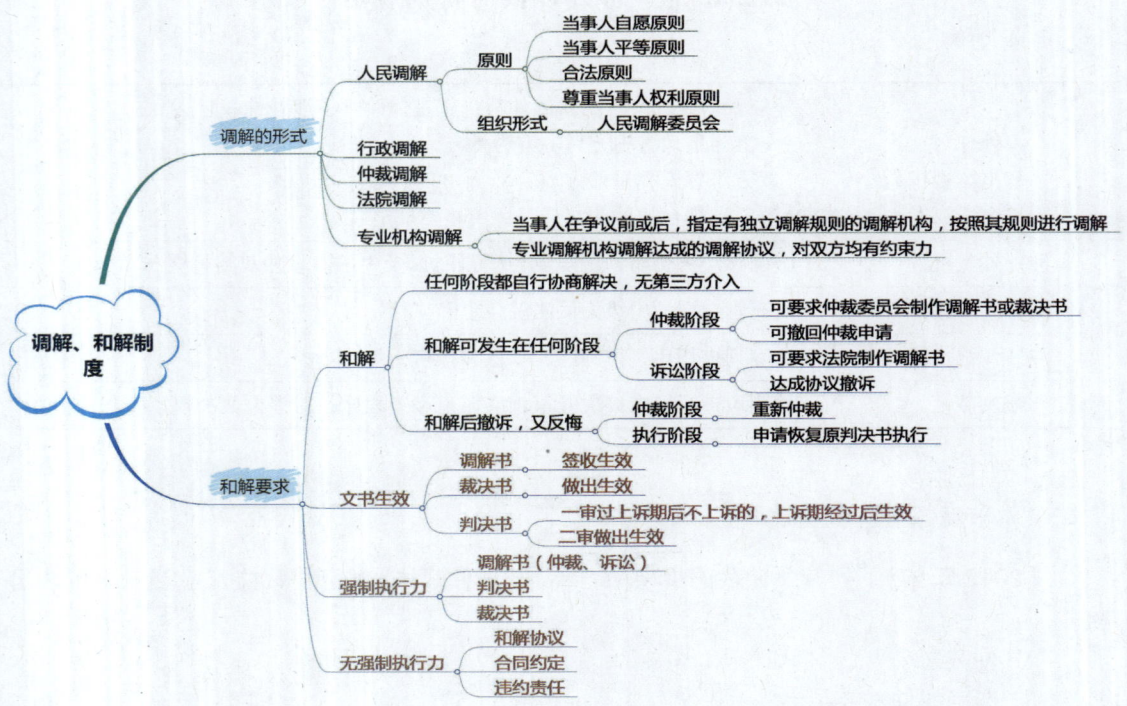

二、本节真题与解析

【2011年单】王某在施工工地工作时,不慎受伤,在监理工程师的调解下,王某与雇主达成协议,雇主一次性支付王某2万元作为补偿,王某放弃诉讼权利,这种调解方式为(   )。

A. 行政调解   B. 法院调解   C. 仲裁调解   D. 民间调解

【答案】D

【解析】本题考核的是调解的形式。在当事人以外的第三人或组织的支持下,通过相互谅解,使纠纷得到解决的方式,即为民间调解。故选D。

2Z208050 行政强制、行政复议和行政诉讼制度

2Z208051 行政强制的种类和法定程序

一、本节知识速记

	行政复议	行政诉讼
适用	工程建设领域,通常包括: 1. 行政处罚:警告、罚款、没收、责停、吊照 2. 行政强制措施:限制人身自由、查扣冻结财产 3. 行政许可:发证与不发证 4. 侵犯自主经营权 5. 违法要求履行义务:三乱 6. 其他具体行政行为,侵犯合法权益	1. 行政处罚 2. 行政强制措施 3. 行政不作为(该发证不发证、该发钱不发钱、不履行职责) 4. 违法要求履行义务 5. 其他
总结	受理范围一致;都是"侵犯合法权益的具体行政行为(行为也包括不作为;如该发证不发证)"	
排除	1. 行政处分或其他人事处理(内部行为) 2. 民事纠纷调解或处理;不服可民事诉讼或仲裁 3. 不复议的也不能行政诉讼;反之亦然	1. 国防、外交等国家行为 2. 具普遍约束力的决定、命令(非具体行政行为) 3. 行政机关内部行为 4. (狭义法律规定)法定由行政机关终裁

2. 行政强制的程序

		行政复议	行政诉讼
程序		受理机关：一般本级政府或上级机关（条块结合）	级别管辖：一般归基层；中院一审的：关于专利或海关处理的案件；以省部级单位为被告；本辖区重大、复杂案件；高院、最高院：辖区重大、复杂案件 地域管辖：最初决定机关所在地；复议变更的可以是复议机关所在地；限制人身自由的，原告、被告所在地；因不动产的，不动产所在地 受诉法院：7天内立案或裁定不予受理可上诉
		申请时限：自知道该具体行政行为之日起60天，有更长的规定从之；因不可抗力和有正当理由适用中止	诉讼时限： 1. 已申请复议：复议期满或收到复议决定15日内 2. 直接诉讼：知道具体行政行为3个月内
		受理期间：原决定原则上不停止执行	审理期间：原决定原则上不停止执行
		证据规定： 1. 被申请人应提供作出具体行政行为的证据、依据及有关文件；申请人有权查阅 2. 不能后补证据；一定是根据已有证据作出决定	证据特别规定： 1. （被告）行政机关负责对其作出的具体行政行为承担举证责任，并提供证据以及依据规范性文件 2. 不能后补证据（提供证据必须是在被告作出具体行政行为之前形成和收集的）
		复议决定： 1. 复议维持 2. 复议要求履行义务（针对不作为） 3. 撤销、变更或者确认违法，可责令重新作出具体行政行为；包括：(1)事实不清证据不足；(2)依据错误；(3)程序违法；(4)越权、滥权；(5)明显不当	诉讼判决：不能调解（赔偿诉讼可以调解） 1. 判决维持 2. 撤销或部分撤销，并可判决重新作出行政行为；包括：证据不足、法律错误、程序违法、越权、滥权 3. 判决履行义务（针对不作为） 4. 明显处罚不公，可以判决变更 5. 认为原告诉讼请求不能成立，判决驳回 6. 判决被诉具体行政行为合法或违法
		复议期限：一般应在60天内作出	审限：较长
		法律后果：一经送达即有法律效力；如果不服，除法定复议终局外，可提起行政诉讼	法律后果：两审终审；不服一审可以上诉；也可以申请再审（审判监督程序）
执行			1. 原告不履行：行政机关强制执行或请法院执行 2. 被告不履行：申请一审法院强制执行（可采取的措施：划钱、罚款、告状、抓人）

二、本节真题与解析

1.【2011 年单】施工企业认为(　　)侵犯其合法权益，可以申请行政复议。
A. 建设单位违约的行为　　B. 总监理工程师的停工决定
C. 上级企业的处理决定　　D. 行政机关的罚款

【答案】D

【解析】本题考核的是行政复议考点。行政复议保护的是公民、法人或其他组织的合法权益。行政争议当事人认为行政机关的行政行为侵犯其合法权益的，有权依法提出行政复议申请。故选 D。

2.【2013 年单】行政复议的被申请人未提出书面答复、提交当初作出具体行政行为依据的，应当(　　)。
A. 延期行政复议　　B. 由复议机关责令其提交
C. 驳回行政复议申请　　D. 撤销该具体行政行为

【答案】D

【解析】该题的考点是行政复议。行政复议的被申请人不按照法律规定提出书面答复，提交当初作出具体行政行为的证据、依据和其他材料的，视为该具体行政行为没有证据、依据，决定撤销该具体行政行为。

3.【2012 年多】下列情形中，属于行政复议受理范围的是(　　)。
A. 王某在工地偷盗被公安机关行政拘留
B. 李某的建造师资格被建设行政主管部门吊销
C. 法院依职权对案件当事人的财产进行保全查封、扣押
D. 监理工程师对质量不合格的建筑材料进行封存
E. 环保部门对施工企业施工噪声超标作出处罚

【答案】ABE

【解析】该题的考点是行政复议受理范围。根据《行政复议法》的有关规定，当事人可以申请复议的情形通常包括：①行政处罚；②行政强制措施；③行政许可；④认为行政机关侵犯其合法的经营自主权的；⑤认为行政机关违法集资、征收财物、摊派费用或者违法要求履行其他义务的；⑥认为行政机关的其他具体行政行为侵犯其合法权益的。C 项，法院不是行政机关，法院的行为自然不是行政处罚行为，不能申请行政复议。

4.【2014 年单】行政复议的被申请人未提出书面答复、提交当初作出具体行政行为依据的，应当(　　)。
A. 延期行政复议　　B. 由复议机关责令其提交
C. 驳回行政复议申请　　D. 撤销该具体行政行为

【答案】D

【解析】该题的考点是行政复议。行政复议的被申请人不按照法律规定提出书面答复，

提交当初作出具体行政行为的证据、依据和其他材料的，视为该具体行政行为没有证据、依据，决定撤销该具体行政行为。

5.【2012年单】施工企业因下列情形提起行政诉讼，人民法院不予受理的是(　　)。
　　A. 对吊销其资质证书不服的　　　　B. 对查封其财产不服的
　　C. 认为行政机关侵犯其中标权利的　D. 认为某省人民政府制定的规章违法的
【答案】D
【解析】该题的考点是行政诉讼的受理范围。人民法院应当受理公民、法人和其他组织对下列具体行政行为不服提起的诉讼：(1)对拘留、罚款、吊销许可证和执照、责令停产停业、没收财物等行政处罚不服的；(2)对限制人身自由或者对财产的查封、扣押、冻结财产等行政强制措施不服的；(3)认为行政机关侵犯法律规定的经营自主权的；(4)认为符合法定条件申请行政机关颁发许可证和执照，行政机关拒绝颁发或者不予答复的；(5)申请行政机关履行保护人身权、财产权的法定职责，行政机关拒绝履行或者不予答复的；(6)认为行政机关没有依法发给抚恤金的；(7)认为行政机关违法要求履行其他义务的；(8)认为行政机关侵犯其他人身权、财产权的。

6.【2012年单】下列请求事项中，属于人民法院不予受理公民、法人申请行政复议的事项的是(　　)。
　　A. 对吊销许可证和执照等行政处罚不服的
　　B. 对财产的查封等行政强制措施不服的
　　C. 认为行政机关侵犯法律规定的经营自主权的
　　D. 认为某地方性法规违法的
【答案】D
【解析】人民法院不受理公民、法人或者其他组织对下列事项提起的诉讼：(1)国防、外交等国家行为；(2)行政法规、规章或者行政机关制定、发布的具有普遍约束力的决定、命令；(3)行政机关对行政机关工作人员的奖惩、任免等决定；(4)法律规定由行政机关最终裁决的具体行政行为。

7.【2013年单】下列事项中，能够申请行政复议的是(　　)
　　A. 行政处分决定　　　　　　B. 招标投诉处理
　　C. 质量纠纷调解　　　　　　D. 造价指导信息发布
【答案】D
【解析】不得申请行政复议的，行政机关的行政处分或其他人事处理决定；行政机关对民事纠纷做的调解或其他处理。

第二部分 建设工程法规及相关知识

2Z208054 侵权的赔偿责任

> 一、本节知识速记

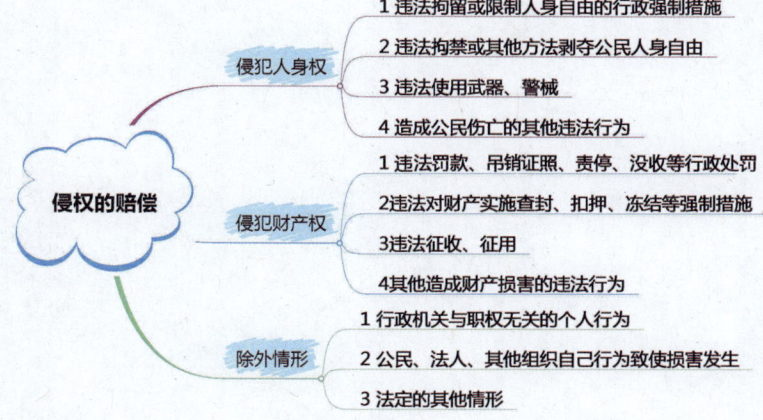

图书在版编目(CIP)数据

建设工程项目管理 建设工程法规及相关知识/云笔记文化教育编写委员会编写. —武汉:武汉大学出版社,2015.1
(建工笔记之懒人宝典)
全国二级建造师执业资格考试辅导用书
ISBN 978-7-307-15025-6

Ⅰ.建… Ⅱ.云… Ⅲ.①基本建设项目—项目管理—建筑师—资格考试—自学参考资料 ②建筑法—中国—建筑师—资格考试—自学参考资料 Ⅳ.①F284 ②D922.297

中国版本图书馆 CIP 数据核字(2015)第 001747 号

责任编辑:黄汉平 谢文涛　　责任校对:汪欣怡　　版式设计:韩闻锦

出版: 武汉大学出版社　(430072　武昌　珞珈山)
　　　(电子邮件:cbs22@whu.edu.cn 网址:www.wdp.com.cn)
印刷:武汉市洪林印务有限公司
开本:787×1092　1/16　印张:20.25　字数:512 千字　插页:1
版次:2015 年 1 月第 1 版　　2015 年 1 月第 1 次印刷
ISBN 978-7-307-15025-6　　定价:88.00 元

版权所有,不得翻印;凡购买我社的图书,如有质量问题,请与当地图书销售部门联系调换。